Linda Thomas

Putzen !?

Von der lästigen Notwendigkeit zu einer Liebeserklärung an die Gegenwart

Bibliografische Information Der Deutschen Bibliothek
Die Deutsche Bibliothek verzeichnet diese Publikation in der Deutschen Nationalbibliografie; detaillierte bibliografische Daten sind im Internet über <http://dnb.ddb.de> abrufbar.

FSC
www.fsc.org
MIX
Papier aus verantwortungsvollen Quellen
FSC® C111446

Gedruckt auf umweltfreundlichem,
chlorfrei gebleichtem Papier

3. überarbeitete Auflage 2013

Eine Gemeinschaftsproduktion der Verlage:
Gesundheitspflege initiativ (Esslingen) und Verlag am Goetheanum (Dornach)
www.gesundheitspflege.de | www.vamg.ch

Lektorat: Hans-Christian Zehnter
Umschlaggestaltung, Grafiken, Satz: PRmed-Consulting, Esslingen
Umschlagbild: Sabine Wahlers
Druck: Druckerei Steinmeier, Deiningen

ISBN 978-3-7235-1409-2

Vorwort

Das Putzen ist ein allgemein menschliches Thema, das auf gewisse Weise jeden von uns angeht. Zähneputzen, Haare kämmen (Haarputz), Schuhe putzen, Hausputz: all das sind Tätigkeiten, die notwendig zu sein scheinen, um uns und unsere Umgebung zu pflegen. Wir sprechen dann von einem gepflegten Äußeren oder von einem gepflegten Garten, seltener von *gepflegten Räumen*. Linda Thomas wendet sich auf besondere Weise in ihrem Buch dem Thema des Putzens, der Reinigung und der Pflege zu und geht dabei weit über das Putzen hinaus.
Etwas zu pflegen und zu erhalten, das hat heute im Zuge unserer *Wegwerfgesellschaft* an Wert verloren. Die Schnelllebigkeit unserer Zeit hat zur Folge, dass man sich immer weniger mit Dingen und Menschen verbindet. Die Wahrnehmungsfähigkeit leidet zunehmend darunter, was nicht zuletzt zu sozialen Problemen führt. Gleichzeitig gibt es Phänomene, die konträr dazu zu stehen scheinen: Menschen können nichts wegschmeißen, sich nicht trennen, chaotisieren in ihrem häuslichen Umfeld, in dem ihnen der Überblick und eine Ordnungskraft verloren gehen. Wir sprechen dann von dem so genannten *Messie-Phänomen*.
Linda Thomas nimmt das häusliche Umfeld, unsere Lebensräume — ob zu Hause, in der Schule oder auf der Arbeit — ebenso ernst wie den Menschen selbst. Lebensräume sind Räume, in denen man Energie schöpfen oder verlieren kann. Sie haben eine ebensolche Grundlage wie der Mensch: einen physischen Körper, Lebens- und Seelenkräfte und einen Bewohner, der alles durchdringt. *Das Haus hat einen guten Geist* sagt man, wenn ein gutes Wohnen darin lebt. Linda Thomas entschlüsselt diesen *guten Geist* auf vier Ebenen und kommt dadurch zu dem Schluss, dass Pflegen nicht dasselbe ist wie Putzen, sondern mehr beinhaltet: Wie wende ich mich einem Raum und den Gegenständen darin zu? Welche Reinigungsmittel verwende ich dabei? Was denke ich beim Reinigen? Vollziehe ich es lieblos oder bewusst und entdecke vielleicht sogar, dass ich es mit Wesenheiten in einem Haushalt zu tun habe, die ich einladen oder befreien kann? Letztendlich will der Raum, in dem wir leben genauso viel Aufmerksamkeit und Ernährung wie unser Körper. Wir können uns als Menschen von Fastfood und Dosennahrung ernähren oder hochwertige Nahrungsmittel verwenden, uns im Umgang mit anderen Menschen rücksichtslos und oberflächlich verhalten oder liebevoll wahrnehmend und achtsam sein. Im Umgang mit Räumen und dem Leben darin verhält es sich nicht anders, das wirkt dann bis in die Erziehung hinein. Um mit Linda Thomas' Worten zu sprechen: *Raum schaffen, damit Menschen, Tiere und Pflanzen gedeihen.*

Diesem Buch ist eine lange, inzwischen weltweite Vortragstätigkeit vorausgegangen, in der Linda Thomas viele Menschen erreichen konnte. Ihre Vorträge sind geprägt vom praktischen Erleben und vielen Mut machenden Beispielen. In ihrem Buch darf der Leser nun in die Früchte ihrer langjährigen Arbeit eintauchen und selbst zum Praktiker in Haus, Familie und Garten werden.

Neujahr 2011

Monika Kiel-Hinrichsen

I. Anfang – Vom Putzen und Pflegen

1. Von Südafrika in die Schweiz

Wenn man sich über zwanzig Jahre intensiv mit einer Sache beschäftigt, dann macht man sicher auch irgendwann eine kleine Entdeckung. So war es für mich beim Putzen!
Ich bin eine von diesen Frauen, die als Herzenswunsch eigentlich nur einen Beruf ausüben wollen: Hausfrau und Mutter sein — Fulltime. Wie es aber so oft im Leben ist, machte mir das Schicksal einen Strich durch die Rechnung.
Ich kam 1953 in Südafrika zur Welt, als viertes Kind in eine Familie mit sieben Geschwistern. Wir wohnten an sehr vielen verschiedenen Orten, aber ich erinnere mich vor allem an einen kleinen Hof mit recht armen Bauern. Hier lebten wir mit Unterbrechungen von meinem vierten bis zum vierzehnten Lebensjahr. Oft hörte ich andere Leute sagen, dass die Familien mit den meisten Kindern auch die primitivsten seien. Als ich meinen Vater damit konfrontierte, gab er mir zur Antwort: *Primitiv sind nur diejenigen, die sich gehen lassen, die im Dreck leben und sich selbst und ihr Umfeld nicht mehr pflegen; Leute, die den Sinn für menschliche Werte verloren haben.* Diese Antwort hat mich sehr stark geprägt.
Da wir arm waren, brachte mein Vater uns bei, dass das einzige Kapital, das wir hätten, unsere Intelligenz und unsere Bereitschaft zu arbeiten sei. Er machte uns sehr früh klar, dass es nie Geld für ein Studium geben würde, und dass diejenigen von uns, die studieren wollten, sich durch Fleiß ein Stipendium zu erwerben hätten. Wir lebten von der Erde und mussten früh lernen, Gemüse anzupflanzen, Obst zu ernten und es zu verarbeiten. Wir lernten kochen und backen, Kleider zu stopfen und zu nähen — nur: putzen mussten wir nie! Nicht einmal die Betten mussten wir machen, ja auch die Schuhe mussten wir nicht selbst putzen.

Als ich Vierzehn war, zogen wir nach Johannesburg um — ein großer Schock. Es war eine völlige andere Welt, ohne Natur. In der kleinen Gemeinschaft auf dem Lande erhielt ich viel individuelle Aufmerksamkeit, aber hier waren wir mit einem Male unter vielen anderen — anonym. Meine Geschwister wussten alle, was sie beruflich werden oder was sie studieren wollten. Wie gesagt: Für mich war es immer klar, dass ich einmal Hausfrau und Mutter vieler Kinder sein würde, am liebsten in einem landwirtschaftlichen Betrieb. Dafür brauchte ich kein Diplom, und deswegen wollte ich auch nicht studieren.

Da ich aber nach der Schule nicht sofort einen Mann fand, musste ich mir eine Arbeit suchen. Ich bekam eine Stelle in einer Bank in Johannesburg und lernte in dieser Zeit einen Schweizer kennen, den ich im Alter von dreiundzwanzig Jahren heiratete. Zwei Tage nach der Hochzeit, am 2. Februar 1977, reisten wir in die Schweiz. Ursprünglich hatten wir vor, nur ein Jahr in der Schweiz zu wohnen. In diesem Jahr wollte mein Mann alles für eine Emigration nach Südafrika vorbereiten. Am Tag der Ankunft in der Schweiz entdeckte ich Bücher von dem Pädagogen und Philosophen Omraam Mikhaël Aïvanhov (1900—1986), der einen großen Einfluss auf mein Leben haben sollte. Die Begegnung mit einer spirituellen Lehre war für mich eine Befreiung, nach der strengen niederdeutsch-reformierten Kirche, die ich als Kind in Südafrika erlebt hatte. Mir wurde sofort klar, dass die Gelegenheit, von diesem Menschen, der damals schon siebenundsiebzig Jahre alt war, lernen zu dürfen, viel wichtiger war, als zurück nach Südafrika zu gehen. — Und so lebe ich nun nach dreißig Jahren noch immer in der Schweiz.

Ich musste dann doch lange auf meine Kinder warten. Meine Tochter wurde 1982 und mein Sohn 1987 geboren. Schon bald nach meiner Ankunft in Basel lernte ich eine Ärztin kennen, die für mich eine Ersatzmutter wurde. Ich war sehr angetan von der Begabung ihrer Kinder. In ihrem Haus bewunderte ich die schönen Bilder, Tonskulpturen und Kupfergegenstände. Ich war sehr erstaunt zu erfahren, dass alle diese Kunstwerke von den damals vierzehn- und sechzehnjährigen Kindern stammten. Darüber hinaus spielten sie verschiedene Musikinstrumente, und in Gesprächen beeindruckte mich ihr großes Allgemeinwissen. Als ich der Ärztin gegenüber einmal erwähnte, dass ich sie für eine sehr gute Mutter hielte, da ihre Kinder so vielseitig begabt seien, war ihre Antwort: *Ich bemühe mich schon, aber ich habe auch ihrer Schule sehr viel zu verdanken.* Sie waren so wunderbare junge Menschen und ich wusste, dass mit dieser Erziehung etwas Tiefes und Stimmiges verbunden sein musste.
So erfuhr ich das erste Mal, dass es Waldorfschulen oder Rudolf-Steiner-Schulen gibt. Und nach einem Bazar-Besuch an einer Rudolf-Steiner-Schule wusste ich, dass für meine (damals noch ungeborenen Kinder) nur diese Art der Schule in Frage kommen würde.

2. Putzfirma und Krise

Fast zehn Jahre später, als meine Tochter vier Jahre alt war und in den Kindergarten gehen sollte, teilte ich ihrem Vater mit, dass ich mich für eine Steiner-Schule entschieden hätte. Er aber fand, dass eine Staatsschule gut genug für die Kinder

sein würde: *Wenn Du das so willst, ist es Deine Sache; dann musst Du es aber auch selbst finanzieren.*
Ich hatte gerade ein neugeborenes Kind und wusste gar nicht was ich machen sollte. Vor meiner ersten Schwangerschaft hatte ich als Direktionssekretärin in einer amerikanischen Firma gearbeitet, aber einen solchen Beruf wollte ich nicht wieder aufnehmen. Ich fragte also eine Freundin, die bereits Kinder in einer Steiner-Schule hatte, was ich wohl tun könnte, um genügend Geld für die Schule zu verdienen, ohne meine Kinder ständig alleine lassen zu müssen. Sie machte mir folgenden Vorschlag: *Versuche es mit der Selbständigkeit. Fang mit einer Putzfirma an, die sich ehrlich darum bemüht, umweltfreundlich zu arbeiten. So etwas gibt es heute noch nicht!* – Diese Idee überzeugte mich sofort: Ich überlegte keinen Augenblick. Ich wusste sofort: *Das werde ich machen.*
Für die Freundin war es durchaus auch eine gute Sache, da sie selbst im gleichen Dorf eine Fabrik für ökologische Reinigungsmittel führte und ich dadurch ihre beste Kundin wurde.
Beruflich zu putzen, das war für mich allerdings keine Selbstverständlichkeit. Ich war ja eine Südafrikanerin, die in der Apartheid-Ära aufgewachsen war und die nie selbst geputzt hatte. Tatsächlich hatten damals selbst die ärmsten weißen Südafrikaner Bedienstete, da die Einheimischen meist noch ärmer waren. Die Männer arbeiteten auf dem Land und die Ehefrauen dieser Arbeiter halfen im Haus und bekamen dafür Essen und Bekleidung. Die Arbeiter bauten sich eine Hütte, bekamen ein Stück Land für den Eigengebrauch und — wenn möglich — ein paar Hühner und eine Ziege für Milch.
Mit meinem Vorhaben, eine Putzfirma zu gründen, begab ich mich also auf eine spannende Entdeckungsreise.
Ich fing sofort an, mich nach allem Möglichen zu erkundigen: Wie gründe ich eine Firma? Womit würde ich eigentlich putzen müssen, wenn ich zum Beispiel eine Schule als Kunde bekommen würde? Wie steht es mit Personal und Personalfürsorge? Dann natürlich die Versicherungen! In der Schweiz gibt es sehr viele Pflichtversicherungen. Wie schreibt man eine Offerte, und was darf das Putzen überhaupt kosten? Nach sechs Monaten intensiver Vorbereitung bekam ich im März 1988 meinen ersten Dauerauftrag — von einer Rudolf-Steiner-Schule.
Es war natürlich alles nicht so einfach, wie ich es mir vorgestellt hatte. Das Putzen war weder meine Berufung, noch hatte ich ein besonderes Talent dazu. Ich musste sehr viel lernen, nicht nur über das Fach *Putzen*, sondern auch und vor allem über Menschen.

Ich habe festgestellt, dass mir beim Putzen oft zwei Dinge begegnen: Gleichgültigkeit und Unverbindlichkeit, manchmal auch Respektlosigkeit. Auf einmal wird

man einfach mit *Du* angesprochen, oder Männer versuchen sich Freiheiten zu erlauben. Hinzu kommt, dass Putzen eine einsame Arbeit ist. Wir Putzenden sind oft allein, wenn wir unsere Arbeit machen. Diese Einsamkeit kennen viele Mütter, wenn sie ihre Hausarbeit verrichten.
Ganz zu Beginn meiner Firmengründung arbeitete ich hauptsächlich mit Müttern, die in einer ähnlichen Situation wie ich lebten und die Kinder im gleichen Alter hatten. Die eine Mutter wollte gerne die Führerscheinprüfung ablegen und musste dies selbst finanzieren, die andere wollte ein Klavier für die Familie besorgen. Wann immer ich einen größeren Auftrag hatte, gingen vier, fünf Mütter arbeiten, und eine Mutter blieb daheim und hütete alle Kinder und kochte für sie. Die Mutter, die unsere Kinder betreute, verdiente genauso viel wie die putzenden Mütter. Das war eine sehr schöne Zeit für uns alle. Wir hatten alle dieselbe Lebenshaltung und wir waren sehr zielstrebig. — Irgendwann war das Klavier gekauft, die Fahrprüfung bestanden, die Kinder waren in der Schule, und auch der Bedarf nach einem Babysitter hatte sich gelegt.
Von nun an begann ich mit jungen, studierenden Menschen zu arbeiten. Ungefähr ein halbes Jahr nachdem ich meine Firma gegründet hatte, erlebte ich eine tiefe Identitätskrise. Es war schwer für mich, mit der erwähnten Respektlosigkeit konfrontiert zu werden. Auch verletzte mich eine gewisse Gleichgültigkeit: Obwohl die Menschen wussten, dass ich zum Putzen kommen würde, wurde nichts aufgeräumt, manchmal sogar das Gegenteil. Eine Zeit lang hatte ich wirklich die Frage: Bist du sicher, dass du bereit bist, noch jahrelang diese Arbeit zu tun? Willst du ständig hinter anderen Menschen aufräumen, fremden Dreck wegputzen und diese permanente Gleichgültigkeit der Menschen ertragen? Sobald jemand beruflich putzt, denkt man, dass er entweder nichts anderes arbeiten kann oder dass er in Geldnot ist. Anfangs war es daher oft so, dass man nicht recht wusste, wie man mir begegnen sollte. Draußen auf dem Parkplatz wurde ich recht herzlich begrüßt, aber sobald ich im Schulhaus war, mit meinem Putzwagen und Kittel, reagierten die Menschen anders. Oft waren sie irgendwie verlegen. Nicht ich, sondern sie! Manchmal wurde ich gar nicht gegrüßt. — Jeder andere wird gegrüßt, aber wer putzt, bekommt keinen Gruß. — Ich empfand es so, als schaltete man uns Putzfrauen aus und blickte an uns vorbei, weil wir die Menschen daran erinnerten, dass wir etwas ausführen, mit dem eigentlich sie sich zu beschäftigen hätten.
Um kein Missverständnis aufkommen zu lassen: Ich habe gar nichts dagegen, dass man andere Menschen für sich putzen lässt, im Gegenteil, ich finde es wichtig. Und ohne die Möglichkeit, für andere Menschen zu putzen, hätte ich nie das lernen können, was ich heute weiß. Doch erscheint mir interessant, dass diejenigen mehr Vorbehalte vor dem Putzen haben, die uns beauftragen, als wir, die wir für sie diese Arbeit tun.

Gleichgültigkeit und Unverbindlichkeit

Eine Dame bat mich darum, regelmäßig ihr Haus zu reinigen. Der Vater war berufstätig, und es lebten noch drei Kinder — und viele Tiere — in dem Haus. Sie erklärte mir, sie hätte es schon mit vielen Menschen versucht, aber keiner sei länger als einen Monat geblieben und sie hoffe sehr, dass ich, als professionelle Person, diese Sache nun packen würde. Wir vereinbarten einen wöchentlichen Einsatz von vier Stunden für die Reinigung, es war ein recht großes Haus. Ich staunte nicht schlecht, als ich am vereinbarten Tag ein völliges Chaos vorfand! Das Geschirr von zirka drei Tagen stand überall herum, die Böden waren übersät mit allen möglichen Gegenständen. In fast allen Räumen standen gebrauchtes Geschirr und sogar Essensreste — ich glaubte meine Augen nicht. Natürlich war die Hausfrau nicht da, und so fing ich mit dem Aufräumen an, spülte das Geschirr und tat, was ich konnte. Kurz bevor meine Zeit um war, kam die Dame zurück und war höchst empört, dass ich nicht alles sauber gemacht hätte, wie wir es vereinbart hatten. Ich wies sie darauf hin, dass die Vereinbarung war, das Haus zu putzen und nicht aufzuräumen und Geschirr zu spülen! Sie versuchte, sich irgendwie herauszureden, aber ich bestand auf unserer Vereinbarung. Das zweite Mal sah es genauso aus wie beim ersten Mal — und so war es auch mein letztes Mal in diesem Haus.

Eine bestimmte Form der Unverbindlichkeit macht mich besonders betroffen. Heute weiß doch jeder Erwachsene über Umweltschutz Bescheid — und doch tun viele nichts dafür oder nur sehr wenig. Ich staune heute noch über die Putz- und Körperpflegemittel, die ich vorfinde, wenn ich in anderen Häusern sauber mache. In vielen Schulen und Privathaushalten stehen sehr starke chemische Reinigungsmittel in den Putzschränken. Eine Ausrede gibt es natürlich immer: Ökoputzmittel seien doch zu teuer und sowieso brauche man viel mehr davon, weil sie nicht so gut wirken würden wie die konventionellen. — Wer so redet, weiß nicht, wovon er redet: Mehr als zwanzig Jahre lang habe ich eine Putzfirma geleitet, und nur in den seltensten Fällen, wenn gar nichts anderes mehr möglich war, habe ich Mittel verwendet, die nicht umweltfreundlich waren.

Eine Zeit lang musste ich nachts putzen, weil ich mir damals keinen Babysitter leisten konnte. Sobald ich meine Kinder ins Bett gebracht hatte, ging ich selbst schlafen, um gegen Mitternacht, als dann Mann und Kinder fest schliefen, wieder aufzustehen und bis etwa fünf Uhr in der Früh eine Schule sauberzumachen. Dies war eine besondere und auch harte Zeit. Obwohl viele Hunderttausende von Menschen dies täglich tun, war es für mich eine völlig neue Erfahrung.

Das Schulhaus war etwas abgelegen, und daher war es dort in der Nacht sehr, sehr still. Zuerst ging ich sofort durch alle Räume, um sicher zu sein, dass auch wirklich alle Fenster verschlossen waren. Ich schaute nach, ob sich nicht irgendwo jemand versteckt hielt. In dieser Zeit hat sich mein Gehörsinn sehr gut entwickelt! Ich lernte, die Qualität eines Geräusches zu erkennen. Wann war etwas bedrohlich, wann beruhigend? Etwa, als sich im Winter um vier Uhr morgens mit einem Dröhnen die Heizung einschaltete, da wusste ich: *Bald ist Feierabend!*

3. Drei Fragen

Bei dieser Nachtarbeit, während ich rhythmisch die Gänge hoch und runter lief, hatte ich viel Zeit nachzudenken. Nicht nur über die Arbeit, sondern auch über den Sinn dieser Tätigkeit. Immer wieder tauchten drei Fragen in mir auf. Die erste lautete: Wie halte ich das für die nächsten achtzehn Jahre aus? Die zweite Frage war: Wie wirken eigentlich die verschiedenen Räume auf den Menschen? Ich erlebte sie als so unterschiedlich. Ich musste mich fragen, wie denn wohl dieses oder jenes Klassenzimmer auf die Schulkinder wirkt. Oder wie wirkt das Schlafzimmer auf ein schlafendes Kind, oder ein Büro, oder ein Therapieraum auf die dort arbeitenden Menschen? Und die dritte Frage war: Wie kann ich diese Raumstimmungen beeinflussen? Wie wirkt ein Raum, nachdem ich darin gewirkt habe? Kann ich etwas dafür tun, dass es dem Raum und dem, was darin stattfinden soll, nach dem Putzen besser geht?

Das waren meine zentralen Fragen! Und indem ich diesen Fragen Raum gab, kamen mir die Antworten nach und nach.
Die Frage des Aushaltens beantwortete ich mir innerlich mit einem Satz, der mir irgendwann begegnet war: *Wenn du nicht tun kannst, was du liebst, so lerne zu lieben, was du tust.* Das ist aber viel einfacher gesagt als getan. Ich kann keiner Studentin den Putzwagen und sechzig Toiletten zeigen mit der Bitte: *Mache das alles sauber und sieh zu, dass Du Deine Arbeit auch liebst!* Das ist unmöglich. Es muss schon tief im Inneren der Wunsch entstehen, eine andere Einstellung zu einer Tätigkeit zu entwickeln.

Für mich folgte dann bald die Antwort auf die nächste Frage: Wie lerne ich das Putzen lieben? Ich erinnerte mich irgendwann an eine Legende, die ich vor langer Zeit gehört hatte:

Es lebte ein Mönch in einem Kloster. Er war ein ganz einfacher Mann und verrichtete alle Arbeiten, die von den anderen Mönchen wenig geschätzt wurden: vom Putzen übers Geschirrspülen bis hin zum Bodenwischen. Er hatte aber eine bestimmte Eigenart. Zu jeder Tätigkeit, sprach er einen Spruch: *Lieber Gott, sobald ich diesen Teller wasche, schicke mir die Engel, damit sie mein Herz so rein machen, wie ich diesen Teller rein mache.* Oder ein anderes Mal: *Lieber Gott, sobald ich diesen Boden putze, schicke mir die Engel zur Hilfe, damit jeder, der diesen Boden betritt, von ihrer Gegenwart berührt werden darf.* Zu allem hatte er einen Spruch. Die anderen Mönche bemerkten es. Zwar waren sie gerührt, aber letztlich doch nicht besonders beeindruckt. Viele, viele Jahre arbeitete er auf diese Weise. Die Legende berichtet, dass er, als er eines Morgens erwachte, erleuchtet war und dass Menschen von weit her kamen, um von seiner Weisheit zu lernen.

Mir fiel dazu eine Begebenheit aus meiner Kindheit ein: Meine Mutter brauchte manchmal etwas Ruhe, und in den Schulferien wurden wir Kinder jährlich für zwei Wochen zur Großmutter gebracht. Wenn dann die Großmutter auch einmal etwas Ruhe brauchte, gab sie uns einige Tüchlein, dazu etwas Silberputzmittel, dann durften wir viele Silberpokale auf Hochglanz bringen. Meine Mutter hatte sechs Brüder, die alle sehr gute Sportler waren, und es gab bei meiner Großmutter einen riesengroßen Vitrinenschrank, voll mit Silberpokalen.
Einmal wählte ich einen ganz kleinen Pokal. Er faszinierte mich, weil er dunkelviolett, ja fast schwarz war. Ich fing an, mit Tuch und Putzmittel zu reiben. Als endlich ein kleiner Silberglanz aufleuchtete, rieb ich eifrig weiter, bis der kleine Pokal schließlich wieder in vollem Glanz erstrahlte.
Ist eine Fensterscheibe schmutzig, dann können wir nicht gut hindurch sehen, selbst wenn die Sonne scheint. Früher, als man noch Öllampen hatte, musste die Hausmutter sie täglich putzen, weil sonst das Licht der Flamme nicht genügend hindurch geschienen hätte. Ich dachte: So erging es dem Mönch. Da so viele Engel ständig an ihm herum gewaschen und gerieben hatten, musste er im Glanze der Weisheit erstrahlen. Damals wurde mir klar, dass alles, was wir nach außen tun, auch im Inneren wirkt.
Weitere Erinnerungen an meine Kindheit kamen dazu. Wir waren ja viele Geschwister, und einer meiner Brüder kam oft sehr schlecht gelaunt zum Frühstückstisch. Mein Vater fragte dann meistens: *Bist du schon wieder mit dem linken Fuß aufgestanden?* Jahre später, machte ich aus dieser Bemerkung eine Übung: Wache ich morgens auf, versuche ich mich sofort aufzurichten. Ich sitze auf der Bettkante und versuche nachzuspüren, ob ich mich an irgendetwas aus der Nacht erinnern kann. Dann bemühe ich mich, ganz bewusst mit dem rechten Fuß aufzustehen, damit ich etwas Positives für meinen Tag tun kann.
Eine weitere Erinnerung kam beim Putzen hoch: Unsere Großmutter zog zu uns, weil der Großvater mit dem Auto tödlich verunglückt war. Meine Mutter rief uns vier Mädchen zu sich: Jede von uns bekäme jetzt täglich die Gelegenheit, das Bett für die Oma zu machen. Sie nahm uns mit zu dem Bett und zeigte uns genau, wie

wir es zu machen hatten. Damals gab es keine Federbetten, und wir mussten die Leinentücher exakt falten und umschlagen. Sie erklärte uns, dass die Oma sehr traurig sei und sehr viel weine, und dass wir immer das Kopfkissen am offenen Fenster ganz fest auszuschütteln und zu klopfen hätten, damit all diese Schmerzen, die Tränen und die Traurigkeit davonfliegen könnten. Nachher sollten wir das Kissen fein glatt streichen und ein Sprüchlein dazu sagen, damit Oma am Abend ihren Kopf getrost hinlegen könnte.

Ich war damals knapp fünf Jahre alt. Fast dreißig Jahre lang hatte ich diese Erfahrung vergessen, und erst als ich mit der Frage lebte, wie ich lernen könnte meine Arbeit zu lieben, kam die Erinnerung wieder. Nicht nur die Erinnerung an die Aufgabe, sondern auch das Gefühl, das ich damals beim Bettmachen empfand, kam sehr deutlich wieder zurück. Als kleines Kind wird so eine Aufgabe zu einer heiligen Aufgabe, und ich versuchte sie mit voller Hingabe auszuführen. — Jetzt, als eine sich erinnernde Putzfrau, wusste ich genau: Wenn ich es einmal schaffen würde, dieses Gefühl der liebevollen Hingabe bei meiner Arbeit zu erleben, dann könnte ich das Putzen auch wirklich lieben lernen.

So fing ich also an: Zunächst waren es Übungen, die ich ständig wiederholte, und ich versuchte, sie ganz bewusst auszuführen. Ich versuchte, etwas aus den Dingen herauszuschütteln, etwas wegzuwischen oder glatt zu streichen. Es war für mich eine Überlebensstrategie, das gab mir Halt. Mit der Zeit wurde es mir ein Bedürfnis, ich entdeckte den Sinn in meiner Arbeit, und das erfüllte mich mit großer Freude. Je länger ich mit dieser Einstellung arbeitete, desto mehr lernte ich, mich bewusst mit der Arbeit zu verbinden.

Viele Monate später putzte ich an einem Samstagmorgen den Kindergarten meiner Tochter. Nie zuvor hatte ich diese kleinen Toiletten gesehen, wie sie im Kindergarten zu finden sind. Während ich auf den Knien vor so einer kleinen Toilette war, um sie zu reinigen, tauchte das Bild meiner kleinen Tochter auf. Ich glaube das erste Mal wurde es mir wirklich bewusst, dass Putzende eigentlich immer für andere Menschen sauber machen. In diesem Moment war es, dass ich das Gefühl der Hingabe in all seiner Kraft wieder erleben durfte.

Dadurch wurde mir auch klar, dass sich die Reinigung immer auf drei Ebenen abspielt: Zunächst einmal nehme ich physisch etwas weg, Schichten werden abgebaut. Zugleich möchte ich auch in mir etwas *putzen* und schließlich möchte ich den Menschen, die die Räume benutzen, auch ein Geschenk hinterlassen.

Heute nach zwanzig Jahren Putzen und um viele, viele Erfahrungen reicher, kann ich aufrichtig sagen, dass ich meine Arbeit immer noch liebe.

4. Putzen und Pflegen

Mit der Zeit machte ich eine wichtige Entdeckung. Es besteht ein großer Unterschied zwischen Putzen und Pflegen. Wenn wir putzen, nehmen wir Dreck weg, und das Resultat vom Putzen hält oft keine fünf Minuten: Die Flure sind noch nicht fertig geputzt, und schon läuft jemand über die frisch geputzten Böden ...; kaum glänzt daheim der Boden wieder, kommt eines der eigenen Kinder aus dem Sandkasten, um einen wichtigen Fund zu zeigen. Das empfinden viele Menschen als frustrierend. Putzen wird so zum notwendigen Übel.
Wenn wir aber versuchen, mit unserem vollen Bewusstsein und mit Liebe diese Arbeit zu tun, wenn wir versuchen, mit Hingabe jedes Eckchen mit unseren Fingerspitzen zu durchdringen, dann verwandeln wir das Putzen ins Pflegen. Wir berühren nicht mehr nur das Physische, sondern die ganze Atmosphäre ändert sich. Es wird hell im Raum. Und das Wunderbare daran ist: Das Resultat vom Pflegen hält wesentlich länger an als das Ergebnis vom bloßen Schmutz-Wegnehmen.
Eine ältere Dame hörte von meiner Arbeitsweise, und bat mich, in ihrer Wohnung einen Frühjahrsputz auszuführen. Sie hätte gehört, dass es länger sauber bleibe, wenn mir die Putzarbeit anvertraut würde. Ich gab mir alle Mühe, ihre Wohnung so gut und so gründlich wie möglich zu pflegen. Zehn Tage später rief sie mich an und sagte: *Es stimmt also doch! Wissen Sie, Frau Thomas, ich habe ja bereits eine Hilfe, die wöchentlich kommt, um mir die Wohnung zu putzen, aber nach kaum drei Tagen, liegt schon wieder Staub auf den Dingen. Ich habe jetzt jeden Tag kontrolliert, und heute konnte ich den Staub zum ersten Mal wieder sehen!*
Erstaunlich war auch, dass, sobald ich anfing meine Arbeit zu lieben, auch die Kunden eine Änderung bemerkten. Ein Architekt, dem ich nur einmal bei einer Vertragsunterzeichnung begegnet war, erschien plötzlich an einem Donnerstagabend. Er wollte mich einfach einmal begrüßen, fragen, wie es mir gehe und er wolle sich für die schöne Arbeit bedanken, die ich in seinen Räumen leisten würde.
Allerdings wurde mir mein neuer *Ruf* auch zum Nachteil. Es kam immer wieder vor, dass ich vor lauter neuen Aufträgen das Putzen an andere Kollegen und Kolleginnen abgeben musste. Ich bekam Beschwerden, da einige Kunden meinten, es sei nicht mehr so sauber! Das stimmte aber nicht (oder nur zum Teil), ich putze nicht sauberer als andere. Aber was die Menschen wohl unbewusst bemerkt hatten, war, dass meine Art und Weise zu arbeiten mittlerweile ganz tiefgehend Teil meines Lebens geworden war.
Beim Pflegen nehmen wir nicht nur den Dreck weg, wir schaffen auch Raum für etwas Neues. Und was ist dann dieses Neue? Wer füllt diesen Raum? Das ist natürlich eine Frage für sich! Ich versuchte, diesbezüglich sehr zurückhaltend mit meinen eigenen Vorstellungen zu sein. Die Antwort auf diese Frage kam drei

Jahre später. In dem Augenblick, in dem ich lernte, meine Aufgabe mit Liebe und Hingabe auszuführen, lernte ich auch, einen Raum ohne Urteil zu betreten. Ich nahm ihn einfach als meine Aufgabe, und je schlimmer der Raum war, desto interessanter wurde meine Aufgabe. Ich empfand auch nie Ekel, selbst bei den schlimmsten Toiletten nicht. Ich dachte nie: *Meine Güte, solch eine Schweinerei!*, sondern einfach: *Das ist jetzt deine Aufgabe.*

Goetheanum

1992 bekam ich ein Angebot, die Reinigung des Goetheanums in Dornach bei Basel zu übernehmen. Das Goetheanum ist das internationale Kulturzentrum der anthroposophischen Bewegung mit Sitz der Freien Hochschule für Geisteswissenschaft. Das war eine große Ehre für mich, und ich empfand es als eine Krönung meiner Aufgabe.

Bereits 1989 übernahm eine Mitarbeiterin meiner Firma die Reinigung der Sanitätsbereiche im Goetheanum. Regelmäßig vertrat ich sie. Es waren vierundsechzig Toiletten. Ich lernte hier, mich vor der Toilette hinzuknien. Beim Bücken, Aufrichten, im Halbkreis rückwärts laufen, um mich wieder zu bücken, wurde mir einfach schwindelig. Ich war damals auch noch nicht so gut geschult, und ich merkte bald, wie anstrengend das Bücken für meinen Rücken wurde. So kniete ich mich vor die Toilette hin, um sie gründlich zu reinigen und wirklich in jeden Bereich einzudringen: ganz unten in der Schüssel, unter den Rändern, bei den Schrauben der Brille, hinunter zum Sockel der Schüssel oder bei den moderneren Toiletten auf der Unterseite der Schüssel bis dorthin, wo sie an der Wand befestigt ist. In dieser Position änderte sich die ganze Welt. Man nimmt die Toilette ganz anders wahr, nicht nur mit den Sinnen! Die Gestik ändert sich, und man muss die Toilette auch ganz anders berühren. Am Ende der Arbeit, versuchte ich, mich abschließend auch ganz bewusst wieder aufzurichten. All das wurde zu einer besonderen Erfahrung für mich. Eine sehr starke Wahrnehmung der eigenen Aufrichte fand statt, und zugleich änderte sich in der Atmosphäre der Toilette etwas. Ich wiederholte diese Tätigkeit sehr oft, um festzustellen, ob ich mir das alles nur einbildete. Aber immer wieder hatte ich dieses Gefühl der Aufrichte und der Veränderung im Raum.

Ich sprach mit einer Freundin, die als Heilpädagogin noch bei Karl König in einem Camphill[1] gelernt hatte, und sie bestätigte mir meine Erfahrungen. Aus okkulter Sicht wirkt eine bewusst ausgeführte Übung immer auch auf die Atmosphäre, bis dahin, dass auch die Menschen davon positiv berührt werden können. Vielleicht kann man diese Wirkung mit der therapeutischen Arbeit vergleichen: Allein schon, wenn der Patient die später von ihm selbst auszuführenden Übungen beim Therapeuten anschaut, kann er deren heilende Wirkung erleben.

Während solch einer Vertretungsarbeit im Goetheanum hatte ich eine sehr prägende Erfahrung. Mir träumte, ich würde von meinem unterdessen verstorbenen Lehrer gerufen. Er sagte mir Folgendes: *Jetzt ist es an der Zeit, dir zu zeigen, wie wichtig diese Arbeit ist, die du tust.* Er nahm mich mit, öffnete eine schwere Holztür und führte mich in ein Zimmer, das mir völlig fremd war. Es war ein sehr hoher Raum mit schweren Möbeln und eindrucksvollen Bildern an farbigen Wänden. Wir blieben an der Schwelle stehen, und sein Blick ging durch das ganze Zimmer. Er machte eine Geste der Begrüßung und fing dann an, mit sehr harmonischen, fließenden, aber auch sehr genauen Gesten einen Schreibtisch abzustauben. Gegenstände wurden vorsichtig in die Hand genommen und liebevoll mit einem sauberen Lappen abgewischt. *Wenn du reinigst,* sagte er, *nimmst du nicht nur den Staub weg, sondern du schaffst ganz bewusst Raum für etwas Neues. Es gibt unsichtbare Wesen, die mit jedem Raum, jedem Ding, mit den Menschen und auch den Aktivitäten, die dort stattfinden sollen, verbunden sind. Aber es gibt helfende und hemmende Wesen. Du selbst weißt nicht, was der Raum braucht, aber es ist wichtig, dass du den Raum, den du geschaffen hast, den helfenden Wesen übergibst, ihnen zur Verfügung stellst. Sie wissen genau, was der Raum, die Menschen oder die Aktivitäten als Unterstützung benötigen. Übergib es nicht einfach bloß den unsichtbaren Wesen, sondern übergib es nur den helfenden Wesen!* Beim Verlassen des Raumes stellte er sich nochmals an die Schwelle und schaute, ob alles gut gemacht sei und ob alles am Platz war, so wie wir es vorgefunden hatten.

Am nächsten Morgen, während ich noch die Toiletten putzte, kam die Person, die damals für die Reinigung am Goetheanum zuständig war, zu mir. Sie bat mich, ihr zusätzlich auszuhelfen, da viele Studenten, die im Putzteam arbeiteten, gerade fehlten. Als ich die Arbeit bei den Toiletten abgeschlossen hatte, meldete ich mich bei der Person, um zu erfahren, was nun als Nächstes zu tun sei. Groß war meine Überraschung, als er mich in denselben Raum führte, in dem ich in der vorigen Nacht meine Unterweisungen zum Raumschaffen und -pflegen erhalten hatte!

Seither betrete ich nie mehr einen Raum mit der Absicht, ihn zu ändern. Diese Art zu pflegen erfordert eine große Aufmerksamkeit für die Umgebung, in der die Menschen leben, lernen, arbeiten, schlafen. Es hat keinen Sinn, mit aller Putzgewalt sich selbst und seine Eigenheiten darüber stülpen zu wollen. Durch die Hingabe lernt man, dasjenige zu verwandeln, an dem man arbeitet. Statt etwas verändern zu wollen, versuche ich Raum zu schaffen. Hierbei ist höchste Zurückhaltung gefragt, da ich ja selbst nicht weiß, was der Raum benötigt. Braucht ein Klassenzimmer etwas Weiches, Harmonisches oder eher eine starke Formkraft? Die geistigen Wesen aber, die dem Raum oder der Tätigkeit oder dem Anlass gut gesonnen sind und die ihn unterstützend begleiten, die wissen, was nötig ist. Was ich also versuchen kann, ist, diesen wohlwollenden Wesen den Raum zur Verfügung zu stellen. So arbeite ich immer mit dem Grundsatz: *Dein Wille geschehe.*

5. Hinterm Mond?

Ich glaube wirklich im tiefsten Inneren, dass es eine Möglichkeit gibt, sich mit der Tätigkeit des Putzens und Reinigens ganz anders zu verbinden, als das gemeinhin gesehen wird. Mutter und Hausfrau zu sein bedeutet heute eigentlich immer, dass man von der Welt nicht wirklich anerkannt wird. Zu oft hört man: *Wie schön, immer zu Hause sein zu dürfen und nicht arbeiten zu müssen!* Ich verstehe die Frauen sehr gut, die sagen: *Ich habe studiert und habe ein Recht auf meinen Beruf, ich möchte eine Karriere genau wie mein Mann.* Einmal, auf der Heimfahrt von einem Kindergarten-Seminar in Hannover, saß mir eine Frau im Zug gegenüber. Nach einer Weile kamen wir ins Gespräch. Es stellte sich heraus, dass sie eine Frau Doktor der Theologie und auf der Rückfahrt von einem Seminar für Religionsunterricht für Kinder im Vorschulalter war. Sie war die dritte Theologin, die ich innerhalb von drei Monaten kennen lernte, und ich fand es erstaunlich, dass sie alle Feministinnen waren.

Ich sprach über meine Arbeit und wie bedauerlich ich es fände, dass der Staat immer mehr Geld für Tagesstätten bereitstelle, anstatt für Mutterschaftsurlaub oder überhaupt für Frauen, die gerne vollberuflich Mutter sein wollen. Ihre Reaktion war ziemlich vehement: Was ich da sagte, das hätte ja überhaupt nichts mit der Realität zu tun. Ich solle doch nicht Zuständen nachstreben, die für immer vorbei seien. Frauen wollten nicht zu Hause bleiben; sie hätten ein Recht auf einen Beruf, eine Karriere. Es gäbe Studien, die ganz klar belegen würden, dass Kinder, die in Tagesstätten aufwachsen (vor allem diejenigen, die ganztags dort sind), eine viel bessere Sozialkompetenz hätten, intelligenter seien und auch weniger rassistisch eingestellt. Junge Frauen, die so aufgewachsen seien, wären auf jeden Fall davon überzeugt, dass es gut so sei und dass sie es genau so weitermachen wollten.

Ich war ziemlich erschüttert und fragte mich, ob ich irgendwo auf oder hinter dem Mond leben würde. Wieso werde ich denn überhaupt eingeladen, um über ein Thema, das so intensiv mit dem Zuhause verbunden ist, zu sprechen? Und warum kommen gerade auch immer so viele Mütter?

Ich bin ja selbst berufstätig, und ich war auch berufstätig, als meine Kinder noch klein waren; ich wählte mir ja die Selbstständigkeit, um meine Zeit selbst einzuteilen und unabhängig zu bleiben. Doch kann ich für mich wirklich sagen, dass ich durch die ganz einfache, basale Tätigkeit des Putzens in den vielen Jahren

sehr viel gelernt habe. Ich bin sogar überzeugt, dass darin mein persönlicher Schulungsweg liegt. Die Aussage von Jörgen Smit: *Wir sind unserer Aufgabe nicht gewachsen, aber wir wachsen mit der Aufgabe*[2], habe ich täglich neu erleben dürfen. Wenn mehr Menschen den tiefen Sinn und die Wichtigkeit dieser Aufgabe entdecken würden, würden wohl die Frauen, die zu Hause sind und keinem äußeren Beruf nachgehen, vielleicht auch viel mehr Anerkennung erfahren und mehr Zufriedenheit und Erfüllung bei der Hausarbeit erleben.
Bei meinen Vorträgen und Seminaren zum Thema Putzen versuche ich immer, das zu vermitteln, was ich in meinem Beruf tue und erlebe. Viele Menschen finden sich in meinen Erfahrungen wieder, können dadurch die eigenen Erfahrungen besser verstehen und benennen. Das erleichtert es vielen Menschen, ihren Alltag neu zu gestalten und macht sie für neue Ideen zugänglich. Sie bekommen einfach das Gefühl: *Ach, das könnte ich doch wenigstens auch einmal probieren!*

Ich bemühe mich sehr, meine Tätigkeit in einem christlichen Sinne auszuführen. Was ist wirklich Sinn einer Handlung? Erledigen wir nur eine Arbeit, oder versuchen wir, heilbringend zu arbeiten? Wenn wir putzen, aufräumen, pflegen — was bedeutet das für die geistige Welt? Was bewirkt es?
Alles, was sich im Leben wiederholt, kann zur Routine werden, abstumpfen, einschläfern, oder — bewusst ergriffen — zum Schulungsweg werden. Wenn ich es wirklich schaffe, mit Freude Chaos in Ordnung zu verwandeln, wenn ich ständig versuche, was alt und schmutzig ist, wieder frisch zu machen, Dekadenz und Zerfall aufzuhalten, und wenn ich versuche, etwas wieder schön zu machen und neu zu beleben, ist dies sicher nicht weniger sinnvoll oder wesentlich, als wenn ein Arzt oder ein Therapeut einem kranken Menschen wieder zur Gesundheit verhilft.
Putzen ist so ein bedeutender Teil des häuslichen Lebens, und so viele Menschen sagen mir immer wieder: *In meinem Beruf habe ich keine Probleme. Da kann ich stundenlang arbeiten und mich völlig hingeben. Aber zu Hause ist es so schwer, es scheint mir auch gar nicht so wichtig zu sein.* Doch ist und bleibt unser Zuhause der Ort, an dem wir ausruhen können, uns erholen können (oder sollten!), wo wir wir selbst sind. Hier können wir diese große Volkswahrheit üben: *Charity begins at home* oder *Man muss zuerst an die eigene Familie denken.* Was wir zu Hause mit Liebe ausführen, das können wir auch glaubwürdig in der Welt vertreten.
Eine weitere wichtige soziale Aufgabe der Reinigung ist die Werterhaltung und die angenehme Atmosphäre. Wir erholen uns physisch und seelisch besser in einer angenehmen Atmosphäre. Meine Mutter sagte immer: *Ein Kind wird schneller in einem frischem Bett und in einem sauberen Zimmer gesund.* Reinigung ist damit

auch eine ganz existenzielle Leistung für die Gesellschaft — und nicht zuletzt ist die bewusste, umweltgerechte Reinigung genauso existenziell für die Natur.
Unser Zuhause bietet nicht nur Schutz, es bildet Räume, in denen wir uns erholen, ernähren und seelisch und geistig regenerieren können. Eine der Hauptleistungen der Hausarbeit ist es, eine Grundlage dafür zu schaffen, dass unsere Kinder dort nicht nur physisch heranwachsen, sondern auch seelisch gedeihen können. Dass sie die Möglichkeit bekommen, Sozialkompetenzen, Fähigkeiten und Gesundheit zu entwickeln, um eine neue Generation zu bilden.
Was sind soziale Kompetenzen? Was bildet eine soziale Grundlage? Wie steht es mit der Verantwortung, wenn man sich entscheidet, Kinder zu zeugen, eine Familie zu gründen?
Ich habe sechs Jahre lang verzweifelt versucht, schwanger zu werden, und jedes Mal, wenn es wieder nicht geklappt hatte, habe ich mir gesagt: *Du bist noch nicht gut genug vorbereitet.* Ich habe nach einer zweijährigen Ausbildung eine Zeit lang Geburtsvorbereitung und Schwangerschaftsbegleitung für junge Frauen angeboten. Es war erschütternd mit wie viel Leid ich konfrontiert wurde, obwohl dies doch eigentlich so ein freudevolles Ereignis im Leben einer Frau sein sollte! Lange hatte ich den Wunschtraum, ein großes Haus zu haben, in dem junge Menschen sich auf die Zeugung des Kindes, die Schwangerschaft und das Elternsein vorbereiten können. Es wurde mir damals sehr klar, dass Kinderkriegen mit der Elternerziehung anfangen müsste. Wenn die Eltern, aber vor allem die Mütter, ihre Aufgabe richtig verstehen würden, dann könnten sie die ganze Welt verändern.
Es ist heute sicher nicht sehr schick, *nur* Hausfrau und Mutter zu sein. Die Pflege unseres Hauses und unserer familiären Beziehungen ist selten spektakulär oder glamourös. Wir stehen nicht im Rampenlicht, indem wir Windeln wechseln oder Toiletten putzen. Pflege konfrontiert uns mit dem Leben. In dieser Spanne zwischen den Notwendigkeiten des physischen Lebens und unserem Streben nach Harmonie, Ordnung, Schönheit — gerade dort finden wir die Pflege. Sowohl beim Elternsein als auch bei der Pflege handelt es sich um ein Atmosphäre schaffen, um eine Verwandlung von Innen- und Außenraum.
Die echte Pflege ist für mich ein alchemistisches Prinzip. Es hat viel mit Magie zu tun. Wir sollen nur nicht die magischen Kräfte in Formeln oder komplizierten Ritualen suchen! Das Geheimnis der Magie liegt in der Haltung, in der Gesinnung. Wenn wir die richtige Haltung finden, besitzen wir das magische Wort, dank dessen wir nicht nur mit den Menschen kommunizieren können, sondern auch mit den Tieren, Pflanzen, Steinen und Gegenständen. Diese Gesinnung muss jeder für sich selbst finden. Dazu ist es aber wichtig, den Respekt allem Existierenden gegenüber zu kultivieren. Wenn jeder versuchen würde, die rechte Haltung zum anderen zu finden, wäre das der Beginn zur Lösung vieler Probleme.

Die Frage der Selbstentwicklung, Selbstverwirklichung und des Schulungsweges ist ohne Frage wichtig. Aber muss oder kann all das nur außerhalb des Hauses stattfinden? Sollten wir nicht versuchen, in allem, was wir tun, unsere Entwicklung und Selbsterziehung zu fördern? In einem Tagungszyklus über die Hausmütterarbeit sprach der damalige Vorsitzende der Anthroposophischen Gesellschaft, Manfred Schmidt-Brabant, von einer Hausmutter als Priesterin. Hinter mir saß eine jungen Frau, die vehement zischte: *Ich will aber gar keine Priesterin sein, nur eine ganz normale Mutter und Ehefrau, und das ist schon schwierig genug!* Auch hier kommt es auf die innere Haltung an, ob man Priesterin ist oder nicht. Die Prinzessin unterscheidet sich von der Magd durch die Art und Weise, wie sie dieselbe Aufgabe erledigt. Es kommt auf das Streben an, mit der Aufgabe zu wachsen. Und wenn wir uns diese Tätigkeit, diese Aufgabe zur Herzensangelegenheit machen, dann kann uns Durchhaltekraft geschenkt werden.

Ich muss immer wieder auch an einen weiteren Ausspruch des bereits erwähnten Manfred Schmidt-Brabant denken: *Einweihungsstätten gab es früher. Heute findet die Einweihung im Alltag statt*[3]. Er war überzeugt, dass die neue Mysterien-Gesellschaft vom Haushalt ausgehen müsste; denn die neuen menschlichen Gesellschaften würden dort entstehen, wo Eltern, und vor allem Mütter, aus spirituellem Verständnis heraus tätig seien. Es braucht Mut und Einsatz; aber alles Wissen über das Geistige ist nur echt, wenn es auch im täglichen Leben angewendet wird.

Was wir für den Geist einsetzen, wird zum Besitz. Diesen Besitz kann uns niemand wegnehmen — hier sind wir alle gleich, hier haben wir alle die gleiche Chance.

Der Traum, durch den mir die Wichtigkeit des Raumschaffens erklärt wurde, wies auch auf einen Bereich hin, der für mich damals noch ein völliges Neuland bedeutete: die helfenden oder hemmenden Wesen, die eine Arbeit begleiten.

II. Der Mensch, sein Haus und seine Helfer

Die Natur ist lebendig und wir müssen ihr mit Respekt begegnen. Ihr sagt vielleicht, dass ihr nicht seht, durch was euer Respekt etwas für sie ändern könnte. Angenommen, dass dies nichts für sie ändert, dann tut es wenigstens für euch. Wenn ihr aufmerksam gegenüber den Steinen seid, den Pflanzen, den Tieren, den Menschen und selbst gegenüber den Objekten, die euch umgeben, entwickelt sich euer Bewusstsein, erweitert sich, und ihr bereichert euch mit all diesem Leben, das um Euch atmet und vibriert. Solange ihr das nicht verstanden habt, seid nicht erstaunt, wenn ihr Euch unruhig, desorientiert, in der Leere fühlt.
Sie wollen jeden Tag Ihrem Leben einen Sinn geben? Dann denken Sie daran, dass Sie mit den Kräften und lichtvollen Wesen der Natur verbunden sind und dass sie mit ihnen kommunizieren können. In dieser ununterbrochenen Kommunion mit einer Vielzahl von Geschöpfen werden Sie das wahre Leben kosten. ‚Aber', sagen Sie vielleicht, ‚wie erreiche ich das?' Durch den Respekt und durch die Liebe; es gibt kein anderes Mittel. Wenn Sie die Natur respektieren, sie lieben, wird sie zu Ihnen sprechen; denn auch Sie sind ein Teil der Natur.[4]

1. Geduld, Weisheit, Frömmigkeit, Lebenssicherheit

Der Mensch wird immer wieder als die Krönung der Schöpfung betrachtet. Ihm wurde die Pflege des Gartens Eden anvertraut. In vielen Schöpfungsgeschichten und Traditionen bekam er die Aufgabe, die Erde und die Kreaturen zu pflegen.

Das hat sich nie geändert, aber der Mensch scheint für eine Zeit lang diese Aufgabe vergessen zu haben. Anstatt auf die Pflege und Erhaltung der Erde und ihrer Kreaturen schien er sich während Jahrzehnten nur noch auf die Ausnutzung konzentriert zu haben. — Der Mensch braucht die Natur, um zu überleben, um sich zu ernähren, ein Haus zu bauen und so weiter. Allerdings haben wir dieses Nutzenverhältnis gegenüber der Natur zu weit getrieben. Irgendwann haben wir sie aus dem Gleichgewicht gebracht. Arten sterben aus, Wälder erkranken, immer mehr Naturkatastrophen stellen sich ein und immer mehr Landstriche verfallen der Verwahrlosung. Zum Glück gibt es heute zunehmend Menschen und Organisationen, die sich bemühen, uns an diese ursprüngliche Aufgabe zu erinnern.

Und doch: Die Natur ist für den Menschen da, und der Mensch ist auch für die Natur da. Es ist und soll ein Geben und Empfangen bleiben.
Vor einigen Jahren war ich an einem Donnerstagnachmittag im Müllsammelraum im Goetheanum dabei, den Abfall zu organisieren, weil die Müllabfuhr immer am Freitagmorgen stattfindet. Wir sammeln dafür das Altpapier im ganzen Hause in großen Papiersäcken, die dann später im Müllsammelraum in Kartons umgefüllt werden müssen, damit diese anschließend zur Entsorgung in der Papierpresse komprimiert werden können. An dem erwähnten Donnerstag nun, gerade als ich das Papier aus den Säcken in die Kartons umfüllte, fiel eine Broschüre daneben und flatterte über den Boden. Ich sah sofort, dass es eine englische Broschüre war, und sagte mir: *Das nimmst du mit nach Hause.* Kaum hatte ich aber diesen Gedanken formuliert, kam innerlich ein Gegenargument: *Wenn du das mitnimmst, legst du es doch nur zu den vielen anderen Broschüren — schau doch wenigstens nach, ob dich etwas aus dem Inhalt dieser Broschüre interessiert!* Ich öffnete die Broschüre also und entdeckte darin einen Vortrag mit dem Titel *Spirituality in daily life* von Rudolf Steiner. *Gut!*, dachte ich, *da redet Steiner sicher auch übers Putzen.* Ich riss den Vortrag heraus und steckte die Seiten in meine Hosentasche. Am gleichen Tag noch las ich den Vortrag — und sehr viele Male seither. Der Vortrag fängt mit folgenden Sätzen an: *Die Geisteswissenschaft gibt Lebenssicherheit und Kraft, wenn sie richtig erkannt wird. Wie kann sie sich fördernd ins Leben hineinstellen?* Ich erwartete ganz praktische Übungen, aber keine Spur davon und übers Putzen steht auch kein Wort drinnen, sondern über das, was wir in uns entwickeln können, um zur Entwicklung unserer Erde beitragen zu können.

So befestigen wir im Astralleib, im Ätherleib und im physischen Leib durch Weisheit, Frömmigkeit und Lebenssicherheit dasjenige, was wir als Mensch als unser Bestes erarbeiten können für die ganze Evolution unserer Erde. So arbeiten wir an unserem Erdenplaneten. So erwerben wir uns aber auch ein Gefühl dafür, dass der Mensch nicht einzeln, isoliert dasteht, dass das, was er erarbeitet in seiner Seele, Wert und Bedeutung hat für das Ganze. Und wie kein Sonnenstäubchen ist, das die Gesetze des Weltalls nicht in sich trägt, so ist kein Mensch, der nicht durch das, was er tut und lässt, das Weltall aufbaut und zerstört. Wir können ebenso viel geben dem fortschreitenden Weltprozess, wie wir ihm nehmen, wie wir von ihm heraus bröckeln können dadurch, dass wir uns um ihn nicht kümmern, uns nicht Lebenssicherheit erwerben. Durch diese Unterlassungen wirken wir ebenso an der Zerstörung des Planeten mit, wie wir durch die Aneignung von Weisheit, Frömmigkeit und Lebenssicherheit ihn aufbauen. So ahnen wir allmählich, was die Geisteswissenschaft gefühlsmäßig uns werden kann, wenn sie den ganzen Menschen ergreift.

Aus Rudolf Steiner: *Geduld, Weisheit, Frömmigkeit, Lebenssicherheit* [5]

Durch diesen im *Müll* gefundenen Vortrag wurde mir klar, dass wir die eigene Entwicklung und die Entwicklung der Erde nicht trennen können. Und das ist ganz im Trend der heutigen Zeit: Noch nie gab es so viele Angebote zur Entfaltung und Selbstentwicklung. Man hört und liest viel über *Wellness, Selbstentfaltung, Selbstverwirklichung, etwas für Körper, Geist und Seele tun*. Das geht bis in die Werbung für einen Joghurt! Eine kulturelle oder auch seminaristische Veranstaltung wird oft nur noch dann als sinnvoll empfunden, wenn sie etwas für Kopf, Herz und Hand bietet.

2. Der Bau des Menschen

Viele Glaubensrichtungen und okkulte Lehren schildern, dass der Mensch aus verschiedenen Wesensgliedern aufgebaut ist. Die anthroposophische Geisteswissenschaft beschreibt vier Wesensglieder: Da ist zunächst der Körper. Zum physischen Leibe, gehört ohne Zweifel auch seine Vergänglichkeit. Wenn wir uns zu fest auf den Erhalt des physischen Leibes durch Wellness (oder ähnliches) konzentrieren, kann uns das teuer zu stehen kommen. Etwas nur physisch pflegen zu wollen, ist nicht nachhaltig. Das kann man daran merken, dass man da ständig zu etwas Neuem greifen muss, ständig etwas noch Besseres nachgekauft werden muss. Auch wenn wir fit, braun gebrannt und gesund aussehen, heißt es noch lange nicht, dass unsere Nerven gesund sind oder dass wir unsere Gefühlswelt (geschweige denn ihre Ausbrüche) unter Kontrolle haben.
Der physische Körper kann sich nicht aus sich heraus am Leben erhalten; sich selbst überlassen, würde er anfangen zu verfaulen, zu vergehen, zu Staub verfallen — so wie er es im Todesfall ja auch tut. Was den physischen Leib am Leben erhält, das ist eine unsichtbare Energie: unser Lebens- oder Ätherleib. Er ist nicht aus Stoffen, sondern aus Lebensprozessen, Rhythmen, Dynamiken (also aus in der Zeit verlaufenden Vorgängen) aufgebaut. Jedes Wesen zeigt uns in seinem Wachsen, Blühen und Vergehen solche Prozesse. Der Lebensleib wird gestärkt durch rhythmische Vorgänge wie das regelmäßige Essen, Schlafen und Wachen, Spazierengehen und so weiter.
Wir bestehen aber nicht nur aus Lebensvorgängen. Wir können die Rhythmen wunderbar pflegen, uns sehr gesund ernähren, die Freizeit sinnvoll gestalten — und doch reicht das für eine echte Nachhaltigkeit noch immer nicht aus. Wenn wir unglücklich, ja vielleicht sogar voller Sorgen oder wütend ins Bett gehen, werden wir uns nicht erholen. Wir haben eben Gefühle, Wünsche, Träume — und auch den Tatendrang, diese zu verwirklichen. Für unsere Gesundheit spielt auch eine Rolle, wie wir denken, wie wir unsere Meinungen bilden, wie wir eine Aufgabe erledigen.

Bin ich fröhlich oder frustriert, mache ich alles nach meinen Vorstellungen ohne Rücksicht auf meine Umgebung?
Die Art, wie wir mit unseren Gedanken, Gefühlen und Willensimpulsen umgehen, hat Einfluss auf unser Wohlbefinden. Dies ist die seelische Ebene unseres Menschenwesens und diese Vorgänge haben ihren Sitz im Empfindungs- oder Seelenleib, der auch als Astralleib bezeichnet wird. Die Gesundheitswissenschaft (Salutogenese) hat herausgefunden, dass der Mensch gesünder ist, wenn seine Seele in einer so genannten Kohärenz lebt. Ein Mensch, der seinen Gefühlen völlig ausgeliefert ist, wird oft durch das Leben überwältigt. Ziehen zur gleichen Zeit die Gedanken in die Luft wie ein Adler, die Gefühle rückwärts in Richtung Wasser wie ein Krebs und das Wollen wie ein Maulwurf unter die Erde, ist wohl unvermeidlich eine Zerreißprobe angesagt. Man kommt nicht zu Entscheidungen, Tatenlosigkeit ist die Folge. Für die Gesundheit ist eben auch ein Sinn für Zusammenhänge wesentlich.
Das vierte Wesensglied, unser Ich, sollte der Herrscher über die übrigen Wesensglieder sein. Es ist der Träger unserer Individualität; in unserem Ich fassen wir unsere Erlebnisse, unser Schicksal, alles, was wir gelernt haben, als unsere Persönlichkeit, unsere Identität zusammen. Das Ich kann sich durch die drei übrigen Wesensglieder mit der Welt in Beziehung setzen oder sich von ihr distanzieren. In unserem Ich liegt unsere unerschöpfliche Lebensquelle. Wir bleiben mit ihr in Verbindung, wenn wir mit der Frage leben: Was will ich als Mensch, als diese Individualität mit meinem Leben machen, was ist mein Ziel, mein Ideal?
Tatsächlich bietet unser Haushaltsalltag die Möglichkeit, unsere höchsten Ziele an ganz einfachen kleinen Aufgaben zu üben, zu kultivieren. Wenn wir uns bemühen, unser Handeln durch unser Ich selbst und frei zu bestimmen, entwickeln wir Eigenschaften, mit denen wir würdige Lebensqualität um uns verbreiten können.

Baut eine Laube nach euren Vorstellungen in der Wildnis,
ehe ihr ein Haus innerhalb der Stadtmauern baut.
Denn so wie ihr Heimkehrer in der Dämmerung seid,
so seid ihr auch Wanderer, ewig Ferne und Einsame.
Euer Haus ist euer größerer Körper.
Es wächst in der Sonne und schläft in der Stille der Nacht;
und es ist nicht ohne Träume. Träumt euer Haus etwa nicht,
und verlässt es nicht träumend die Stadt für Hain oder Hügel? [7]

3. Das Haus als Organismus

Die Stätte, die ein guter Mensch betrat, ist eingeweiht[6]

Als ich ganz neu am Goetheanum war, lernte ich 1993 die damals jährlich veranstaltete Tagung zur Aufgabe und zum Berufsbild der Hausmutter mit Manfred Schmidt-Brabant kennen. Der Gedanke, dass unser Zuhause genauso wie der Mensch selbst aus physischem Leib, Lebensleib und Seelenleib (Astralleib) sowie einem Ich (Geistwesen) bestehen könnte, war mir völlig neu[8].
Unser Zuhause hat selbstverständlich eine physische Seite, die sich oft gewaltig den Augen präsentiert — und uns manchmal wie ein Berg vorkommen kann. Dazu gehört die ganze Einrichtung (Möbel und anderes). Auch der Garten, der Keller, der Speicher, die Garage gehören dazu.

Hier erleben wir stark das Erdelement, das sich ja unter anderem durch seinen Widerstand auszeichnet. Werden die Widerstände im Haushalt durch bewusstes Arbeiten, durch harmonische, fließende und durchdringende Bewegungen unserer Gesten verwandelt, dann befinden wir uns schon im Lebensleib unseres Zuhauses. Das Haus hat auch eine Lebensströmung, die sich in der Ordnung, in der Aufteilung, in den Gewohnheiten und Rhythmen der Bewohner zeigt — kurz: in der Art, wie eine Lebensgemeinschaft gestaltet wird.
Weil wir im Haushalt mit so vielen stofflichen Prozessen zu tun haben, ist dies auch der Ort, wo wir mit der elementarischen Welt[9] in Kontakt treten können, wo wir versuchen können, wieder eine Beziehung zu diesen Wesen aufzubauen. Wir begegnen nicht nur der Welt der Dinge, sondern dem Wesenhaften an und in den Dingen. Wir erkennen die Würde der Dinge. Im Haushalt beantwortet sich auch die Frage, ob ich mich heilend zur Welt, zu den Lebensräumen verhalte oder nicht.
Das Leben strömt: Wir essen, verdauen, scheiden aus. Wir atmen ein und aus. Das Strömen im Haushalt funktioniert oft nicht so gut wie im Körper. Es wird viel aufgenommen, gar zu selten aber wird auch wieder ausgeschieden. Ein erster Schritt wäre, voller Interesse bei den Dingen und in den Räumen zu sein und sich zu fragen, welche Dinge das Haus beleben und welche es eher belasten?
Im Seelenleib (Astralischen) des Hauses lebt das ganze Denken, Fühlen und Wollen. In ihm leben die Qualitäten, die durch die einzelnen Menschen in die Gemeinschaft getragen werden. Das Astrale ist in der Atmosphäre eines Hauses erlebbar. Sie wird durch unsere Tätigkeiten geprägt, vor allem durch unsere künstlerischen Tätigkeiten — sei es die Kochkunst oder die Kunst des Ordnung Schaffens! Am wichtigsten sind der Humor und die Andacht zum Kleinen sowie die Hingabe, durch die die Arbeit fromm werden kann.

In diesem Bereich des Hauses erleben wir *Hestia*, die Schutzpatronin von Haus und Herd, sowie die *Penaten*, die zu den privaten Schutzgöttern eines Haushalts gehören. In der alten römischen Kultur waren auch die Penaten für den Herd und die Vorratskammer zuständig — sie sorgten dafür, dass die kostbare Glut nicht erkaltete, nachts die Ratten nicht an die Speisevorräte gingen, und sie mussten den Koch anregen, etwas Schmackhaftes zu kochen. Zusammen mit anderen Göttern schützten sie die Familie und deren Haushalt.

Schließlich kann man noch vom Geistigen eines Hauses sprechen. Wie entsteht das Geistige in einem Haus? Durch den Bezug, den die Bewohner zu Aspekten des Kulturlebens haben. Wie wird die Kunst im Haus gepflegt? Was lebt im sozialen Bereich der Familie (nehmen wir Rücksicht aufeinander)? Reden wir über spirituelle Themen, wird am Tisch ein Gebet gesprochen? Ein weiteres wichtiges Element des Geistigen ist das Wissen um die Schutzengel, die einen jeden Menschen durch sein Leben führen. Auch die Verstorbenen, die mit uns verbunden sind, begleiten uns weiter.

Jeder Mensch, der einen Haushalt führt, wird täglich mit verschiedenen Aufgaben konfrontiert. Wer aber bereit ist, sich offen darauf einzulassen, kann vieles neu entdecken. Es gibt verschiedene Ebenen, auf die wir mit der Pflege Einfluss nehmen können. Immer gibt es für alles Physische auch eine geistige Seite. Wir nehmen also nicht nur physisch den Schmutz weg, wir arbeiten auch mit unseren Lebens- und Seelenkräften, mit unserem Ich. Durch das Bestreben, die Aktivitäten im Haushalt wach zu begleiten, werden wir aufmerksam dafür, was das Wesen des Hauses braucht, um seine Aufgabe erfüllen zu können. Dieses Bestreben verbindet die unmittelbare Vergangenheit mit der unmittelbaren Zukunft und bewahrt das Daheim in der Sicherheit des Daseins.

Unser Zuhause ist kein Selbstzweck, auch seine Reinheit, seine Pflege ist kein Selbstzweck. In unserem Zuhause schaffen wir Raum — sozialen Raum, Entwicklungsraum, für den Einzelnen, die Gemeinschaft und die geistige Welt. In Räumen treffen Schicksale von Menschen, ja von ganzen Generationen aufeinander. Wer sein Zuhause als Organismus erlebt, geht anders damit um. Jeder lebendige Organismus gedeiht durch Pflege. Einer Pflanze kann man Wasser geben, und sie wird wachsen. Man kann sie aber auch liebevoll pflegen, und sie wird gedeihen. Von Raum zu Raum, von Klassenzimmer zu Klassenzimmer, sieht man den Unterschied zwischen überlebenden, wachsenden und gedeihenden Pflanzen. Das Gleiche gilt für unsere Kinder, für Tiere — und sehr wichtig: auch für unsere Beziehungen zu anderen Menschen sowie zur Welt der Dinge.

Ich habe oft schon das Gefühl gehabt, eine Beziehung zu einem Gebäude oder einem Raum wurde so stark, dass ich dessen Bedürfnisse spüren konnte. Über eine aufmerksame Sinneswahrnehmung wird die Beziehung so intensiviert, dass

man anfängt, auch Übersinnliches wahrzunehmen. — Diese Einsicht allein könnte schon eine Initialzündung für eine Selbsterziehung sein. Durch Erziehung und Selbsterziehung lernen wir zu erkennen, wie wir an uns selbst arbeiten können und müssen, um einen weiteren Schritt machen zu können.
Ungepflegte Dinge, auch ungepflegte Gebäude verfallenen erstaunlich rasch. Ein leer stehendes Haus zerfällt schneller als ein bewohntes Haus. Auch ein Auto, das selten gefahren wird, läuft Gefahr einzurasten, ja zu rosten. Die Kleider, Wolle, Stoffe die regelmäßig gebraucht werden, werden weniger oft von Motten befallen. Sogar der Stein zerfällt langsamer, wenn der Mensch sich seiner (etwa fürs Bauen) bedient.
Im Großen Saal des Goetheanums (mit fast tausend Stühlen) wurde täglich der Boden gefegt. Manchmal nur ein paar Reihen am Tag. Es war mir wichtig, dass täglich jemand in diesem Saal anwesend war, damit dort eben menschliche Präsenz wirken konnte. Aufgrund von Sparmaßnahmen wurde der Saal auf einmal nur noch vor, während und nach den Veranstaltungen gereinigt. Innert weniger Wochen hatten wir im Wollstoff der Stuhlpolster Mottenbefall. Die Kosten, diesen zu beseitigen, den Boden anschließend neu einzulassen, hätten die regelmäßige Unterhaltsreinigung über drei Jahre hin gedeckt.
Wenn wir lernen, unser Haus oder den Kindergarten, die Schule, das Heim, als Organismus zu verstehen und sie mit Hingabe zu pflegen, nimmt unsere Tätigkeit etwas Religiöses an; dadurch verändert sich die Atmosphäre, es wird hell im Raum. Da Pflege immer ein bewusstes Handeln ist, geschieht sie nicht nur aus der unmittelbaren Gegenwart heraus, sondern trägt viel Zukünftiges in sich. Sie ist wahre Ökologie (nicht nur als Lehre vom Haushalt, sondern auch als Pflege des Haushaltes), die Lebensräume für die Zukunft schafft.

Frage: *Wie finde ich heraus, warum ich mich in einem Zimmer unwohl fühle?*
Antwort: Fragen Sie das Zimmer doch! Stellen Sie sich an die Türschwelle, schließen Sie die Augen und *hören* Sie ganz genau hin. Versuchen Sie, sich innerlich ein Bild zu erzeugen von den Dingen in dem Raum. Haben Sie etwas Geduld, oder schauen Sie den Raum genau an — ich bin ziemlich sicher, dass Sie den Grund finden werden. Vielleicht entdecken Sie sogar etwas unter den Dingen, was jetzt gerade in Ihrem Leben wesentlich ist, und das ganze Unwohlsein diente allein dazu, dieses Ding zu finden!
Einige Tage nach einem Interview verriet mir eine Journalistin: *Ich musste innerlich schmunzeln, als Sie das mit dem 'Hinhören' im Raum erzählten. Seit Monaten fühle ich mich nicht wohl in unserem Wohnzimmer, wusste aber nicht warum. Nach dem Interview bin ich nach Hause gegangen und sieh da! Kaum habe ich die*

Übung begonnen, wurde es mir sofort klar, dass alle diese Bücher, die in doppelten Reihen in dem großen Wandregal vor und hinter einander stehen, mich furchtbar störten. Wir lesen alle sehr gerne und haben viel zu viele Bücher. Ich fing gleich an, die Bücher auszusortieren und das Resultat fiel allen Mitgliedern der Familie auf, ohne dass ich nur ein Wort gesagt hatte. — Ein Raum kann seine Bedürfnisse, seine Ansprüche kommunizieren.

Frage: *In unserem Wohnhaus gibt es einen ganz merkwürdigen Raum. Ich muss ihn durchqueren, um von der Diele in die Küche zu kommen und irgendwie wirkt das jedes Mal sehr anstrengend auf mich. Was könnte ich unternehmen?*
Antwort: Ich habe diesen Raum angeschaut, und was ich vorfand, war eine Art *Niemandsland*. Der Raum wirkte wie ein Schlauch. Er war kaum zwei Meter breit aber dehnte sich über sechs Meter, also über drei Meter in beide Richtungen aus. Beim Betreten des Raumes fällt auf, dass er baulich etwas merkwürdig gestaltet worden war, da es sich bei der Diele um einen Anbau handelte. Am schlimmsten war, dass dieser Durchgang keinem klar definierten Zweck diente. Er war teilweise Fahrradraum, teilweise Abstellkammer, teilweise Computerraum. Beim Durchlaufen wurde die Aufmerksamkeit sofort auf diese Unordnung gerichtet — und zwar in beide Richtungen. Man hatte den Eindruck, als mache die Seele einen Spagat. Als erstes haben wir Regale hingestellt, sodass ein Korridor zwischen Diele und Küche entstand. Die Regale wurden versetzt, damit nicht zur gleichen Zeit in beide Richtungen gesehen werden konnte. Anschließend wurden die zwei entstandenen Raumteile geordnet, und es wurde klar bestimmt, was wohin gehört.

Frage: *Was mache ich mit den Spinnen?*
Antwort: Ich nehme Spinnen, die in meinem Hause sind, weg, weil sie ungeladene Gäste sind. Anfangs dachte ich auch, dass sie nützlich sind wegen der Fliegen, Mücken und so weiter. Aber irgendwann habe ich es mir anders überlegt. Wenn wir Haustiere haben, sollen wir sie pflegen und ernähren - das heißt, wir müssten uns aktiv um Mücken und Fliegen für die Spinnen bemühen.
Aber Spaß bei Seite. In den vielen Jahren meiner Tätigkeit ist mir immer aufgefallen, dass Spinnen immer dort erscheinen, wo ich mit meinem Bewusstsein nicht hinkomme. Also meistens auf Speichern, in Kellern, in leer stehenden Räumen. Auch wenn keine einzige Spinne bei mir im Haus ist, bevor ich in die Ferien gehe … nach den Ferien, wenn ich wieder zurückkomme, sind immer welche da. Es ist auch sehr erstaunlich, wie schnell die Spinnen kommen, sobald Menschen umziehen. Innert drei Tagen sind fast in allen Ecken Spinnen zu sehen.
Früher habe ich sie einfach aufgesaugt, bis eines Tages eine verstaubte Spinne mit

gebrochenen Beinen aus dem Staubsauger-Sack kroch, als ich ihn ersetzten wollte. Das fand ich doch sehr bedauernswert. Seitdem, wenn ich eine Spinne sehe, sobald ich putzen will, sage ich ihr: Ich fange jetzt in dieser Ecke an und arbeite jetzt hier entlang. Wenn ich zu der Ecke komme, wo du jetzt bist, und ich finde dich immer noch dort, dann hast du Probleme. Bis jetzt war sie dann auch tatsächlich nicht mehr da, wenn ich *ihre* Ecke erreichte!

4. Die Helfer — Von Wesen umgeben

In meiner Kindheit wurde mir nie eine Gute-Nacht-Geschichte erzählt und Märchen lernte ich erst kennen, als ich selbst lesen konnte. Aber zu einer Großfamilie mit vielen Onkeln, Tanten, Nichten und Neffen gehörten auch unsere Familienzusammenkünfte — und sehr viele Geschichten, die am Feuer erzählt wurden (nach dem Grillen, was eine Art Nationalspeise in Südafrika ist). Diese Geschichten waren immer aus dem Leben gegriffen und hatten oft etwas mit dem Übersinnlichen zu tun. Da gab es merkwürdige Erscheinungen, Spukgestalten und immer wieder auch Vorahnungen auf bevorstehende Ereignisse.
Eine Geschichte, die mich sehr beeindruckte, handelte von einem Mann, der sehr böse war, und der aus Neid auf die guten Ernten der Nachbarn einen Pakt mit dem Teufel einging. Eines Nachts, als er gerade dabei war, sich in seinen dunklen Künsten zu üben, fing sein Haus Feuer — und auch auf dem Manne züngelten die Flammen. Er rannte brennend über die Wiese zum Teich, um sich zu retten — doch vergebens. Auf seinen Fußspuren, die er vom Haus bis zum Teich hinterlassen hatte, wird nie wieder Gras wachsen.
In fast jeder Familie gab es jemanden, der mit *dem Helm* geboren wurde. Das bedeutete, dass diese Person besondere Fähigkeiten hatte, meistens hellseherischer Art. Mein Vater war Wünschelrutengänger. Er wurde oft darum gebeten, Orte auszumachen, an denen es sich lohnen könnte, nach Wasser zu bohren. Das war natürlich in einer Gegend, die an chronischem Wassermangel litt, eine gefragte Fähigkeit. Er habe ein kleines Äffchen auf seiner Schulter, erklärte er uns einmal, das ihm sage, was er wissen musste. Er wusste meistens auch im Voraus, wann ein Kind geboren werden sollte, ja sogar, welches Geschlecht es haben würde. — Aber auch Schlimmes ahnte er oft schon im Vorhinein.
Wunderbare Geschichten hörten wir auch von Einheimischen. Da gab es Riesen, die alles auffressen wollten, und es brauchte dabei immer großes Geschick, das Vieh zu schützen. Sie erzählten vom *Tokolossie*, der Kinder schnappte, die nicht brav waren, und der vor allem auch verheiratete Frauen plagte, die in der Stadt wohnten. Auf dem Land schlafen alle Einheimischen auf ihren Matten, aber sobald

eine verheiratete Frau in der Stadt wohne, solle sie ganz hoch über dem Boden schlafen, damit der Tokolossie nicht zu ihr hinaufsteigen konnte. Das Bett stand so hoch, dass die Frau selbst kaum hinaufklettern konnte. Das war natürlich eine wackelige Angelegenheit, denn die meisten Betten wurden mit Stapeln von Backsteinen in die Höhe gebracht.
Schon damals also hörte ich von den merkwürdigsten Wesen — die meisten waren hilfreich; es gab aber auch andere, die sehr böse sein konnten.

In allen Kulturen, Religionen, Bräuchen, Sagen und Legenden finden wir ganze Hierarchien von Wesenheiten, von den Schlimmsten, Dunkelsten, die uns verführen wollen, bis hin zu den Hellsten und Lichtvollsten, die uns schützen und helfen wollen. Und wie gehen wir heute damit um? Was kann mir heute das Wissen um diese Wesen bedeuten?

Sowohl in der modernen als auch in der klassischen Literatur finden wir sehr viele Hinweise zu den verschiedensten unsichtbaren Wesen: Nebst den Naturgeistern oder Elementarwesen gibt es Engel, Dämonen und viele andere mehr. Dazu kommen auch noch die Verstorbenen, die uns begleiten.

Ihr arbeitet, um mit der Erde und der Seele der Erde Schritt zu halten.
Das Leben ist Dunkelheit, wenn der Trieb fehlt,
und aller Trieb ist blind, wenn das Wissen fehlt.
Und alles Wissen ist vergeblich, wenn die Arbeit fehlt,
und alle Arbeit ist leer, wenn die Liebe fehlt;
und wenn ihr mit Liebe arbeitet, bindet ihr euch an
euch selber und an einander und an Gott.
Und was heißt, mit Liebe arbeiten?
Es heißt, allen Dingen, die ihr macht, einen Hauch eures
Geistes einflößen
und zu wissen, dass die selig Verstorbenen um euch stehen und zusehen.
Arbeit ist sichtbar gemachte Liebe.[10]

Nicht nur in Märchen und Sagen, sondern auch in den heiligen Schriften und bei großen Dichtern wie Goethe und Shakespeare, begegnen uns zahlreiche Wesen — zum Beispiel im zweiten Teil von Goethes Faust oder auch im Sommernachtstraum von William Shakespeare. Und bei dem alchemistischen Gelehrten und Arzt Paracelsus findet man sogar eine sehr genaue und detaillierte Beschreibung dieser Wesenswelt[11]. Er sprach von den Elementarwesen, von Berg- und anderen Leuten.

Er nannte sie Pygmäen, Nymphen, Sylphen und Salamander. Er nannte die Wasserleute auch Undinen, die Luftleute Sylvestres, die Bergleute Gnomi und die Feuerleute neben Salamander auch Vulcani. Paracelsus schildert sehr präzis und objektiv und dabei zugleich auch sehr poetisch die Wohnungen dieser Leute.
Märchengestalten tauchen auch in der Werbung auf, wo von *Heinzelmännchen, Fleckenzwergen* und *weißen Riesen* gesprochen wird. Und die griechische Mythologie ist präsent, wenn wir *Ajax* gegen den Schmutz in Küche und Bad zur Hilfe holen.
Filme und Bücher über diese unsichtbaren Wesen gewinnen immer mehr an Beliebtheit. Denken wir an *Herr der Ringe, Harry Potter*, die *Twilight-Sagen*, *Matrix* und viele andere Filme von Superhelden und Mutanten. Der Mensch sehnt sich nach einer Welt, in der er Kräfte entwickeln kann, die das Böse bekämpfen können, in der er unsichtbare und andere wundersame Wesen zur Hilfe holen kann.
In dem Film *Avatar* sind im Jahr 2154 die Rohstoffvorkommen der Erde erschöpft. Die Menschen beginnen, in den Weiten des Alls nach Alternativen zu suchen. Die Menschheit, die nichts aus ihren Fehlern gelernt hat, breitet ihren Ausbeutungsfeldzug auf den umliegenden Weltraum aus, da sie ihren Heimatplaneten Erde gänzlich seiner Ressourcen entledigt hat. Eine kleine Gruppe von Menschen versucht, im benachbarten Sonnensystem Alpha Centauri auf dem Mond Pandora des fiktiven blauschimmernden Gasplaneten Polyphemus, wertvolle Rohstoffe zu finden. Ein junger Erdenmensch übernimmt die Aufgabe eines Avatars: Bei seiner Entdeckungsreise auf dem Planeten Pandora lernt er die Kultur der eingeborenen Na'vi kennen, die in perfekter Harmonie mit ihrer Umwelt leben. Daraus erkennt er schließlich, dass diese Welt gegen alle Widerstände zu erhalten ist — auch wenn er sich damit gegen die Menschen stellt, die nach Pandora gekommen sind, um den Planeten rücksichtslos auszubeuten.
Mit der Unbeschwertheit und Naivität eines Kindes tritt er in diese neue Welt ein, die sich für ihn als Wunderland entpuppt, während er hinter den Kulissen zum Spielball unterschiedlicher Interessen wird. Dem Idealismus einer Wissenschaftlerin, die Schulen auf Pandora gebaut und zarte Bande mit den Na'vi und ihrer komplexen Kultur geknüpft hat, steht der eiskalte Kapitalismus des aalglatten industriellen Projektleiters und der Pragmatismus des Generals gegenüber, die ihrerseits den jungen Avatar instrumentalisieren wollen — das alles, um Pandora noch rücksichtsloser ausplündern zu können.
Unweigerlich steuert die Handlung auf die *Vertreibung aus dem Paradies* zu, und manifestiert sich in der Zerstörung des gewaltigen Lebensbaums der Na'vi. Man kann sich fragen, wieso in Hollywood andere Wesen auf einem anderen Planeten gewählt werden, das zu erklären, was in fast allen spirituellen Lehren und Naturreligionen dargestellt wird: Der Glaube an eine höhere Kraft, die alle Wesen verbindet. Der Glaube daran, dass Naturwesen den Menschen dienen, wenn er sich

mit ihnen verbindet und für sie offen ist — im positiven wie im negativen Sinne. Der Film zeigt, wie der Mensch mit verschiedenartigsten Wesen umgehen lernen muss, damit sie ihm nicht schaden. Was dort dargestellt wird und letztlich auch von uns ersehnt wird, das wäre im Grunde genommen auch hier bei uns auf der Erde gut möglich, wenn wir alle anfangen würden, uns bewusst mit der Natur und den Menschen zu verbinden. Wenn wir offen wären für Neues, Unbekanntes und auch lernen würden, Verantwortung für unsere Taten zu übernehmen. Es ist aber oft einfacher, sich diese Fähigkeiten durch Filmbilder zu erträumen, als das Leben selbst in die Hand zu nehmen. Wenn wir uns dieser Verantwortung nicht bewusst werden, kann es zur Zerstörung unseres *Lebensbaumes* kommen.

Persönlicher Zugang

Vermehrt werden Berichte von Menschen publiziert, die Engelbegegnungen und Begegnungen mit Naturwesen haben. Es werden Kurse angeboten, in denen man lernen kann, mit den Engeln zu reden und Spiritualität in der Natur zu erleben. Oft sind die Gedanken an solche Wesen für viele Menschen befremdlich, gar beängstigend. Meistens liegt das aber daran, dass man nur vom Hörensagen oder durch Bücher, Fernsehen oder Filme davon weiß. Wie schaffen wir es aber, uns selbst eine eigene Vorstellung dieser unsichtbaren Helfer zu machen — ohne dabei abergläubisch oder *abgehoben* zu werden oder nur noch an Heinzelmännchen oder gartenzwergartige Geschöpfe zu glauben?
In der *Theosophie* Rudolf Steiners findet sich eine schöne Bemerkung über die notwendige Haltung zur Welt der Elementarwesen:
Aberglaube ist es ja nicht, wenn man mit der Wirksamkeit von Elementarwesen rechnet. Aberglaube ist, wenn man meint, man könne sie physisch sehen.[12] Hilfreich ist es, bekannte Erlebnisse neu anzuschauen. Jeder kennt das Gefühl zu spüren, dass uns ein Mensch anschaut, ja man spürt sogar die Richtung, aus der der Blick kommt. Und oft wird unser Gefühl, wenn wir uns schnell genug umdrehen, auch bestätigt. Oder: Wir empfinden beim Betreten eines Hotelzimmers oder in einer Ferienwohnung ein starkes Gefühl von Unbehagen und Unwohlsein. Halten wir bei einer solchen Wahrnehmung inne und versuchen wir dem nachzugehen, was wir dort spüren, so tasten wir uns vorsichtig an das Unbekannte heran, wir versuchen zu entdecken, was um uns herum lebt.
Je mehr wir in einer solchen Art üben, desto besser entwickelt sich ein Organ, mit dem wir anfangen können, die Umgebung (die natürliche und die menschliche) anders, bewusster zu erleben. Im Volksmund heißt es: Nicht Neues erleben, aber das Erlebte neu erleben können. Alles kann neu aufgefasst werden, alles kann neu werden.

5. Kommunikation

Für viele Menschen ist es schwierig nachzuvollziehen, dass ein Mensch Vergleichbares mit einer Pflanze erfährt (die ihm vielleicht sogar etwas zu sagen hat) oder dass man erleben kann, wie ein Raum regelrecht *um Hilfe* ruft!
Mit den Räumen zu kommunizieren, ist einfach ein Teil meiner Arbeit. Für mich ist diese Kommunikation von zentraler Bedeutung. Wenn man einen Raum über längere Zeit pflegt, entsteht eine Beziehung, und wenn diese Beziehung gut ist, entsteht Kommunikation. Ich bin überhaupt nicht hellsichtig begabt, aber ich glaube, dass ein Raum mir gegenüber seine Bedürfnisse äußern kann; auch wenn sich das vielleicht zunächst etwas fremd anhören mag.

Einmal ging ich mit einer Frau in die Damentoiletten des Goetheanums, um ihr ein Stück Seife zu geben. Alle Türen der vierzehn Kabinen waren geschlossen, als wir den Raum betraten. Aber ich spürte sofort, dass irgendetwas im Raum nicht stimmte und sagte: *Oh, oh! Da drin ist etwas nicht in Ordnung.* Ich öffnete die Tür einer bestimmten Kabine und sah, dass es dort verschmutzt und nicht abgespült worden war. Ich brachte alles in Ordnung, und die Sache war für mich erledigt. Die Frau fragte aber: *Woher wusstest Du denn, dass etwas nicht in Ordnung war — und woher wusstest Du, dass es genau in dieser Kabine gewesen war, wo doch alle Türe verschlossen waren?* Ich kann nicht intellektuell erklären, woher ich das wusste — das ist für mich einfach ein Beispiel einer Art von Kommunikation mit den Wesen, die mich täglich bei meiner Arbeit begleiten.
Eine für mich neue Erfahrung machte ich kürzlich, als ich in einem sehr schwierigen Entscheidungsprozess war. Es ging um etwas Berufliches, und ich war unsicher, ja sogar etwas beängstigt darüber, an wen ich mich richten sollte. Ich ging im Wald spazieren und sah in der Entfernung etwas, das wie ein Männlein aussah, mit Kopf und rundem Bauch. Als ich in dessen Nähe kam, waren es zwei weiße Margariten, eine große etwas Höhere und eine Kleine. Ich setzte mich neben die Blumen auf die Wiese, und sagte ganz spontan: *Margaretchen, ich habe ja solche Angst! Mit wem soll ich denn bloß reden?* Zu meinem großen Erstaunen erfuhr ich ganz klar eine Antwort in mir: *Sprich mit Herrn X darüber.* Ich war völlig verdutzt, da ich diesen Herren nie in Betracht gezogen hatte, aber zugleich spürte ich ein großes Gefühl der Erleichterung. Zwei Tage später bat ich um einen Termin bei besagtem Herrn, und innerhalb zehn Minuten hatte ich mein Anliegen dargestellt, es wurde sofort begrüßt, und mir wurde jede mögliche Unterstützung zugesagt.
Bei solchen Erfahrungen geht es mir nicht darum, ob mir jetzt die Blume tatsächlich geantwortet hat; ich will auch nicht andere Menschen von etwas überzeugen.

Wichtig dabei ist, was dieses Erlebnis mir bedeutet hat und ob es das eigene Vertrauen in die helfenden Kräfte stärkt oder nicht.

In den Märchen werden oft ähnliche Situationen geschildert. In einem Moment der Verzweiflung erscheint plötzlich ein Wesen als Antwort auf eine Frage oder auf einen Hilferuf — oder auch, wenn jemand angesichts einer scheinbar ausweglosen Situation gelassen reagiert. Wer dann die erhaltenen Ratschläge befolgt oder bereit ist zu helfen, der wird im Märchen meistens reichlich belohnt.
Wichtig ist, dass wir immer wieder über unsere Wahrnehmungen nachdenken, dass wir mit Fragen leben, dass wir darauf achten, wann sich etwas verändert und dass wir versuchen herauszufinden, was die Veränderung ausgelöst hat.
Bei der Hausarbeit kann es vorkommen, dass wir plötzlich das Gefühl haben, dass alles leichter wird, dass es schneller geht. Es kommt Freude oder Fröhlichkeit auf. Sind dann auch die Kinder in der Nähe, wollen sie auf einmal mithelfen. So oft habe ich erlebt, dass gerade in dem Moment, in dem ich echte Hingabe bei der Arbeit erlebe, jemand unerwartet Hilfe anbietet, so als wolle er an dieser Freude teilhaben.

Nehmen wir das Erlebnis einer Freundin beim Fensterputzen: Eine Zeit lang hütete ich jeden Mittwochvormittag ihre zwei kleinen Kinder. Es war ein wunderschöner Frühlingsmorgen und jedes Blümchen, jede kleine Schnecke wurde bewundert und bestaunt. Da kein Zeitdruck bestand, machte ich mir keine Sorgen, als die Kinder gerade an diesem Tage besonders große Freude an allen großen und kleinen Dingen auf dem Weg nach Hause hatten. Obwohl wir kaum fünfhundert Meter voneinander entfernt wohnten, brauchten die Kinder (und ich) für den Heimweg mehr als eine halbe Stunde. Bei unserer Ankunft strahlte die Mutter über das ganze Gesicht und erzählte: *Ich dachte mir schon, dass ihr es schön miteinander hattet und daher entschloss ich mich — anstatt zu warten — das Küchenfenster zu putzen. Tja, und dann folgten noch die Fenster im Wohnzimmer, Esszimmer ... und jetzt habe ich alle Fenster putzen können!* Die Fenster waren blitzblank, und als Fachfrau, wusste ich sofort, dass ihr Zeit geschenkt worden war. In einer *echten* halben Stunde hätte nicht einmal ich alle diese Fenster so sauber bekommen!
In Märchen lesen wir viel von Wesen, die gerne bereit sind zu helfen, wenn die Menschen bestimmte Bedingungen erfüllen. Auffallend ist beispielsweise, dass der Prinz sich oft ein wunderschönes Mädchen zur Frau nimmt, das *fromm und gut* ist. Die Prinzessin hingegen wird oft von einem Jüngling gerettet oder erworben, der entweder der dümmste und jüngste von drei Brüdern ist, oder der ein einfacher Junge ist, der aber tapfer und zumeist auch offen gegenüber der Natur und ihren Wesen ist.

Auch von den Elementen und den Wesen, die mit den Elementen verbunden sind, ist oft die Rede: die Feuerwesen oder Salamander, die Luftwesen oder Sylphen, die Wasserwesen oder Undinen und die Erdmännchen, Gnomen oder Zwerge.

6. Die vier Elemente

Erde, Wasser, Luft und Feuer — das ist die Grundlage für alles Leben auf unserem Planeten. Die Lehre von den vier Elementen als Grundsubstanz der Erde geht auf Empedokles zurück, der im 5. Jh. v. Chr. in Griechenland lebte.
Wir kommen täglich in Berührung mit diesen Elementen, und sie spielen im Leben eines jeden Menschen eine sehr wichtige Rolle. Beim Putzen und Aufräumen, beim Haare waschen, beim Zimmerlüften, beim Kerze-Anzünden oder beim Kochen. Betrachten wir die Flamme einer brennenden Kerze, erleben wir alle vier Elemente gleichzeitig (im Festen des Wachses und des Dochtes; im Flüssigen des Wachses; im notwendigen Luftelement, ohne das die Flamme ersticken würde; in Licht und Hitze der Flamme selbst). Die Elemente dienen uns, und sie sind darauf angewiesen, dass wir lernen, uns immer bewusster ihrer zu bedienen.
Gerade von Kindern können wir lernen, in ein Verhältnis zu den Elementen zu kommen. Sie lieben das Wasser und erleben unmittelbar die Lebensfreude, die das Wasser ihnen vermittelt. Beim Schaukeln erleben sie beglückt, wie sie durch die Luft fliegen und der Wind durch ihre Haare fegt. Auch beim Fahrradfahren oder beim offenen Fenster im Auto spüren sie gerne den Fahrtwind. Kinder spielen fantasievoll stundenlang im Sandkasten. Und sie lieben das Feuer, jedes Kind will gerne eine Kerze anzünden und freut sich am schlängelnden Rauch, wenn sie wieder ausgepustet wird.
Kinder sind aber auch gierig und verschwenderisch in ihrem Umgang mit den Elementen. Das ganze kindliche Verhalten hat mit dem unmittelbaren Erleben zu tun. Kinder machen sich keine Gedanken über das viele Wasser, was es braucht, um eine richtig schöne Pfütze zu machen. Das hat gar nichts mit Ausbeuten oder Verschwenden eines der Elemente zu tun. Vielmehr ist es ein freudiges Wahrnehmen, das eher an ein gegenseitiges Geben und Empfangen erinnert. Denn so, wie die Kinder noch dem Natürlichen der Elemente näher sind, so sind die Elemente auch den Kindern näher und geben sich ihnen auch gerne hin.
Wie schöne wäre es, wenn wir Erwachsenen dieses unmittelbare Erleben der Elemente im Alltag neu entdecken könnten, wenn wir lernen könnten, mit den Elementen Freundschaft zu schließen. Die Elemente sind überall — um uns und in uns. Sie machen das Leben möglich, und sie können auch das Leben in wenigen Sekunden auslöschen.

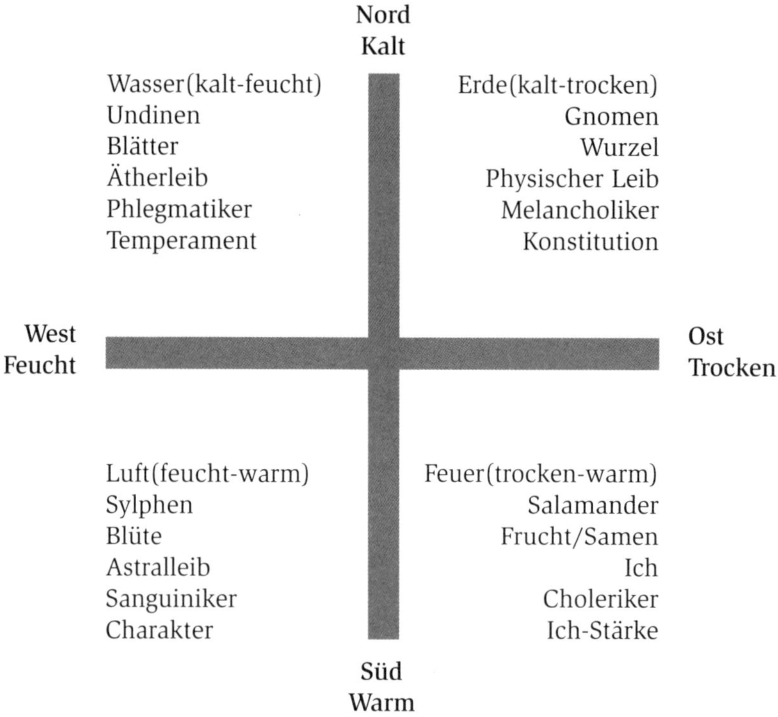

In der Umgebung, in der ich aufgewachsen bin, gab es sehr oft lange Trockenperioden. Es war manchmal so trocken, dass uns die Hühner wegstarben. Wir lernten schon als Kinder, sehr sparsam mit Wasser umzugehen. Zum Zähneputzen bekam jedes Kind ein kleines Schnapsgläschen mit Wasser; und in die Badewanne mussten wir immer zu Zweit — das war ein Luxus, der nur einmal pro Woche am Sonntag möglich war. Innerhalb der Woche bekamen wir jeden Tag immer nur eine flache Schale mit Wasser zum Waschen.
Ein sehr merkwürdiges Phänomen aus dieser Zeit, das ich seitdem nie wieder erlebt habe, waren die so genannten elektrischen Stürme. Es blitzte und donnerte, aber es gab keinen Tropfen Wasser. Manchmal war die Luft so geladen, dass unsere Haare in alle Richtungen standen, und wir sehr vorsichtig sein mussten,

nicht die kupfernen Fensterknäufe zu berühren. Aber dann: Welch ein seliger Moment, wenn endlich der Duft von Regen die lang ersehnte Nässe ankündigte! Die Tiere wurden ganz verrückt, und die Kühe hüpften wie junge Kälber über die Wiesen. Sobald die ersten Tropfen fielen, stand die ganze Familie draußen, der Vater mit dem Hut auf der Brust und alle dankten dem Herrn.
Oft wurden Bäume vom Blitz zerklüftet, und Brände entstanden — aber wir erlebten dadurch die Elemente in voller Kraft. Ich kam im Winter nach Europa und musste dann Monate warten, bis ich das erste Mal wieder ein richtiges Gewitter erleben durfte. So intensiv wie ich die Elemente in Afrika erlebt hatte, so habe ich in Europa nur einmal ein Gewitter hoch in den Bergen erlebt.

Was wissen wir über die Elemente?

Die Erde trägt uns und gibt uns die Gestalt, ist uns Stütze in unserem Dasein. In früheren Zeiten war der Mensch viel unmittelbarer mit seiner Umgebung und mit sich selbst verbunden, er erlebte das Erdenhafte bis in seine Knochen hinein. Das Wasser formt und bildet uns, erfrischt und durchfließt uns, die Luft umgibt und belebt uns, und die Wärme (das Feuer) erhält uns am Leben und ermöglicht uns, tätig zu sein und Willenskraft zu entwickeln.
Und so wie die Erde durch die verschiedenen Völker mit verschiedenen Eigenschaften bewohnt wird (vom Nordpol über die Kalahari-Wüste bis zum Südpol), so gibt es auch Elementarwesen mit verschiedenen Eigenschaften, je nach den Elementen, womit sie verbunden sind.
Aristoteles sprach schon mit seinem Schüler Alexander dem Großen über die vier Himmelsrichtungen. Danach kommt man im Osten ins Trockene, im Westen ins Feuchte, im Norden ins Kalte und im Süden in die Wärme. Zwischen trocken und kalt wirkt das Erdenelement. Die Festigkeit der Erde bedingt auch, dass wir aufrecht gehen können.
Zwischen feucht und kalt wirkt das Wasserelement, und das Wässrige erlebt der Mensch in den kreisenden, strömenden Flüssigkeitsprozessen in sich selbst.
Zwischen feucht und warm wirkt die Luft — und diese erlebte der Mensch früher noch belebt und wesenhaft in der Atmung und in der Sprache. Zwischen dem Warmen und dem Trockenen wirkt die Wärme, das Feuer. So hatte der Mensch in früheren Zeiten in der Wärme (im Feuer) ein Erlebnis vom Willen.

Erde, Wasser, Luft und Feuer — in all unseren Aktivitäten sind die vier Elemente gegenwärtig, sei es einzeln, getrennt voneinander oder gemeinsam: essen, trinken, atmen, denken, lieben oder einfach nur leben. Wir existieren als Erdenmensch nur, weil die Elemente und ihre Wesen da sind. Uns Menschen wurden Erde, Wasser, Luft und Feuer zur Verfügung gestellt, und wir müssen lernen, sie mit Respekt zu achten und zu nutzen. Sie sind nicht nur von materieller Substanz! Die Engel der Elemente sind mächtige, großartige Wesenheiten, und die Elemente selbst werden bewohnt von unzähligen lebendigen Elementarwesen. Wir sind nie vom Elementarischen getrennt, wir sind uns des Elementaren einfach nicht genug bewusst.

Ich habe oft das Gefühl, durch das Putzen ein Gleichgewicht herzustellen, wieder Raum zu schaffen, in dem sich Denken, Fühlen und Wollen auf eine gesunde, konstruktive Weise entwickeln können. Es ist eine Tätigkeit, mit der wir uns ständig auf der Schwelle zur elementarischen, geistigen Welt befinden.

Unser inneres Leben kann bereichert und genährt werden, indem wir immer wieder versuchen, Bewusstsein für die Elemente und das Wesenhafte in den Elementen um uns herum zu entwickeln. Was wir auch tun, wir sind immer umgeben und in Kontakt mit den Elementen, ihren Wesen und mit den Engeln. Wir können sie einladen, an unserer Arbeit teilzunehmen, und wir können ihnen für ihre Arbeit danken und sie preisen, weil sie uns helfen. Zum Beispiel sind wir beim Putzen, Pflegen und Ordnung schaffen ständig im Kontakt mit den Elementen. Wir betreten einen Raum und werden mit einem Chaos konfrontiert. Im besten Falle regt dies das Handeln an — ein Feuerprozess, also Salamander.

Womöglich entsteht ein Bild der archetypischen Reinheit oder der ersehnten Ordnung - Sehnsucht nach Schönheit — ein Luftprozess, also Sylphe.

Ich nehme den Zustand des Raumes wahr und analysiere, was ich sehe: Schmutz oder Sauberkeit, Unordnung oder Ordnung? — In diesem analytischen Wahrnehmen helfen uns die Gnome.

Ist der Raum schmutzig, erscheint imaginativ das Bild des sauberen und geordneten Raumes. Dazu wähle ich geeignetes Werkzeug und entscheide mich, wo ich anfangen werde — Bildfähigkeit und Verbindungschaffen, Eigenschaften des Wassers, also Undinenwelt.

Jetzt kann die Arbeit beginnen: Ich schaffe Ordnung (Ich-Tätigkeit: Feuer). Dann kommt das Gröbste: Schaben, Kratzen, Fegen, der Schmutz wird an einen anderen Ort gebracht — Erde: die Gnomen helfen. Staub wird weggewischt, das Zimmer gelüftet. Der Boden wird mit schönen rhythmischen, harmonischen Bewegungen gewischt, Teilchen werden in Wasser aufgelöst, Wasser verdunstet, wohlriechende Reinigungsmittel duften im Raum: Wasser und Luft: Undinen und Sylphen.

Das alles aber folgt einer Intention, wie am Anfang erwähnt, und durch die Intention wirkt die Wärme.

Der putzende Mensch wirkt durch alle vier Elemente und verwandelt so die Erde. Im Erdelement putzen und pflegen wir, verwandeln wir. Aus einem schmutzigen Badezimmer wird ein Kunstwerk und aus Chaos entsteht eine lebendige Ordnung.

Wasser wäscht, befreit: In den amerikanischen Spirituals, den Gospel-Songs, wird oft gesungen *Wasche mich von Sünden frei!* Meine Mutter pflegte mir bei Prüfungsangst oder bei Liebeskummer zu sagen: *Geh, und wasche dir das aus den Haaren heraus!*

Die Luft reinigt: Kommt man in einen Raum, in dem sehr viel Spannung spürbar ist, öffnet man oft spontan die Fenster weit, und nach einer Weile ruft man: *Die Luft ist rein!* Nach dem Putzen und Waschen kann auch in besonderen Fällen geräuchert werden.
Das Feuerelement wandelt, ändert ständig seinen Zustand. In vielen Kulturen werden durch Feuerrituale Läuterung, Reinigung, Heilung gebracht.
Wenn wir uns befreien wollen von alten, unangenehmen Erinnerungen, verbrennen wir oftmals das, was wir damit in Verbindung bringen. Es kann aber auch sein, dass wir ein auf ein Blatt Papier geschriebenes Gebet verbrennen, um das Gebet mit Opferkraft zu unterstützen.
Gefühle der Angst, Unsicherheit, Selbstzweifel erstarren in ihrer Kälte und lähmen den Willen. Eine Kraft, die uns immer helfen kann, zur Wärme zurückzufinden, ist Dankbarkeit. Spüren wir eine echte Dankbarkeit, kann sie in uns wieder die Liebeskräfte wachrufen. Dankbarkeit gegenüber der geistigen Welt erwärmt uns und weckt die Willenskräfte. Begeisterung und Liebe führen uns zu Taten. Arbeit wird dadurch zu sichtbar gemachter Liebe.
Rückblickend auf die Zeit kurz nach der Geburt meiner Tochter, habe ich festgestellt, wie intensiv (obwohl damals noch unbewusst) ich in Zeiten der extremen Überforderung und Erschöpfung die Wirkung der Elemente und der Elementarwesen wahrgenommen und gespürt habe. Leider waren es da aber deren negative Wirkungen. Ich erinnere mich an dieses Gefühl des Aufgelöstseins, als ob ich verblutete, ich fühlte mich wie eine Wasserlache, die in alle Richtungen ausfloss. Und die Schwere erlebte ich so intensiv, dass es mir fast unmöglich war, mich zu bewegen. Hinzu kam auch die starke Sehnsucht, irgendwo anders zu sein, zu entfliehen, weit weg von den Pflichten des Alltags. Und schließlich noch die verzweifelten Wutausbrüche, während derer ich sogar einmal meinen Staubsauger zerschlug, weil ich mich im Kabel verwickelt hatte und gestürzt war.

Eigenschaften der Elemente

Das Erdelement

Was fällt uns spontan zu den Eigenschaften der Erde ein? Die Erde ist fest, dicht und unbeweglich. Sie ist hart, schwer, sie ist tragend, sie ist beständig, sie ist der Grund, auf dem wir stehen. Sie hat eine feste Form, die den Raum ausfüllt, den sie braucht. Sie gibt Widerstand und trägt uns. In ihrer Beständigkeit lässt sie sich

nur langsam bearbeiten und ändern. Jedes Objekt braucht seinen Platz und ist in sich geschlossen, dauerhaft, überschaubar. Das vermittelt Stabilität, Sicherheit. Die festen Gesetzmäßigkeiten sind unabänderlich: Wenn ich einen Stein in die Luft werfe, fällt er wieder herunter; wenn ich Bohnen pflanze, wachsen keine Möhren.
Die Erde nimmt auf und verwandelt. Durch Lehmpackungen, Fango, Schlammbäder wirkt sie heilend.
Heilerde als Umschlag ist vielen Menschen bekannt. Meine Großmutter war die Älteste von 16 Kindern. Nach dem zwölften Kind wurde ihre Mutter bettlägerig, und meine Großmutter übernahm die Rolle der Hausfrau und Mutter mit zarten vierzehn Jahren. Als ein kleiner Bruder von ihr sehr hohes Fieber bekam, und sie die Temperatur nicht zum Sinken bringen konnte, grub sie im Lehmboden eine flache Grube und packte das Kind so mit der Erde zu, dass nur noch Nase und Mund sichtbar waren. Dem kleinen Bruder immer etwas Wasser einflößend, wachte sie neben der Grube, bis nach einem Tag der Arzt eintraf. Es stellte sich heraus, dass das Brüderchen an einer Hirnhautentzündung erkrankt war. Das Kind überlebte dank dieser instinktiven Handlung meiner Großmutter.
Als einmal alle vier Kinder meiner Freundin an Masern erkrankt waren, machte sie sich große Sorgen um den Ältesten. Während die anderen drei Kinder bereits gesund waren, war er immer noch schwach und klagte über Kopfschmerzen. Da erinnerte ich mich an die Geschichte meiner Großmutter. Die Freundin machte eine Lehmpackung um den ganzen Kopf und im Nacken — und nach einer erholsamen Nacht war auch er wieder gesund.
In ihrem Inneren birgt die Erde Schätze: Metalle, Edelsteine, Erdöl, Kohle. In der Erde arbeiten die Wurzeln, die unsere Pflanzen am Leben erhalten, indem sie den Kreislauf der Elemente in der Pflanze unterstützen.
Als Gegenpol dazu kann die Strenge des Festen, das allzu Formende überhand nehmen. So wirkt das Feste abgrenzend und abgeschlossen. Das Lebendige kann zum Systemhaften werden. Im Haushalt schleicht sich die perfekte Ordnung, die Sterilität, ein.
Man kann besitzergreifend oder geizig werden. Auch bei Menschen mit einem Messie-Syndrom finden wir eine starke Verhärtung, eine Schwere, die es dem Menschen unmöglich macht, in Bewegung zu kommen, sobald es darum geht, das eigene Umfeld zu ordnen. Menschen, die nicht loslassen können und der Vergangenheit nachtrauern, werden letztlich zur Salzsäule wie damals Lots Frau bei Sodom und Gomorra.

Wenn sich der Mensch zu stark mit dem Erdelement verbindet, treten Krankheiten auf, wie zum Beispiel die Sklerose, Ablagerungen und Steinbildungen. Wenn das Feste das Geistig-Seelische ergreift, wenn die Schwere, die Dichte, die Einsamkeit überhand nehmen, dann haben wir die Melancholie, die Schwarzgalligkeit. Das Ich verfinstert sich und zieht sich zurück wie in eine Höhle.

Das Wasserelement

Das Wasser nimmt alle Formen an, die ihm geboten werden. Und alle Seen und Meere der Erde haben immer nur eine Niveaufläche: die Horizontale. Das Wasser bildet eine abschließende, begrenzende Oberfläche wie eine Haut — eine überaus reizbare, empfindliche Haut, denn Wasser lässt sich leicht in Bewegung versetzen. Wasser bewegt sich immer wieder anders. Es fließt und zieht, strömt und verdunstet. Mal ist es Bach, Fluss, Strom oder Meer, dann Wolke. Wenn es murmelnd, gurgelnd oder rauschend, tosend in verschiedenen Tönen und Stimmen seinen Naturstimmungen Ausdruck verleiht, können wir in unserer Gefühlswelt ähnliches erleben. Wasser reinigt und spiegelt.

Wasser absorbiert, heilt: Die Heilquelle von Bethesda ist ein prominentes Beispiel aus dem Neuen Testament; überall auf der Welt gibt es Heilbäder, oder man denke an die Kneippanwendungen.

Obwohl die Quelle oft verborgen ist, wird Leben in ihrer Nähe sichtbar. Pflanzen wachsen, Tiere kommen zur Tränke, Menschen lassen sich nieder. In der Namib-Wüste erlebte ich eine kleine, leuchtend grüne Siedlung zwischen den Dünen, die um eine Quelle entstanden war, wie ein Wunder.

Am Wasser spüren wir oft etwas Beruhigendes, Entspannung bis hin zum Träumen. Wasser regt die Phantasie an. Im Wasser zeigen sich aber auch Gegensätze: Es trennt Länder von einander und verbindet sie wiederum durch Flüsse; es ermöglicht und zerstört das Leben; es zieht aufwärts, wenn es verdampft und in die Luft aufsteigt, und es strebt nach unten, zur Erde hin, wo es die Erde durchdringt. Obwohl sich das Wasser jeder Form anschmiegt, formt es auch. Es bestimmt seinen Weg im Flussbett und formt den härtesten Stein.

Flüsse schlängeln sich über die gesamte Erdoberfläche und verbinden die verschiedenen Länder miteinander. Entlang der Flüsse entstehen Siedlungen, Städte. Und obwohl der Fluss der gleiche bleibt, so ist er doch an jedem Ort anders. Viele Lebewesen, von den kleinsten Bakterien bis hin zu den großen Pflanzen und Tieren bleiben ortsgebunden, obwohl das Wasser weiter fließt.

So findet auch ein ständiges Strömen im Blut, in den Arterien und Venen des Menschen statt. Und obwohl Wasser selbst schwer ist, wird man im Wasser leichter. Auch unser Gehirn schwimmt in Flüssigkeit.

Wasser hat die Tendenz zu vereinheitlichen. Im Gegensatz zur Vielfalt im Festen, Erdigen ist das Wasser fast das einzige Flüssige, das auf der Erde in der Natur vorkommt, neben Quecksilber, Ölen und Petroleum. Vier Fünftel der Erdoberfläche

bestehen aus Wasser. Wasser ist Leben, ist das Lebendige — in den Märchen ist ja immer wieder vom Wasser des Lebens die Rede.
In den Pflanzen wirkt das Wasser im Kreislauf von den Wurzeln durch die Stängel und Blätter bis zur Blüte hin.
Als Gegenpol kann man in Zeiten der Überforderung das Wasserelement in dem Gefühl des Zerfließens erleben. Wenn man sagt: *Ich bin vollkommen am Schwimmen*, oder *Ich fühle, wie ich ‚verblute', wie meine Lebenskräfte dahinschwinden.* Bei einer Realitätsflucht entgleitet die Realität, man fängt an zu fabulieren, man träumt, um nur noch in einer Phantasiewelt zu leben. Seemannsgarn nennt man die vielen phantasievollen Geschichten, die so gerne von Seeleuten erzählt wurden. Bei Krankheiten zeigt sich das Wasser in Form von Ödemen oder im zu *dicken* oder zu *dünnen* Blut.

Das Luftelement

Luft ist weder sicht- noch greifbar. Erst durch Bewegung erleben wir Luft, spüren wir den Widerstand. Die Luft ist ein Element der Bewegung, das wir in seiner ganzen Gewalt erleben können, wenn eine leichte Brise sich bis zu einem Orkan verstärken kann. In den verschiedenen Erdteilen wird von diesen Luftgewalten wie von Wesen gesprochen, man gibt ihnen sogar Namen: Der *Suidooster* in der Kapprovinz in Südafrika, der *Mistral* in Südfrankreich, der *Scirocco*, der *Monsun* in Asien.
Die Luft hält nichts fest, weder Lebewesen noch Schätze. Alle Lebewesen atmen sie ein. Niemand kann sich ihr entziehen oder verschließen. Durch Atem und Sprache gestaltet der Mensch die Luft. Das Wasser wird zur Wolke durch die Luft, die sie trägt, aber nicht festhält. Sie trägt auch Vögel, Schmetterlinge, Blütenstaub und sie entfacht Flammen. Luft dehnt sich aus, sucht den Umkreis. Sobald sie eine Gestalt annimmt oder ein Zentrum ausbildet wie etwa das Auge beim Orkan, dann wird sie zerstörerisch.
Die Luft ist unendlich dehnbar, lässt sich aber auch bis zum Flüssigen komprimieren. Die einzelnen Gase sind mit einander mischbar, es gibt keine Sättigungsgrade.
Je nachdem, wie der Wind tönt, entsteht eine völlig andere Stimmung: Ob er heult und faucht oder zärtlich säuselt.
Luft ist auch Tonträger und die Qualität der Luft kann auch den Ton beeinflussen. Bei einem Seminar in einer großen Schule in Deutschland wählten wir den Festsaal als Reinigungsobjekt für den praktischen Teil. Der Saal war sehr, sehr schmutzig, und es stellte sich heraus, dass die Schule meinte, die Reinigungsfirma sei für das Putzen zuständig, und die Reinigungsfirma dachte, die Schule sei dafür selbst zuständig. So wurde der Saal seit längerem gar nicht mehr gereinigt.

Wir sammelten Säcke voll Abfall ein, jedes Eckchen wurde gesaugt und feucht gewischt und der Boden wurde sogar mit Öl frisch eingelassen. Es war eine große Gruppe von Schülern, Schülerinnen, Eltern und einigen Lehrern. Wir mussten uns etwas beeilen, weil der Saal jeden Samstag ab 15 Uhr von einem Chor für Proben gemietet wurde. Kurz vor 15 Uhr verließen wir den Saal. Kaum hatten die Menschen angefangen zu singen, da kam der Chorleiter zu uns und fragte: *Was haben Sie bloß in dem Saal getan, er tönt völlig anders heute!*

Die Luft belebt uns, vom ersten bis zum letzen Atemzug. Und bei Erschöpfung und Krankheit wird oft ein *Luftwechsel* empfohlen; es gibt ja auch die sogenannten Luft-Kurorte.

Bei der Pflanze öffnet sich die Blüte in die Luft, verbreitet ihren Duft und wird über die Luft befruchtet. Als Gegenpol zur heilsamen Wirkung der Luft kann man Nervosität, Unkonzentriertheit erleben. Auch die Luft kann sich verschieden in der Menschenseele ausdrücken, zum Beispiel durch eine starke Sehnsucht, anderswo sein zu wollen. Man kann wechselhaft sein und sein *Mäntelchen nach dem Wind* hängen, ein *Luftikus* oder ein *Hans Dampf in allen Gassen* sein.

Ich erinnere mich aber auch, wie ich von einem über dreitausend Meter hohen Berg mit meinen Skiern auf den Schultern herunter geflüchtet bin, weil ich die Beklemmung, den Alpdruck, nicht mehr aushalten konnte. Später musste ich behandelt werden, weil sich diese beklemmende Angst sogar bis in die Organe spürbar gemacht hatte.

Feuer, das Wärmeelement

Das vierte Element finden wir natürlicherweise als Wärme — in der Umwelt und in uns selbst. Feuer erfüllt die Luft und macht sie warm, ebenso das Wasser, ebenso die Erde. Das Element des Feuers durchdringt alles. In aller Wärme wirken die sogenannten *Salamander*. Als Feuer ist das vierte Element nicht ein natürlicher Teil der Schöpfung, sondern eine zusätzliche Göttergabe. Prometheus brachte es gegen den Willen des Göttervaters auf die Erde. Die Tiere fliehen vor dem Feuer, sie spüren darin noch etwas Besonderes, Übernatürliches wie im Blitz, der vom Himmel kommt und erhaben und erschreckend ist wie das Feuer, das Menschen anzünden. Auch die Menschen erlebten früher Götteroffenbarung im Feuer. Moses erkannte seinen Gott im Dornbusch, der in Flammen stand und doch nicht verbrannte. Durch Feuerproben suchte man den Willen der Götter zu erforschen. In Brandopfern brachte man dann Sühne dar und warb um die Gunst höherer Mächte. Feuer als Göttergabe verleiht Macht. Macht ist weder gut noch böse, sie kann für beides benützt werden. Im Märchen gibt es positive Träger dieser Macht: Schmiede und Köhler, Zwerge und Hexen, aber auch negative wie Teufel und feuerspeiende Drachen.

Die Wärme versucht, sich die Substanzen immer ähnlicher zu machen, sie immer mehr zu sich heranzuziehen, sodass sie selbst zu Wärme werden. Sie strebt ständig zur Peripherie, in die Höhe.

Sehr deutlich kann man diese Eigenschaft im Fieber erkennen: Der Körper will überwinden, was als Fremdes eingedrungen ist. Kleine Kinder haben immer eine etwas höhere Körpertemperatur als ältere Menschen. Wir fühlen uns wohl mit Menschen, die innere Freude ausstrahlen, weil wir deren Wärme spüren, ganz im Gegensatz zu Resignation, Interesselosigkeit und Gleichgültigkeit, die Kälte ausdrücken und die für Distanz sorgen.
Die Herzenswärme verbindet und kommuniziert sich im ganzen Raum. Wenn wir einen neuen Wohnraum beziehen, laden wir gerne Freunde und Familie zu einer *Housewarming-Party* ein. Durch die miteinander geteilte Freude und die guten Wünsche wird das Haus mit wohlwollender Wärme gefüllt.
Im Hochsommer ergreifen die Feuerkräfte die ganze Natur, und auch der Mensch wird davon ergriffen. Im Sommer sind wir viel mehr begeisterungsfähig als im Winter. Sobald uns im Frühling erste Sonnenstrahlen warm berühren, fallen die Hüllen — wir wenden uns der Wärme zu und öffnen uns. Instinktiv wollen wir uns mit der Geistigkeit, die wir in der Wärme erleben, verbinden. Die Wärme durchdringt alles grenzenlos. Im Wärmeorganismus des Menschen lebt das Ich, sein Geisteskern. Im Feuer verbrennen aber auch menschliche Illusionen.
Pflanzen brauchen in ihrem Wachstum im Jahreslauf zunächst Wärmekräfte, um das Samenkorn keimen zu lassen. Es gehört zwar auch Feuchtigkeit dazu, aber die Wärme ist die Kraft, die vom Zentrum her die Pflanze sich entwickeln lässt. Im Sommer reifen die Früchte durch die Wärme.
Als Gegenpol kann sich das Feuer aber auch in Zorn, in Jähzorn und Gewalttätigkeit zum Ausdruck bringen. Auch in der Ungeduld drückt sich das Feuer negativ aus.
Wenn die Sehnsucht nach Wärme zu groß wird, kann dies zu Alkoholismus führen. Man empfindet Wärme, aber anstelle des Geistes tritt der *Weingeist*. Wir lesen immer wieder, dass alkoholisierte Menschen erfrieren, weil sie im Rausch die Kälte nicht genügend spüren.

7. Elemententarwesen – eine Einführung

In den verschiedenen Kulturen gibt es viele Beschreibungen und auch Typen dieser Wesen. So gibt es unter den Elementarwesen der Luftgeister zum Beispiel auch die Elfen, die Feen, die Samodiven und die Schwanenjungfrauen. Bei den

Wasserwesen kann man Nixen, Sirenen, Mehrjungfrauen und viele mehr unterscheiden. Bei den Erdmännchen gibt es nebst den Zwergen auch Kobolde, Heinzelmännchen, Hauszwerge, Wurzelmännchen, Brownies, Leprachaun und Trolle. Natürlich habe ich immer wieder in den Kinderbüchern davon gelesen, aber das Wort *Elementarwesen* ist mir das erste Mal begegnet, als ich vor vielen Jahren anfing, das Haus einer bekannten Malerin zu pflegen. Es ist ein wunderschönes Haus, das ich zwölf Jahre lang pflegen durfte. Diese Dame hat mich das erste Mal auf Elementarwesen aufmerksam gemacht, als sie für zwei Monate verreisen musste. Wir besprachen meine Aufgaben während ihrer Abwesenheit, und ich schlug vor, nach ihrer Abreise und vor ihrer Ankunft gut sauber zu machen. Ich würde am Tag vor ihrer Ankunft kommen, saubermachen, lüften, frische Blumen besorgen, damit alles frisch und schön sei. Ich war doch sehr erstaunt, als sie erwiderte: *Du kommst bitte jede Woche, zu deiner festen Zeit und in deinem bestimmten Rhythmus. Wenn Du es anders machst, werden meine Hausgeister, die Elementarwesen, wild sein, wenn ich nach Hause komme.*

Die Dame bat mich auch öfters darum, außerhalb des gewohnten Wochen-Rhythmus zu kommen, wenn sie viel Besuch hatte; sie hatte dann den Eindruck, sie könne nicht malen, solange ihre Elementarwesen durch meine Arbeit nicht beruhigt werden würden. — Daraufhin begann ich, über Elementarwesen nachzulesen. Es war mir wichtig zu verstehen, dass die Elementarwesen Beziehungswesen sind, dass sie in der Beziehung des Menschen zur Welt leben und wirken. Almut Bockemühl schreibt: *Elementarwesen repräsentieren die Beziehung zwischen außen und innen. Für uns hat sich vor das Erleben geistiger Wesen nach außen hin die Sinneserscheinung geschoben, nach innen hin das Seelenerlebnis. Dadurch wurden zwei Bereiche, die früher eins waren, aufgespalten in zwei. Nach zwei Richtungen können wir an Grenzen stoßen und Wesenhaftes berühren.*[13]

Je mehr wir damit beginnen, unsere Wahrnehmungen zu schulen, desto mehr werden wir uns dieser Beziehungen bewusst. Durch die bewusste Wahrnehmung steigert sich auch unser Verantwortungssinn. Ein ganz einfaches Beispiel: Ich nehme etwas wahr, dass irgendwie fehl am Platz ist. Gehe ich weiter, weil es mit mir nichts zu tun hat, oder ist durch die Wahrnehmung eine Beziehung entstanden? Führt dann meine Wahrnehmung auch meine Geste? Regt mich die Wahrnehmung zu einer Tat, zur Verantwortungsübernahme an?

Elementarwesen sind Geister, die sich nicht verkörpern. Sie wirken unsichtbar in das Sichtbare hinein, sie beleben wesenhaft die Erde, das Wasser, die Luft und das Feuer. Sie schaffen als Schwellenwesen immer einen Bezug von der geistigen, unsichtbaren Welt in die irdische, sichtbare Welt hinein. Sie (insbesondere die Gnome) verfestigen alles, damit es für den Menschen wahrnehmbar und somit zum Erlebnis werden kann.

Ein wichtiges Erlebnis, und für mich auch die Bestätigung meines Traumes zu den helfenden und hemmenden Wesen, war es, als ich *Das Karma des Berufs* von Rudolf Steiner las. In diesem Buch spricht er darüber, wie Elementarwesen beim Arbeiten am Schraubstock entstehen — egal wer am Schraubstock steht; gleichgültig sogar, ob er gar keine Ahnung davon hat, dass Elementarwesen entstehen. Rudolf Steiner betont: *Aber darauf kommt es an, dass sie recht entstehen, nicht dass sie überhaupt entstehen. Denn es können also den Weltenprozess störende und dem Weltenprozess dienende Elementargeister entstehen.*[14]

Damit wurde mir das erste Mal bewusst, mit welch großer Verantwortung wir unsere Arbeit, eigentlich jede unserer Tätigkeiten auszuführen haben. Sobald der Mensch tätig wird, finden Prozesse statt, wird ein Stück Erde verwandelt, ein Stück Umwelt geändert. Durch unser Bewusstsein und durch die Art, wie wir unsere Arbeit ausführen, beeinflussen wir die Qualität derjenigen Wesen, die durch unsere Tätigkeit entstehen.

Das war für mich eine sehr wichtige Aussage und es wurde mir bewusst, dass alles, was mit diesen Wesen zu tun hat, auch Selbsterziehung ist. Auch wenn wir diese Welt noch gar nicht so richtig verstehen, auch wenn wir diese Wesen nicht sehen oder wahrnehmen — sie sind da. Wird uns dies in jedem Augenblick bewusst, dann gehen wir auch ganz anders mit unserem Alltag um.

Märchen

In vielen Märchen hören wir von den Hausgeistern, von den Elementarwesen, die unter der Treppe oder auf den Schwellen der Haustüren wohnen. Man stellt abends ein Schälchen mit Milch oder Brei hin — als Dank für gute Dienste. So entsteht eine Verbindung, eine Beziehung zwischen dem Innenraum des Hauses und der äußeren Natur, zwischen Bewusstem und Unbewusstem. Als Boten der geistigen Welt sind die Elementarwesen kleine Schwellenhüter, die Unsichtbares in Sichtbares übergehen lassen.

In den Märchen lernen wir auch, dass eine positive Einstellung in einer schwierigen Situation positive, helfende Wesen herbeiruft, und eine Opferhaltung oft eher die weniger hilfreichen (weniger selbstlosen, wie zum Beispiel das Rumpelstilzchen). Bei Schneewittchen sehen wir, dass die Zwerge gerne mit uns arbeiten. Sie bitten Schneewittchen, ihren Haushalt zu besorgen — sie sehnen sich nach der Zuwendung der Menschen.

Auch deswegen ist es so lehrreich, Märchen zu lesen, weil wir von ihnen erfahren können, *dass* und *wie* innere Bilder uns zeigen können, was wir mit Worten oft nicht im Stande sind auszudrücken. Genau wie die Märchenhelde, können wir lernen, inneren Anweisungen zu folgen. Der Junge, der den Rat des Zwerges am Wegrand befolgt, findet den Weg zum Königsschloss. Oft gibt es zum Rat auch eine Mahnung, und diese fordert dann unsere ganze Aufmerksamkeit. Das Märchen von der Schlüsselblume erzählt von einem Schafhirten, der bei einem Fels eine schöne, große Schlüsselblume findet, die er dann an seinen Hut steckt. Die Blume verwandelt sich in einen goldenen Schlüssel, und sogleich steht eine Fee vor ihm. Diese rät ihm, er solle den Schlüssel auf den Fels legen, das werde ihm alle Schätze der Erde erschließen. Der Hirt gehorcht, und eine Grotte öffnet sich; er darf nehmen, was er will. Er rafft zusammen, was er nur tragen kann, aber er überhört die Mahnung der Fee, er solle das Wichtigste ja nicht vergessen. In seiner Gier lässt er den Schlüssel, der ihm die Grotte erschlossen hatte, einfach liegen. Das Märchen endet mit den Worten: *Seither erschließt die Schlüsselblume die Schätze der Erde nicht mehr, und auch die Feen, die sich den Menschen zeigten, wurden nicht mehr gesehen.*

Ein interessantes Beispiel findet sich auch in der Geschichte *Der Bauer mit seinem Kobold*[15]. Hier wird deutlich, dass die *Geister, die wir rufen*, uns auch treu bleiben!

Ein Bauer war seines Koboldes ganz überdrüssig geworden, weil er allerlei Unfug anrichtete, doch mochte er es anfangen, wie er wollte, so konnte er ihn nicht wieder loswerden. Zuletzt ward er Rats, die Scheune anzuzünden, wo der Kobold seinen Sitz hatte, und ihn zu verbrennen. Deswegen führte er erst all sein Stroh heraus und bei dem letzten Karren zündete er die Scheune an, nachdem er den Geist wohl versperrt hatte. Wie sie nun schon in voller Glut stand, sah sich der Bauer von ungefähr um, siehe, da saß der Kobold hinten auf dem Karren und sprach: „Es war Zeit, dass wir herauskamen!“ Er musste also wieder umkehren und den Kobold behalten.

Es gibt Menschen, die vieles allzu wörtlich nehmen und die Tendenz haben, manchmal die Dinge etwas zu schwarz zu malen. Sie meinen beispielsweise, dass es in den Städten, in den verschmutzten Flüssen oder in den Wirtschaftswäldern keine Elementarwesen mehr gäbe. Aber: Was wir auch sehen, hören, ertasten, riechen — all' das ist wesenhaft, sogar unsere Gedanken sind lebendige Wesen. Keine Frage: Es gibt genug Orte in der Natur, an denen wir merken, dass sie völlig ausgelaugt sind. Anstatt dass man von der Natur belebt wird, entwickelt man spontan das Bedürfnis, etwas dazu beitragen zu müssen, dieser Natur wieder zu neuen Kräften zu verhelfen. Zwar sind noch Bäume dort, aber irgendwie ist das Leben wie gelähmt. Fast als würde man den Leichnam eines Menschen anschauen, und wissen: Hier fehlt das Leben. Aber solange die Bäume noch grün sind, gibt es noch Leben und wir können helfen, es neu zu beleben.

Ähnliche Erfahrungen haben wir alle schon mit Menschen gemacht. Ein Mensch, den wir als kraftvolles, strahlendes Wesen kennen, ist auch einmal matt und wie *ausgelöscht*. Das heißt aber nicht, dass ihn alle guten Geister für immer verlassen haben.
Es kann sogar sein, dass wir in einer Großstadt doch einen winzigen Garten entdecken, der sehr lebendig wirkt, weil er mit Liebe und Hingabe gepflegt wird. Und das hilft bekanntermaßen ja auch beim Menschen.
Immer wieder wird auch behauptet, dass die Elementarwesen sich zurückziehen würden und sich von den Menschen abwenden wollten. Doch gäbe es ohne ihr dienendes Schaffen weder das Feste, noch das Flüssige, weder die Luft noch die Wärme. Alles müsste vergehen. Erstaunlich ist immer wieder, dass sich auch nach den schlimmsten Katastrophen die Natur oft außerordentlich schnell wieder erholt, vor allem dort, wo sich viele Menschen zusammentun, um selbstlos eine Rettungsaktion durchzuführen. Die Natur ist nicht aufzuhalten. Sobald ein Haus oder ein Hof leer steht, fängt sie an zu wuchern, und bald sieht man kaum, dass es dort einmal Gemüse- oder Blumenbeete gab.
Ich möchte damit keinesfalls, einem unachtsamen Umgang mit der Natur das Wort reden. Es ist immer sehr schmerzhaft, wenn schon wieder über eine Katastrophe berichtet wird, sei es ein riesiger Ölteppich im Meer, sei es das Sterben der Wälder, ein Waldbrand, eine Überschwemmung, ein Erdrutsch, ein Vulkanausbruch oder ein Erdbeben. Mir geht es aber vor allem darum, dass wir diese Katastrophen innerlich mit guten, helfenden Gedanken begleiten, und dass wir das Rechte tun können, um weitere Katastrophen zu vermeiden. Dazu gehört es eben auch, sich eine richtige Vorstellung von dieser Welt der Elementarwesen zu machen.

Die Achtsamkeit schulen

Es gibt viele Meinungen und Ansichten über die Elementarwesen. Wir können sie entweder glauben oder auch nicht. Eine andere Möglichkeit ist der Schulungsweg. Das bedeutet neben der damit verbundenen, durchaus harten Arbeit, mit Fragen zu leben und so ein Gefäß zu bilden, um dadurch selbst zu Antworten zu kommen. Hierzu bedarf es einer inneren Regsamkeit, einer eigenen Aktivität. Das ist der Unterschied zwischen Information und Erfahrung, zwischen Verstehen und Begreifen. Es geht darum, etwas als Ganzes zu erfassen, den Zusammenhang zwischen der sichtbaren und unsichtbaren Welt zu erkennen.
Als meine Tochter vier Jahre alt war, haben wir gemeinsam vierundzwanzig Krautstiel-Setzlinge in unseren Gemüsegarten gepflanzt. Am nächsten Morgen war keine Spur mehr von den Pflänzchen zu sehen. Die Schnecken hatten sich daran gütlich getan. Sofort kaufte ich neue Pflanzen und kam auch gleich mit Schneckenkörnern bewaffnet zurück. Nachdem wir alles wieder eingepflanzt hatten,

holte ich die Schneckenkörner. Meine Tochter wollte natürlich wissen, was ich vorhatte — ganz entsetzt rief sie aus: *Aber Mami, du darfst gar kein Gift in die Nähe vom Rhabarber tun. Dort wohnen sehr viele Zwerglein und sie haben die Schnecken gern!* — Die Schneckenkörner blieben in der Packung.

Sicher haben viele ähnliche Erfahrungen gemacht oder vergleichbare Aha-Erlebnisse gehabt. Auf so etwas bewusster zu achten, die Achtsamkeit dafür zu verfeinern, sie zu entwickeln, all das schult die Wahrnehmung für diese Wesenswelten.

Mütter kennen das gut: Nach einer langen Autofahrt kommen wir bei der Ferienwohnung an. Doch bevor ausgepackt wird, muss alles erst einmal geputzt werden. Oft nervt es den Ehemann und die Kinder, aber wir Mütter wissen: Bevor ich hier nicht gewirkt habe, bleibt mir der Raum fremd. Manchmal empfindet man die Räume sogar als feindselig. Durch die Reinigung wird der Raum verwandelt, die Wesen werden besänftigt. Eine befreundete Familie nimmt auf Reisen wenigstens ein Musikinstrument (eine Flöte oder eine Geige) mit, damit in allen Räumen musiziert werden kann, bevor man sich dann erst wirklich daheim fühlt.

Auf Reisen habe ich es oft genug erlebt. Ich öffne die Türe eines Hotelzimmers und weiß: Hier werde ich nicht bleiben. Ich kann es nicht erklären, aber ich weiß, dass hier einmal etwas Ungutes sich ereignet hat. Es ist, als würde man zu einem Abendessen eingeladen. Man klopft an der Tür, und da steht das Gastgeberpaar mit einem breiten Lächeln und mit warmen Willkommensworten. Aber die Atmosphäre ist so geladen, dass man genau spürt, dass hier noch vor kurzem eine heftige Auseinandersetzung stattgefunden haben muss. Oder: Man hat in einem Zimmer furchtbar schlecht geschlafen, und am nächsten Morgen erfährt man, dass in diesem Zimmer vor kurzem jemand gestorben ist.

Durch meine Arbeit hat sich ein neues Organ gebildet, das mich empfindlicher für all das gemacht hat, was um mich herum lebt — das war nicht immer so. Viele Menschen, die Ähnliches üben, merken, dass sie plötzlich etwas wählerischer, anspruchsvoller werden. Zwar kann man nun auch ohne weiteres auf vieles verzichten, anderes aber sucht man ganz bewusst auf. Ich würde zum Beispiel viel lieber alleine in einem großen Schulhaus übernachten oder in einem einfachen Gästezimmer, ohne besonderen Komfort, als in einem schicken Hotel, in dem es nach künstlichen Duftstoffen riecht. Oder eine unangenehme Atmosphäre herrscht. Am liebsten übernachte ich bei Freunden oder in einer privaten Unterkunft, wenn ich auf Reisen bin.

Manchmal kommt es auch vor, dass Menschen mich bitten, einen Raum anzuschauen, weil sie dort etwas Negatives empfinden. Sie sind dann erstaunt, dass ich nichts vorfinden kann. Es ist eben so, dass ich nicht die gleiche Beziehung zu dem Ort habe. Und so kann es sein, dass das, was dort vorhanden ist (oder sein könnte) für mich nicht bedrohlich oder unfreundlich wirkt.

Manchmal begegnet mir auch eine besonders schöne Atmosphäre, die ein Mensch in einem Raum erzeugt hat. Oft spüre ich sehr viel Wärme und Liebe in einem Haus. Man kann so etwas auch in einem Büro erleben. Manchmal gibt es im gleichen Gebäude sehr viele verschiedene Büros, und ich habe die Möglichkeit, in alle Büros hineinzugehen. Es gibt Büros, die so warm und hell sind, dass man merkt, dass dort etwas ganz Besonderes lebt. Hier handelt es sich nicht nur um einen Arbeitsraum, hier lebt jemand auch Spiritualität.
In einem Hospiz, wo sehr viele schwerkranke Patienten mehrere Wochen gepflegt werden und auch sterben, gehört es zur Reinigung der Zimmer, dass auch die Vorhänge gewaschen und die Wände feucht abgewischt werden. Nicht weil sie äußerlich schmutzig sind, sondern um den Raum von dem vorhergehenden Schicksal, ja Schicksalskampf zu befreien, bevor die neuen Patienten das Zimmer beziehen. Man braucht nicht hellsichtig zu sein, um zu spüren, was in einem Zimmer alles geschehen ist.
Je mehr wir üben, desto mehr erinnern wir uns an Sachen, die wir als Kinder instinktiv wussten, aber irgendwann vergessen haben. Etwa: wie Ehrfurcht gebietend die Welt ist, in der wir leben und wie kostbar jeder Moment im Leben ist. Man macht wie eine Reise in die Vergangenheit und merkt erst jetzt, warum man sich als Kind bei dem einen Menschen wohl fühlte und beim anderen nicht. Es kommt vielleicht ein Gefühl hoch, vielleicht ein Duft — und jetzt ist es klar, warum man als Kind lieber bei der Oma war, bei der es nach frischem Brot roch und man in den Arm genommen wurde, und wo man Lavendelduft atmete. Bei der anderen Oma rochen die Kleider nach Mottenkugeln und alles war immer so klinisch rein, so sauber und ordentlich, dass man den Eindruck hatte: Ich komme hier in ein Krankenhaus. Man spürte Kälte und Leere — ganz einfach weil die Räume steril waren, zu Tode geputzt.

Allmählich beginnt man auf diesem Übungsweg zart zu spüren: Ich entwickle langsam ein Organ für etwas, was ich immer schon gewusst habe, was ich aber vergessen hatte. Langsam beginne ich, die Wahrnehmungen, die in mir stecken und die ein Teil meines Lebens sind, wieder ins Bewusstsein zu rufen.
Sehr wichtig ist es, diese ersten zarten Wahrnehmungen nicht als allumfassende Wahrheit zu empfinden und vor allem nicht als solche zu verkünden. Es gibt Menschen, die die Tendenz haben, die ersten Eindrücke zu überschätzen, und die meinen, sie könnten jetzt über alles genau Auskunft geben. Die ersten Wahrnehmungen lassen nicht das Ganze erkennen und können daher auch zu Fehlurteilen führen — so, wie man auch zu keinem sachgemäßen Urteil kommen kann, wenn man nur eine Seite einer Geschichte gehört hat (zum Beispiel in einer Konfliktsituation). Zu allem, was ist und was uns bewusst wird, gehört immer auch

ein Gegenpol. Es braucht Zeit, Geduld und Mühe, bis sich die eigenen Teilwahrnehmungen mit denen von Freunden oder anderen Forschern zu einer Wahrheit, zum Ganzen zusammenfügen.
Die Seele lebt in Bildern, in Gleichnissen und Träumen. Was schläft und träumt, hat in sich die Neigung, einmal aufzuwachen. Je mehr wir uns unserer Wahrnehmungen bewusst werden und je mehr wir über sie nachdenken, desto mehr wecken wir diese schlafenden Fähigkeiten. Auch in stillem Austausch mit der Natur schärfen wir unsere Wahrnehmungsfähigkeit, im Suchen nach der geheimnisvollen Verbindung zwischen unserem Innersten und dem Unsichtbaren der Elemente in uns. Dies hat mit Hingabe zu tun.

8. Die einzelnen Elementarwesen und ihr Bezug zum Menschen

Elementarwesen haben selbst kein Gewissen. Sie sind angewiesen auf das moralische Verhalten der Menschen, das für sie wegleitend und richtungweisend ist. In dienenden, helfenden Berufen sind diese Wesen sehr wichtig für unsere Arbeit. In der Landwirtschaft, in sozialen, pädagogischen und heilenden Berufen spielen die Elementarwesen eine große Rolle — und vor allem auch in der Berufung, die das alles in sich vereint: Mutter- und Vatersein. Die Seele verbindet sich mit den dienenden, schaffenden Elementarwesen und wird dabei frei von jeder Begierde nach Wissen oder nach Erlebnissen, die mit Sensation verbunden sind.
Es gibt sehr viele Bücher über die Naturwesen, über den Umgang mit ihnen, ja sogar wie wir sie retten können! Im Gesamtwerk Rudolf Steiners werden die Elementarwesen in hundertfünfzig verschiedenen Vorträgen erwähnt. Diesen Angaben[16] folgend, möchte ich eine kurze Beschreibung der Elementarwesen versuchen.[17]
Auch die Arbeit mit den Elementarwesen ist wieder ein Stück *harte Arbeit*, die dem übenden Menschen abverlangt wird. Vor allem sollte man Acht geben, dass man diese Welt nicht aus Sensationslust oder aus bloßer Neugierde suchen will. Der Umgang mit dem Elementaren und seinen Wesen ist ein Eintreten in eine andere, an die alltägliche physische angrenzende, eigene Welt. Der Weg dorthin ist ein Schulungsweg.

Gnome

Ihr Element ist die Erde, und die Eigenschaften der Erde deuten auf das Wesen der Erdgeister hin. Gnome wirken unsichtbar schaffend in allen Kräften, die verfestigen. Sie erwirken das Feste.
Den Gnomen wird große Weisheit zugeschrieben. In bildhaften Darstellungen fällt manchmal eine gewisse Ähnlichkeit mit dem Vogel der Weisheit, der Eule, auf. Als

Ratgeber belohnen die Gnomen ein ehrliches Bemühen der Menschen mit guten Einfällen und helfen so bei der Lösung schwieriger Aufgaben. Dagegen bestrafen sie törichte oder eingebildete Leute, indem sie unsinnige Wünsche erfüllen oder unbedachte Aussagen ernst zu nehmen scheinen und befolgen. Davon unterrichten Sagen und Märchen. Die Härte ihres Elementes lässt Gnomen unbarmherzig sein, und ihre Überklugheit kann zu Spottlust und Lieblosigkeit führen. Das Feste bietet ihnen keinen Widerstand, sie schwimmen und flitzen durch ihr Erdelement. In der Geborgenheit des Erdinneren richten sie sich wohnlich ein.
Gerne schließen sie Freundschaft mit Menschen und sehnen sich nach unserer liebevollen Zuwendung. Im Märchen treten die Gnomen dann als Hilfe im Haushalt auf. Der vielseitige Mensch soll die Gnomen von ihrer Einseitigkeit erlösen: von der Neigung, das Feste zu sehr zu verfestigen; von der Gefahr, durch die Freude an Schätzen gierig und geizig zu werden oder von dem Irrweg, sich durch Überklugheit zum Bösen verleiten zu lassen

Undinen

Wundervoll, aber zugleich auch gefährlich sind die Wassergeister, die Undinen. Sie sind zu großer Liebe fähig, doch ihre Liebe ist Besitz ergreifend. Denn was sie begehren, ziehen sie zu sich hinunter in ihr Element. Wer ihnen so begegnen kann, dass ihre Gefühlswogen sich legen, bekommt Geschenke: sichtbare Schätze wie Perlen und besondere Fische, und unsichtbare Gaben wie Läuterung, Selbsterkenntnis und Einsichten in die Unterscheidung zwischen Wirklichkeit und bloß Gespiegeltem. Die festen, einzelnen Einfälle der Gnomen verbinden die Undinen fließend zu einem Denken in Zusammenhängen. Auch in den Geistern des Wasserelementes lebt die Sehnsucht nach Erlösung zu anderem, zu höherem Sein, sie wollen sich wandeln. Ihre Wünsche erklingen in Klagen und in Wassermusik. Erlösung wird ihnen durch Verbindung mit Menschen oder durch helfendes Einwirken der Luftgeister zuteil.

Sylphen

Wie die Undinen sind auch die Sylphen Geister der Liebe, aber ihre Liebe ist selbstlos, nicht Besitz ergreifend. Ein solcher Geist der Liebe ist Ariel, wie er in Shakespeares Sturm und in Goethes Faust dargestellt ist. Der dänische Dichter Hans Christian Andersen (1805—1875) erzählt von der kleinen Seejungfrau, deren ursprünglich besitzergreifende Liebe sich in Opferbereitschaft und Hingabe wandelte, was ihr den Aufstieg zu den Töchtern der Luft ermöglichte.
Auch die Sylphen wollen sich mit den Menschen verbinden. Im Märchen nehmen sie die Gestalt der Schwanenjungfrau an. Ihre Ansprüche an den Menschen, der sich liebend mit ihnen verbinden will, sind hoch. Sie entgleiten ihm, denn sie

wollen weder selbst besitzen, noch wollen sie jemand anderes Besitz werden. Dem Menschen stellen sie die Aufgabe, ihnen nachzufolgen, sie zu suchen. Der Weg, der zu ihnen führt, ist beschwerlich. Aber gerade an diesen Schwierigkeiten wächst der Mensch, und kämpfend findet er sein eigenes Wesen. Erst wenn er sich selbst gefunden hat, ist er reif, die selbstlose Liebe der Schwanenjungfrauen zu erwidern. Undinen schenken Läuterung und Selbsterkenntnis; Sylphen fordern zur Selbstfindung und Selbstwerdung auf.

Salamander

Salamander, die Geister des Feuers, sind hoch stehende Elementarwesen. Deshalb berichten die Märchen und Erzählungen mehr von dem Element des Feuers als von den Salamandern selbst. Insofern Gnome Weisheit schenken, Undinen zur Läuterung und Selbsterkenntnis anregen und Sylphen den Menschen nach selbstloser Liebe streben lassen, insofern könnte man von den Salamandern sagen: Sie rufen durch das Verbrennen von Illusionen dazu auf, den göttlichen Willen zu erkennen. Sie rufen dazu auf, Freiheit und Macht, die dem Menschen durch die Göttergabe verliehen sind, so einzusetzen, dass göttlicher Wille auf Erden geschieht.

Durch den liebevollen Umgang und durch die pflegende Berührung von Tieren erzeugen wir Feuerwesen.

Die unsichtbaren Helfer

Wie sehr irren sich doch die Menschen, wenn sie glauben, sie seien allein, wenn sonst niemand anderes physisch anwesend ist. Sie nehmen all die Geschöpfe der unsichtbaren Welt, von denen sie umgeben sind, nicht wahr.

Außer den Elementarwesen gibt es unzählige, andere unsichtbare Helfer, die uns begleiten und beistehen — zum Beispiel Engel und Verstorbene. Es gibt auch Wesen, die uns nicht gut gesonnen sind und die versuchen, uns zu *verführen*. Gegenüber solchen Wesen sollten wir uns bemühen, besonders wach und aufmerksam zu sein. Die Art dieser Wesenheiten hängt offensichtlich von dem inneren Zustand des Menschen ab. Es können Engel und lichtvolle Wesenheiten zu Besuch kommen; oder aber es schleichen dunkle Geschöpfe der seelisch-geistigen Wesenswelt herum, die danach trachten, sich von — beispielsweise durch leidenschaftliche Zustände erzeugten — seelischen Ausströmungen zu nähren. Viele mittelalterliche Bilder zeigen diese Wesen. Sehr bekannt sind wohl die Bilder von Hieronymus Bosch. Aber auch die Darstellung der Verführung des Heiligen Antonius auf dem Isenheimer Altar dürfte ähnlich populär sein.

Jedes Wesen braucht eine eigene *Zuwendungsweise*. Wir können mit ihnen nicht immer auf dieselbe Art und Weise umgehen. In einer Schule, die von unserer

Firma geputzt wurde, gab es ein Zimmer, in dem es ausgesprochen unangenehm roch. Ich versuchte alles Mögliche, diesen Zustand zu beseitigen: biologische Mittel, chemische Mittel. Ja sogar mit einem Dampfreiniger versuchte ich, jedes Ritzchen auszublasen. Nichts half, der Geruch blieb. Ich dachte dann, ich sei vielleicht nicht liebevoll genug gewesen. Also versuchte ich, ganz zart und lieb zu dem Raum und seinen Objekten zu sein. Ich sang sogar bei der Arbeit. Nichts passierte, und ich glaubte, dass ich damit leben müsste. Eines Abends kam ich wieder zur Arbeit. Ich war schon den ganzen Tag unterwegs, es war drückend heiß, und als ich die Tür aufmachte, kam mir dieser Geruch ausgesprochen intensiv entgegen. Ich erlebte ihn wie ein wildes Tier, das mich ansprang. Da packte mich so eine Wut, dass ich das Fenster aufriss, wie ein cholerisches Kind mit dem Fuß auf den Boden stampfte und schrie: *Jetzt habe ich aber genug. Ich bin jetzt hier, und es hat nicht Platz für uns alle. RAUS!* Ich fing an, energisch und Wut entbrannt zu putzen, man könnte sagen mit Faustschlag und Fußtritt. — Mit einem Male war der Geruch weg, und er blieb weg!
Ein paar Monate später bekam ich einen neuen Auftrag, und ich übergab dann diese Schule einer Kollegin. Nach mehreren Monaten vertrat ich sie während ihres Praktikums — und der Geruch war wieder da! Jetzt wusste ich ja, wie ich vorzugehen hatte. Und siehe da, er war wieder weg! Als die Kollegin zurückkam, fragte ich sie, ob sie diesen Geruch bemerkt habe. Sie sagte, er sei am Anfang nicht dort gewesen, wäre aber nach und nach immer stärker geworden. Ich habe ihr dann erklärt, wie man mit diesen Wesen umzugehen habe - und auch sie schaffte es. Es braucht also nicht eine besondere Begabung, sondern nur ein Wissen um die Wesen und den Willen, etwas dagegen zu unternehmen.

Erlösung von Elementarwesen[18]

Als Zugang zu diesem Kapitel möchte ich ein bekanntes Bild an den Beginn stellen: Das Bild von Dornröschen, die durch eine böse Fee verzaubert wurde, um einhundert Jahre lang schlafen zu müssen, als ein scheinbar *totes*, materielles Wesen. Dann aber kommt der Prinz, geführt durch Interesse und den Willen, die Prinzessin zu erlösen. Er kämpft sich mutig und tapfer durch das dichte Rosengestrüpp. Schließlich, mit liebevoller Hingabe, küsst er Dornröschen wieder wach und sie ist wieder ein bewusstes Wesen. Nun, auch hier gilt, was schon Goethe sagte: *Geist ist niemals ohne Materie, Materie niemals ohne Geist.*[19]

Wenn Sie in der Natur sind, auf freiem Feld, im Wald, in den Bergen oder am Meeresstrand, seien Sie sich des Sie umgebenden Raumes bewusst. Halten Sie von Zeit zu Zeit inne und atmen Sie tief ein und schauen Sie sich um, um in Kontakt mit den Wesen der Natur zu gelangen. Gerade durch eine solche bewusste Pflege

— die ja auch sehr viel mit Wahrnehmung und Verwandlung zu tun hat — erlösen wir die Elementarwesen, und wir schaffen Raum für etwas Neues. Wir sind ständig in Berührung mit Elementarwesen und vielen anderen unsichtbaren Wesenheiten. Wir erlösen die Elementarwesen, indem wir das, was uns umgibt, bewusst wahrnehmen — ob beim Putzen, beim Kochen oder beim Ordnung schaffen. Ganz anders wirkt es, wenn wir den Topf mit dem angebrannten Brei stehen lassen oder wenn die Sahne-Kleckse nach dem Sahneschlagen einfach an der Wand kleben bleiben.

Es gibt auch Elementarwesen, die durch Fleiß und Heiterkeit, durch Zufriedenheit und Gelassenheit von uns erlöst werden können. Dazu brauchen wir nicht zusätzliche Rituale oder Zeremonien. Es kommt vielmehr darauf an, dass wir in unserem gewöhnlichen Verhalten und Tun im Alltag echte Hingabe üben. Das ist nichts Außergewöhnliches, nichts Abgehobenes. Man stellt sich auch nicht selbst in den Mittelpunkt, etwa durch ein besonders originelles Verhalten. Elementarwesen wollen an allem was wir tun teilhaben: arbeiten, spielen, künstlerisch tätig sein, Kinder erziehen, geistiges Üben. Das Wissen, dass es diese Wesen gibt, sollte uns zur Lebensgewohnheit werden. Dankbarkeit für alles, was die Natur uns schenkt, für alles, was wir mit den Sinnen wahrnehmen können, das verbindet uns mit den Elementen und den Wesen, die in Erde, Wasser, Luft und Feuer gebannt sind. Und sie verbinden sich wiederum mit den Menschen, die bewusst mit ihrer Umwelt umgehen.

Rudolf Steiner gibt Hinweise, wie wir den Elementarwesen helfen oder wie wir sie erlösen können. Auch dies hat unmittelbar mit dem Schulungsweg zu tun, mit der persönlichen Entwicklung. Stets weist Rudolf Steiner auf alles hin, was mit unserem Alltag zu tun hat: Unser Verhalten, unsere Einstellung, Gesinnung, ja sogar unsere Launen beeinflussen die elementare Welt.

Nehmen wir die Natur fragend, bewusst wahr, offenbart sie sich uns, ja beantwortet sie unsere Fragen. Die Heiler früherer Zeiten entdeckten intuitiv, welche Pflanzen für die Heilung von bestimmten Leiden angewendet werden mussten. Auch große Erfindungen wurden intuitiv gemacht. Die Menschen waren eben früher noch viel unmittelbarer mit den Elementarwesen verbunden.

Die Elementarwesen, die als Diener auf die Erde gesandt worden sind, dürfen in ihre göttliche Heimat zurückkehren, wenn sie durch unsere bewusste Wahrnehmung und durch unsere liebevolle Zuwendung erlöst werden. Die Art, wie wir die Welt wahrnehmen, wirkt helfend (oder auch hemmend) — im ganzen All.

Alles Feste ist im Verlaufe der Entwickelung erst zum Festen geworden; und das Flüssige war einmal gasförmig, und das Gasförmige bildete sich als Rauch heraus aus dem Feuer. […] Blicken wir also jetzt in unsere Umwelt, sehen wir die festen

Steine, die Ströme von Wasser, welche hin rinnen, sehen wir das, was an Wasser verdunstet, als Nebel emporsteigt, sehen wir die Luft, sehen wir alles Feste, Flüssige, Luftförmige und Feuer: So haben wir im Grunde nichts als Feuer. Alles ist Feuer, nur eben verdichtetes Feuer. Gold, Silber, Kupfer ist verdichtetes Feuer. Alles war einstmals Feuer, alles ist aus dem Feuer geboren — aber in all diesem Verdichteten überall ein Geistiges, das darin verzaubert ruht! [...] Und wir blicken um uns herum und sagen uns: Diese Wesenheiten, denen wir alles das verdanken, was um uns herum ist, sie haben aus dem Elemente des Feuers heruntersteigen müssen, sie sind in den Dingen verzaubert. Können wir als Menschen für die Elementargeister etwas tun? Das ist die große Frage, die sich die heiligen Rishis aufwarfen. Können wir etwas tun, um das, was da verzaubert ist, zu erlösen? Ja, wir können etwas tun! Denn das, was wir Menschen tun hier in der physischen Welt, ist auch nichts anderes als der äußere Ausdruck geistiger Prozesse. Alles was wir tun, hat zu gleicher Zeit seine Bedeutung in der geistigen Welt.[20]

Andere Naturwesen und ihre Erlösung[21]

Ich möchte gerne noch kurz auf weitere Wesen hinweisen, von denen Rudolf Steiner berichtet und die nicht so oft wie die Naturwesen der vier Elemente erwähnt werden. Es gibt auch Naturwesen, die uns den Wechsel von Tag und Nacht, von abnehmendem und zunehmendem Mond und die uns auch den Lauf der Sonne und die dadurch entstehenden Jahreszeiten erleben lassen. Auf die Geister der Tageszeiten, Monate und Jahre wirkt erlösend oder hemmend, wie wir uns aus unseren Charakteranlagen heraus verhalten. Sie werden beeinflusst durch unsere Haltung, unsere Gesinnung, mit der wir Tage, Monate und Jahre erleben.

Tag und Nacht

Elementarwesen werden in die Finsternis eingesperrt, damit wir Menschen die Dunkelheit der Nacht erleben können. Träge Menschen, die tagsüber faul und lustlos sind, ändern nichts an der Lage dieser Nachtwesen. Aktive, fleißige Menschen, die sich mit Freude einer Tätigkeit hingeben, verwandeln das Opfer der in Finsternis gefangenen Geister so um, dass sie sich wieder zum Licht erheben können. Auch zählt wiederum unsere Dankbarkeit. Strebertum oder Ehrgeiz sind hier fehl am Platz.

Es gibt immer Gründe zur Dankbarkeit, auch wenn wir arbeitslos oder krank sind. Wir können auch aktiv sein, ohne physisch zu arbeiten; etwa indem wir interessiert einem Menschen begegnen oder wach die Weltereignisse verfolgen. Man kann eben auch innerlich tätig sein und so als fleißiger Mensch die Nachtgeister befreien.

Die Mondphasen

Der Mond beeinflusst unsere Gefühle, seine Phasen spiegeln sich in wechselnden Stimmungen der Menschen wider. Damit der zunehmende oder abnehmende Mond auf der Erde erlebt werden kann, braucht es, wie für den Wechsel von Tag und Nacht, den Einsatz ganzer Scharen von Elementarwesen. Rudolf Steiner schildert, dass bei zunehmendem Mond Elementargeister aus einer unteren in eine höhere Welt versetzt werden. Der zunehmende Mond ist für sie eine befreiende Kraft. Damit eine Ordnung, ein Gleichgewicht bestehen bleibt, müssen bei abnehmendem Mond andere Wesen höhere Reiche verlassen und sich in untere Reiche einsperren. Sie sind da wie verzaubert, wie hinein gebannt. Der Mensch hat die Aufgabe, solche Wesen zu befreien. Seine Kräfte sollen so wie die Kraft des zunehmenden Mondes wirken. Das wird möglich, wenn er seine wechselnden Stimmungen beherrschen und regeln lernt. Den zunehmenden und den abnehmendem Mond erleben wir als Gegensätze. Diese Gegensätze bleiben im äußeren Geschehen bestehen aber in unseren Seelen können wir sie überbrücken.
Vollmond etwa bewirkt bei vielen Menschen Ausgelassenheit und oft übertriebene Aktivität. Der abnehmende Mond kann bei Menschen zu einem lähmenden Zustand von Schwermut und Passivität führen, andere neigen zur Hypochondrie. Es ist wichtig, dass der Mensch nicht zum Spielball solcher Zustände wird. Wenn wir versuchen, Gelassenheit zu üben, Heiterkeit zu bewahren, auch wenn es manchmal schwer ist, entwickeln wir die Kräfte, die für diese Wesen befreiend sein können. Es ist nicht möglich und auch nicht nötig, immer fröhlich zu sein, aber eine gewisse Grundheiterkeit oder -zufriedenheit kann erstrebt werden. Das Streben nach einer harmonischen Weltanschauung wird uns heute schwer gemacht. Radio, Fernsehen und Zeitungen verbreiten sehr viel Negatives. Durch die Herausforderung, dem Positives gegenüberzustellen, kann der Mensch erstarken. Das Negative beflügelt nicht, es führt zur Resignation und neutralisiert alle Kraft, die etwas Positives bewirken könnte.

Die Jahreszeiten

Das Jahr kann wie ein großer Atemzug der Erde erlebt werden. Im Frühling und im Sommer atmet die Erde aus: Wir erleben Wachsen, Blühen und Gedeihen. Es ist eine Zeit der Befreiung. Jedes Ausatmen bedingt den Gegensatz des Einatmens. Im Herbst und im Winter nimmt die Erde alles wieder in sich hinein. Die Wachstumskräfte der Natur sind wie gelähmt, gefesselt. Es ist auch nicht mehr möglich, etwas (vom Unsichtbaren her ins Sichtbare hinein) wachsen oder gar erblühen zu lassen. Ein Mensch, der das Jahr wie einen Atemzug der Erde erlebt, kann den Elementarwesen befreiend beistehen. Ohne die Überschau des Menschen können die Elementarwesen die helle und die dunkle Hälfte des Jahres nicht als Einheit empfinden. Sie sind ganz hingegeben an Frühling und Sommer, oder an Herbst und Winter. Der Mensch aber kann wissen: Wenn die Nächte länger werden und die Tage kürzer, wenn das äußere Wachstum sich nicht mehr entfalten kann, dann tritt dafür das Geistige mehr in den Vordergrund. Auch Menschen, die dieses Geistige bewusst in sich aufnehmen, wirken erlösend auf die Elementarwesen. Für mich ist die Arbeit mit dem *Seelenkalender* von Rudolf Steiner[22] eine große Hilfe, den Jahreslauf besser verstehen zu lernen. In dem Vorwort zu diesem Kalender schreibt Rudolf Steiner: *Der Jahreslauf hat sein eigenes Leben.*

Manche Menschen verstehen es nicht mehr, eine besondere Festesstimmung zur Weihnachtszeit und auch zu den anderen Jahresfesten zu pflegen. Anstatt Kraft aus der Weihnachtszeit zu schöpfen, lassen sie sich selbst von übertriebener Geschäftigkeit gefangen nehmen, oder sie versinken in eine depressive Verstimmung und Wintermelancholie. Das äußere Absterben der Natur führt dann zu einer inneren Leere anstatt zum inneren Licht.

Zusammengefasst können wir auf die folgenden Weisen den Elementarwesen helfen:

— Für die Wesen der Elemente: Liebevoll staunendes Wahrnehmen der physischen Welt

— Für die Wesen von Tag und Nacht: Fleiß als Dank für jeden neuen, geschenkten Tag

— Für die Wesen der Mondrhythmen: Heitere, harmonische Grundstimmung

— Für die Wesen im Jahreslauf: Echte Frömmigkeit als Hingabe an den in der Welt waltenden Geist.

Diese Übungen scheinen einfach zu sein, sie benötigen aber die Bereitschaft sich selbst sehr genau wahrzunehmen. Jeder Mensch kann auf diese Art lernen, Verantwortung zu übernehmen und an der gewaltigen Aufgabe der Entwicklung unserer Erde teilzunehmen. Jeder Mensch wird hier gebraucht. Das lehrt uns, Resignation zu überwinden und Selbstvertrauen dafür zu entwickeln, dieser Aufgabe gerecht zu werden. Jeder positive Gedanke, jedes Gefühl der Heiterkeit und Dankbarkeit kann dazu beitragen.

9. Die Wesen, die wir als Menschen schaffen, wirken im Sozialen

Wir [Menschen] scheinen zur Unzufriedenheit geboren — schreibt Rudolf Steiner in seinem Buch *Die Philosophie der Freiheit* und findet die Unzufriedenheit berechtigt, insofern sie uns ermutigt, einen Entwicklungsschritt vorwärts zu machen.[23] Wenn wir aber unzufrieden sind um der Unzufriedenheit willen, weil wir in eine Opferrolle verfallen sind, ist es eine zerstörerische Kraft. Mein Vater pflegte zu sagen: *Unzufriedenheit öffnet die Türe für alle Dämonen!*
Ein Lehrer erklärte mir einmal: *Es gibt einen Strom des Lebens, es gibt einen Strom des Todes. Der erste Grad des Todes ist die Unzufriedenheit. Wenn wir nicht vorsichtig sind, wandelt sich die Unzufriedenheit in Traurigkeit, sogar Missmut. Die Traurigkeit wandelt sich in Leiden. Diese werden zu physischem Schmerz. Der Schmerz wird zur Krankheit und führt zum Tode. Zwischen dem Strömen des Lebens und des Todes gibt es viel Trübsal, gibt es Leiden und Reue. Zufriedenheit und Dankbarkeit führen uns zum Strom des Lebens. Sie bringen uns Lebensfreude, und die Freude führt zum Frieden, zur Ruhe, zum Glück. Diese bringen Kraft und Mut, die uns ein Leben in der Fülle beschert und uns schließlich zum ewigen Leben führt.*[24]

Wenn wir putzen, sind wir immer im Sozialen tätig. Überall, wo wir in sozialen und pflegenden Berufen tätig sind, ist die Einstellung zu unserer Berufstätigkeit überaus wichtig. In diesen dienenden, helfenden Berufen fühlen wir uns oft überfordert, und das führt dann zu den typischen Burnout-Phänomenen. Ist der Mensch überlastet und überfordert, ist er nicht immer Herr seiner Gefühle und Gedanken — oft dann auch nicht mehr seiner Aussagen.

Rudolf Steiner beschreibt folgende Wesen, die durch Menschen geschaffen werden:[25]

Phantome entstehen durch Laster, Verleumdung, Lügen, Konvention, gefärbte Wahrheiten. Sie werden befreit durch eine Erkenntnishaltung, durch Gefühle der Schönheit, durch gute konstruktive Ideen, klare Konzepte und Begriffe.

Spektren entstehen durch untaugliche soziale Institutionen, die zu Unzufriedenheit führen, die Disharmonie und Streit kultivieren und Menschen negativ beeinflussen. Sie werden befreit durch gesunde, sinnvoll eingerichtete soziale Institutionen, durch gute Stimmung und eine harmonische Atmosphäre.

Dämonen entstehen durch Intoleranz (auch in unserem Denken), durch Zwänge, Zwanghaftigkeit, durch Mobbing. Sie werden befreit durch Toleranz, durch Schätzung und Würdigung der Freiheit anderer Menschen, ihre Freiheit zu respektieren und anzuerkennen.

Das Teufelchen und die Schlange — von Ursula Burkhard [26]

In der Hölle gibt es regelmäßige Teambesprechungen. Dieses Wort haben die Teufel von uns Menschen übernommen. Als ihre Zusammenkünfte einen Namen bekamen, hielt einer der Obersten eine Ansprache. Er erklärte, in einem Team seien alle Mitarbeiter gleich wichtig, alle hätten gleiche Rechte und Pflichten, vieles werde jetzt neu, denn hierarchische Ordnungen seien himmlisch und darum unerwünscht in der Hölle. Lange besprachen sie hin und her, wie vieles neu werde oder schon neu sei, und dann blieb alles doch hübsch beim Alten. Aber weil die Zusammenkünfte Teambesprechungen hießen, glaubten die Unterteufel, mit dem neuen Namen habe sich wirklich schon etwas geändert. Dass sie nur an ein leeres Wort glaubten, merkten sie nicht. Sie konnten auch nicht nachdenken über das Besprochene, denn zum Abschied streuten ihnen die Oberteufel Sand in die Augen, und sie alle waren damit beschäftigt, sich gegen das Beißen und Brennen zu wehren.

Das haben wir gut gemacht, sagten die Oberteufel. *Die Menschen täuschen einander mit großen, leeren Worten, wenn sie tun wollen, als geschähe irgendetwas. Hie und da kann man auch von diesen Dummköpfen Nützliches lernen.*

In den regelmäßigen Teambesprechungen mussten die Unterteufel ihren Vorgesetzten erzählen, was sie auf der Erde getan und erreicht hatten. Wie sie sich auch anstrengten, die Oberteufel waren nie zufrieden mit ihren Versuchen. In der Hölle ist es Sitte, grundsätzlich nichts gut zu finden, was ein anderer tut. Ganz ausgeschlossen wäre es, die Tat eines Mitteufels zu loben. Lob ist ja auch so etwas Himmlisches, Unerwünschtes.

Einem der kleinsten Teufel ging es immer besonders schlecht, wenn er berichten musste. Er war nämlich ein bisschen verträumt, und das schätzen die Bewohner der Hölle gar nicht. Übertriebene Geschäftigkeit ist gerne gesehen, aber das Träumen könnte auf Abwege führen und die teuflischen Pflichten vergessen lassen. Mit dem verträumten Teufelchen wurde es immer schlimmer. Eines Tages hatte es überhaupt keine Tat vorzuweisen. Auf die Frage, womit es denn seine Zeit verbracht habe, gab es eine Antwort, die seine ganze Umgebung in Aufruhr brachte. Es hatte einem Bauern Sonnenblumenkerne gestohlen und diese gekaut. Beim Stehlen konnte man noch den Willen zur Besserung sehen. Aber dann hatte es die Schönheit der Blumen bewundert und entdeckt, dass sie aussahen wie kleine Sonnen. Lange hatte es sich von der Sonne bescheinen lassen und den Vögeln zugehört. Da war ihm der Gedanke gekommen, dass alles von der Sonne lebt und sie preist. *Ich habe ein unbekanntes, aber nicht unangenehmes Gefühl empfunden*, schloss das Teufelchen seinen Bericht.

Es fehlt nur noch, dass du wie ein Pfarrer predigst über die Schönheit in Gottes Schöpfung, riefen die kleineren Mitteufel empört. Und die Oberteufel gaben ihm

einen strengen Verweis. *Du bist nichts und wirst nichts,* sagten sie, *und wenn du bei der nächsten Teambesprechung nichts Besseres zu bieten hast, werden wir dich aus der Hölle verbannen.*
Da kam der kleine Teufel in große Not. Wie sollte er so plötzlich etwas werden? Und wo konnte er noch sein, wenn man ihn nicht mehr haben wollte in der Hölle? Wo kann ein Teufelchen denn sonst wohnen? Freilich musste es zugeben, dass es sich unanständig benommen hatte. Blumen und Vögel zu lieben, ist unter der Würde eines Teufels. Und die Sonne bewundern, das gehört sich schon gar nicht. Ihr Licht schadet oft den dunklen Plänen der Hölle. Das Teufelchen überlegte hin und her, was es tun solle, aber nichts fiel ihm ein. *Irgendjemand muss mir doch aus der Patsche helfen können,* dachte es und ging zu seinen Kollegen. Doch alle, die es um Rat fragte, lachten es schadenfroh aus. Einem Mitteufel aus der Patsche zu helfen, ist so undenkbar, wie ihn für eine Tat zu loben.
Da ging es zu den Tieren. Vögel und Fische fragte es, und auch die Bewohner von Feld und Wald. Doch sie alle wussten nichts vom Bösen, denn sie leben ja so, wie es ihnen vom Schöpfer bestimmt ist und wie es die Gesetze der Natur vorschreiben. Endlich kam das Teufelchen zu einer weisen Eule, die flüsterte: *Es gibt im Bereich der Tiere eine, die ist ohne Flossen, ohne Flügel und ohne Füße. Sie hat schon Adam und Eva verführt. Zu ihr musst du gehen. Wer es fertig bringt, dass Menschen sogar im Paradies unzufrieden sind mit den Bäumen, die ihnen gehören, und sich an fremdem Eigentum vergreifen — wer das kann, der versteht seine Sache. — Warum ist mir das nicht schon früher eingefallen?,* rief das Teufelchen und tanzte auf einem Bein herum. Dann ging es schnell zur listigen Schlange und fragte sie um Rat.
Ach, ihr dummen Teufel!, zischte die Schlange, *ihr kennt das Böse nicht ganz und glaubt doch, es komme nur durch euch in die Welt. Dabei ist alles bloß Wirkung. — Das verstehe ich nicht,* stotterte das Teufelchen verlegen. *Ich erkläre dir alles,* zischte die Schlange, *hör gut zu: Mein Gift tötet Menschen. Gift wirkt aber heilend, wenn ein Arzt richtig damit umgehen kann. Also ist es weder gut noch böse, es kommt auf die Wirkung an. Du bewunderst die Sonne, weil alles Leben von ihr kommt. Sie wirkt aber gegen das Leben, wenn sie zu stark scheint und es lange nicht regnet. So ist alles weder gut noch böse, es wird nur gut oder böse. Ihr in der Hölle setzt ein Ding gern so ein, dass es böse wirkt. — Und die Menschen?,* fragte das Teufelchen. *Die sind genauso,* zischte die Schlange, *sie haben die Möglichkeit, sich gut oder böse zu verhalten, je nachdem wie du mit ihnen umgehst. Nur dürfen sie nicht merken, dass du mit ihnen umgehst. Sie sind nämlich genauso eingebildet wie ihr in der Hölle. Sie glauben auch, alles komme durch sie selber. Wenn sie es nicht bemerken, kannst du sie beeinflussen nach dieser oder jener Richtung. Aber das Böse erschaffen, wie es ihr Teufel glaubt, kannst du nie. Wenn*

die Menschen einmal aufwachen und Gut und Böse wirklich erkennen, und wenn sie sich dann für das Gute frei entscheiden, seid Ihr in der Hölle ganz einfach arbeitslos. Die Menschen sind nicht wie ihr glaubt eure Gefangenen, sie sind eure Arbeitgeber.

Das Teufelchen schaute so verwundert drein, als sei es eben vom Himmel gefallen. Darum versuchte die Schlange, ihm durch weitere Beispiele zu helfen. *Wenn ein Bruder dem anderen nicht verzeiht*, sagte sie, *bleibt zwischen beiden ein Rest von etwas, das böse gewirkt hat. Daraus erwächst für euch wie ein Auftrag die Möglichkeit zur nächsten bösen Tat. Wenn ein Volk sich befreit und dem anderen Volk, das es bekämpfen musste, die frühere Unterdrückung nachträgt und auch unterdrückt, wird eure Möglichkeit größer als beim Bruderzwist. Ihr dürft zu einem neuen Krieg aufstacheln. Den erfindet ihr nicht. Er ist schon da wie mein Gift, als Gift in den Völkern. Ihr könnt nur dafür sorgen, dass er ausbricht und wirkt.* Die Schlange redete sich in Eifer. Sie zischte und züngelte, als lecke sie etwas, das ihr gut schmeckte. Dabei sprach sie ihre Erkenntnis tief in das Teufelchen hinein, so spritzte sie ihm ein wenig Schlangengift. Und was sie sagte, wurde ein Teil von ihm selbst. *Endlich ist einer von euch dummen Teufeln so gescheit gewesen, dass er mich um Rat gefragt hat*, zischte sie und entließ das Teufelchen.

Lange irrte es auf der Welt herum. In die Hölle zurückkehren wollte es erst, wenn es etwas geleistet hatte. Auf seiner Wanderschaft kam es zu einem kleinen Haus. Darin lebte eine glückliche Familie. Alle — Vater, Mutter und die große Kinderschar — hatten strahlende Augen, alle waren zufrieden, und alles um sie her strahlte wie ein Abglanz ihrer Zufriedenheit. Sie brauchten gar nicht viel zu tun, alles war einfach sauber und glänzte. Es kam sozusagen von selbst. Das Teufelchen empfand ein unbekanntes, aber nicht unangenehmes Gefühl. So ähnlich hatte er sich doch schon einmal gefühlt. Wann bloß? Es erinnerte sich an die Blumen, den Vogelgesang und das helle Sonnenlicht. Da erschrak das Teufelchen. *Nanu!*, dachte es, *Die hier wollen mich in Versuchung führen. Dabei ist das Versuchen doch meine Aufgabe. Ich muss mich anstrengen und mir etwas einfallen lassen.* Unruhig trippelte es von einem Bein aufs andere: *Wie fange ich das bloß an?*, dachte es, *ich muss die Wirkung des Glänzens und Strahlens verändern. Aber wie? Da leuchtet ja nicht die Sonne, die alles austrocknen und das Leben vernichten kann.* Wie es auch hin und her überlegte, das Teufelchen kam zu keiner Lösung, bis es einmal die Mutter zu einer Nachbarin sagen hörte: *Ja, meine Liebe, alles würde Ihnen gewiss leichter fallen, wenn sie nur zufrieden sein könnten.* Das Teufelchen tanzte auf einem Bein herum und rieb sich die Hände. *Ich hab's, ich hab's*, rief es, *die Zufriedenheit muss weg wie damals bei den Menschen im Paradies. Davon sprach doch die weise Eule. Ohne Zufriedenheit wird der Glanz böse. Wenn die Menschen bloß mithelfen, dass ich mich wieder nach Hause traue.*

Das Teufelchen spuckte ein wenig von dem Gift aus, das die Schlange ihm mit ihren Worten eingespritzt hatte, und bestrich damit, was die Mutter für ihre Arbeit brauchte: den Staubsauger, den Besen, die Lappen, einfach alles Putzzeug. Dann versteckte er sich in einem sicheren Winkel und wartete gespannt, was nun geschehen würde. Wie immer fing die Mutter ihre Hausarbeit fröhlich an. Nichts war ihr zu viel. Sie sang sogar dabei. Als sie aber mit dem Gift des Teufelchens in Berührung kam, veränderten sich ihre Augen. Sie verloren das Strahlen und sahen nur noch, was nicht in Ordnung war. Ganz grimmig schaute die Mutter drein. Sie putzte und putzte, auch was gar nicht nötig gewesen wäre. Als die Kinder nach Hause kamen, waren sie überall im Weg. Sie durften nicht mehr spielen wie früher und wurden beschimpft, weil sie alles schmutzig machten. Ihre Augen strahlten auch nicht mehr. Sie verloren die Liebe zu dem kleinen Haus und den Dingen darin, sie fühlten sich nicht mehr daheim. Da machten sie wirklich alles schmutzig. Die Mutter fand keine Ruhe, sie räumte auf und putzte. Nach einem langen, mühevollen Arbeitstag freute sich der Vater auf den Feierabend. Als er aber nach Hause kam, hörte er nichts als Schimpfen, Schreien und das laute Brummen des Staubsaugers, den er nicht ausstehen konnte. Gleich strahlte er auch nicht mehr, er schrie und schimpfte tüchtig wie die anderen.
Die Menschen machen mit, kicherte das Teufelchen, *wir werden noch nicht arbeitslos in der Hölle.* Schnell machte es sich auf den Weg nach Hause. Es glaubte, es habe etwas Neues erfunden und war stolz auf seine Leistung. Damit mussten die Oberteufel nun wirklich zufrieden sein. Freudig erzählte es in der Teambesprechung von seinen Taten. Wie enttäuscht war es, als der Oberste nur sagte: *Man kann noch warten mit der Verbannung, vielleicht wird noch einmal etwas aus dir. Probeweise kannst du dich als Putzteufel unter die Geister der Unzufriedenheit einreihen. Pass aber gut auf, dass deine Menschen nicht abfallen von dir. Sie könnten Sehnsucht bekommen nach ihrer alten Zufriedenheit. Es gibt nichts Schwierigeres für uns Teufel als zufriedene Menschen. Manchmal fällt es ihnen sogar ein, uns in Menschen verwandeln und erlösen zu wollen. Ich weiß nicht, Putzteufelchen, ob du einem solchen Überfall gewachsen wärest. Wer sich gegen Erlösungsangriffe wehren muss, braucht viel Kraft. Ich weiß wirklich nicht, ob du stark genug bist.*

Das Teufelchen wollte noch erzählen, was es bei der Schlange gelernt hatte, aber niemand hörte ihm zu. Es gehörte eben zu den Kleinsten, und die Großen waren überzeugt davon, dass sie alles besser wussten.

Wie in dem Märchen können Menschen die Atmosphäre in einem Raum wirklich sehr stark beeinflussen. Wenn ein Mensch, der sein ganzes Leben lang nur mürrisch ist und schimpft, in einer Wohnung lebt, geht das bis in die Wände. Ich war fast zwanzig Jahre in meiner Firma tätig und bin dreimal in diesen Jahren Räumen begegnet, bei denen ich mir sagte: Damit bin ich überfordert, dort gehe ich nicht hinein. In diesen Räumen war etwas so stark Negatives anwesend, dass ich sofort wusste, dass das über meine Kräfte gehen würde. Vielleicht würde ich es heute schaffen, aber damals war für mich deutlich, dass ich davon die Finger lassen musste. In einem dieser drei Räume hatte ein alter Mann seine bettlägerige Frau über 20 Jahre lang gepflegt. Er hatte sie aber eigentlich gequält, statt sie zu pflegen. Obendrein war er Alkoholiker. Ich öffnete dort die Türe und stand sofort einem Wesen gegenüber, das den gesamten Raum mit so negativer Energie ausfüllte, dass ich mich ganz winzig fühlte. Mir war auch klar, dass ich niemandem beweisen muss, wie stark ich bin. Den Auftrag lehnte ich ab. Wenn ein Raum eine derartige negative Ausstrahlung hat, braucht man einen besonderen Schutz, um sie zu bewältigen. Vor Jahren bekam mein Mann einen Auftrag, einen Teppich zu reinigen. Er erzählte mir davon und erwähnte, dass er gar keine Lust dazu habe, diesen Auftrag auszuführen. In diesem Moment war ich nicht wach genug. Anstatt nachzufragen, warum er denn keine Lust dazu habe, erwiderte ich geschäftstüchtig: *Wenn wir jetzt schon anfangen, nur Aufträge anzunehmen, auf die wir Lust haben, können wir bald unser Geschäft schließen.* Später rief er mich an, weil er mit einem Fleck nicht zurechtkam. Ich schlug vor, den Besitzer zu fragen, was für ein Fleck das sei, damit ich sagen könnte, welches Mittel zu verwenden sei. Es stellte sich heraus, dass es ein Blutfleck war, und dass sich in dem Raum ein Mensch erschossen hatte. Meinem Mann ging es noch Tage lang schlecht.

Wie ich schon vorher erwähnt habe, ist es sehr wichtig, solche Wahrnehmungen ernst zu nehmen, nicht nur beim Putzen, sondern jedes Mal, wenn wir so etwas erleben. Viele Menschen empfinden nicht bewusst ein Unbehagen in einem Raum, das heißt aber nicht, dass alles dort in Ordnung ist. Umgekehrt dürfen wir auch nicht jedes Mal, wenn wir den Eindruck haben, etwas sei negativ, dies auch gleich als Tatsache weitergeben.
In Norwegen war ich zu Besuch in einem Haus, das direkt an einer Felswand gebaut worden war. Es war so konzipiert, dass der Vorratskeller natürlich belassen war, mit einigen sehr markanten Felsen an der Seite und zum Teil auch am Boden. Die Hausfrau bat mich, einen Blick in den Keller zu werfen, weil sie nur sehr ungern dorthin ginge. Sie empfand dort eine negative Kraft und wollte wissen, ob es überhaupt gut sei, ihre Vorräte dort zu lagern. Für mich war es ein Urerlebnis. Es war in der Tat eine sehr starke Kraft vorhanden, elementar und unglaublich

machtvoll; aber ich empfand dies überhaupt nicht als negativ. Es war mir aber auch klar, dass nicht jeder Mensch eine solche Kraft aushalten kann.
Damals erzählte ich eine Geschichte, die ich von einem Chinesen gehört hatte. Er gehörte zu einer Familie, die seit Generationen beruflich als *Geisterbeschwörer* tätig waren. Die Kunst wurde immer vom Großvater an den Enkel weitergegeben, nie vom Vater zum Sohn. Während seiner Ausbildungszeit begleitete er seinen Großvater zu einem sehr wohlhabenden Mann, der Hilfe brauchte. In seinem Keller vermutete er einen bösen Geist, weil die Bediensteten sich weigerten, dort Wein zu holen; und jedes Mal, wenn er selbst herunter ging, fand er einige Weinflaschen kaputt am Boden liegen. Der Großvater ging durch den Keller, sprach ganz leise vor sich hin, und als er fertig war, machte er ein Plakat mit Schriftzeichen und hing es an die Kellertüre. Auf dem Plakat stand: *Hier wohnt (Name), Hüter des Weinkellers.* Der Großvater erklärte anschließend: *Der Geist, der da wohnt, ist gar nicht unfreundlich, er ist nur gelangweilt. Ich habe ihm jetzt die Aufgabe des Hüters des Kellers gegeben, nun wird er keine Flaschen mehr kaputtmachen!* Es ging anschließend besser im Weinkeller, wie der Chinese uns erzählte – aber auch im Keller in Norwegen, wie mir später berichtet wurde.
Manchmal begegnen wir aber tatsächlich einer so starken negativen Kraft, einem unsichtbaren Schmutz, den wir nicht ungeschützt angehen sollten. (Ich glaube, dieser unsichtbare Schmutz trägt mit dazu bei, dass so viele Menschen, die Gebäudereiniger sind, krank werden.)
Jeder Mensch hat instinktiv das Bedürfnis, sich zu schützen, wenn er einer Gefahr begegnet. Oft sehen wir, wie Menschen ein Kreuz schlagen, einen Rosenkranz hervorholen oder nach dem Stein in der Tasche greifen. Andere halten inne und sprechen ein Gebet, andere rufen einen verstorben Menschen an oder einen Schutzheiligen. Andere laufen einfach schreiend davon, während es auch Menschen gibt, die wie gelähmt einfach stehen bleiben. Als ich morgens um sechs Uhr anfing, die vierundsechzig Toiletten im Goetheanum zu putzen, empfand ich manchmal das starke Bedürfnis zu singen. Und wenn ich einmal besonders eifrig sang, fragten mich die Studenten, die beim Putzen mithalfen, manchmal, ob es denn heute besonders schlimm sei. Ihnen war aufgefallen, dass ich bestimmte Lieder sang, je nach dem Zustand, den ich vorfand. Wenn man singt, ist man emissiv, man nimmt nichts auf, sondern gibt nach außen ab.
Ich kann nicht sagen, wie Menschen sich schützen sollen, das muss letztlich doch jeder für sich selbst herausfinden. Persönlich habe ich ein Bild, das mir ungeheuer hilft. Ich ging einmal, als mein Sohn vier Jahre alt war, mit ihm spazieren, und er zog einen kleinen Leiterwagen. Es hatte vorher geregnet, der Weg war matschig, und auf halbem Wege hielt er einfach an, zog das Wägelchen auf die Seite, kippte es um und fing an, die Räder mit einem Stock zu drehen. Der ganze angesammelte

Schlamm flog nach allen Seiten einfach davon. Dieses Bild war für mich so beeindruckend, dass ich immer, wenn ich irgendwo hingehe, wo ich starken Widerstand spüre, meine inneren Räder zum Drehen bringe, und mir dabei vorstelle, dass nichts an mir haften kann. Unsere Chakren sind wie Räder, die sich drehen; und je schneller sie drehen, desto intensiver ist der Schutz.

Durch unsere Arbeit können wir Vieles verwandeln. Das Böse kann immer erlöst, ausgetrieben werden. Ich bin reformiert (eine Richtung innerhalb der evangelischen Kirche) aufgewachsen und wurde geprägt durch Aussagen wie: *Du darfst nicht am Sonntag stricken, sonst wäre es, als stecktest du die Stricknadel in das Auge des Herrn.* Das erweckte in mir stark das Bewusstsein: Du wirst beobachtet, und alle deine Taten werden notiert und entweder belohnt oder bestraft. Die Angst vor Strafe war groß. Als ich später mehr über die Geisteswissenschaft gelernt hatte, wurde mir deutlich, dass das, was wir tun, und das was wir lassen, immer Folgen hat, und dass jeder Mensch lernen kann, selbst Verantwortung für sein Leben zu übernehmen.

Pflege ist Hingabe und Austausch, aber manchmal auch Abschirmen, Schützen. Genau wie wir wissen, wann wir in unserem Zuhause die Türe öffnen oder abschließen sollten, genauso lernen wir auch, unsere eigenen inneren Türen zu öffnen und zu schließen. In unserem Streben harmonisierend zu arbeiten, indem wir zum Beispiel beim Pflegen und Ordnen unsere Gebärden heilend anwenden, fließen uns Kräfte zu. Nur wir selbst können dafür die Bedingungen schaffen. Sind wir offen und versuchen, die helfenden Kräfte einzuladen und sie zu bitten, alles was wir tun zu begleiten, dann wird das schon seine Wirkung haben.

Ich selbst habe versucht, die Schreckensbilder aus meiner Kindheit zu verwandeln, indem ich mich darum bemühe, möglichst ehrlich sagen zu können: *Christus ist mit mir, er kann und wird mir dabei helfen.* Ich möchte keineswegs behaupten, dass mir das immer gelingt. Es gibt Tage, an denen ich gar nicht daran denken möchte. Aber tief im Inneren lebt das Streben danach.

Gelingt es mir aber, dann wird die Angst in Vertrauen, dann werden die Sorgen in Freude verwandelt. Dann helfen mir die Kräfte, die mir zuströmen, das, was ich gerade tue, so zu verwandeln, dass meine Taten heilbringend wirken können.

WORTE VON THERESA VON AVILA (16. JAHRHUNDERT)

Christus hat nun keinen Körper auf Erden denn den deinen.
Keine Hände denn deine.
Keine Füße denn deine.
Es sind deine Augen, durch die Christi Mitgefühl für die Welt strahlen sollte.
Es sind deine Füße, mit denen er wandeln wird, um Gutes zu tun.
Es sind Deine Hände, mit denen er nun die Menschen segnen wird.

III. Reinigung als Grundlage

Obwohl dieses Buch das Thema *Putzen* als Titel hat, war das Putzen nur der Anfang meiner Entdeckungsreise. Je mehr ich mich damit auseinandersetzte, desto deutlicher wurde mir die umfassende Bedeutung dieser Tätigkeit. Um putzen zu können, muss es aufgeräumt sein. Damit es aufgeräumt ist, braucht es auch ein System. Und: das Putzen hört ja nie auf. Die ersten Tätigkeiten am Morgen sind: Gesicht waschen, Zähne putzen. Womit also fängt der Tag an? Mit Putzen! Dann wird gefrühstückt, und was folgt? Tisch abräumen und Geschirrspülen: wieder Putzen! Und so geht es durch den ganzen Tag. Selbst wenn wir unseren Tag mit einer Meditation beginnen, fängt die Meditation damit an, dass innere Ruhe hergestellt wird. Gedanken werden geordnet, also: Aufräumen, Ordnen. Fast jede Aufgabe entspricht irgendeiner Form des Aufräumens oder Putzens. Dies war mir zunächst nicht wirklich bewusst, aber je mehr ich versucht habe, meine Gestik beim Putzen zu beobachten, desto deutlicher wurde mir, wie sehr der Alltag das Ordnen und die Reinigung als Grundlagen braucht.
Putzen ist eine grundlegend menschliche Kulturerfahrung, die aber heutzutage — nicht nur — für viele Kinder verloren zu gehen droht. Wenn wir wieder lernen, die richtige innere Einstellung zum Putzen zu entwickeln, können wir den kulturell wesentlichen Charakter des Putzens wieder entdecken. Durch diese alltägliche Tätigkeit kann Natur zur Kultur erhoben werden, und wir können erleben, wie sich dabei die menschliche Fürsorge bedingungslos mit der Materie verbinden kann.

1. Pflegen

Alles, was wir mit Bewusstsein und Liebe tun, erreicht eine neue Dimension. Wenn wir mit Liebe und Bewusstsein putzen, dann geschieht eine Steigerung, dann wird aus einem geputzten Raum ein gepflegter Raum. Ein gepflegter Raum wirkt aber ganz anders als ein geputzter Raum. Was heißt das Wort *pflegen* eigentlich? Wo kommt es her? Eine Wurzel liegt im Altgermanischen. Hier bedeutete *pleon*: für etwas einstehen, sich für etwas einsetzen; daraus wurde dann später *Pflicht*, — die allzuoft zu unserer persönlichen *Kreuzigung* beitragen kann. Einen zweiten Ursprung hat *pflegen* im lateinischen *plicare: falten, neigen, nähren, sich mit etwas beschäftigen;* später auch: *sorglich, verantwortliches Handeln, Verantwortung übernehmen, zum Gedeihen bringen.*[27] Im Englischen gibt es verschiedene Wörter für *pflegen*, wie zum Beispiel *care, nurse* oder *nurture. Care* bedeutet soviel wie *Umsicht, Sorgfalt, Pflegen (Haare, Möbel, Gesundheit), etwas für sich selbst tun, versorgen, aufpassen. Nurse* umfasst: ein Baby stillen, Krankenpflegerin und -pflege oder auch *eine Pflanze (nursery), ein Geschäft durch schwere Zeiten bringen.* Und *nurture*: hegen, erziehen, auch Nahrung (sowohl physische als auch geistige Nahrung).

In unserer heutigen Gesellschaft scheinen Menschen oft wenig Beziehung zu ihrem Umfeld, zu ihrer Umgebung zu haben. Verwahrlosung, Vandalismus, Littering (achtloses Liegenlassen und Wegwerfen von Abfall), auch Unverbindlichkeit, Bequemlichkeit und Gleichgültigkeit sind davon ein Ausdruck. Wir kennen es selbst aus den Erfahrungen im Alltag: Routine tritt ein, stumpft ab, und wir erledigen vieles eher unbewusst und nicht besonders gut. Was anfangs noch gestört hat, gehört mittlerweile zum Dekor, etwa die Kaugummis oder das Gekritzel auf dem Schultisch. Die Beziehung zur Sache ist einfach *eingeschlafen.* Oft genug nehmen wir gar nicht mehr wahr, wie es um uns herum aussieht, das kann sogar auf unsere Kleidung übergreifen. Dann kündigt sich ein Besuch an, und auf einmal wird alles blitzblank geputzt, wir wachen auf — und merken, wie es tatsächlich aussieht. Sicher waren Sie auch schon einmal entsetzt über den Zustand Ihres Lieblings-Pullovers, als Sie ihn für eine besondere Gelegenheit anziehen wollten! *O je, wann hat er sich so verfranst? Wo kommen alle diese kleinen Fussel her? — Waren die Absätze der Schuhe schon immer so abgetreten, und seit wann fehlt denn der Knopf am Mantel?*

Ähnliches ereignet sich leider nicht nur mit Dingen und Aufgaben, sondern auch in den Beziehungen zwischen Eltern und Kindern, zwischen Eheleuten, zwischen Lehrern und Schülern, zwischen Arbeitskollegen.

Erneuerung und Anfang

Die bewusste Pflege unserer Umgebung kann sogar die Grundlage für eine Erneuerung bilden. Vor Jahren gab ich einen Kurs an einer Erwachsenenbildungsstätte. Drei Stunden jeden Donnerstagabend, über fünf Wochen. Ich erklärte Vieles: das Putzen, die Methoden, Werkzeuge, Mittel, und vor allem das Pflegen. Die Frauen gingen dann nach Hause und probierten das Gelernte auch aus. Eine der Teilnehmerinnen war dreiunddreißig Jahre alt, fünfzehn Jahre lang verheiratet, mit drei Kindern. Der Älteste war damals fünfzehn Jahre alt und leicht lernbehindert. Bei der Vorstellungsrunde erzählte sie, ihre Ehe sei nur noch eine Formsache. Es gab sehr wenig Kommunikation, da sie und ihr Mann sich über die Art, wie mit dem schwer pubertierenden Sohn umzugehen sei, nicht einigen konnten. Vor fünf Jahren hatten sie ein eigenes Haus gebaut. Da ihr Mann Handwerker war, wollte er sehr viel selbst machen. Das Haus wurde aber nie so richtig fertig. Beide hatten kein Interesse mehr, daran zu arbeiten, und sie gestand uns ganz offen, dass sie ihr neues Haus völlig vernachlässigt hatte: Es war undordentlich und schmutzig. Als sie nun während des Kurses begann, das Haus nicht nur zu putzen, sondern auch zu pflegen, fing auch ihr Mann an, seine handwerklichen Projekte im Haus zu erledigen. Sie schmunzelte beim Erzählen: *Er meint tatsächlich, ich würde es für ihn tun.* Wir freuten uns jeden Donnerstag auf weitere Geschichten. So wurde die Glühbirne, die am Draht im Eingang des Hauses hing, durch eine schöne Lampe ersetzt; die schönen Chromstangen für die Badetücher im Badezimmer angebracht, und die Schnüre, die diesen Dienst übernommen hatten, wurden nach fünf Jahren endlich entfernt. Am letzten Abend kam sie strahlend zum Kurs und erzählte, wie ihr Mann am vorigen Samstag seine Maschinen ins Wohnzimmer brachte, um die Fußleisten für den selbst verlegten Parkettboden zuzuschneiden und endlich anzubringen. Kaum fing die Maschine an zu lärmen, erschien der Fünfzehnjährige und fragte, ob er helfen dürfe. Den ganzen Samstag hätten die Zwei zusammen gearbeitet, alle Leisten wurden angebracht, und für das erste Mal seit langer Zeit war der Junge zu Hause und nicht *auf der Straße.*

Fünf Jahre später traf ich diese Frau wieder. Sie erzählte mir, dass der Putzkurs ihre Ehe gerettet hätte. Durch die gemeinsame Pflege des Hauses erinnerten sie sich wieder an die erste Zeit, als sie gerade anfingen, das Haus zu bauen. Die gemeinsamen Ideale wurden wieder präsent, und sie erinnerten sich wieder an die vielen schönen Momente. Ihr Mann fühlte sich als Mensch wieder wahrgenommen und respektiert, als sie damals das Haus zu pflegen begann. Ich war doch sehr gerührt, als sie weiter erzählte, dass sich der Junge nach dem Wochenende der gemeinsamen Arbeit mit dem Vater für eine Schreinerlehre angemeldet hatte. Er war jetzt gelernter Zimmermann und hatte sich gut entwickelt.

Die Reinigung kann aber auch der Anfang einer Beziehung sein. Eine Seminarteilnehmerin arbeitete vor Jahren in einem Heim für schwer erziehbare Mädchen. Sozialpädagogin zu sein war ihr Traum. Sie fing mit großer Freude an, dort zu arbeiten – nur um festzustellen, wie entsetzlich schwierig es war, eine Beziehung zu den schwer erziehbaren Mädchen aufzubauen. Sie fand keinen Zugang, kam nie in ein Gespräch und lag nachts lange wach, ganz verzweifelt über diese Situation. Als sie wieder einmal nicht einschlafen konnte, stand sie auf und fing an, das Haus zu putzen. Das tat sie nun jeden Abend, nachdem die Mädchen ins Bett gegangen waren. Sie bemühte sich besonders, die Aufenthaltsräume und die Nasszellen gut zu pflegen. Nach einigen Wochen kam dann die Belohnung. Ohne je das Putzen erwähnt zu haben, suchten die Mädchen nach und nach das Gespräch mit ihr und wollten gerne diese Arbeit mit ihr teilen. Die Liebe zur Tätigkeit ist eine der bedeutendsten Grundlagen, ohne die sich das soziale Leben eigentlich nicht entfalten kann.

2. Freude am Putzen

Das Putzen hat sehr oft mit Gemeinschaft zu tun. Sicher putzt ein Mensch, der alleine wohnt, gewissermaßen für sich, aber letztlich doch oft, damit er ungeniert Besuch empfangen kann. Wie gesagt haben das Ordnen und Putzen direkt mit dem Sozialen zu tun. Hausarbeit und vor allem auch Reinigungsarbeit machen einen bedeutenden Teil des Lebens aus und tragen zur Wiederherstellung und Erhaltung lebensfreundlicher Umstände bei.

Schmutz ist Folge und zugleich Anlass menschlicher Aktivität. Schmutz hat mit Vergangenheit zu tun, mit dem, was nicht mehr so recht ins gegenwärtige Leben gehört. Oft hört man den Spruch: *Schmutz ist Materie am falschen Ort*. Welch treffende Beschreibung! Auf dem Acker ist die Erde braunes Gold, aber auf dem weißen Teppich ist sie zweifelsohne Schmutz.

Schmutz zu beseitigen, bietet uns ein fast unbegrenztes Übungsfeld — etwa für Geduld, Rhythmus, Achtsamkeit, Wahrnehmung, Zuwendung, Durchhaltekraft, Eigenverantwortung. Dadurch verwandeln wir nicht nur das Materielle, wir bewältigen und verarbeiten auch ein Stück unserer persönlichen Vergangenheit.

Putzen ist ein Handwerk, das gelernt sein will. Putzen ist weder Pflicht, noch Zwang; es ist Lebensqualität, und auch hier bestimmt die Arbeitsfreude, was der Mensch in die Welt hineinträgt. Die Einstellung zu der Arbeit des Menschen bestimmt die Qualität der Pflege.

Jeder Raum benötigt Pflege, jeder Raum muss oder soll geputzt werden. Das ist eine Arbeit, die nicht immer mit großer Begeisterung angepackt wird. Und doch muss es sein. Wie auch immer die Umstände sein mögen, wir können immer versuchen wahrzunehmen was wir tun, und vor allem auch, wie wir es tun. Wir haben täglich mehr oder weniger interessante oder angenehme Aufgaben. Aber ob interessant, angenehm oder nicht, sie müssen gemacht werden. Das sind gute Gelegenheiten zu beobachten, wie wir uns verhalten. Bei Arbeiten, die uns nicht sonderlich erfreuen, wird geseufzt, gemurrt, man verspannt sich, weil man glaubt, dass eigentlich doch besser andere diese Arbeit hätten tun sollen. Eine solche Einstellung macht aber alles nur noch schwieriger. Nicht nur, dass die Bürde, die man sich auferlegt, innerlich nicht weiter bringt, sondern auch, dass sie zusätzlich erschöpfend wirkt. Nehmen wir doch noch eine solche langweilige Arbeit als Gelegenheit zum Üben! Nehmen wir jedes Detail interessiert wahr, dann entdecken wir etwas völlig Neues am bereits Altbekannten. Interesse belebt, und meine Aufgabe wird weniger mühsam.

Die Spanne zwischen Sinn und Sinnlosigkeit ist typisch menschlich, und jeder kennt sie, der daheim oder im Beruf einen Lappen, den Besen oder den Staubsauger zur Hand nimmt. Schnell kann einmal ein Gefühl von Langeweile und

Gleichgültigkeit entstehen. Sobald wir aber den Sinn unserer Tätigkeit einsehen, gibt uns das oft erst den Mut, überhaupt damit anfangen zu können. Durch die Tätigkeit machen wir Erfahrungen, die ihren Sinn bestätigen. Daraus kann sich dann auch ein Einsehen ergeben. Durch Einsicht kommt Freude, und Freude gibt uns Kraft. Lebenskraft zu spüren, erweckt Gefühle der Dankbarkeit.
Sind wir völlig erschöpft, ist es oft sehr schwierig, Freude und Dankbarkeit empfinden zu können.
Viele Menschen erleben das Putzen als Sisyphusarbeit. Kaum etwas ist im Resultat so vergänglich, so unerbittlich mit einem Verfallsdatum versehen, wie das Putzen. Gleich nach Beendigung der Tätigkeit beginnt gnadenlos der Zerfall der ersehnten und geschaffenen Ästhetik. Putzen gibt dem Menschen die existenzielle Erfahrung, fortwährend zu scheitern und trotzdem daran nicht zu zerbrechen. Sisyphus wurde von den Göttern dazu verdammt, einen Felsbrocken immer wieder einen Berg hinauf zu wälzen, der dann aber auch immer wieder zurück herunter rollte. Einige Erzählungen besagen, dass Sisyphus doch den tieferen Sinn des scheinbar sinnlosen Tuns erkannte und so seinen Seelenfrieden fand. Niederschmetternde Wahrheiten verlieren an Gewicht, sobald sie in ihrem Sinn erkannt werden. So bringt Sinnfindung und Erkenntnis letztlich den Sieg.
Weil wir bei dieser Tätigkeit so oft an die eigenen Grenzen stoßen, führt sie uns oft auch zu uns selbst. Um dies bewältigen zu können, bedarf es der Erziehung, vor allem der Selbsterziehung. Wir lernen, uns selbst immer besser wahrzunehmen, wir lernen uns selbst kennen, lernen uns zu akzeptieren — all dies fördert unsere Kreativität, wir werden wieder mehr produktiv. Sich selbst gegenüber zu stehen, sich selbst zu erkennen, ist ein existentieller Entwicklungsschritt — und dafür sind wir als Menschen doch auf dieser Welt! Unsere Talente sollen gedeihen, aber dazu müssen wir sie oft erst einmal entdecken! Der Alltag bietet dafür unbegrenzte Möglichkeiten. Das Produkt vom Putzen ist Sauberkeit. Pflegen ist Lebenskunst, und das Produkt ist Lebensqualität und eine gute Arbeitsatmosphäre.

3. Kunst im Alltag

Viele Hausfrauen und Mütter, die ich kenne, haben oft den Eindruck, dass wir keine Zeit für unsere eigene Kreativität haben. Wie aber kann ich Kunst auch in meinem Alltag finden, sie einfließen lassen, anwenden und ausleben? Jeder Tag bietet etwas Neues. Machen wir daraus ein Kunstwerk oder lassen wir es gestaltlos?
Ich glaube, für die meisten Hausfrauen ist der Gedanke, sich Zeit für eine künstlerische Aktivität zu gönnen, ziemlich weit entfernt. Es gibt ja immer so viele Sachen,

die wir noch erledigen müssen. Da ist es geradezu undenkbar sich die Zeit zu nehmen, um zu malen, zu plastizieren oder, oder, oder ... Wie aber kann ich etwas Künstlerisches in meinen alltäglichen Tätigkeiten finden? Was sich regelmäßig wiederholt, das kann ich nicht nur vergeistigen, ich kann es auch *verkünstlerischen*. Vielleicht sollten wir auch zuerst darauf schauen, welche Kunstform wir gerne ausleben möchten? Wollen Sie singen, musizieren, malen, gestalten, plastizieren, schauspielern? Wo gibt es im Alltag Möglichkeit dazu?
Durch die Entwicklungen der Französischen Revolution stellte sich Friedrich Schiller (1759—1805) in seinen *Briefen zur ästhetischen Erziehung des Menschen*[28] die Frage, wie es passieren konnte, dass Menschen, die eigentlich den Freiheitsimpuls in sich tragen, so von dämonischen, von unmenschlichen Kräften ergriffen werden können. Wie ist denn die dem Menschen wesenseigene Natur, und wo ergreifen ihn fremde Gewalten? Wo ist seine menschliche Mitte?
Schiller beschreibt, wie der Mensch zwischen zwei Pole eingespannt ist. Den einen Pol nennt er *Stofftrieb*. Durch unsere Sinnlichkeit, unsere Sinne und unsere Leiblichkeit stecken wir in der Stoffeswelt. Diese Welt wirkt über den Leib und über die Sinne nahezu zwanghaft auf uns. Hier sind wir nicht frei.
Auf der anderen Seite ragen wir mit unserer Vernunft in eine geistige Welt hinein, die ewigen Gesetzen folgt. Auch diese Gesetze zwingen uns — wie der Stoff —, aber wir sind hier nun durch den *Formtrieb*, wie Schiller es nennt, der Welt hingegeben.
Die menschliche Natur findet sich also zwischen Formtrieb und Stofftrieb zwanghaft eingespannt. Wir sind nicht frei, weil nicht menschliche, sondern fremde Prinzipien in uns eindringen — von beiden Seiten.
Doch gibt es eine Mitte. Schiller beschreibt einen Bereich, in welchem der Mensch sich frei zwischen Form- und Stofftrieb bewegen kann, und zwar dort, wo er spielt, wo er sich *im freien Spiel der Kräfte* befindet. Im Menschen lebt auch ein *Spieltrieb*, so Schiller. Dieser Spieltrieb hat mit aller freien, künstlerischen, schöpferischen Betätigung zu tun.
Man darf also den Satz: *Der Mensch ist nur Mensch, wenn er spielt, und nur wenn er spielt, ist er wirklich ganz Mensch* keineswegs banalisieren. Hier ist nicht vom oberflächlichen Spiel die Rede. Hier lernen wir, auf unsere freie, schöpferische Mitte zu achten, die wir zwischen den Zwängen der geistigen und stofflichen Notwendigkeit finden. Von dieser Mitte aus kann der Mensch in Freiheit alle seine Tätigkeiten durchdringen.
Jede bewusst ergriffene Handlung, die zur Schönheit und zum Wohlbefinden der Familie, der Gemeinschaft beiträgt, kann zu einem *Kunstgriff* werden.

Was in der Zukunft real sein wird, wir tragen es heute in Idealität in uns. Gestalten wir die Welt, dann wird sie real sein. Das darf nicht bloß als Theorie in uns leben, das muss als Empfindung, als innerster Lebensimpuls in uns sein. Dann haben wir ein Erkenntnisverhältnis zu unserer weltlichen Umgebung und zur gleichen Zeit ein religiöses Verhältnis zu unserer Umgebung. Aus diesem Impuls heraus wird auch die Kunst etwas werden, was sich verbindet mit dem unmittelbaren Leben. Es wird unser Leben selber künstlerisch sich gestalten müssen.[29]

Würdigung

Menschen haben oft das Bedürfnis, etwas Schönes zu würdigen. Wenn ein Kind ein Sonntagskleidchen trägt, bemüht es sich, so lang wie nur möglich das Kleidchen schön und sauber zu halten. Sobald aber ein *Unglück* passiert, lohnt es sich auch nicht mehr, sich weiter zu bemühen. Manches Kind will auch kaum seine neuen Schuhe anziehen, weil sie noch so schön sauber sind und sie nun so schön bleiben sollen. Kaum aber sehen sie nicht mehr so frisch aus, scheint auch das Putzen nicht mehr so wichtig.

Ich habe immer gerne Gäste zum Essen eingeladen und freute mich dann auch besonders darauf, einen schönen Tisch zu bereiten. Als meine Tochter zehn Jahre alt wurde, wünschte sie sich einen Geburtstagstisch, so wie ich es normalerweise für meine Gäste vorbereitete. Da ich aber das schöne Geschirr, Silberbesteck und Kristallgläser nur für sechs Personen von der Tante geerbt hatte, sagte ich ihr, dass sie dann nur fünf Kinder einladen dürfe. Sie war damit einverstanden, und wir stellten eine Gästeliste zusammen, besprachen das Menu und verschickten die Einladungen. Am großen Tag bemühten wir uns sehr darum, den Tisch besonders feierlich zu decken — mit weißem Leinentischtuch, mit Blumen, Kerzen und dem schönen Porzellan und Silber. Der Geburtstag lag in den Winterferien, und ich holte alle eingeladenen Kinder ab. Kaum angekommen, verteilten sich ihre Jacken, Stiefel und Mützen über den ganzen Flur. Die Tür zum Esszimmer blieb geschlossen, bis alle bereit waren. Als ich dann die Tür feierlich öffnete, erlebte ich einen Zauber. Beim Anblick des Tisches fragten sie voller Staunen, ob der Tisch wohl für sie sei. Als ich dies bejahte, verwandelten sich sechs lebhafte Strolche in ehrfürchtige Prinzen und Prinzessinnen. Ich bediente sie, und während des ganzen Essens benahmen sie sich voller Würde und belohnten mich am Ende mit einem fleckenlosen Tischtuch! Das war mehr als ich bei manchen erwachsenen Gästen erlebt hatte.

Ein junger Student aus Ungarn arbeitete mit mir eine Zeit lang zusammen und war sehr daran interessiert, von mir so viel wie möglich zu lernen. Vor allem wollte er genau lernen, wie ich die Toiletten putze, und ich musste seine Arbeit sehr genau kontrollieren. Als ich am Ende des Tages bestätigte, dass er sehr gut gelernt habe, strahlte er mich an und sagte: *Das ist das größte Geschenk, das ich meiner Frau mit nach Hause bringen kann — dass ich gelernt habe, wirklich gut zu putzen!*

Ich habe sehr großes Verständnis für die Menschen, die sich eine Putzfrau als Geschenk wünschen, und ich war auch schon oft so ein Geschenk. Dann ruft mich beispielsweise jemand an: *Liebe Frau Thomas, meine Frau hat Geburtstag, die Kinder wollen ihr ein tolles Essen kochen, und wir wollen, dass sie nach Hause kommt und ein perfekt aufgeräumtes und geputztes Haus vorfindet. Schaffen Sie das in zwei Stunden?*

Da muss ich nicht einmal fragen wie groß das Haus ist, um zu wissen, dass so etwas unmöglich ist. Aber wir finden da meist doch einen Weg — und jedes Mal, wenn meine Arbeit als Geschenk für eine Frau galt, bekam ich anschließend von ihr einen Blumenstrauß!

Man kann aber auch umgekehrt die Arbeit als Geschenk erhalten! Eine wunderschöne Geschichte erzählte mir eine Hausmutter in einem heilpädagogischen Heim. Ein junger Mann, der bei ihr im Haus wohnte, wusch liebend gerne das Geschirr, drei Mal am Tag, sieben Tage pro Woche. Er machte es ganz alleine, es war seine große Freude und sein ganzer Stolz. Als nun die Hausmutter Geburtstag hatte, machte er ihr ein ganz besonderes Geschenk: An ihrem Geburtstag durfte sie den ganzen Tag Geschirrspülen — nur sie alleine!

4. Vernachlässigung

Ich empfinde die Vernachlässigung als etwas Schleichendes. Es fängt mit und in all diesen Eckchen an, die wir nicht durchdringen. Es kommt hinter allen Schränken hervorgekrochen. Es kommt aus und hinter den Vorhängen heraus, wo so viele Spinnweben sind — und nicht zuletzt auch hinter und von den Heizungskörpern. In der Küche ist es oft der Backofen und der Dampfabzug, aber auch unsere Küchengeräte. Die Waage zum Beispiel. Die Schüssel wird nach dem Gebrauch meist gewaschen, aber die Waage, die wir wohl möglich noch mit Mehl oder Butter an den Fingern berührt haben ... Und diese bestimmte Schublade, die jeder Haushalt hat, in der alles verschwindet, was wir eventuell noch gebrauchen könnten, oder solches, von dem wir nicht so sicher sind, was es eigentlich ist, aber es könnte ja doch noch ein wichtiger Teil von etwas — was auch immer — sein. Auch die Abstellkammer oder der Putzraum oder -schrank sind offenbar für solche Vernachlässigungen prädestiniert.

Tun und Lassen

Was tun wir, und was lassen wir? Warum unterlassen wir Sachen, Aufgaben? Weil es sowieso niemand merkt? Weil wir einfach keine Lust haben und jemand anderes es gefälligst auch einmal machen könnte?

Ich wurde vor einigen Jahren gebeten, am Goetheanum einen Vortrag über meine Arbeit zu halten. Ein älterer Herr rief mich an und erzählte mir eine Anekdote. Er kannte Henni Geck (eine Malerin, die bei Rudolf Steiner gelernt hatte) noch persönlich, und sie hatte ihm erzählt, dass Rudolf Steiner immer wenn er von der Schnitzarbeit an der Figur des Menschheitsrepräsentanten weggerufen wurde, zuerst alle Holzspäne zusammengefegt und im Abfallkorb entsorgt habe.[30] Obwohl sie und die englische Künstlerin Edith Maryon ihn gebeten hätten, diese Arbeit an seiner statt zu übernehmen, fegte er immer selbst die Späne zusammen. Einmal habe ihn Henni Geck gefragt, warum er sich jedes mal die Zeit zu putzen nahm, selbst wenn er oft kaum fünf Minuten abwesend war. Darauf habe er geantwortet: *Während ich arbeite, ist alles, womit ich zu tun habe, Arbeitsmaterial, und ich bin Meister der Situation. Höre ich aber auf zu arbeiten und verlasse ich meinen Arbeitsplatz, dann sind die Holzspäne, die auf dem Boden liegen, Abfall, und Abfall gehört eben in den Abfalleimer, denn die Wesenheiten, die sich im Abfall wohl fühlen, können wir nicht gebrauchen dort, wo wir künstlerisch schaffen wollen …*

5. Hausarbeit in früheren Zeiten

Vor langer, langer Zeit lebte in Schweden eine Bauernfamilie, deren einziges Kind ihre Tochter Elsa war. Sie wurde über alles geliebt und ihre Eltern versuchten ihr jeden Wunsch zu erfüllen. Nach ihrer Firmung ging sie in die Stadt, um dort Nähen und auch sonstige Manieren und Bräuche des Lebens in der Stadt zu lernen. Aber sie lernte dort leider nicht mehr, als sich selbst zu schmücken und die Haus- und Handarbeit zu verachten.

Mit zwanzig Jahren verliebte sich ein fleißiger und ehrenhafter junger Bauer namens Gunnar in Elsa, und schon bald waren sie verheiratet. Am Anfang war alles lauter Freude, doch bald war Elsa von ihren vielen häuslichen Pflichten überfordert. Früh am Morgen, kurz vor Weihnachten herrschte viel Betrieb auf dem Hof, und kaum aufgestanden, kam schon der Diener zu Elsa: *Herrin, bitte geben Sie uns unseren Tagesproviant, wir sollen gleich in den Wald gehen, wenn wir vor dem Abend wieder zurück sein wollen.*

Gleich rief auch eine der Dienstmägde: *Der Teig ist aufgegangen, und wenn*

wir jetzt gleich backen, hätten wir besseres Brot als sonst. Der Fleischer erwartete auch schon nach getaner Arbeit seinen üblichen Schluck, und die alte Britta drängte wegen Material zum Kerzenziehen. Dazu kam dann noch Gunnar, der ungeduldig wurde, weil der Diener noch nicht in den Wald gefahren war. *Liebe Elsa*, sagte er mit freundlicher Strenge, *meine verstorbene Mutter pflegte alles am Vorabend vorzubereiten, wenn Menschen früh morgens zur Arbeit gehen müssen, und oft bat ich Dich, das Gleiche zu tun. Und, meine Teuerste, vergiss bitte nicht den Webstuhl. Es verbleiben nur wenige Meter Stoff, die noch gewoben werden müssen, und die können wir doch nicht über die Feiertage im Wege liegen lassen …*
Elsa verlor die Geduld und stürmte wütend aus der Küche in das Haus, wo der Webstuhl stand, schlug die Türe energisch zu und warf sich weinend auf das Sofa. *Nein*, schrie sie, *diese Schufterei will ich nicht länger ertragen. Wer hätte geglaubt, dass Gunnar eine gewöhnliche Hausfrau aus mir macht und mein Leben so kaputtmacht! Ich Arme, Unglückliche! Gibt es denn niemand, der mir hilft? — Ich kann!*, sagte auf einmal ein alter, weißhaariger Mann. *Erschrecke nicht. Ich heiße der Alte Hoberg, und ich komme, Dir die Hilfe zu bringen, um die Du gerade gebeten hast. Ich kenne Deine Vorfahren bis in die zehnte und elfte Generation. Und obwohl Deine Familie vor Jahren schon ihren Reichtum verloren hat, ist sie hochmütig und faul geblieben. Da Du aber ein gutes Herz hast und ehrlich bist, will ich Dir trotzdem helfen. Du beklagst dich, weil Du gezwungen bist zu schuften. Aber dies ist nur so, weil Du nicht daran gewöhnt bist zu arbeiten. Ich werde Dir zehn gehorsame Helfer geben, die Du immer rufen kannst und die Dir treu in allem, was Du unternehmen willst, dienen werden.* Dabei schüttelte er seinen Mantel, zehn lustige kleine Gesellen hüpften auf den Boden und fingen an, das ganze Zimmer aufzuräumen. *Reich mir deine Finger!*, befahl der alte Mann. Elsa hielt zittern ihre Hände hin, worauf der alte Mann sprach:

Hüpf mein Daumen!
Schleck den Topf
Lang geraten
Herz in der Hand
Lustiger Gesell! –
Alle auf eure Plätze!

In einem Augenblick waren die zehn Männlein in Elsas Finger geschlüpft und der alte Mann war verschwunden. Die junge Hausfrau saß da und starrte lange ihre Hände an, aber bald empfand sie eine wunderbare Sehnsucht nach Arbeit. *Hier sitze ich und träume!*, rief sie mit ungewöhnlicher Freude und Mut. *Es ist schon sieben Uhr und draußen warten alle auf mich!* Und Elsa beeilte sich, alle Aufgaben ihrer

Bediensteten zu beaufsichtigen. Von diesem Tag an hatte Elsa genau soviel Freude an ihren Aufgaben, wie sie früher am Tanzen hatte. Keiner wusste, was geschehen war, aber alle staunten über diese plötzliche Änderung. Keine aber war vergnügter und zufriedener als die junge Frau selbst. Arbeit war jetzt für sie eine freudevolle Notwendigkeit. Unter ihren Händen gedieh alles und brachte dem jungen Paar Wohlstand und Glück.

Wer von uns würde sich nicht solche Hilfe wünschen? Aber worauf weist uns dieses Märchen hin? Erstens: Das Bild von Elsa und ihrem Haushalt beschreibt die häusliche Situation so, wie sie vor gar nicht allzu langer Zeit tatsächlich noch war. Es war eine Zeit, in der das Sprichwort *Cleanliness is next to Godliness* (etwa *Reinlichkeit steht neben Göttlichkeit*) noch seine Gültigkeit hatte. Zweitens: Die geistige Welt bietet Hilfe dort, wo mit einem guten Herz darum gebeten wird. Und drittens: Hausarbeit ist Hand-, ja sogar *Fingerarbeit*.

Hände und Finger

Damit sind wir bei Händen und Fingern angekommen. Wenn wir ordnen und putzen, sind die Hände unsere wichtigsten Werkzeuge. Die meisten Menschen berühren gerne andere Menschen, sowie Tiere und Gegenstände, die sie gerne haben. Dadurch kann deutlich werden, welch wichtige Rolle unser Tastsinn in der Pflege unserer Beziehungen spielt. Wie oft hat doch eine Berührung eine enorme Verwandlung in uns ausgelöst. Und sei die Berührung noch so zart und flüchtig gewesen. Mit unseren Händen können wir liebkosen, streicheln, schlagen, zerstören und auch segnen. Ich werde nie vergessen, wie mein Arzt meinen Sohn empfing, als er auf die Welt kam. Mit der linken Hand hielt er ihn an seiner Schulter fest und seine rechte Hand legte er schützend, segnend auf den kleinen Kopf. Wie oft kam mir diese Geste als Bild und Trost, wenn es meinem Sohn einmal nicht so gut ging.

Der folgende Gedanke, den ich einmal irgendwo gehört habe, scheint vor diesem Hintergrund sehr einleuchtend: Der Mensch begann seine geistige Entwicklung und sein individuelles Karma in dem Moment, als er sich aufrichtete und so die Hände zur Arbeit frei hatte. Durch unsere Hände können wir in Beziehung zu den Dingen treten, um sie zu verwandeln. In den Händen können wir ein wunderbar intimes Verhältnis zum äußeren Leben, zur Umwelt entwickeln. Aber nicht mit den Händen alleine, sondern auch mit unserer Gesinnung, unserer Einstellung, mit der wir die Arbeit erledigen. Zum Beispiel kann ich mir bei der Arbeit darüber bewusst sein, dass durch meine Hände etwas hindurch strömt, das ich nach außen abgebe.

Auf allem, was ihr berührt, hinterlasst ihr eure ganz eigenen Spuren. Die Tatsache, dass man anhand der Fingerabdrücke die Identität einer Person ausfindig machen kann und dass man auf der ganzen Welt keine zwei identischen Fingerabdrücke findet, beweist, dass die Hand in der Lage ist, den einzigartigen Charakter eines Menschens auszudrücken. Alles, was durch eure Hände geht, wird von eurer Ausstrahlung, von euren Ausströmungen erfüllt und übermittelt etwas von der Quintessenz eures Wesens. Wenn ihr jemandem ein Geschenk macht, so übermittelt ihr ihm mit diesem Gegenstand bereits etwas von euch und wenn ihr ein ungeordnetes Leben führt, so wird der Gegenstand die von euch unbewusst dort hinterlassenen, negativen Schwingungen übertragen. Selbst wenn die von euch verschenkte Sache großartig und teuer ist, wird der Empfänger in diesem Falle keinerlei Wohltat durch sie erfahren. Seid euch also bewusst, dass ihr selbst wichtiger seid als alle Dinge, die ihr verschenkt.[31]

Bei einer der alle sieben Jahre am Goetheanum stattfindenden Weltlehrertagungen ging ich morgens in einen Raum, um sauber zu machen. Auf der Wandtafel stand ein Zitat von Rudolf Steiner, und zwar auf Englisch: *When we do not merely grasp with our hand, but think with it, then thinking with our hand, we follow our destiny.* Auf Deutsch heißt es: *Wenn wir mit der Hand nicht bloß greifen, sondern denken, dann verfolgen wir mit der Hand denkend unser Karma.*[32]
Wir können uns beispielsweise einmal die Zeit gönnen, unsere Hände beim Kochen zu beobachten. Wir entdecken dann vielleicht die schönen Bewegungen, wenn sie von einer Zutat zur anderen *fliegen* und doch sicher eine Kelle festhalten, um den Teig zu rühren. Oder wie fließend unsere Hände einen Blumenstrauß stecken oder einen farbenfrohen Salat herrichten. Auch über die Klaviertasten tanzen die Finger. Die Hände wissen, was sie zu tun haben — und das ist doch (eigentlich sehr) faszinierend!

In der Biographie der Malerin Ninetta Sombart lesen wir: *Der Anspruch, den Edgar als Rosenkreuzer lebte, faszinierte Ninetta Sombart.*[33] *Nie durfte etwas entzwei sein. Alles musste — als Ausdruck innerer Gesinnung — sauber, ordentlich und gepflegt sein. Wenn sie nur ein Billighaus mietete, musste dies so lange bearbeitet werden, bis es, in aller Bescheidenheit, schön war. Das war im Grunde der Lebensstil, den sie aus der Kindheit kannte.*

Als die äußeren Umstände ihre Rückkehr nach Europa erzwangen, fand sie langsam auch äußerlich ein Leben, das ihr durch die Kraft ihrer ordnenden Hand den Platz auf der Erde schuf, um in den inneren Bewegungen an die Kindheitswurzeln wieder anzuknüpfen.[34] — Ein Rosenkreuzer Prinzip, das ich durch sie kennenlernte.[35]

Als genuin rosenkreuzerisch kann man folgende Eigenschaften bezeichnen:

— Die Begründung eines voraussetzungslosen, nicht religiös gebundenen geistigen Schulungswegs mitten im Berufsalltag

— Die Vorbereitung der neuen Naturwissenschaft und deren Ergänzung von der spirituellen Seite her

— Die Impulsierung und Neugestaltung des sozialen Lebens aus diesen Grundlagen heraus.

Das Rosenkreuzertum wirft, so gesehen, nicht bloß Rätsel einer diskreten esoterischen Untergrundströmung des abendländischen Geisteslebens auf. Sie regt zu Leitmotiven für die individuelle Gestaltung der Gegenwart an.[36]
Beim Pflegen können wir viel über die Ökonomie der Gestik lernen und über die Gestik überhaupt: etwa dass eine Geste weiterwirkt, lange nachdem sie ausgeführt wurde (verletzend, verurteilend, abweisend aber auch begleitend, tröstend, segnend)!
Einen sehr treffenden Satz von Dieter Zimmermann las ich auf einer Serviette in einem Restaurant: *Alles, was durch liebevolle Hände geht, nimmt ein neues Wesen an.*[37]
Wie es im schwedischen Elsa-Märchen heißt: *Unter ihren Händen gedieh alles und brachte dem jungen Paar Wohlstand und Glück.*

Seit eh und je war das Haus ein wichtiger Arbeitsplatz und die Reinigung bekam nach und nach eine immer wichtigere Rolle, je mehr das Bewusstsein sich entwickelte, und die Menschen verstanden, dass Sauberkeit und Hygiene zur Lebensqualität und Gesundheit beitragen. Die Familie war immer der Urbaustein der Gesellschaft, und irgendwann entstand das Idealbild einer guten Frau oder Mutter, wie Elsa im Märchen. Doch war die Hausfrau damals viel eher eine gute Managerin. Köchinnen kochten, Mägde reinigten und wuschen, Ammen kümmerten sich um die Kleinkinder. Trotzdem wurde all dieses Handwerk von Mutter zu Tochter, von Großmutter zur Enkelin weitergegeben.

6. Hausarbeit heute

Die heutige Rollenerwartung basiert zum Teil immer noch auf den sozialen Verhältnissen des neunzehnten Jahrhunderts. Doch die damaligen Grundlagen dafür sind verschwunden, und oft ruht der Haushalt heute allein auf den Schultern der Hausfrau. Manchmal auch auf den Schultern eines Hausmanns, aber es gibt — proportional betrachtet — immer noch sehr selten Männer, die sich vollzeitlich dieser Aufgabe widmen. Und weil ja die Hausfrauen oft noch zusätzlich berufstätig sind, führt diese Situation zu Überforderung und Frustration, die das ganze Familienleben auflösen und zerstören kann.
Während eines Seminars berechneten wir einmal, dass wöchentlich durchschnittlich bis zu zwanzig Stunden Hausarbeit geleistet werden. Je nach Haushaltsgröße und familiärer Situation kann der Zeitaufwand für Putzen, Kochen, Waschen, Einkaufen und Kinderbetreuung bis zu sechzig Stunden betragen. Eine Aufgabe, die außer körperlicher und seelischer Erschöpfung auch abgrundtiefe Einsichten ins Leben bringen muss.
Obwohl die familiäre Situation eher selten angesprochen wird, ist Putzen *in*. Zeitungsartikel, zahlreiche Bücher, Fernsehserien und Webseiten berichten darüber — überall kann man über das Putzen etwas lesen oder anschauen. In England wurden sogar zwei Putzexpertinnen, Aggie Mackensie und Kim Woodburn, zu (richtigen) Fernsehstars. Sie wurden bekannt, weil sie unordentlichen Hausbesitzern öffentlich ihre Meinung zum Zustand des Hauses sagten. Die Serie *How clean is your house?* wurde ein Renner, das Buch dazu ein Bestseller.[38]

Warum putzt der Mensch? Warum nimmt er immer wieder Lappen, Eimer und Besen zur Hand, wenn die Kinder mit Erde an den Schuhen vom Garten hereinkommen und die Katze jeden Sommer (mittlerweile auch im Winter) Haare verliert? Warum den Backofen putzen, wenn der Auflauf fast immer zum *Überlauf* wird und eine schwarze Kruste hinterlässt? Wie ist es mit der Duschkabine und den Haaren im Ablauf? Machen wir es aus Gewohnheit? Aufopferung? Perfektionismus? Oder gar Masochismus oder Zwang? Was ist unser Ziel, wenn wir unsere Haushaltstätigkeiten ausführen? Warum tun wir das?
Eine Frau erzählte, dass sie Staubsaugen so sehr hasst, dass sie es nur tut, wenn ihre Katze Mühe hat, durch den Unrat zu kommen. Dann erklärt sie dem Schmutz offiziell den Krieg, fegt wie eine Furie durch das Haus, schlägt überall Ecken ab, hinterlässt Kratzer an den Sockelleisten, bis sie erschöpft mit einem Siegesgefühl umfällt.
Putzen ist mehr als eine antrainierte Ordnungsliebe oder als das natürliche Bedürfnis nach Sauberkeit. Es bietet (eben) eine Lebensqualität, die Menschen

brauchen, um sich entfalten zu können. Immerhin wird ja im Haushalt eine zukünftige Generation unserer Menschheit vorbereitet!
Die deutsche Psychologin Elfie Porz, die Dutzende von Klientinnen und Klienten auf Motivation und Putzverhalten analysiert und ausgewertet hat, schreibt: *Putzen kann ein angenehmes inneres Gleichgewicht herstellen. Für die meisten Menschen sind Reinigungsarbeiten Tätigkeiten, aus denen sie einen Lustgewinn ziehen.*[39]
Die Pädagoginnen Ursi Aeschenbacher und Maria Böhm lehren mittels Hörkassette, wie man putzend in sich gehen kann, um seinen Widerwillen gegenüber Schrubber und Scheuerlappen zu überwinden.
Auch Margaret Horsfield beschreibt in ihrem Buch *Der letzte Dreck* Putzen als ein Ritual, das nahezu religiöse Ausmaße annehmen kann, im Stil von *Zen oder die Kunst des Putzens.* Der Mensch greift tatsächlich häufig zum Putzzeug, wenn es ihm dreckig geht: *In heiligem Zorn verpasst er dem Parkett eine Abreibung, putzt dem Chef mit dem Wischlappen symbolisch eine runter, tritt mit Stahlwolle gegen Herzschmerz an oder kehrt eingesteckte Vorwürfe unter den Teppich. Putzen ist eine Gelegenheit, der inneren Unordnung Ordnung zu verleihen. Während wir machtlos dem Chaos in der Welt gegenüberstehen, hilft das Saubermachen, mit unserem Herzeleid fertig zu werden und stärkt unser Selbstvertrauen*, schreibt Horsfield.[40]

7. Reinigung als Beruf

Der putzende Mensch ist immer noch zu 90 Prozent eine Sie. Immer mehr Männer üben auch diesen Beruf aus, aber oft als Vorarbeiter oder Gruppenleiter. In der Putzkultur spiegelt sich der Zustand einer Gesellschaft, und weil es die Putzfrauen sind, die überall hinkommen, können wir mit Recht sagen, dass niemand den Zustand der Gesellschaft besser kennt als die Putzfrau. Putzleute sehen oft in die Schubladen und Schränke ihrer Arbeitgeber und manchmal auch in ihre Seele. Sie nehmen sehr viel wahr und sind meistens diskrete Menschen.
Ob in Privathäusern, Büros oder Lehrerzimmern — immer gibt es dort Menschen, die ihre Räume und ihren Schreibtisch bewusst aufräumen bevor sie gehen, damit wir Putzleute so gut wie möglich reinigen können. Das heißt: Sie möchten sehr gerne diese Reinigung und schaffen deswegen Raum für unsere Arbeit. Es gibt aber auch Büros, die vollgestopft sind — zum Beispiel liegen steinalte Zeitungsstapel herum —, und dementsprechend ist auch alles voller Staub. Wir können natürlich nicht ausräumen, wir dürfen ja nur putzen. Und das geht eben nur da, wo wir auch hinkommen können, wo Raum fürs Putzen ist. Und so spüren wir Putzleute eben sehr gut, wem unsere Arbeit wichtig ist. Der Zustand einer Wohnung

oder eines Büros, sagt einiges über deren Besitzer. Allerdings kommt man ja, um seine Arbeit zu tun, und darum bildet man sich auch kein Urteil. Oft ist es Teil des Vertrags, dass man für sich behält, was man beobachtet. Ich reinigte einmal das Büro eines Direktors in einer großen Firma. Beim Saugen fiel mir auf, dass sich die Schublade nicht richtig schließen ließ, etwas klemmte. Als ich versuchte, es zu beheben, entdeckte ich, dass die Schublade voll mit leeren Whiskyflaschen war. Darf ich als Reinigungshilfe so etwas weiter sagen? Und wem sagt man es?

Putzfrauen und -männer entwickeln mit der Zeit ein feines Gespür für ihre Kunden. Ein Blick auf den Schreibtisch, ins Badezimmer, eine Berührung mit der Tischoberfläche, und sie wissen, mit wem sie es zu tun haben: einem Chaoten, einem Ferkel, einer Pedantin.
Ich begegne oft Menschen, die gerne saubermachen, auch für andere Menschen. Sie haben ein Bedürfnis zu helfen, zu dienen. Was leider manchmal passiert, ist, dass die Menschen die diese Liebesgabe annehmen dürfen, eine Erwartungshaltung einnehmen, oft fordernd werden und den Reinigenden als *Bediensteten* ansehen. *Dienen* mit *Bedienen* zu verwechseln, ist ein großer Fehler.
Eine Generation von Putzfrauen, die heute zwischen sechzig und siebzig Jahre alt sind, geht jetzt in den Ruhestand. Diese Frauen — ich finde sie ab und an noch an Schulen und in Heimen — haben mit Freude und Stolz ihre Tätigkeit als Putzfrau ausgeübt. Heute darf man kaum mehr von Putzfrauen reden, aber viele von der heutigen jüngeren Generation von Raumpflegerinnen und Reinemacherinnen haben nicht mehr diesen Stolz und nicht mehr dieses Verantwortungsgefühl, nicht mehr diese beinahe besitzergreifende Haltung wie diese ältere Generation, die sich auch nicht scheute, den Herrn Direktor direkt anzusprechen, wenn er *ihren* Bereich nicht genügend respektierte.
Seit bald siebzehn Jahren arbeite ich mit vielen jungen Frauen und Männern im Reinigungsteam am Goetheanum. Erfreulicherweise hat sich in den letzen Jahren beim Reinigungspersonal eine Arbeitshaltung und Einstellung entwickelt, die ich nur als dienend beschreiben kann. — Vielleicht ein Zeichen einer neuen Entwicklung?
Ein regelmäßiger Gast am Goetheanum erwähnte mir gegenüber, dass er in früheren Zeiten oft gesehen habe, wie sich früh morgens die putzenden Studenten mühsam ihren Besen *hinterher bewegten*, ja sich fast darauf gestützt hätten. In jüngerer Zeit aber wäre ihm aufgefallen, dass die Studenten mit geradem Rücken, voller Schwung und Selbstbewusstsein die Flure des Goetheanum pflegen würden.
Wir hatten im Betriebsdienst einen Kollegen, der ein richtiger Montagsmuffel war. Nachdem ich beim Dienst am Sonntag unser Büro besonders gründlich gepflegt hatte, kam er, wie üblich, etwas verspätet angeschlendert. Da das ganze

Team bereits auf ihn wartete, fiel uns allen auch gleich auf, wie er sich beim Betreten des gepflegten Raumes unvermittelt aufrichtete.

Unsichtbarer Schmutz

Bei berufsbedingter Invalidität in der Schweiz befindet sich die Reinigungsbranche an zweiter Stelle nach dem Baugewerbe. In Deutschland ist der Krankenbestand in dieser Branche erschreckend hoch: nicht selten liegt er höher als 15 Prozent.[41] Das bedeutet also: Die Reinigungsarbeiter beziehen sehr häufig Invaliditätsrente! Wieso aber werden so viele Menschen, die diese Tätigkeit ausüben, krank? Putzen ist oft mühsame Körperarbeit, und es gibt wenig Dank oder Lob dafür. Meistens putzt man allein, und es hört nie auf. Dazu kommt, dass das Putzen immer noch als minderwertige Tätigkeit angesehen wird. Putzarbeit wird oft verkannt als banale, monotone Tätigkeit, zu deren Ausübung man keine Fachkenntnisse braucht — zu Unrecht werden die Menschen, die diese Tätigkeit ausüben, dementsprechend abschätzig behandelt. Ich glaube eben nicht, dass die hohe Invaliditätsrate rein auf falsche Körperhaltung, chemische Dämpfe aus den Putzmitteln, auf Feinstaub und Ähnliches zurückzuführen ist. Ich denke, dass — auch wenn es dem einen oder anderen zunächst nicht nachvollziehbar erscheinen mag — auch die Unzufriedenheit sehr oft zu berufsbedingter Invalidität führt. Dabei kennt man es doch sehr gut: Man verhärtet sich; oft stellt sich eine tiefe Mutlosigkeit ein, Einsamkeit, Isolation und ein Mangel an geistiger Abwechslung, was schließlich zu schweren Depressionen führen kann.

Es gibt eben auch nicht nur physischen Schmutz. Menschen hinterlassen in einem Raum auch einen unsichtbaren Schmutz. Alles, was wir in einem Raum tun, hinterlässt Spuren. Man denke an die Raumatmosphäre, wenn gerade ein riesiger Ehekrach stattgefunden hat. Es gibt auch Gespräche oder Sitzungen, in denen Entscheidungen getroffen werden, die Bedrückendes in einem Raum hinterlassen. Ganz zu schweigen von dem, was durch Gewalt, Missbrauch oder Selbstmord hinterlassen wird. Etwas völlig anderes bleibt im Raum, wenn vorher gesungen oder musiziert wurde, oder wenn etwas Freudiges darin stattfand.

Menschen, die täglich diese Arbeit der Raumreinigung ausführen müssen, weil sie keine andere Wahl haben, und die keine besondere Beziehung zu ihren Arbeitgebern, einer Schule, einer Einrichtung haben und die nicht wissen, wie sie sich schützen können, sind dem unsichtbaren Müll der Gesellschaft ausgeliefert und werden krank. Es gibt für die gesamte Wesenheit des Menschen kaum etwas Schlimmeres, wenn man nicht mit dem Herzen bei dem sein kann, was getan werden muss. Je mehr der Mensch etwas tun muss, was ihn nicht interessiert, desto mehr schwächt er seinen Lebensleib.

Interessieren wir uns überhaupt für die Menschen, die unsere Räume, unsere Schulen, unsere Einrichtungen pflegen? Oft leiden Menschen, die sauber machen, unter der mangelnden sozialen Beachtung. Obwohl wir die Sauberkeit lieben, schenken wir denjenigen, die sie für uns herstellen, wenig Wertschätzung. Das ist eine tagtägliche Tragödie. Diese mangelnde Wertschätzung wird nicht durch das Wort der *Raumpflegerin* ausgeglichen. Die Frau bleibt eben solange Putzfrau, solange sie so gesehen wird, solange sie dieses Bild von sich selbst hat und solange sie sich als solche empfindet.

Die einen *kämpfen* mit dem Schmutz und hinterlassen eine chaotische Stimmung; andere *verwandeln* den Schmutz und gehen mit Stolz und Würde durch die Räume. Indem die Putzenden begreifen, dass Putzen mehr ist, als Dreck zu beseitigen, und stattdessen das Pflegende daran entdecken, kann sich eine neue Würde zeigen, ein neues Würdegefühl einstellen. Schafft es eine Putzfrau, ihr eigenes Bewusstsein und ihre eigene Haltung zu dieser Arbeit zu ändern, dann ist damit ein ganz neuer Aspekt gewonnen. Dann können wir authentisch anfangen, von Raumpflege zu reden.

Eine Reinigungskraft, Frau M., die an einer Steiner-Schule arbeitete, sagte einmal resigniert zu mir: *Selbst hier werde ich nicht begrüßt, ich bin halt nur die Putzfrau.* Ich riet ihr Folgendes: *Heute Abend gibt es ein Konzert in dieser Schule. Putz dich heraus und besuche das Konzert.* Mit einem Male haben die Mitarbeitenden der Schule sie in einem neuen Kontext erlebt und sie als einen an Kultur interessierten Menschen wahrgenommen. Am darauf folgenden Montag rief mich jemand von der Schule an und wollte wissen, wann Frau M. Geburtstag habe. Seitdem wurde sie immer freundlich begrüßt und bekam bis zu ihrer Pensionierung zu ihrem Geburtstag einen Blumenstrauß.

Heute steht vor allem die Frage nach der Putztechnik, nach Maschinen und Methoden im Vordergrund. An den meisten europäischen und auch anderen Reinigungsfachmessen geht es um die Technisierung des Putzens. Das ist aber vor allem von jenen ein Bedarf, die das Putzen organisieren. Die Putzenden selbst fragen nach der Würde ihrer Arbeit. Es gibt in Japan bereits Roboter für die Büroreinigung. Dadurch geht viel basal-menschliche Kulturerfahrung verloren. Sicher, man darf die Technik nicht scheuen. Aber es geht um einen Mittelweg zwischen Ökonomie und Menschlichkeit. Wenn heute alles in Minuten pro Quadratmeter aufgerechnet wird, führt das zu Stress, zu Gefühlen von Unzulänglichkeit und schließlich zur Berufskrankheit. Es ist menschenunwürdig, so arbeiten zu müssen! Noch vor 20 Jahren konnten die Menschen im eigenen Rhythmus arbeiten, aus der eigenen Verantwortung heraus. Rhythmus ist Kraft. Und wenn der Rhythmus zerstört wird, dann werden die Menschen krank.

Man bedenke doch nur einmal, dass alle Wirtschaft mit der Hauswirtschaft beginnt! Sollte man da nicht besser mit dem Reinigungspersonal umgehen? Die Putzleute sind die einzigen in einer Firma oder Gemeinschaft, die in jedem Raum zu tun haben. Da kommt ein umfassendes Bewusstsein zustande. Es ist entscheidend, ob ich aus Liebe putze oder aus Gleichgültigkeit. Das schafft doch völlig andere Atmosphären!
Die pragmatische Seite des *Dreckwegmachens* steht solchen mehr ideellen Gesichtspunkten nur scheinbar entgegen. Wie schon öfters gesagt: Wer den Sinn und die Würde der eigenen Arbeit entdecken lernt, schafft auch ökonomischer: in der Arbeitseffizienz sowie durch die geschaffene Atmosphäre.
Reinigung und Pflege spielen beim Unterhalt, bei der Werterhaltung der Dinge, eine große Rolle. Eine wache Person fragt sich, was los ist, wenn auf einmal Wasser auf dem Boden ist oder eine Fläche feuchter als sonst ist, oder dass sich Kalk auf dem Rand vom Waschbecken bildet, obwohl das vorher nie so war. Es wird nach Ursachen und Lösungen des Problems gesucht.
In Firmen, in denen das Personal engagiert und selbstständig arbeitet, verstehen die Menschen auch den Raum, indem sie arbeiten, besser. Sie kommunizieren und verbinden sich stärker mit ihm. Wird dann auch noch das Putzen zum Pflegen, kann dieses Verhältnis enorm unterstützt werden. Man wird auch schöpferischer dadurch, dass man sich mit seiner Umgebung verbindet.
Putzen hat auch etwas mit der jeweiligen Persönlichkeit zu tun. Jeder putzt anders und bringt andere Gedanken und Gefühle in den Raum, zieht diese oder jene Naturgeister an. Das hängt auch mit dem guten Geist, der in einem Raum leben kann, zusammen.

8. Schönheit wecken

Vor Jahren hatte ich ein Erlebnis, das mich tief beeindruckt hat und für mich ein vollkommener Beweis dafür ist, wie wichtig die Reinigung als soziale und pädagogische Grundlage sein kann. Diese Erfahrung zeigte mir auch, dass wir die Bedeutung der liebevollen Pflege nie unterschätzen dürfen und dass wir dadurch wirklich Raum für etwas Neues schaffen können. Das sind kostbare Momente, in denen wir gestaltend arbeiten können und zur Erneuerung und zum Frieden beitragen dürfen:
Ich wurde von einer Erziehungsanstalt für jugendliche Kriminelle gebeten, ein ganzes Wohnhaus von Grund auf zu reinigen. Ein Tag der offenen Tür stand bevor. Ich war empört über den vernachlässigten Zustand, den ich vorfand, und wollte wissen, wer für die Unterhaltsreinigung zuständig war. *Die Jugendlichen*, hieß es.

Wer bringt aber den Jugendlichen bei, wie sie zu putzen haben? — Wir Erzieher. — Gibt es dann auch Bereiche, die von den Erziehern selbst geputzt werden? — Als ich mir diesen Bereich angeschaut hatte, sagte ich den Erziehern, dass sie nichts vom Putzen verstünden. *Was soll das eigentlich alles?*, wollte einer der Erzieher dann von mir wissen — *Wollen Sie nun hier putzen oder nicht?* — Darauf antwortete ich, dass ich gerne bereit sei hier zu putzen, aber nicht mit meiner Firma. Ich würde meine Mittel, Geräte und mein ganzes Know-how zu Verfügung stellen, um dann mit den Jugendlichen und den Erziehern das Haus zu putzen. Nun, diesen Vorschlag musste der Erzieher natürlich erst vors Kollegium bringen, denn so etwas hatte es hier noch nie gegeben. Nebenbei erwähnte ich noch, es würde 3000 Franken kosten, wenn meine Firma putzen kommen würde und 600 Franken, wenn ich alleine käme. Es wurde akzeptiert! Aber dann hatte ich schon die nächste Bedingung parat: Da ich ja weder Erzieherin noch Sozialpädagogin bin, war für mich der Zugang zu den kriminellen Jugendlichen nur über deren Schutzengel möglich. Ich wollte sie also alle vorher beim Namen kennenlernen. Daraufhin wurde ein gemeinsames Frühstück organisiert — und dann waren wir soweit. Wir fingen an. In dem Haus wohnten zehn Jugendliche, wovon jeweils immer fünf an einem Wochenende frei hatten. So wurde die Arbeit auf zwei Wochenenden verteilt. Das Haus hatte drei Stockwerke, und das ganze Treppenhaus war mit aggressivsten Graffitis bemalt, furchtbare Bilder in ganz dunklen und ganz grellen Farben. In den Zimmern sollten nur Fenster, Türen und Böden gereinigt werden. Doch als die Jugendlichen einmal angefangen hatten, wollten sie doch gleich alles machen. Sie fingen an, die Poster und Kleber zu entfernen. Ein Bub nahm sogar sein ganzes Bettgestell auseinander und hat dabei viele verlorene Kleidungsstücke wieder gefunden. Ein anderer wollte wissen, wie er seine Stereoanlage biologisch putzen konnte ... Zum Putzen brauchte er auch Musik, und was für Musik! Es tönte wie eine Mischung aus Schnellzug und aus Maschinengewehr. Ich fragte, wieso er gerade diese Musik gewählt habe. *Es gibt mir Energie. — Aber das sehe ich Dir nicht an. — Was hören Sie denn für Musik?*, wollte er von mir wissen. *Hauptsächlich klassische Musik, ich war halt in den sechziger Jahren in eurem Alter.* Auf einmal hörte ich dann Cat Stevens *Morning has broken* aus den Lautsprechern. Das war ja eine wahre Symphonie im Vergleich zu dem Lärm von vorher. Ich konnte sogar den jungen Mann überzeugen, dass es sich einfacher zum Rhythmus von *Morning has broken* putzen lässt als zu dem *tu-dum, tu-dum, tu-dum* von seiner Musik. — Die Stimmung war wunderbar, und wir haben sehr viel geschafft. Als ich nun am nächsten Wochenende für die zweite Hälfte zurückkam, erwartete mich eine wunderbare Überraschung. Die Jugendlichen, die mit mir geputzt hatten, baten am folgenden Montag um Erlaubnis, mit dem eigenen Geld Farbe einzukaufen. In der freien Zeit strichen sie das ganze

Treppenhaus von oben bis unten weiß an. Dabei blieb es aber nicht: Sie bemalten dann die ganze Fläche mit kindlichen Bildern. Ein Häuschen mit rosaroten Vorhängen an den Fenstern, einer grünen Tür und rauchendem Schornstein, Obstbäume mit reifen Äpfeln und Kirschen, eine strahlende Sonne, Regenbogen, Schmetterlinge, Schneckenhäuser, Tulpen und Osterglocken — und Kinder, die auf dem Hügel Drachen steigen ließen.
Erst diese Kulturerfahrung des gemeinsamen Reinigens rief in den Jugendlichen etwas wach, was sie gar nicht kannten, ja nicht einmal ahnten. Diese (scheinbar) abgehärteten, sozial schwerstgeschädigten jungen Menschen empfanden das Bedürfnis, sich dort an der Wand ein Stück heile Welt zu erschaffen — die entstandene (weiße) Leere neu zu gestalten.

9. Heilpädagodik

In dem Bereich der Heilpädagogik und der Betreuung von verwahrlosten Kindern, von Kindern mit Foltererlebnissen, von geistig und körperlich Behinderten und psychisch Erkrankten ist gerade die Reinheit und Ordnung sehr wichtig. Es geht eben um viel mehr als nur um Sauberkeit. Wie soll ein Kind seine Seele in einer gesunden, strukturierten, lebendigen Weise entwickeln, wenn Unordnung in seiner Umgebung herrscht? Auch für viele erwachsene betreute Menschen, die zum Teil mit sehr schweren Behinderungen leben, ist eine gepflegte Umgebung nahezu lebensnotwendig. Es gibt Menschen, die sich selbst *verlieren* und *ausrasten*, wenn die gewohnte Ordnung gestört wird. Nur weil diese Menschen sich oft nicht ausdrücken können, oder sich nicht getrauen etwas zu sagen, heißt das nicht, dass sie nichts wahrnehmen. Daher finde ich es sehr wichtig, die Mitarbeitenden in heilpädagogischen Einrichtungen insbesondere auf die Bedeutung der Raumpflege aufmerksam zu machen.
Sehr oft werden die Reinigungsaufgaben in solchen Institutionen nicht nur vom Reinigungspersonal ausgeführt, sondern Seminaristen, Praktikanten und Zivildienstleistende sowie Pflegepersonal werden aufgefordert dabei mitzuhelfen. Auch für den Fall, dass das nicht so ist: Es ist in jeden Fall gut, die Wahrnehmung dieser Mitarbeitenden so zu schulen, dass sie die Möglichkeit haben, Mangelzustände sachgemäß zu erkennen.
Immer wieder habe ich von jungen Mitarbeitenden in solchen Einrichtungen gehört, dass sie ja allein für die Pflege und das Wohlbefinden der Betreuten zuständig seien. Aber auch das Lebensumfeld dieser Menschen ist sehr wichtig für das Wohlbefinden. In diesem Sinne kann man sagen: Die Raumpflege ist eine erweiterte Menschenpflege. Unser Haus ist unser erweiterter Körper. Aus meiner

Erfahrung heraus kann ich sagen, dass die jungen Menschen durchaus offen für diese Gedanken sind, sie müssen nur darauf aufmerksam gemacht werden.
Viele junge Menschen kommen zu diesen Institutionen und haben überhaupt keine Erfahrung davon, was es heißt, einen Raum zu pflegen, auch nicht, wie eine Toilette oder ein Bad geputzt werden soll. Sie kennen weder Putzmittel, noch Geräte. Überhaupt haben sie oft vom Praktischen keine Ahnung. Anfänglich ist es daher oft mühsam und fordert sehr viel Geduld und Verständnis von der Heimleitung, der *Hausmutter* oder dem Hausverantwortlichen, die jungen Menschen in diese Arbeit einzuführen.
Empfehlenswert ist es, ganz am Anfang, wenn die jungen Leute eintreffen, auch eine Einführung zum Thema *Raumpflege* zu geben. Jeder Mensch hat ein eigenes Empfinden für Sauberkeit und die Ansprüche variieren sehr stark. Dies kann zu großer Spannung in der Wohngemeinschaft führen.
Es ist deswegen einfacher, wenn ganz am Anfang sachlich über dieses Thema gesprochen wird. Als Hausmutter darf man ruhig sagen: In diesem Haus bemühen wir uns, diesen oder jenen spezifischen Standard zu halten. Man darf nur nicht erwarten, dass alle Menschen auch gleich wissen, wie dieser Standard auch erreicht oder erhalten werden kann. Da braucht es oft eine gute und geduldige Einführung. Wenn dazu der Sinn und die geistigen Hintergründe der Reinigung erklärt werden können, ist dies eine große Hilfe.
In meiner Arbeit in heilpädagogischen Einrichtungen habe ich besonders schöne Erfahrungen gemacht. Während einer Vortragsreise in Amerika bat mich eine junge Frau nach meiner Einführung, ihr mit ihrem Zimmer zu helfen. Das Zimmer sah aus, als hätte eine Bombe eingeschlagen. Es gab gar keinen freien Fleck auf dem Boden, ein großer Koffer lag offen auf dem Boden mit einer Mischung von sauberen und schmutzigen Kleidungstücken. Das Bett war nicht gemacht, und es roch sehr schlecht in ihrem Raum. Das stark übergewichtige Mädchen war völlig überfordert, da es noch nie von zu Hause weg gewesen war und auch noch nie selbst etwas in die Hand nehmen musste. Außerdem hatte sie noch schreckliches Heimweh. Wir fingen an, die Wäsche zu sortieren: Schmutzige Wäsche in den Waschkorb, saubere Wäsche in den Schrank. So konnten wir schon einmal den Koffer versorgen, um Raum im Zimmer zu schaffen. Dann wurde alles andere, was da so herumlag angeschaut. Wir füllten zwei Sechzig-Liter-Abfallsäcke mit Müll, Verpackungsmaterial, ausgetrockneten Blumen und alten Speiseresten. Das Bett wurde das erste Mal in drei Monaten (!) gemacht und frisch bezogen. Dann wurde das Fenster geputzt und alles im Raum feucht abgestaubt. Als wir nach knapp einer Stunde auch mit dem Boden fertig waren, sah das Mädchen völlig anders aus. Ich empfahl ihr, sich nie mehr im Schlafzimmer umzuziehen, sondern ihre Kleidung mit ins Badezimmer zu nehmen, um dann nach dem

Duschen die gebrauchte Wäsche direkt dort auch lassen zu können. Abends sollte sie sich, bevor sie ins Bett ging, ihr Zimmer anschauen und sich fragen, ob es so aussieht, wie sie es gerne haben möchte.
An diesem Beispiel merken wir auch, wie wichtig es ist, sich um das Wohl junger Menschen zu kümmern, das heißt eben auch, ab und zu ihre Räume anzuschauen. Die Zimmer vermitteln uns oft ein Bild davon, wie es einem jungen Menschen geht.
Sechs Monate später bekam ich eine Nachricht von ihrer *Hausmutter*, dass sie nicht nur ihr Zimmer ordentlich halte, sondern sich jetzt auch regelmäßig dusche (was vorher nicht der Fall war) und zudem zwölf Kilo an Gewicht verloren habe! Eine ähnliche Situation erlebte ich in einem Studentenwohnheim. Das Zimmer war bereits von Ungeziefer befallen. Der Raum hatte einen sehr starken Geruch. Es stellte sich heraus, dass die junge Frau noch nie ihre Wäsche gemacht hatte. Sie kam aus einer sehr wohlhabenden Familie mit vielen Bediensteten. Sobald sie ihre Kleider nicht mehr tragen konnte, wurden sie unter den Schrank geworfen — und sie kaufte sich halt neue! An diesem Samstag mit mir konnte sie dann sechs Maschinen mit der schmutzigen Wäsche füllen. Es stellte sich dabei dann aber auch heraus, dass sie mit starken Medikamenten versuchte, eine schwere Depression vor den Mitstudierenden und den Lehrpersonen zu verstecken. An vielen Orten — eben auch in Studentenwohnheimen — konnte ich immer wieder feststellen, wie ungepflegt Zimmer sein können. Manchmal müssen die Zimmer bereits nach sechs Monaten völlig renoviert werden. — Und wenn man für sich selbst und die eigenen vier Wände nicht sorgen kann, ist es sehr schwierig, glaubwürdig die Betreuten dazu anzuleiten.
Es kann natürlich passieren, dass auch einmal eine *Hausmutter* überfordert ist, ohne dass dies von der Gemeinschaft wahrgenommen wird. Ich möchte dazu ermuntern, unsere Kollegen und Kolleginnen gut wahrzunehmen. Es muss doch auffallen, wenn jemand stiller wird, weniger gerne Gäste empfangen mag oder immer wieder irgendwelche Ausreden bereit hat — weil insgeheim daheim nicht mehr alles in Ordnung ist. Eine Mutter mit fünf eigenen Kindern und zusätzlichen sechs zu betreuenden Erwachsenen in einem riesengroßen Haus bat mich, das Badezimmer ihrer Töchter anzuschauen. Sie sagte mir, es müssten sich dort negative Wesen aufhalten, weil ihre Töchter sich weigerten, dort zu baden oder zu duschen. Ich schaute mir also das Bad an — es war völlig verdreckt. An den Wänden hatten sich die Ablagerungen von Kalk, Seife und Schmutz so dick ausgebildet, dass ich sie mühelos mit der Klinge entfernen konnte. Ich zeigte es der Hausmutter. Sie aber erwiderte nur, dass es doch sauber sei, sie würde ja putzen. Der weiße Boden war braun verfärbt und die Ecken waren dunkel von Staub und Haaren. Ich demonstrierte ihr, wie leicht sich der Schmutz entfernen ließe. Wieder

war ihre Antwort: *Aber ich putze doch, es muss doch sauber sein.* Als ich sie genauer anschaute, konnte ich eine tiefe Erschöpfung, zudem begleitet von einer wachsenden Apathie wahrnehmen. Sie war unfähig, den Schmutz wahrzunehmen, weil sie mit den Konsequenzen nicht fertig wurde. Die Frau war dabei, in eine tiefe Depression zu versinken, ohne dass dies von der Gemeinschaft wahrgenommen wurde. Ich vermittelte dies weiter, und eine erste sofortige Hilfe wurde in Form einer Grundreinigung des ganzen Hauses angeboten. Auch wurde die Hausmutter anschließend weiter begleitet. Nach und nach ging es ihr besser.
Es ist auch wichtig zu lernen, wie wir die Betreuten in ihren Aufgaben begleiten können. Hier gilt es oft herauszufinden, wo ihre Stärken sind, um uns dann auf diese zu konzentrieren. Einige waschen gerne Geschirr, andere fegen und wischen gerne, wieder andere räumen gerne auf oder putzen sogar gerne das Bad. Es braucht oft viel Zeit und Geduld, diese Menschen zu schulen, aber wenn sie etwas gut können, haben wir doch alle sehr viel gewonnen.
Ich beobachtete einmal einen jungen Mann beim Abwischen des Tisches nach dem Abendessen. Fast alle Krümel landeten auf dem Boden, es gab Streifen auf der Tischplatte, und die Ecken wurden erst gar nicht beachtet. Die junge Seminaristin nahm das Tuch entgegen und sagte: *Danke, Jan, das hast Du gut gemacht!* Da es absolut unwahr war, sagte ich ihr, dass es ganz im Gegenteil, eher schlecht gemacht wurde. *Ich darf ihn doch nicht verletzen, er kann es doch nicht besser!* sagte sie. Ich fragte nach, ob sie schon einmal versucht hätte, ihm zu zeigen wie er es besser machen könne. Daran hätte sie noch nie gedacht. Darauf sagte ich: *Jan, möchtest Du, dass ich dir zeige, wie man einen Tisch richtig putzt? — Ja gerne,* antwortete er. Mit genauer Gestik und genauem Ablauf sowie mit rhythmischen Bewegungen zeigte ich ihm Schritt für Schritt, wie es gehen könnte. Er versuchte es, und nachdem ich mehrmals einen Griff wiederholt hatte, schaffte er es, den Tisch wirklich gründlich sauberzumachen. *Jetzt hast Du es wirklich sehr gut gemacht!* sagte ich, und er strahlte mich an. Wie mir berichtet wurde, geht es immer noch gut. Er macht nicht viel anderes im Haushalt, aber er darf alle Tische putzen, wann immer es vonnöten ist.
Eine ähnliche Erfahrung hatte ich, als ich versuchte Paul, einem jungen Mann, zu zeigen, wie er sein Waschbecken putzen könnte. Er teilte das Zimmer mit einem anderen jungen Mann, Albert. Im Waschbecken waren viele verkrustete Rückstände von Zahnpasta (von Paul), Kalk und auch Haaren. Während ich versuchte, ihm das beizubringen, schaute Albert sehr genau zu. Wie ich es auch anstellte, Paul begriff es nicht, und das Waschbecken sah immer noch gleich aus. Nach einer Weile meldete sich Albert: *Lass doch mich das machen, Paul soll abstauben — das mag ich nicht.* Und in der Tat, bei Albert klappte es dann sehr schnell. Jetzt zeigte ich Paul, wie er abzustauben hätte. Es brauchte auch hier viel Zeit mit vielen

Wiederholungen, bis er dann doch das System erkannte und Schritt für Schritt, von Gegenstand zu Gegenstand die Wände der Räume entlang ging, um jedes Möbelstück gründlich abzustauben. Danach wurde alles abgestaubt, was sich sonst noch im Raum befand. Nach vier Jahren erzählte mir seine *Hausmutter*, er hätte sich zum Staubwischer in der Dorfgemeinschaft entwickelt. Er ginge jetzt von Haus zu Haus und staubte jeden Tag an einem anderen Ort ab. So hatte er also eine neue Fähigkeit entwickelt und diente damit der ganzen Gemeinschaft mit Freude und Stolz.
Es ist wichtig herauszufinden, wo die Stärken dieser Menschen sind, und sie dann darin zu fördern. Einfach anzunehmen, dass jemand etwas nicht besser könne, ist meines Erachtens weit mehr verletzend, als ehrlich zu sagen, wenn etwas nicht wirklich gut gemacht wurde. Wir unterstellen den betroffenen Menschen durch ein solches Verhalten, dass sie nicht entwicklungsfähig seien. Sie lernen aber eben nur so gut (oder schlecht), wie wir bereit und fähig sind, das notwendige Wissen und Können zu vermitteln.

10. Reinigung und Heilung

Ich wurde gebeten, ein großes Haus in einer Wohngemeinschaft zu reinigen. Da alle Bewohner in den Ferien waren, durften wir in dieser Zeit eine Großreinigung ausführen. Wir waren ein Team von sechs Menschen. Ich ging durch das Haus, um die Arbeit einzuteilen und stieß dabei auf eine Toilette, die eine sehr eigene Ausstrahlung hatte, die ich nur als *Widerstand* beschreiben kann. Nachdem sich jeder von uns für einen Putzbereich entschieden hatte, widmete ich mich dieser besagten Toilette. Auffällig war, dass alle vier Wände von oben bis unten gekachelt waren. Die Tür war mit einer festen Farbe gestrichen, und am Waschbecken war eine Duschbrause angebracht. Ich machte mich an die Arbeit und spürte immerfort einen sehr starken Widerstand. Ich fing ganz oben an und sobald ich konnte, fing ich an die übrigen Wände auf den Knien zu putzen. Obwohl diese Kabine kaum größer als ein Quadratmeter war, brauchte ich etwas mehr als sechs Stunden, bis ich spürte, dass ich den Widerstand komplett abgebaut hatte. Knapp drei Wochen später begegnete mir eine Mitarbeiterin der Wohngemeinschaft. Ich fragte sie, ob diese Kabine eine Geschichte hätte. Sie erzählte mir dann, sie werde nur von einer Person, einem siebzehnjährigen autistischen Mädchen benützt. Sie ginge jeden Tag in diese Kabine und verschmiere dort die Wände mit Kot. Jedes Mal würden dann das Mädchen und die Wände abgeduscht. Auf einmal sagte die Betreuerin: *Jetzt, wie Du mich danach fragst, fällt mir ein, dass das Mädchen bei der Rückkehr aus den Ferien zehn Tage lang nicht einmal geschmiert hat. Danach fing es allerdings wieder an.* Diese Aussage berührte mich sehr stark, und es wurde mir klar, dass eine einmalige Pflege eben nicht ausreicht. Genau wie eine Pflanze regelmäßig Wasser braucht, muss auch die Pflege immer wieder bewusst *gepflegt* werden.

Ich erzählte diese Geschichte einmal während eines Seminars in einer Schule, an dem auch Mitarbeitende einer benachbarten heilpädagogischen Einrichtung teilnahmen. Einige Menschen waren sehr angetan und baten mich, bald auch diese Einrichtung zu besuchen. Mein Terminkalender erlaubte es allerdings erst drei Jahre später. Als ich nun endlich eintraf, erzählten mir die Menschen, die das Seminar besucht hatten, folgende Geschichte: In dem Haus, für das sie zuständig seien, wohne seit Jahren ein autistischer Junge, der täglich sein Schlafzimmer beschmiere. Sie hatten schon alles Mögliche versucht dies zu ändern, aber ohne Erfolg. Gespräche mit den Eltern, dem betreuenden Arzt und Versuche, den Jungen beim Saubermachen zu integrieren — es änderte sich nichts. Nach der Teilnahme an meinem Seminar wollten sie dann versuchen, mit einer anderen inneren Haltung beim Reinigen dasjenige zu verwandeln, was in diesem Phänomen lebte. Die Situation besserte sich ganz langsam, und jetzt nach drei Jahren konnten sie mir sagen, dass der Junge nur noch in ganz seltenen Fällen schmiere, so etwa, wenn er nach den Schulferien von seinen Eltern wieder *verlassen* wurde.

Eine weitere wichtige Erfahrung durfte ich im hohen Norden machen. Ich besuchte während einer Woche eine Dorfgemeinschaft, um dort alle Bewohner im je *eigenen* Haus zu schulen. Als ich ankam, fiel mir ein sehr unruhiger Junge auf, der ständig von zwei Betreuern begleitet wurde. Ich erfuhr, dass es sich um einen sechzehnjährigen Autisten, Keith, handele, der von Zeit zu Zeit Schübe großer Wachheit durchmachte. Während dieser Zeiten schlief er nicht, und da er dazu neigte, sich und anderen Schaden zuzufügen, musste er Tag und Nacht von zwei Betreuern begleitet werden. In der Gemeinschaft wurde versucht, den Jungen so lange zu begleiten, wie es zu verantworten war, ohne ihn medikamentös ruhig zu stellen, da die Schübe andernfalls immer häufiger auftreten würden.

Als ich am Donnerstag in seinem Wohnhaus arbeitete, war er schon drei ganze Tage und zwei Nächte lang wach. Ich schaute mir sein Zimmer an, und auch hier, direkt an der Türschwelle, empfand ich eine Art Widerstand. Mir fiel aber besonders stark auf, dass unter dem Bett des Jungen, eine ganz merkwürdige Staubbildung war. So etwas hatte ich noch nie gesehen. Der Staub war *hoch*, flockig und schien irgendwie *lebhaft*, fast beweglich. Als ich die Einführung gemacht hatte und alle gemeinsam zu arbeiten begannen, fing ich an, das Zimmer des Jungen zu reinigen. Von oben nach unten säuberte ich Wände und Möbel. Nachdem ich gründlich gesaugt hatte, begann ich, den Boden auf den Knien zu reinigen. Ich nahm ein bisschen Rosenöl von Wala[42] in einen Eimer Wasser und

fing an sehr bedacht und rhythmisch den Boden zu wischen. Langsam bewegte ich mich rückwärts, auf allen Vieren der Türe zu. Ich war gerade dabei, die Türschwelle vom letzen Hauch des Widerstandes zu befreien, als auf einmal ein Riesenkrach zu hören war. Alles ging sehr, sehr schnell. Wir hörten Schreie, schnelle Schritte und ich sah, wie Keith in das Haus stürmte, sich im Laufen von Jacke, Stiefel und Kappe befreite, um mit einem Satz über mich (immer noch auf allen Vieren) zu springen und sich auf sein Bett hinzuwerfen. — Er schlug die Hände über seiner Brust zusammen und war innert Sekunden fest eingeschlafen. So schlief er, ohne sich einmal zu bewegen zweiundzwanzig Stunden lang!
Ein anderes Mal half ich in einer Gemeinschaft, eine Großreinigung auszuführen, und merkte wieder, wie direkt die betreuten Menschen auf die Reinigung reagieren. Ich hatte den Flur und die sanitären Anlagen, die zum Festsaal gehörten, gereinigt, da dort noch am selben Abend eine Veranstaltung stattfinden sollte. Aus zeitlichen Gründen hatte ich es leider nur geschafft, vier von den sechs Kabinen gründlich zu pflegen. — In der Pause der Abendveranstaltung fiel es allen auf, wie gerade die Betreuten geduldig darauf warteten, die gepflegten Toiletten zu besuchen, während die anderen einfach irgendeine freie Toilette benützten.
Obwohl die Verantwortlichen in Heimen und Gemeinschaften sehr oft von vielen Vorschriften und großem administrativen Aufwand geplagt werden, darf die Raumpflege nicht vernachlässigt werden. Oft wenn ich ein Lob aussprach über ein besonders gut gepflegtes Haus, wurde betont, dass gerade in diesem Haus die *allerschwierigsten* Menschen wohnten. Es ist eine Tatsache, dass die Reinigung eine soziale Grundlage bildet. Die Zeit, die wir bereit sind, in die Pflege unseres Zuhauses zu stecken, erhalten wir wieder in Form von besseren Verhältnissen und Beziehungen unter den Bewohnern. Die Atmosphäre ändert sich, wenn ein Haus liebevoll gepflegt wird.

Frage: *Warum reagieren mein Mann und meine Kinder so abweisend, wenn ich sie darum bitte, mir öfters einmal im Haushalt zu helfen?*
Antwort: Verlangen Sie nichts von Ihren Kindern und Ihrem Partner, wenn Sie wütend oder gerade unzufrieden sind. Wir wissen alle, was passiert, wenn man lange nichts über das, was einen immer wieder ärgert, sagt. Dann kommt der Tag, wo etwas ganz Kleines das Fass zum Überlaufen bringt. Was dann folgt, klingt natürlich ganz anders, als in dem günstigeren Fall, in dem wir es gleich am Anfang angesprochen hätten. Es folgen Vorwürfe über wochenalte Vorfälle, enttäuschte Erwartungen, und, und, und. Das Gegenüber ist völlig überrascht, schnappt ein und nichts geht mehr. Warten Sie einen guten Moment ab, und treffen Sie dann Verabredungen.

Frage: *Aber es bleibt dann doch eigentlich immer beim Gleichen. Wie schaffe ich es, dauerhaft eine Änderung zu erreichen?*
Antwort: Haben Sie schon mal probiert, bei einer Autobahnraststätte bewusst eine Gegenbewegung zu machen oder hier im Schulhaus, wenn Sie etwas auf dem Boden liegen sehen. Das Bewusstsein, das Streben bei dieser Handlung ist das, was Früchte tragen wird.

Frage: *Können Sie das den Ausbilderinnen, mit denen Sie arbeiten, auch mit auf den Weg geben? Lässt sich diese Kommunikation mit dem Raum vermitteln?*
Antwort: Ich biete das natürlich nicht pauschal an, aber wenn ich danach gefragt werde, mache ich es. Man muss offen sein für diese Fragen. Im Goetheanum habe ich natürlich inzwischen einen gewissen Ruf; insofern kommen dort auch Menschen auf mich zu, die solche Fragen haben. Früher brauchte man eben einfach einen Job, man brauchte Geld. Heute brauchen die Menschen natürlich immer noch Geld, aber sie wollen gerne mit und bei mir arbeiten, und sie wollen lernen. Das macht natürlich alles viel einfacher.

Frage: *Warum bekomme ich nie Lob oder Dank für meine Arbeit?*
Antwort: Wenn alles gut läuft, empfinden Partner und Kinder das als selbstverständlich. Es findet sozusagen im Verborgenen statt. Natürlich ist es schön, ab und zu Lob zu erhalten, aber es soll nicht der Antrieb unserer Aufgabe sein. Eine Freundin hatte am Freitag ihre Küche ausgeräumt und gründlich gereinigt. Sie hatte den ganzen Tag mit Freude gearbeitet. Am nächsten Morgen beim Frühstücken fiel ihrem Mann das schmutzige Fenster auf. Sie war tot unglücklich. Sie hatte das Fenster nur deshalb nicht geschafft, weil es dunkel wurde. Letztlich war die Bemerkung ihres Mannes aber nur ein verkapptes Kompliment. Denn, als die ganze Küche noch schmutzig war, fiel auch das schmutzige Fenster nicht auf. Aber jetzt, nach dem Reinemachen, passte es einfach nicht hinein.

Frage: *Ich habe das Glück, vollberuflich Hausfrau und Mutter von zwei Kindern zu sein. Jedoch fehlt mir die Dankbarkeit und Anerkennung meines Mannes. Für ihn ist es selbstverständlich, dass ich alles mache. Warum bietet er nie von sich aus an, mir bei der Arbeit zu helfen?*
Antwort: Meine Antwort könnte einige Gemüter erregen, doch möchte ich fragen: Ist es Ihnen möglich, ihm bei seiner Arbeit zu helfen oder ist es Ihnen selbstverständlich, dass er den ganzen Tag arbeitet, um die Familie zu versorgen und es Ihnen ermöglicht, Ihren Beruf auszuüben? Sprechen Sie mit ihm darüber? Welche Hilfe wünschen Sie sich vom ihm? Es ist wichtig, ein Bedürfnis auszusprechen. Vielleicht weiß er gar nicht, dass Sie seine Hilfe wünschen.

Frage: *Ich staune immer wieder darüber, wie schnell die Tische in der Teeküche der Klinik schmutzig werden. Es bleiben immer so viele Essensreste und sonstige Dinge liegen, dass ich nach jeder Pause viel Zeit brauche, alles wieder in Ordnung zu bringen. Gibt es eine Lösung?*
Antwort: Eine Möglichkeit wäre, es mit einem schönen Tischtuch und einem kleinen Blumenstrauß zu probieren. Aus meiner Erfahrung kann ich sagen, dass Menschen immer versuchen, etwas Schönes auch zu würdigen. Es fördert die Achtsamkeit und könnte die Menschen dazu anregen, etwas ordentlicher mit den Dingen umzugehen.

Frage: *Wenn Sie in diesem Sinne reinigen und pflegen, wie Sie das ja tun, mit welchen Kräften gehen Sie da um?*
Antwort: Ich versuche einfach, mich mit dem Raum und seinen Objekten zu verbinden und mit Hingabe zu arbeiten und viel wahrzunehmen. Bei dieser Tätigkeit schult man die Wahrnehmung ungeheuer. Man kann nicht saubermachen, wenn man mit schmutzigen Augen in die Welt blickt. Es gibt genau deswegen so viele schlecht gereinigte Räume, weil die Menschen einfach nicht wahrnehmen, womit sie umgehen.

Frage: *Denken Sie, Menschen können Ihre Gesinnung wahrnehmen, und macht es einen Unterschied für die, die es wahrnehmen können?*
Antwort: Ich sehe mir ja selbst nicht beim Arbeiten zu, aber ich habe oft gesagt bekommen, es sei so etwas wie eine starke Religiosität in meinen Gesten, und allein schon beim Dabeisein und Zusehen würde man eine Wirkung erleben. Ich kann das aber selbst nicht beurteilen. Einmal sagte mir eine Frau, sie habe mich zwar noch nie gesehen, aber ich hätte vor drei Jahren ihr gesamtes Leben geändert. Ihr Mann hätte damals an einem meiner Seminare teilgenommen, wäre nach Hause gekommen — und hätte ihr gezeigt, wie ich putze. Von da an hätte sich alles in ihrem Haushalt geändert.

Frage: *Was unterscheidet Ihre Seminare oder Vorträge von anderen?*
Antwort: Das kann ich gar nicht beantworten, empfinden Sie denn einen Unterschied? An einem Ort, an dem ich jährlich ein Seminar für Wiedereinsteigerinnen anbiete, begründet die mich einladende Person dies damit, dass nach anderen namhaften Vortragenden die Teilnehmerinnen oft völlig erschlagen wären. Bei den Frauen entsteht dann oft das Gefühl: *Mein Gott, jetzt muss ich noch ein Buch lesen, das schaffe ich alles nicht, der Anspruch ist so hoch.* Bei meiner Arbeit mit den Frauen aber denke man nicht: *Oh weh, jetzt muss ich nochmal ein Buch lesen.* Vielmehr gehen die Frauen nach Hause, probieren es aus – und haben sofort ein

Resultat. — Es sind im Übrigen gar nicht nur Frauen, sondern auch Männer, die sich für diese Fragen interessieren.

Frage: *Meinen Sie, dass diese Frauen in ganz alltäglichen Bereichen eine Spiritualität finden können, die sie dort gar nicht vermutet hätten? Wie erklären Sie sich das große Interesse an der Thematik des Putzens?*
Antwort: Es ist einfach diese Suche nach etwas Greifbarem, die diesen Anklang auslöst. Beim Putzen haben wir immer wieder die Möglichkeit, eine kleine Übung zu finden, die wir rhythmisch wiederholen könnten. Jeden Tag wieder und mit vollem Bewusstsein und Hingabe. Auch etwas so Banales, wie jeden Abend das Waschbecken zu putzen, kann zum Schulungsweg werden. Und außerdem ist es ein wunderbares Gefühl, wenn uns morgens ein reines Waschbecken anstrahlt, anstelle von all den alten Zahnpasta-Resten vom vorigen Abend.

Frage: *Können Sie auch etwas über die unterschiedlichen Qualitäten von Räumen sagen, je nachdem, was in ihnen gearbeitet wird? Worin unterscheidet sich zum Beispiel ein Krankenhaus von einer Schule, ein Zimmer von einem Büro?*
Antwort: Im Goetheanum, fiel mir etwas Interessantes auf. Wenn ich morgens um sechs Uhr in die Toiletten kam, dann wusste ich, was für eine Tagung gerade dort stattfand. Es lebt in den Toiletten von Tagung zu Tagung etwas völlig anderes. Jede Berufsgruppe hatte ihre Besonderheiten – und die waren in den Toiletten wahrnehmbar. Sogar in ganz kleinen Sachen: Das Klopapier ist aufgebraucht und eine neue Rolle wird benötigt. Wird nun die neue Klopapierrolle in den Rollenhalter getan, oder bleibt sie auf dem Kübel oder auf dem Sims stehen? Wird das Pappröhrchen von der alten Rolle entsorgt oder einfach liegen gelassen? Wie gehen Sie damit um?
In einem Krankenhaus, vor allem in einem Raum, in dem ein Mensch im Sterben liegt, bildet sich mehr Staub als in einem Kindergarten.
Was die Privathäuser, Büros und Lehrerzimmer betrifft, so finde ich es ziemlich schwierig, wenn ein Büro zu viel *Häusliches* hat. Überall Krimskrams, Fotos, Pflanzen. Manchmal wird sogar Persönliches dort gelagert, weil eventuell zu Hause kein Platz ist. Auch in Lehrerzimmern. Dies hat einen Einfluss auf die Arbeitsatmosphäre. Es wäre sicher eine gute Sache, wenn man von Zeit zu Zeit seinen Arbeitsbereich mit *fremden Augen* anschauen würde, zum Beispiel durch die Augen einer Putzfrau! Zum Glück gibt es immer Menschen, die ihre Räume und ihren Schreibtisch bewusst aufräumen, bevor sie gehen, damit wir so gut wie möglich reinigen können. An dem Zustand eines Büros, können wir sehen, wie wichtig die Reinigung genommen wird oder eben nicht.

Frage: *Sie erzählen immer so viele Geschichten, wollen Sie die Fragen nicht direkt beantworten?*
Antwort: Nach meinen Erfahrungen ist es so, dass ich jedem Menschen, der mir eine Frage stellt, eine Geschichte erzählen oder ihm ein Beispiel geben kann, das ihm weiterhelfen kann oder eben nicht. Ich möchte nicht versuchen, immer geisteswissenschaftliche Erklärungen oder Gesetzmäßigkeiten zu geben, sondern ich erzähle einfach eine — möglichst selbst erlebte — Geschichte, und daran wird den anderen Menschen oft ganz viel klar. Man findet sich selbst in der Geschichte.

Frage: *Warum machen so viele Menschen ungern ihr Bett?*
Antwort: Schauen wir mal das Bett an, wenn wir aufstehen. Wir scheuen das Bettmachen doch nicht wirklich, weil es mühsam ist, sondern weil uns etwas entgegen kommt. Unser Bett ist sehr intim mit uns verbunden und spiegelt das, was in der Nacht passiert ist. Was habe ich dort im Traum erlebt? Welche Gedanken verfolgten mich, während ich nicht schlafen konnte? Habe ich mich wütend hingelegt oder die Nacht durch geweint?

Frage: *Warum ist es mir einfacher, an meiner Arbeitsstätte tüchtiger zu sein als zu Hause?*
Antwort: An einem fremden Ort bin ich eher objektiv. Ich mache meine Sache und gehe wieder. In meinem Zuhause begegne ich mir selbst und meiner Familie. Es kommen vielleicht Selbstvorwürfe hoch. Ich sehe all die unerledigten Dinge, die ich mir schon so lange vorgenommen habe. Auch Gefühle der Unzulänglichkeit kommen auf, oder es macht sich die deprimierende Gewissheit breit, dass es morgen so weitergeht.

Frage: *Warum verschwinden ausgerechnet die Socken immer?*
Antwort: Da habe ich meine ganz eigene Theorie: Die Waschmaschine frisst Socken!

Frage: *Sie reden von unsichtbarem Schmutz. Gibt es das denn auch im privaten Bereich?*
Antwort: Leider ja, das gibt es. Streit, Ungeduld, Eifersucht — das alles hinterlässt etwas im Raum. Oder, jemand kommt zum Beispiel abends müde nach Hause. Im Schlafzimmer werden die Kleider ausgezogen und bleiben dort auf einem Haufen liegen. Die vielen Gefühle, die wir am Tag empfunden haben, haften noch an diesen Kleidern. Ein Streit, eine Verletzung, eine Wut? Und das bleibt nun ausgerechnet dort liegen, wo wir schlafen wollen. Und dann wundern wir uns,

dass wir nicht schlafen können! Ähnliches gilt für den Schreibtisch mit den vielen unerledigten Dingen, die uns beschäftigen, während wir uns eigentlich erholen sollten.

Frage: *Sie sprechen von 'Tun und Lassen'. Können Sie das bitte etwas deutlicher machen?*
Antwort: Jeder Mensch muss heute selbst herausfinden, wie er nach seinen individuellen Bedingungen seinen Alltag gestaltet. Jeder muss selbst in innerer Initiative diejenigen Schritte tun, diejenigen Entscheidungen fällen, die er aus seiner individuellen Situation für richtig hält.
Wir Menschen sind es gewöhnt, sehr vieles zu tun, worüber wir nicht nachdenken. Wir lassen Sachen liegen, lassen Türen und Schubladen offen, nehmen immer einen Bleistift mit, gerade dort, wo wir stehen bleiben, um mit jemanden zu reden …
Andere sind gewöhnt, Sachen zu tun, mit denen sie selbst aber gar nicht unbedingt einverstanden sind: Wie zum Beispiel die Kleider auf dem Boden liegen lassen oder über die Stuhllehne hängen. Oder sie lassen schmutziges Geschirr über Nacht herumstehen. Andere sprechen über Sachen, die sie nichts angehen. Immer wieder etwas zu tun, das wir moralisch aber nicht wirklich verantworten können, das hinterlässt Spuren in unserer Seele. Es drückt sich später in Missmut aus, man wird mürrisch, und dies wiederum wirkt sich auf die Gesundheit aus. Die Selbstwahrnehmung, der Wille zur Änderung und die Durchhaltekraft machen es uns möglich, eine Idee zum Ideal werden zu lassen und aus dem Ideal heraus zu handeln. Solch ein Vorgehen hilft uns, ganz langsam die Zusammenhänge von Erkenntnis und Moralität, Denken und Verantwortungsbereitschaft zu erkennen.

IV. Spiritualität im Alltag

Hestia

Die Göttin Hestia lebte in einer Zeit, in der das Haushalten als eine heilige Aufgabe angesehen wurde. Hestia war die älteste Tochter von Kronos und Rhea und wohnte auf dem Olymp mit ihrem Bruder Zeus und ihrer Schwester Demeter. Zeus gewährte ihr auf ihren Wunsch hin immerwährende Jungfräulichkeit und wies ihr einen ehrenvollen Platz als Hüterin und Opferempfängerin *mitten im Haus* an.

Interessanterweise ist wenig über die Kultstätten der Hestia überliefert. Es gibt auch keine Skulpturen und fast keine Bilder von ihr. Doch war sie als Patronin von Haus und Herd allgegenwärtig, da der Herd sowohl eines jeden Hauses als auch im öffentlichen Bereich als sakrales Zentrum der Gemeinschaft, das sogenannte Prytaneion, der Hestia geweiht war. Wer bereits den vornehmsten Ehrenplatz innehat, bedarf keiner weiteren kultischen Ehrungen durch Tempel und Statuen.

Sie wurde hauptsächlich von den einfachen Menschen, vom Volk, verehrt. Die Überlieferung schildert Hestia als freudevolle Haushälterin, die mit Hingabe und ohne Eile ihre vielen häuslichen Aufgaben erfüllte, und so Harmonie und Friede im Haus verbreitete. In früheren Zeiten war der häusliche Herd in der Mitte des Hauptraumes, und wie der Herd strahlte Hestia Wärme aus, die aus dem Haus ein Zuhause machte. Sie war so erfüllt von ihrer Gabe, Harmonie zu verbreiten, dass sie nicht auf Lob und Dankbarkeit als Motivation für ihr Tun angewiesen war.

Sie war die Schutzherrin aller Häuslichkeit. Es gab auch Bräuche und Rituale, die der Hestia gewidmet waren. Zum Beispiel wurde ein neugeborenes Kind am fünften Lebenstag um den Herd getragen. Mit dem anschließenden Festmahl wurde das Kind als vollwertiges Mitglied des Hauses und der Gemeinschaft anerkannt. Vom Prytaneion nahmen die in die Ferne ziehenden Kolonisten Feuer mit für den Herd ihrer künftigen Niederlassung. Ein frisch vermähltes Paar durfte das neue Haus erst betreten, nachdem die Mutter der Braut den neuen Herd mit dem Feuer von ihrem eigenen Herd angezündet und den Segen übertragen hatte.

1. Religiosität im Alltag

Novalis (1772—1801) entdeckt im alltäglichen Leben eine höchste Aufgabe:
Das gewöhnliche Leben ist ein Priesterdienst – fast wie der vestalische. Wir sind mit nichts, als mit der Erhaltung einer heiligen und geheimnisvollen Flamme beschäftigt. Es hängt von uns ab, wie wir sie pflegen und warten. Sollte die Art ihrer Pflege vielleicht der Maßstab unserer Treue, Liebe und Sorgfalt für das Höchste, der Charakter unseres Wesens sein? Unser ganzes Leben ist Gottesdienst?
Indem ich dem Gemeinen (= Alltäglichen) einen hohen Sinn, dem Gewöhnlichen ein geheimnisvolles Ansehen, dem Bekannten die Würde des Unbekannten, dem Endlichen einen unendlichen Schein gebe, so romantisiere ich es.[43]

Aus dem Zusammenhang wird deutlich, dass *romantisieren* im Sprachgebrauch des Novalis nichts *Romantisches* ist, sondern der ernste Lebensauftrag jedes Menschen: Die Verwandlung des Alltäglichen.

Viele Menschen wenden sich heute von der Kirche, von der Religion ab. Das Religiöse können wir aber auch unabhängig von der Kirche erleben. Wiederum zu lernen, die Religiosität in der eigenen Tätigkeit aufzufinden, das könnte eine große Bereicherung für Familie und Gesellschaft sein. Die Hausarbeit, ja das Putzen bieten Gelegenheiten genug, um unser Handeln zu einem Gottesdienst werden zu lassen — so, wie auch eine Mahlzeit zur Kommunion werden kann, wenn die Einstellung dazu stimmt. Wir können beispielsweise versuchen, uns ein Bild davon zu machen, wo unser Essen herkommt, was es braucht, um etwa eine Karotte wachsen zu lassen. Wie viele Kräfte finden sich doch zusammen, damit wir unser Essen — und sei es auch nur ein Löffel Honig — auf dem Tisch haben! Sehr oft wünscht man sich am Tisch eine *gesegnete Mahlzeit*. In der Türkei kommt etwas sehr Schönes dazu: *Mögen deine Hände gesund bleiben!* Das wünscht man der Person, die die Mahlzeit zubereitet hat. Bereits mit solchen Worten herrscht eine Stimmung der Dankbarkeit am Tisch.

Die Hausarbeit als Kultus im Alltag ist nicht neu — wir müssen es nur wieder neu entdecken. Ein wunderbares Beispiel dafür ist das Gebet von Theresa von Avila (1515—1582), das ich als Geschenk von einer hoch betagten Oberin einer Klosterschule in Österreich erhielt:

Herr der Töpfe und Pfannen,
ich habe keine Zeit, eine Heilige zu sein
und dir zum Wohlgefallen in der Nacht zu wachen.
Mache mich zu einer Heiligen,
indem ich Mahlzeiten zubereite und Teller wasche.
Die Stunde des Gebets ist vorbei,
bis ich mein Geschirr vom Abendessen gespült habe.
Herr der Töpfe und Pfannen, bitte,
darf ich dir anstatt gewonnener Seelen
die Ermüdung anbieten, die mich ankommt
beim Anblick von Kaffeesatz und angebrannten Gemüsetöpfen.
Erinnere mich an alles, was ich leicht vergesse,
nicht nur um Wege zu sparen,
sondern damit mein vollendet gedeckter Tisch ein Gebet werde.

Diese Gesinnung scheint immer mehr an Aktualität zu gewinnen, wenn man die Vielzahl von Büchern, Vorträgen und Artikeln zum Thema *Der Alltag als Schulungsweg* anschaut. Ein Spruch aus einem Quäker-Gebetbuch aus dem 18. Jahrhundert sagt etwas Ähnliches:

Lehre mich, mein Gott und König,
zu sehen Dich in jedem Ding
und dass in allem, was ich tue,
ich Deiner gegenwärtig bin.

Zu dienen unter diesem Zeichen,
macht göttlich die Alltäglichkeit.
Wer Böden wischt in Deiner Ehre,
erreicht's in Tat und Wirklichkeit.

All unser Handeln kann ein Gottesdienst werden, ein Dienst an der Menschheit und ein Dienst an der Gottheit. Das Rituelle, das Kulturelle in der Arbeit gibt uns Kraft und wirkt heilend, segnend — wo auch immer man tätig ist, ob etwa für andere Menschen oder für die Natur.

Im Buddhismus sind die Schritte der Achtsamkeit und Pflege ein wesentlicher Teil des Schulungsweges. Auch in anderen Kulturen gibt es dieses Streben. Kahlil Gibran[44] schreibt in seinem Büchlein *Der Prophet* wunderbar über die Einstellung zur Arbeit:

Von der Arbeit[45]

Ihr arbeitet, um mit der Erde und der Seele der Erde Schritt zu halten.
Denn müßig sein heißt, den Jahreszeiten fremd zu werden und auszuscheren aus dem Lauf des Lebens, das in Würde und stolzer Umgebung der Unendlichkeit entgegen schreitet.
Wenn ihr arbeitet, seid ihr eine Flöte, durch deren Herz sich das Flüstern der Stunden in Musik verwandelt.
Wer von euch wäre gern ein Rohr, stumm und still, wenn alles andere im Einklang singt?

Es ist euch immer gesagt worden, Arbeit sei ein Fluch und Mühsal ein Unglück.
Aber ich sage euch, wenn ihr arbeitet, erfüllt ihr einen Teil des umfassendsten Traums der Erde, der euch bei der Geburt dieses Traums zugeteilt worden ist, und wenn ihr Mühsal auf euch nehmt, liebt ihr das Leben wahrhaft, und das Leben durch Mühsal zu lieben, heißt mit dem innersten Geheimnis des Lebens vertraut zu sein.
Aber wenn ihr in eurem Schmerz die Geburt ein Leid nennt und die Erhaltung des Fleisches einen Fluch, der euch auf die Stirn geschrieben steht, dann erwidere ich, dass nur der Schweiß auf eurer Stirn das wegwaschen wird, was geschrieben steht.

Es ist euch auch gesagt worden, das Leben sei Dunkelheit, und in eurer Erschöpfung gebt ihr wieder, was die Erschöpften sagten.
Und ich sage, das Leben ist in der Tat Dunkelheit, wenn der Trieb fehlt, und aller Trieb ist blind, wenn das Wissen fehlt.
Und alles Wissen ist vergeblich, wenn die Arbeit fehlt.
Und alle Arbeit ist leer, wenn die Liebe fehlt;
Und wenn ihr mit Liebe arbeitet, bindet ihr euch an euch selber und an einander und an Gott.

Was macht die Arbeit zum Kultus im Alltag, wie wird die Arbeit zu einem Sakrament und was beinhaltet das? Der Kultus verbindet das Geistige mit der physischen Substanz. Wir können selbst wahrnehmen, wie uns die Kräfte zuströmen, wenn wir mit dieser Gesinnung arbeiten. Eine Kraft kommt zu uns, die wir dann auch weitergeben können.

Ich besuchte einmal einen Kurs zur Kompostierung und lernte, wie alle Naturreiche — Mineralien, Pflanzen und Tiere — etwas zum Kompost beitragen. Der Mensch aber düngt mit seinem Geiste, mit den Gedanken, die er denkt, während er beispielsweise die biologisch-dynamischen Präparate rührt und über das Feld verteilt. Als ich einmal beim Sonnenaufgang zuschaute, wie ein Landwirt mit voller Hingabe und Andacht über seinen Gemüsegarten ging, während er mit rhythmischen Bewegungen das Präparat verteilte, erlebte ich eine tief religiöse Tätigkeit.

Die Andacht zum Kleinen und zum Kleinsten können wir immer als Schulungsaufgabe betrachten. Wir können lernen, uns ganz demjenigen zuzuwenden, dem das Handeln gilt — ob Mensch oder Ding. Da das Ding ja eigentlich immer für einen Menschen da ist, wendet man sich letztlich auch durch das Ding an einen Menschen.

Wenn wir wirklich einen Raum oder ein Objekt gut pflegen wollen, muss es ganz genau wahrgenommen werden. Wenn wir mit Interesse einen Raum beobachten, können wir oft über das, was wir dort entdecken, staunen. Und einem Menschen gegenüber können wir uns bemühen, ihn wirklich zu verstehen, ihm Mitleid statt einen Urteil entgegenzubringen. Zum Beispiel dann, wenn ich einem Menschen helfen will, der die Fähigkeit selbst aufzuräumen, verloren hat. Hier führt das Interesse an allem, was diesen Menschen umgibt, dazu, verstehen zu wollen, wie es so weit kommen konnte — und das kann einen dann wirklich mit Mitleid erfüllen. Das wiederum erfüllt mit Dankbarkeit, selbst nicht betroffen zu sein. Und Dankbarkeit schenkt Lebensfreude und Gesundheit.

In dem bulgarischen Märchen *Eine Samodiva versorgt weder Haus noch Kind* gibt es einen Satz, den viele Menschen überlesen, der für mich aber wesentlich erscheint. Das Märchen erzählt von einem jungen Hirten, der drei Mädchen beim Baden beobachtet und dann sieht, wie sie nachher ihr Samodivenkleid anziehen und davonfliegen. Es gelingt ihm später, einer der drei Samodiven das Kleid wegzunehmen und sie so als seine Frau mit nach Hause zu nehmen. Sie aber warnt ihn eindringlich, dass eine Samodiva keine gute Frau und Mutter sein könne, weil eine Samodiva weder Haus noch Kind versorge. Und doch sagt das Märchen: *Nachdem sie zu der Schwiegermutter gekommen war, begann sie sich zu regen und aufzuräumen, und das ganze Haus leuchtete von ihr. Da freuten sich die Schwiegermutter und ihr Sohn, und Glücklichere als sie, gab es nicht.*

Ist es nicht bemerkenswert, dass ihre erste Tat als Mensch die fürsorgliche Pflege ist, die ihr Haus zum Leuchten brachte?
Früher war es Brauch, dass die Hausfrau früh morgens beim Schüren des Feuers im Herd einen Spruch sagte. Ein schottisches Märchen erzählt von einem fleißigen Mädchen, das jeden Morgen folgenden Spruch sprach:[46]

Anzünden will ich mein Feuer heut' morgen
In Gegenwart der heiligen Engel,
In Gegenwart Ariels schönster Form,
In Gegenwart Uriels unzähliger Tugend,
Ohne Arg, ohne Eifersucht, ohne Neid
Ohne Furcht, ohne Gewalt gegen alles unter der Sonne.
Gott, zünde Du in meinem Herzen künftig
Eine Flamme der Liebe zu meinem Nachbarn
Zu meinem Feind, meinem Freund und den Verwandten
Zu den Guten wie zu den Schurken …
O segne das Feuer des Herdes.

In den Evangelien lesen wir, dass Christus die Dämonen austreibt. Auch wir können lernen, die Dämonen aus den Verhältnissen auszutreiben, die uns umgeben. Das können wir, indem wir etwa durch Dankbarkeit als Grundstimmung eine veränderte Einstellung zu unserer Tätigkeit entwickeln. Das gilt vor allem dort, wo wir in sozialen oder pflegenden Berufen tätig sind. Auch wenn wir putzen, sind wir im Sozialen tätig. Wir helfen ja, eine soziale Grundlage zu bilden — ob in Schulen, heilpädagogischen Heimen, in Altersheimen, und so weiter.
Eine der Aussagen Rudolf Steiners, die mich am tiefsten beeindruckt hat, betrifft die Liebe, genauer die Liebestat:[47]
Wir verstehen unter Karma dasjenige, was in dem einen Leben die Ursache ist und seine Wirkung im nächsten Leben hat […].
Taten der Liebe jedoch sind solche Taten, die zunächst nicht ihren Ausgleich im nächsten Leben suchen. Alles, was wir aus Liebe tun, stellt sich so heraus, dass wir damit Schulden bezahlen! Okkult gesehen bringt alles, was aus Liebe geschieht, keinen Lohn, sondern ist Ersatzleistung für bereits verbrauchtes Gut. Die einzigen Handlungen, von denen wir in der Zukunft nichts haben, sind diejenigen, die wir aus echter, wahrer Liebe tun. Man könnte erschrecken über diese Wahrheit. Zum Glück wissen die Menschen in ihrem Oberbewusstsein nichts davon. In ihrem Unterbewusstsein aber wissen es alle Menschen, darum tun sie so ungern die Taten der Liebe. Unsren Wert aber für die Welt müssen wir lediglich in den Taten der Liebe sehen, nicht in den Taten der Selbstvervollkommnung.

Ein wunderbares Beispiel für das Religiöse einer Tätigkeit spielte sich in einem heilpädagogischen Heim für schwer behinderte Jugendliche ab. Während einer Besprechung war mir eine Dame durch ihre aufrechte Haltung und ganz besondere Ausstrahlung aufgefallen. Ich nahm an, dass sie eine Therapeutin war, erfuhr aber, dass sie die Reinigungshilfe war, die dort bereits seit 23 Jahren ein Wohnhaus reinigte. In diesem Haus wohnten fünf Jungen zwischen zwölf und siebzehn Jahren. An einem Nachmittag fand eine Sitzung statt, und alle Mitarbeitenden hatten für diese Sitzung bereits das Haus verlassen. Eine Seminaristin sollte die behinderten Jugendlichen abholen und in die Werkstatt begleiten. Bevor sie aber dort ankam, bekam einer der Jungen einen epileptischen Anfall. Und da nur eine Betreuerin im Haus war, fingen auch die anderen Jugendlichen gleich an — jeder auf seiner Art — zu toben. Es entstand ein totales Chaos. Auf einmal erschien die erwähnte Dame in der Tür — mit einem Putzlappen in der Hand. Sie bückte sich und fing an, die Sockelleisten abzustauben! Je weiter sie ging, desto ruhiger wurde es im Raum. Als sie fertig war, waren alle beruhigt, ohne dass nur ein Wort gesagt wurde.
Durch ein solches Beispiel können wir vielleicht erahnen, wie die Alchemie in früheren Zeiten einmal gewirkt haben mag, ja wie die Stoffverwandlung möglich war, weil der Alchemist das Geistige ganz mit dem Substanziellen verbinden konnte. Geistiges wird durch die Tätigkeit der Menschen auf Erden real.

2. Druck

Viele Menschen fühlen sich überfordert und leiden unter dem Druck, das Haus ständig in Ordnung halten zu müssen. Eine Mutter sagte mir einmal: *Ich habe den ganzen Tag nur geschuftet, und als ich am Abend völlig erschöpft die Küche aufräumen wollte, habe ich von der ganzen Arbeit gar nichts gesehen.* Wir versuchten zusammen, ihren Tag zu rekonstruieren. Er sah ungefähr so aus: Sie hatte sich vorgenommen, das Bad im oberen Stockwerk gründlich zu putzen. Als sie aber mit dem Putzen beginnen wollte, erinnerte sie sich, dass sie vor ein paar Tagen das Putzmittel für das Waschbecken in der Waschküche verwendet hatte. In der Waschküche stellte sie fest, dass schon seit Tagen die Katzenstreu nicht gewechselt worden war. Als sie die alte Streu entsorgen und in die Garage tragen wollte, realisierte sie, dass das Altpapier für den nächsten Tag gebündelt werden müsste. Die Schnur dafür war aber auf dem Estrich, weil die Kinder dort eine Seilbahn gebaut hatten. Sie ging hinauf zum Estrich und fand glücklicherweise neben der Schnur auch noch einen Pullover, den sie schon seit drei Tagen suchte. Als das Papier endlich gebündelt war, bemerkte sie, dass sie eigentlich schon längst mit

Ich bitte nicht um Wunder und Visionen, Herr, sondern um die Kraft für den Alltag.
Lehre mich die Kunst der kleinen Schritte!
Mach mich findig und erfinderisch, um im täglichen Vielerlei und Allerlei rechtzeitig meine Erkenntnisse und Erfahrungen zu ordnen, von denen ich betroffen bin.
Mach mich griffsicher in der richtigen Zeiteinteilung.
Schenke mir das Fingerspitzengefühl, um herauszufinden, was erstrangig und was zweitrangig ist.
Lass mich erkennen, dass Träume nicht weiterhelfen, weder über die Vergangenheit noch über die Zukunft. Hilf mir, das Nächste so gut wie möglich zu tun und die jetzige Stunde als die wichtigste zu erkennen.
Bewahre mich vor dem naiven Glauben, es müsse im Leben alles glatt gehen.
Schenke mir die nüchterne Erkenntnis, dass Schwierigkeiten, Niederlagen, Misserfolge, Rückschläge eine selbstverständliche Zugabe zum Leben sind, durch die wir wachsen und reifen.
Erinnere mich daran, dass das Herz oft gegen den Verstand streitet.
Schick mir im rechten Augenblick jemanden, der den Mut hat, mir die Wahrheit in Liebe zu sagen.
Du weißt, wie sehr wir der Freundschaft bedürfen. Gib, dass ich diesem schönsten, schwierigsten, riskantesten und zartesten Geschenk des Lebens gewachsen bin.
Verleihe mir die nötige Phantasie, im rechten Augenblick ein Päckchen Güte, mit oder ohne Worte, an der richtigen Stelle abzugeben.
Mach aus mir einen Menschen, der einem Schiff mit Tiefgang gleicht, um auch die zu erreichen, die unten sind.
Bewahre mich vor der Angst, ich könnte das Leben versäumen. Gib mir nicht, was ich mir wünsche, sondern was ich brauche.
Lehre mich die Kunst der kleinen Schritte!

Antoine de Saint-Exupéry[48]

dem Kochen hätte anfangen sollen. Dann kamen die Kinder nach Hause, und mit Musikunterricht und allem anderen war der Tag schon vorbei. Abends beim Zähneputzen begriff sie, dass das Putzmittel noch immer im Keller war.
Solche Situationen kennen wir alle, und wir verstehen so etwas ja sogar. Aber alles Verstehen ist nutzlos, wenn sich nichts ändert. Wenn das Chaos immer wieder überhandnimmt oder wenn man immer wieder von vorne beginnen muss, dann kann man schier verzweifeln. Manchmal nimmt man sich etwas vor und ertappt sich dann dabei, doch schon wieder über etwas oder jemanden zu schimpfen; oder man kommt schon wieder zu spät, obwohl man doch … und, und, und …

3. Innere Ruhe und Ausgeglichenheit[49]

Zu einem Einsiedler kamen eines Tages Menschen. Sie fragten ihn: *Welchen Sinn siehst Du in Deinem Leben der Stille?* Er war gerade mit dem Schöpfen von Wasser beschäftigt, aus einer tiefen Zisterne. Er überlegte und sprach: *Schaut in die Zisterne. Was seht ihr?* Die Besucher blickten in die tiefe Zisterne. *Wir sehen nichts.* Nach einer Weile forderte der Einsiedler die Leute wieder auf: *Schaut in die Zisterne. Was seht ihr?* Sie blickten hinunter und sagten: *Jetzt sehen wir uns selbst! — Als ich vorhin Wasser schöpfte, war das Wasser unruhig, und ihr konntet nichts sehen. Jetzt ist das Wasser ruhig, und man sieht sich selbst. Das ist die Erfahrung der Stille.*
Diese Geschichte aus dem vierten Jahrhundert wird von den Einsiedlermönchen in der ägyptischen Wüste überliefert. Sie gibt das Grundproblem wieder: Wo innere Ruhe fehlt, da sehen wir uns selbst und unsere Umwelt nur undeutlich und leben deshalb in Disharmonie mit uns selbst, unseren Mitmenschen und der Welt.
Innere Unruhe kann viele Ursachen haben. Ein bestimmtes Ereignis, eine Auseinandersetzung im Berufsleben, zu Hause mit dem Lebenspartner, mit den erwachsen werdenden Kindern — all das verunsichert uns, lässt uns schlecht schlafen oder macht uns einfach nur nervös. Unsere Gedanken können sich nicht mehr von dem Geschehenen lösen, unter Umständen schlägt unser Herz schneller, alles scheint sich uns im Kopf zu drehen … Jeder Mensch kennt solche Zustände. Oder es ist ein unbestimmtes Angstgefühl vor etwas Unbekanntem, das uns aus der Zukunft entgegenkommt: eine Prüfung, eine weite Reise, ein neues Arbeitsumfeld, Sorgen im Hinblick auf die Familie … Auch hier können viele Dinge Unruhe auslösen und bis zu physisch erlebbaren Angstzuständen führen. Woher aber kommt all das? Was macht uns so schwach und verwundbar, dass wir unangenehme Erlebnisse oder Seelenzustände bis in unsere Körperlichkeit

hinein erfahren? Innere Unruhe kommt dadurch zustande, dass das Gleichgewicht der vier Wesensglieder — Ich, Astralleib, Lebensleib, physischer Leib — gestört ist. In dem Vortrag über *Nervosität und Ichheit*[50] gibt Rudolf Steiner zwei Möglichkeiten an:

1. Der physische Leib überwältigt den Ätherleib; dann kommt es zu Gedächtnisschwächen, zu motorischer Unruhe, zu Nachlässigkeiten und so weiter.

2. Der Astralleib überwältigt das Ich, wir sind innerlich unruhig, verängstigt, können unsere Gedanken nicht beieinander halten und so weiter.

Die in dem Vortrag angegebenen Übungen bestehen darin, diese Ungleichgewichte auszugleichen und damit in die bewegte Wasseroberfläche unseres Wesens wieder Ruhe hineinzubringen.
Nichts anderes erstrebten auch die ersten christlichen Mönche, als sie sich in die Einsamkeit der ägyptischen Wüste zurückzogen. Hier, in der Stille, kämpften sie mit allen Versuchungen und Visionen, mit körperlichen Leiden und Verunsicherungen, wie sie zum Beispiel Matthias Grünewald auf seinem Isenheimer Altar in der Versuchung des heiligen Antonius eindrucksvoll dargestellt hat.
Ein wichtiges Mittel dieser Mönche war dabei das Gebet. Denn im Gebet fühlt sich der Mensch mit Gott verbunden. Das Gebet bildet die Vorstufe zur Meditation und wurde im Mönchstum über lange Zeiten hinweg gepflegt und praktiziert. Dabei ging es, wie die zitierte Einsiedler-Parabel beschreibt, auch darum, in den Spiegel der eigenen Seele zu schauen, sich selbst gegenüberzutreten, die eigenen Unzulänglichkeiten wahrzunehmen und sie zu überwinden. — Die Auseinandersetzung mit der Außenwelt, mit der Zukunft, wurde von den Mönchen in ihrer Arbeit gesucht. So hieß die alte Mönchsregel seit Benedikt, dem Begründer des abendländischen Mönchtums: *ora et labora*, bete und arbeite. Das Kloster, die Zelle, sind äußerlicher Ausdruck des Sich-Abschließens von der Außenwelt; auch das andere Geschlecht musste gemieden werden: Askese im strengsten Sinne. — Was sind die Anforderungen heute in der modernen Zeit? In der Auseinandersetzung mit den Gegebenheiten der Zivilisation, mit Familie, Beruf, moderner Technik, mit dem Verkehr und so weiter muss sich der heutige Mensch bewähren — Und um nicht krank zu werden, muss er trotzdem seine innere Ruhe finden. Daher werden die Übungen, die schon im Mönchstum gepflegt wurden, im Kern wieder aufgegriffen und weiterentwickelt. *Schaffe dir Augenblicke innerer Ruhe und lerne in diesen Augenblicken das Wesentliche vom Unwesentlichen unterscheiden.* — So heißt es in dem Schulungsbuch *Wie erlangt man Erkenntnisse der höheren Welten?*[51]

Die Distanz zu sich selbst zu finden, sich wie von außen anschauen zu lernen, das heißt auch: das Ich von der Vorherrschaft des Astralleibes zu befreien und sich dadurch selbst objektiver gegenüber zu stehen, sich selbst wie in einer klaren Wasseroberfläche wahrzunehmen. Es kann im Augenblick des Erlebens oft schwierig sein, diese Distanz zu finden. Es wird deshalb vorgeschlagen, es zunächst mit weiter zurückliegenden Ereignissen zu versuchen. Entscheidend ist die Kraft, die aus den immer wiederholten Versuchen hervorgeht. Und diese Kraft wird wachsen und uns dann auch bei Näherliegendem eine Stütze sein, die innere Ruhe zu bewahren oder wieder zu finden.
Eine Weiterentwicklung gegenüber der christlichen Tradition besteht nun darin, dass der moderne Mensch die Urteils- und Gedankenkraft, die er auf die Welt und die anderen Menschen richtet (und die in früheren Zeiten noch nicht so stark entwickelt war wie seit der Renaissance), zurückwendet auf das eigene Selbst. Dadurch erwirbt er sich die Kraft, im Spannungsfeld gegenwärtiger Auseinandersetzungen zwischen Innen- und Außenwelt dennoch ruhig zu bleiben, das Ich wieder zum Herrscher über den Astralleib zu machen.
Wie sieht demgemäß die Weiterentwicklung des Gefühls mit Gott verbunden zu sein, das der mittelalterliche Mönch im Kloster anstrebte, heute aus? Auch im täglichen Leben ist eine kurze, möglichst regelmäßig gewählte Zeit für die innere Ruhe notwendig. Lebensrhythmus ist etwas außerordentlich Heilsames, wenn er innerlich durchgehalten und manchmal auch erkämpft wird. Die tief erlebbare Kraft, die sich im Rhythmus der Woche, aber auch im Jahreskreislauf wieder findet und von der auch die Genesis berichtet, sie kann in höchsten Momenten spürbar werden, wenn wir uns nicht nur uns selbst, sondern religiösen oder meditativen Inhalten zuwenden können. Die Meditation spendet Kraft zum Leben.

Monika Kiel-Hinrichsen schreibt: *Da mein Mann ein Frühaufsteher ist, hat er mir gern in den frühen Morgenstunden eine halbe Stunde geschenkt, die nur mir gehört. So können in dieser Zeit Meditation, Gebet oder Konzentrationsübungen stärkend und aufbauend auf die Lebensprozesse einwirken.*
Den Kindern kann ein Bild helfen: 'Mutter spricht mit den Engeln'. Vielleicht hat man sich einen Ruhepunkt im Zimmer gewählt, den die Kinder als einen gewissen heiligen Ort achten. Eine andere Mutter hat in ihren 'Stillezeiten' ein Engelsbild an ihrer Tür, sodass die Kinder wissen, dass sie nicht stören dürfen.[52]

Übungen

Wenn solche Momente auch selten sein mögen, erlebbar und nachvollziehbar sind sie für jeden heutigen Menschen. Folgende Übungen können da Anregung und Hilfe sein.

Die Übungen bauen sich von unten nach oben auf:

Ich-integriert/kontrolliert

Nervosität drückt sich darin aus, dass Menschen oftmals nicht recht wissen, wie sie eigentlich dazu kommen sollen, das wirklich zu tun, was sie eigentlich tun möchten. Diese Übungen stärken den Willen durch zunehmende Kontrolle des Ich über den Astralleib.

10. Verzichten Sie auf unnötige Urteile; weniger als ein Zehntel der Urteile, die wir gewöhnlich fällen, ist mehr als genug.
9. Machen Sie sich alles bewusst, was eine Grenze zwischen Ihnen selbst und der äußeren Welt aufbaut. Das heißt, lassen Sie sich nicht zu, dass Ihre persönlichen Urteile eine objektive Beurteilung der Wirklichkeit beeinflussen.
8. Jede Sache hat nicht entweder ein Für oder ein Wider, sondern meistens beides. Bedenken Sie Pro und Kontra eines Problems, treffen Sie bewusste Entscheidungen, und verhalten Sie sich danach. Es ist sehr wichtig, wenn wir uns etwas vornehmen, alles daran zu setzen, dies auch zu tun. Sage nicht *Es wird schon*, sondern *Ich will es tun.* (z.B.: Lasse ich etwas liegen, oder räume ich es sofort auf? Wasche ich mein Geschirr ab, oder lasse ich es bis morgen liegen?).
7. Üben Sie Zurückhaltung, das heißt, erfüllen Sie sich nicht jeden Wunsch. Jedes Unterdrücken irgendeines kleinen Wunsches stärkt den Willen: etwa auf einen Kaffee zu verzichten, bevor die Arbeit anfängt, und ihn erst nach getaner Arbeit zu genießen. Oder: Nehme ich noch ein Stück Kuchen oder nicht?

Astral-/Seelenleib führt

Diese Übungen stärken die Kontrolle des Astralleibes über den Ätherleib.

6. Versuchen Sie, Ihre Gewohnheiten zu ändern, etwa: die linke statt der rechten Hand benutzen. Wir stärken dadurch die Kontrolle des Astralleibes über den Ätherleib. (Beispiel: Essen Sie mit der linken, statt mit der rechten Hand. Nehmen Sie den Putzlappen in die andere Hand.)
5. Entwickeln Sie ein Bewusstsein über Ihre Gesten und Bewegungen, etwa beim Essen oder Kaffee rühren. (Wie rühre ich meinen Kaffee und wie lege ich anschließend meinen Löffel hin? Ist meine Putzgestik fließend, oder kämpfe ich mit dem Schmutz?)
4. Beobachten Sie aufmerksam Ihre Tätigkeit, z.B. Schreiben, Gemüse vorbereiten.

Äther-Lebensleib durchdringt

Diese Übungen konsolidieren (stärken) den Ätherleib und damit die Kontrolle über den physischen Leib.

3. Fördern Sie Ihr Gedächtnis, in dem Sie Erlebnisse in umgekehrter Reihenfolge erinnern (z.B. Rückschau, auch beim Tischdecken und Tisch Abdecken, beim Geschirr aus- und einräumen). Schauen Sie sich die Dinge an, die Sie getan haben (Nach der Pflege eines Raumes in den Raum zurück blicken, um festzustellen, ob alles seine Ordnung hat).
2. Überwinden Sie Ihre Vergesslichkeit, indem Sie einen Gegenstand täglich an einen anderen Platz legen und sich ein klares Bild der Umgebung einprägen, beispielsweise wenn Sie öfters Ihre Schlüssel suchen. (Den Schlüsselbund auf die rechte Ecke des Kaffeetisches neben den Blumenstrauß hinlegen).
1. Wechseln Sie bewusst Ihre Handschrift, vielleicht für 15 Minuten täglich.

Ora et labora, bete und arbeite. — Heute arbeiten Menschen meistens mehr, als dass sie beten.

V. Ordnung

1. Unordnung ist nicht Chaos

Seit mehr als zwanzig Jahren gebe ich Vorträge und Seminare zum Thema Putzen und Pflegen. Mit der Zeit wurde mir immer mehr bewusst, dass das Mühevolle beim Putzen nicht primär das Putzen selbst ist, sondern die Unordnung. Ohne zuerst aufzuräumen, können wir ja gar nicht putzen!
Was ist Ordnung? Zumindest etwas, das sehnlich gewollt wird und doch für viele unerreichbar ist.

Hören wir einmal auf unsere Alltagssprache:
Die Welt ist in Ordnung.
Es hat alles seine Ordnung.
Göttliche Ordnung.
Natürliche Ordnung.
Kosmische Ordnung.
Oder: Ein kleines Kind kommt vertrauensvoll zu der Mutter oder dem Vater mit der Bitte, etwas, das kaputt gegangen ist, *wieder in Ordnung zu bringen.*

Bei der ersten Putzfachtagung am Goetheanum im Jahr 2004 sagte einer der Referenten Folgendes: *Ordnen ist ein zutiefst schöpferisches Tun und hierin dem künstlerischen Schaffen gleichzusetzen, vielleicht ist es sogar als die ursprünglichste aller künstlerischen Gesten einzustufen.*[53]

Vielleicht ist es auch hilfreich mit der Frage danach zu beginnen, was Unordnung ist. Wie entsteht Unordnung?
Im Haushalt verwechseln wir sehr oft die Begriffe Chaos und Unordnung. In unserer Alltagssprache hat Ordnung mehr mit Regelmäßigkeit und Übersichtlichkeit zu tun. Ich nenne ein Zimmer ordentlich, wenn alles an seinem Platz ist und ich mich mühelos orientieren und zurechtfinden kann. Sobald ich aber in dem Zimmer anfange zu arbeiten, zu kochen, oder die Kinder fangen an, dort zu spielen, geht diese Ordnung bald in Unordnung über. Ordnung hat offenbar die Eigenschaft, immer wie von selbst in Unordnung überzugehen — nie (!) ist das Umgekehrte der Fall. Soll sich wieder Ordnung einstellen, dann muss ich bewusst ordnend von außen eingreifen. Ordnung kommt nicht von selbst.

In der Schöpfungsgeschichte der Kabbala steht, dass das Allgottwesen sich zurücknahm und so die Leere entstehen ließ. Aus dem in der Leere entstandenen Chaos wurde dann die Welt erschaffen.
In unserem Haushalts- oder Arbeitsalltag stehen wir oft genug dem Chaos gegenüber. Schon in den endlosen Möglichkeiten, die sich bieten, unseren Alltag zu gestalten, begegnen wir dem Chaos.

Schöpferisch sein, ist das größte Glück, das ein Mensch empfinden kann. Warum? Weil er sich im Schaffen dem Wesen Gottes selbst nähert. Gott ist der Schöpfer und der nach seinem Bilde geschaffene Mensch kann selbst auch Schöpfer sein. Natürlich geht es nicht darum, die menschlichen Schöpfungen mit der göttlichen Schöpfung zu vergleichen; es geht um die Betonung der Wahrheit, dass das Glück in der schöpferischen Aktivität liegt und dass in diesem Sinne die Künstler diejenigen sind, die die größten Glücksgefühle empfinden. Ihr fragt: *Und was ist mit den Mystikern und Gelehrten?* In dem Maße, wie auch sie Schöpfer sein können, empfinden sie das gleiche Glück wie die Künstler. Wendet jetzt bitte nicht ein, ihr hättet gequälte und unglückliche Künstler getroffen. Wenn ich vom Glück des Künstlers spreche, meine ich den Moment, in dem er kreativ ist, den schöpferischen Akt, in dem der Künstler in der Fülle lebt; und unter *Künstler* kann auch jeder Mensch verstanden werden, der im Begriff ist, schöpferisch zu sein.[54]

Vor einem Wohnungsumzug entsteht meistens ein Zustand des Chaos. Nach einem Umzug entsteht die Gelegenheit, durch einen kreativen Akt aus einem undifferenzierten Chaos heraus Ordnung zu gestalten. Es ist ein Schöpfungsakt. Hier hätten wir die Gelegenheit, uns dafür zu entscheiden, dort gezielt gestaltend und ordnend einzugreifen, wo sich Form- und Regellosigkeit breit gemacht haben.

Je schwieriger es dabei wird zu entscheiden, was wir jetzt nicht mehr brauchen, oder wo wir eigentlich mit dem Einräumen beginnen sollen, desto deutlicher wird es, dass Unordnung auch eine Form der Entscheidungsschwäche ist.
Einigen Menschen fällt es leicht, Ordnung zu schaffen; andere haben damit große Mühe — sie fühlen sich überfordert, fühlen sich erschöpft, ja manche treibt es fast zur Verzweiflung.

Einsamkeit

In meiner Putztätigkeit habe ich oft feststellen können, dass mit dem Chaos ein schreckliches Gefühl von extremer Einsamkeit aufkommen kann. Eine so große Einsamkeit, dass Menschen versuchen, sie mit allerlei geschäftigem Getriebe oder mit Dingen, die sie anhäufen, zuzudecken.
Bei Jugendlichen finden wir oft ein Schild an der Schlafzimmertür: *Wegen Umbau geschlossen — bitte nicht eintreten*. Jugendliche fühlen sich manchmal unendlich allein in ihrer Welt. Dieses abgrundtiefe Gefühl der Einsamkeit, können sie oft nicht einmal gegenüber Gleichaltrigen zum Ausdruck bringen. Ein fünfzehnjähriges Mädchen erzählte mir, wie sie gerade in diesem Chaoszustand der Selbstsuche keine Lust mehr hatte, ihr Zimmer aufzuräumen oder ihr Bett zu machen. Sie hatte das Gefühl, ein inneres schwarzes Loch zu haben, das alles in sich aufsaugte, und sie brauchte Abstand zu allem, was ihr dieses Gefühl zu allem Verdruss auch noch spiegelte.
Zum Jugendalter gehört es, auch einmal auszuprobieren, wie es ist, im totalen Chaos zu leben. Zum unabhängig Werden, zum Finden der eigenen Individualität gehört es dazu, auszuprobieren — und auch, von sich aus wieder bestimmte Regeln anzunehmen. Jugendliche wollen verschiedene Ordnungssysteme ausprobieren; sie versuchen aber auch, sich von den Eltern abzugrenzen. Manchmal machen sie sogar genau das Gegenteil dessen, was sie von den Eltern gelernt haben, zum Beispiel lassen sie die schmutzigen Kleider auf dem Boden liegen, bis sie sie waschen müssen. Oder das gebrauchte Geschirr stapelt sich, bis kein sauberes mehr vorhanden ist. Sobald sie aber irgendwann in einer eigenen Wohnung leben, können sie das alles auf einmal doch wieder.
Jugendliche benötigen Zeit für Aufgaben oder Hausaufgaben: Musizieren üben, Sport treiben, aufräumen. Wenn sie die Möglichkeit haben selbst zu lernen, die Zeit, die sie dafür benötigen, richtig einzuschätzen, dann besteht für sie später ein geringeres Risiko, dauerhaft unordentlich zu werden. Anderseits kann jedoch eine zu frühe Verselbstständigung des jungen Menschen eine Überforderungssituation darstellen, die dann später durch räumliche und/oder zeitliche Unordnung zu Tage treten kann.
Auch der Jugendliche braucht ein Gleichgewicht zwischen innen und außen, er muss lernen, sich zwischen Discos, Festen und Schularbeit, Sport und Erholung geschickt zu arrangieren. Manchmal fehlen dann allerdings Zeit und Energie für Aufräum- und Putzaktionen. Machen dann die Eltern in einer solchen Situation zu viel Druck, dann kann das zu einer Rebellion führen, zu Protest.
Auch bei Kindern und Jugendlichen kann die Unordnung durch ein Zuviel entstehen: Bei kleineren Kindern können zu viele Spielsachen zu Überforderung führen, weil alles wieder weggeräumt werden muss. Zu viel Spielzeug schränkt

auch die Phantasie ein und könnte das Kind dazu verleiten, sich nicht genug mit einer Tätigkeit zu verbinden, weil es von einem Spielzeug zum anderen wechselt. Das natürliche Kräftemessen im Jugendalter wird heute durch das, was sie besitzen, ausgetragen. Früher wollten sie wissen, wer am schnellsten laufen, am besten ringen konnte — heute achten sie eher darauf, wer die teuersten Kleider, das neueste Mobiltelefon und andere spannende elektronische Geräte hat. Auch das führt zu Unordnung.

2. Überforderung

Unordnung tritt eben meistens auf, wenn *zu viel* vorhanden ist. Und so auch bei der Überforderung, da ist es einem auch immer *zu viel*. Überforderung ist letztlich eben nichts anders als Unordnung! Dort ist Unordnung, wo Sachen an Orten eingreifen oder auftauchen, wo sie eigentlich nicht hingehören. Wir lassen etwas liegen, wir bringen das nicht zu Ende, womit wir angefangen haben, wir verschieben etwas zum x-ten Male auf morgen. Oder auch: Wir horten, wir können uns von nichts mehr trennen. Alles, was man sich selbst überlässt, wird zum Chaos. Überforderung führt zu Unzufriedenheit und Frustration — was oft das ganze Familienleben auflösen und zerstören kann. Sobald wir selbst überfordert sind, haben wir die Tendenz, die Menschen um uns herum zu überfordern. Aber es gibt eben nur eine Person auf dieser Welt, die mich überfordert, und das bin ich selbst. Ich selbst bin Ursache meiner Kraftlosigkeit, die etwa entsteht, wenn ich schon wieder einmal etwas tue, was ich gar nicht wirklich tun wollte. Oder: Wir hetzen von einem Ort zum anderen, von Auftrag zu Auftrag, und sind dann erstaunt, wenn wir uns *zufällig* verletzen, wenn wir Sachen kaputt machen oder gar in Unfälle verwickelt werden.
Wer sich von allen möglichen widersprüchlichen Gedanken und Wünschen durchströmen lässt, unterhält innerlich eine Unordnung und muss sich daher nicht wundern, wenn er sich nicht mehr zurechtfindet. Wie viele Leute klagen: *Ich weiß nicht mehr, wo ich stehe!* Warum? Weil sie zu viele uneinheitliche Dinge gewünscht und angesammelt haben und jetzt bis zum Hals in Komplikationen stecken.

Woher erhält der Diamant seine Reinheit? Von der Tatsache, dass er unvermischter reiner Kohlenstoff ist. Fügt man ihm ein anderes Element hinzu, so ist er kein Diamant mehr. Reinheit kann man auf viele Weise betrachten. Aber die beste ist vielleicht, sie mit Einfachheit zu verbinden. Sie ist immer unkompliziert, immer klar und einfach, keine Mischung von Dingen, die gegen ihre Natur ginge, ihr

Funktionieren beeinträchtigte oder ihre Harmonie störte. Nehmen wir das menschliche System, weil es nicht notwendig ist, nur auf den moralischen, ethischen Aspekt der Reinheit zu schauen, um sie zu verstehen. Reinheit gehört auf jede Ebene. Reinheit bringt dem physischen Körper Gesundheit; dem Herzen bringt sie Gefühle von Glück und Freude; dem Willen bringt sie Kraft zu handeln; dem Verstand bringt sie Licht und Verständnis. Wer alles kosten, berühren, ausprobieren und kennen lernen will, wird zu einem trüben, undurchsichtigen Stein. Der erste Schritt aus der Überforderung ist oft der Schritt in die Pflege, in die Herstellung von Ordnung. Wir kennen es alle: Wie gut tut es, ganz ruhig und gelassen irgendwo mit dem Aufräumen und mit dem Schönmachen zu beginnen. Das Aufräumen wirkt regelrecht wie eine Kunsttherapie, in der der Genesende selbst aktiv wird und somit seine Heilung eigenständig unterstützt. Manchmal hilft es sogar, nur die Handtasche auszuräumen und alles zu entsorgen, was dort nicht hineingehört. Objekt unserer Selbsttherapie kann auch ein Kleiderschrank oder die Schublade mit den Rechnungen und den Korrespondenzen sein ... oder, oder, oder.

Verführung

Überforderung ist oft die Folge einer Verführung, vielleicht eine versteckte Form von Hochmut: der Glaube nämlich, dass wir mehr tun können, als was uns wirklich möglich ist; ein vielleicht unbewusstes Gefühl der Unfehlbarkeit, der Unersetzlichkeit. Die Genesis im Alten Testament beschreibt Folgendes: *Und so vollendete Gott am siebenten Tage seine Werke, die er machte und ruhte am siebenten Tage von allen seinen Werken, die er gemacht hatte. Und Gott segnete den siebenten Tag und heiligte ihn, weil er an ihm ruhte von allen seinen Werken, die Gott geschaffen und gemacht hatte.*[55]
Wo etwas getan wurde, da braucht selbst Gott den nötigen Abstand, die Ruhe zur Besinnung, die Rückschau auf das Getane. Wir Menschen aber glauben oft, wir hätten unbegrenzte Kapazität, unbegrenzte Zeit und Kraft.

In der jüdischen und christlichen Tradition ist von Luzifer, dem Engel des Lichts die Rede, der sich Gott gleich stellen wollte und deswegen vom Erzengel Michael aus dem Himmel vertrieben wurde. Als gefallener Engel versucht Luzifer seitdem, den Menschen zu verführen, indem er ihm weiszumachen versucht, er sei Gott ähnlich und allem Irdischen überlegen.
In der persischen Überlieferung begegnen wir Ahriman, dem Geist der Finsternis — dem Widersacher Ahura Mazdaos, dem Gott des Lichtes. Ahriman verneint das Göttliche und versucht, den Menschen fest an alles Irdische zu binden; er versucht, den Menschen vom Licht und vom Göttlichen wegzuführen.

Zwischen diesen beiden Widersacher-Mächten sucht der Mensch ständig das Gleichgewicht. Die luziferische Kraft führt den Menschen von der Form des Irdischen weg, versucht ihn von seinen Pflichten zu lösen. Die ahrimanische Kraft hingegen zwingt den Menschen in eine Form hinein, bindet ihn fest. Etwas kann ins Chaos geraten oder es kann in sterile Ordnung übergehen. In beiden Fällen sind wir aus dem Gleichgewicht geraten; und beide Fälle führen in die Einsamkeit, in die soziale Isolation.
Nur ich selbst weiß, ob ich meinen Aufgaben gewachsen bin, meine Arbeit gut mache, oder nicht. Warum tue ich dieses und warum tue ich jenes nicht? Weil ich jetzt nun einmal wirklich keine Zeit habe, mir es aber bewusst für morgen vornehme? Mache ich es *husch-husch* oder vielleicht sogar überhaupt nicht, weil es ja sowieso keiner bemerken wird?
Zu verzweifeln und zu sagen, *Es ist wie es ist*, das ist auch nur die halbe Ernte. Die andere Hälfte ist alles das, was aus der eigenen Initiative kommt. Ahriman will den Menschen von der eigenen, freien Tätigkeit abhalten. Luzifer will den Menschen zu immer mehr Initiativen verführen, ohne Rücksicht auf die Umwelt und das soziale Umfeld. Immer neue Initiativen, damit die angefangenen gar nicht zu Ende geführt werden können.
Es ist sehr wichtig, zu lernen, die Aufmerksamkeit darauf zu lenken, welche Kraft mich gerade verführen will, warum ich bestimmte Entscheidungen treffe, was ich tue und was ich eher unterlasse und warum.

Etwas zu Ende bringen wollen

Viele Menschen haben bereits erlebt, wie ein Familienmitglied oder jemand aus dem Bekanntenkreis auf einmal ganz emsig versucht, alles in Ordnung zu bringen. Briefe werden geschrieben, Rechnungen werden bezahlt, die Ehefrau wird eingeführt in bürokratische Aufgaben, die sie bis jetzt noch nie erledigt hat. Oder eine Freundin bäckt plötzlich einen Kuchen für die Nachbarin, mit der sie zerstritten war. Menschen aus dem Umkreis sind erstaunt — und verstehen all das erst dann, wenn der oder die Betreffende unerwartet verstirbt. Ein Urbedürfnis nach Ordnung, bevor die große Reise angetreten wird.
Ich habe erlebt, wie jemand solange nicht sterben konnte, solange eine Sache, die ihm wichtig war, nicht in Ordnung gebracht worden war. Ich besuchte eine Wohngemeinschaft über mehrere Tage, um dort mit verschiedenen Gruppen von Menschen praktisch zu arbeiten. Beim ersten Einsatz erschienen zwei Herren, die mir mitteilen wollten, dass sie überhaupt kein Interesse am Putzen hätten und somit an keiner der Arbeitseinheiten teilnehmen würden. Ich versicherte ihnen, dass die Teilnahme vollkommen freiwillig sei.

Zum Abschluss meines Besuches hatten wir vereinbart, am letzen Abend um 19 Uhr ein Gespräch im kleinen Kreis zu führen, für Menschen, die noch besondere Fragen zum Thema hatten.
Am letzten Nachmittag nahmen wir uns die Gemeinschaftsküche vor, da an dem Tag kein Abendessen vorbereitet werden musste. Aber kaum hatten wir mit der Arbeit angefangen, erschienen die beiden Herren vom ersten Tag wieder: Sie wollten jetzt doch noch etwas helfen. Sie schauten sich in der Küche um und sagten spontan, dass sie gerne den Backofen saubermachen wollten. Ich erklärte ihnen genau, wie sie vorzugehen hätten. Mit großer Freude machten sie sich an die Arbeit. Bald fingen sie auch an, lauthals aus voller Kehle zu singen. Gegen achtzehn Uhr wollten wir unsere Arbeit beenden, damit wir noch an dem abschließenden Gespräch teilnehmen konnten. Die beiden Herren bestanden aber darauf, ihre Arbeit zu Ende zu führen und versprachen, die Reinigungsutensilien anschließend bei mir abzugeben.
Kurz vor 19 Uhr saßen wir im Kreis in einem kleinen Saal, als die beiden strahlend die Utensilien mit den Worten abgaben: *Der Backofen ist jetzt wieder fast wie neu!* In diesem Moment erschien der Hausarzt, der auch an der abschließenden Gesprächsrunde teilnehmen wollte, und bat uns, doch noch etwas zu warten. Herr X sei gerade in diesem Moment verstorben, und er müsse nun noch kurz Einiges organisieren.
Die Anwesenden benutzten die Wartezeit dazu, etwas auf das Leben des Verstorbenen zurückzublicken. Dabei erfuhr ich, dass er seit vielen Jahren die Reinigung des Backofens zu seiner persönlichen Aufgabe gemacht hatte. Er war nach einem Unfall seit einigen Monaten bettlägerig und fragte immer wieder nach, wer sich jetzt wohl um den Backofen kümmern würde und ob er überhaupt sauber sei. Er hatte jede Woche an diesem Wochentag den Backofen gereinigt und immer ganz herzhaft bei der Arbeit gesungen.

3. Von der Schwierigkeit beim Ordnung schaffen

Das Sommerkleid [56]

Die Bügelwäsche stapelt sich
und in der Ecke finde ich
mein lang gesuchtes Sommerkleid
nur schade, dass es draußen schneit.

Na ja, denk ich und leg es fort
an einem ganz bestimmten Ort
damit ich's sicher wiederfind
wenn bald die Sommerzeit beginnt.

Doch ist der Sommer erst mal da,
hab ich vergessen wo es war.
So such ich bis es wieder schneit,
dann find ich auch mein Sommerkleid.

Es gibt sehr viele gute Ratgeber zum Ordnen und Aufräumen.[57] Ich werde deshalb nicht gezielt Methoden zum Aufräumen angeben. Ich möchte viel mehr Wert auf solche Übungen legen, die in den vielen praktischen Ratgebern gerade nicht zu finden sind.
Meiner Erfahrung nach helfen diese Ratgeber nur bei Menschen, die zeitweilig überfordert sind, oder sie helfen bei ganz tüchtigen Machern und Macherinnen, die immer ein bisschen Chaos um sich haben, weil sie so engagiert und kreativ sind. Für diese Menschen ist es kein Problem, von Zeit zu Zeit eine richtig große Aufräumaktion zu starten. Wenn wir aber eine grundlegende Schwäche haben, sie nicht erkennen oder sie sogar verdrängen, dann helfen diese Ratgeber nur vorübergehend, wenn überhaupt.
Manchmal kann eine Aufräumaktion geradezu bedrohlich auf das Umfeld wirken. Ein sehr besorgter Ehemann rief mich an und sagte: *Frau Thomas, Sie haben am Wochenende meiner Frau geraten, das Buch übers Aufräumen zu lesen. Seitdem hat sie noch nicht aufgehört auszuräumen und wegzuwerfen. Langsam bekomme ich Angst, ich könnte als nächstes drankommen!*
Natürlich lösen ein Seminar oder ein Buch oft große Begeisterung und Unternehmungslust aus. Aber auch hier sollten Sie genau überlegen, was Sie als erstes tun wollen. Nach einem Seminar ging eine Mutter begeistert nach Hause, um sofort das Lieblingskleidchen ihrer Tochter auszubessern, das schon seit Monaten

im Flickkorb lag. Nach der Arbeit musste sie aber die bittere Enttäuschung des Mädchens erleben — da das Kleidchen jetzt leider schon zu klein war!
Man sagt oft: Arbeit macht müde. Aber, es macht uns ja nicht die Arbeit müde, die wir schon gemacht haben, sondern vielmehr all das, was wir uns vorgenommen und noch nicht erledigt haben — das erdrückt uns. Es gibt wohl im Leben wenig anderes, das uns so viel Kraft abverlangt, unsere Nerven so aufreiben kann, wie Unordnung.
Und auch das kennt jeder von uns: Wir bemühen uns zwar aufrichtig, und doch fühlen wir uns oft so alleine mit unseren Gefühlen von Unzulänglichkeit und Versagen. Irgendwo hat jeder von uns einen Bereich, der ihm Mühe bereitet, auch wenn — oder gerade weil wir danach streben, das Problem, die Schwäche zu überwinden. Ich selbst bin eine sehr gute Putzfrau und finde in diesem Bereich für alles eine Lösung, bin auf diesem Gebiet höchst kreativ — aber mit der Ordnung meiner Papiere hatte ich doch meine liebe Mühe — eben weil ich etwa meine Korrespondenz oft nicht schnell genug erledigt habe. Dann gab es viel Papier, und dann musste ich suchen — manchmal verzweifelte ich schier daran, dass ich es immer noch nicht geschafft hatte, diese Sache in den Griff zu bekommen! Meine Lösung fand ich, indem ich mich entschied, ein Mal in der Woche mit einer Sekretärin zu arbeiten, die mir mit der Korrespondenz und der Ablage hilft, die mir meine Geschäftsreisen bucht und noch vieles mehr.
Ich habe eingesehen, dass ich es einfach nicht schaffe und habe gelernt zu delegieren — eine großartige Erleichterung, und für einen Menschen, der gewöhnt ist alles selbst zu machen, gar nicht so einfach! Doch war und ist die Entlastung — vor allem auch für meine Familie — unbeschreiblich.
Andere Menschen haben immer eine wunderbare Ordnung, überfordern aber wiederum ihren ganzen Umkreis mit zu hohen Ansprüchen, weil in einem solchen Fall die Ordnung eben herrscht und nicht dient. Kein Mensch fühlt sich wohl, wenn er sich immer kontrolliert fühlt oder wenn nach jeder Bewegung etwas wieder zu Recht gerückt oder abgewischt wird.
Wie bereits erwähnt, ist es eine große Hilfe, wenn wir lernen, unser Haus oder unsere Wohnung als Organismus zu verstehen. Wenn wir wieder lernen, mehr auf die Prozesse acht zu geben, werden wir feststellen, dass wir sie auch im Haushalt berücksichtigen sollten — so selbstverständlich etwa wie wir als Menschen unsere Nahrung aufnehmen, verdauen und ausscheiden. Natürlich dauert im Haus ein Verdauungsprozess etwas länger, aber wenn gar nicht mehr ausgeschieden wird, werden das Haus und mit ihm auch die Bewohner des Hauses krank.

AUSSTRAHLUNG
Pflege und Ordnung strahlen über sich hinaus, sie breiten sich aus. Damit können wir eine Gegenbewegung zu Unordnung und Zerfall schaffen. Haben Sie schon einmal probiert, bei einer Autobahnraststätte bewusst eine Gegenbewegung zu schaffen oder in einem Schulhaus, wenn Sie beispielsweise etwas auf dem Boden liegen sehen?
Wir hielten an einem Sonntagnachmittag an einer Raststätte an. Abfallbehälter quollen über, alles Mögliche lag auf dem Boden. Wir begannen damit, an einer Stelle sorgfältig aufzuräumen und beobachteten danach die Menschen ringsum. Es zeigte sich: Wo noch etwas auf dem Boden herumlag, wurde anderes einfach noch dazugetan. *Unser* Bereich aber blieb ordentlich. Hier brachten die Menschen ihren Abfall bis zum Abfalleimer. Als Experiment legten wir dann eine leere Tüte auf den Boden neben *unseren* Abfalleimer, und — unmittelbar gesellte sich die nächste Tüte hinzu.
Als meine Kinder noch klein waren, war es eigentlich genauso. Für jedes Kind wurde neben der Garderobe ein Haken für den Schulranzen angebracht. Jeden Tag hängten die Kinder den Ranzen an den Haken, bevor die Jacke oder der Mantel ausgezogen wurde. Einmal geschah es, dass ich mit zwei Einkaufstüten nach Hause kam, das Telefon in dem Moment klingelte und ich eilig die Tüten im Flur abstellte, um es noch rechtzeitig zu erreichen. Gerade in diesem Moment kamen die Kinder nach Hause und plumps: die Schulranzen landeten auf dem Boden neben den Einkaufstüten!
Das Bewusstsein, das Streben bei einer ordnenden Handlung ist das, was Früchte trägt. Auch hier können wir — um zu beginnen — an irgendeinem Ort im Haus Ordnung herstellen und den Ort pflegen. Es kann ein kleiner Bereich sein, aber er soll schön bleiben, damit die Kraft der Ordnung weiter und über ihn hinaus ausstrahlen kann.
Erich Fromm schrieb: *Die Vitalität selbst ist das Resultat einer Vision. Wenn es keine Visionen mehr gibt von etwas Großem, Schönem, Wichtigem, dann reduziert sich die Vitalität, und der Mensch wird lebensschwächer.*[58]

4. Wie entsteht Unordnung?

Meiner Erfahrung nach entsteht Unordnung immer mit einer Entscheidung. Meistens wird diese Entscheidung unbewusst getroffen. Beispiel: Was mache ich mit der alten Zeitung? Geht sie ins Altpapier oder bleibt sie liegen? Mache ich die Schublade, die Schranktür zu, nachdem ich etwas geholt habe, oder bleibt sie offen? Hat mein Schlüsselbund einen festen Platz, an den ich ihn immer hinlege,

sodass ich ihn nicht immer wieder suchen muss? Räume ich die Dinge gleich an den richtigen Ort weg, oder gibt es immer ein *Zwischenlager*? Oft ist dabei Unordnung eine direkte Folge von Ungeduld.
Einige Menschen haben so hohe Ansprüche für einzelne Tätigkeiten, dass sie diese ständig wiederholen und so nicht vom Fleck kommen. Das Bad glänzt zwar, aber alles andere versinkt im Chaos. Oder man verliert sich so stark in kleine Details, dass das Ganze immer unordentlich aussieht. Andere sind sentimental und glauben, jede einzelne Kinderzeichnung oder jeder Tannenzapfen müsse aufbewahrt werden.
Es ist wichtig zu erkennen, was die Ursache für unser Problem ist – die innere Ursache, aber auch deren äußere Manifestation. Was sollen wir zuerst lösen? Das innere oder das äußere Problem? Ich glaube, wir sollten immer versuchen, beides gleichzeitig anzugehen. Das Äußere in vielleicht ganz kleinen, aber doch achtsamen Schritten. Und: Man muss es immer wieder probieren, sonst wird der Wille so stark geschwächt, dass es immer schwieriger und schwieriger wird. Dabei müssen wir lernen, uns selbst genau anzuschauen, und wir müssen versuchen festzustellen, warum wir es schon wieder so machen.
Was am aller wichtigsten ist: Sie dürfen diese Entscheidung nur für sich selbst treffen. Man kann Anregungen geben und Möglichkeiten aufzeigen, aber nur Sie selbst dürfen die Entscheidung treffen, ob und was Sie schließlich tatsächlich machen wollen oder können. Es darf kein äußerer Zwang, sondern es muss ein zutiefst empfundenes Bedürfnis sein. Das hat sehr viel mit Würde zu tun. Wir können dabei auch lernen, Wesentliches vom Unwesentlichen zu unterscheiden, Prioritäten zu setzen und vor allem, sich selbst wieder etwas zuzutrauen.

Die zwei wichtigsten Schritte sind also:
1. Vom Sollen zum Wollen (nicht Müssen!), und
2. Vom Wollen zum Tun.
Wenn wir wirklich ernsthaft etwas wollen, es uns aber trotzdem nicht gelingt, es zu tun, dann brauchen wir Hilfe.

5. Wo fange ich an Ordnung zu schaffen?

Die große Herausforderung und immer wiederkehrende Frage ist und bleibt: Wo fange ich an? Bevor wir überhaupt anfangen, brauchen wir ein Ziel, und auf dieses Ziel arbeiten wir hin. Ein Ziel wäre zum Beispiel ein aufgeräumtes Haus. Das heißt dann aber eben nicht, dass schon beim Anfangen jedes Eckchen perfekt geputzt werden muss! Wir würden sonst nicht vom Fleck kommen.

Es ist es gut, erst einmal herauszufinden, welcher Raum es am nötigsten hat, welcher einen am meisten stört. Bevor Sie schließlich mit dem Aufräumen beginnen wollen, stellen Sie sich einen Moment an die Türschwelle und schauen sich den Raum an. Nehmen Sie ihn als Ganzes wahr. Und dann fragen Sie sich: Was stört mich eigentlich am meisten? Meistens ist es dasjenige, was Sie immer wieder verschieben, was Sie umgehen, was sie vermeiden. Fangen Sie also einfach mit dem an, was Sie am meisten stört. Gerade dort hat sich irgendetwas von Ihnen verselbständigt, und deswegen schauen Sie dort auch nicht gerne hin. Sobald Sie aber an dieser Stelle angefangen haben, wird unversehens viel Kraft frei.

In unserer Putzfirma haben wir das unzählige Male erprobt, und ich bekam immer wieder bestätigt, dass es wie eine Hürde ist, die man solange meidet, solange man diesen Bereich nicht angeht. Sobald man aber diese schwierigste Ecke gepackt hat, kommt die Kraft zurück, die einen anspornt weiterzumachen.
Nehmen Sie sich nicht zu viele Einzelheiten vor. Arbeiten Sie mit kleinen aber permanenten Schritten langsam auf Ihr Ziel zu. Viele Menschen lenken sich ab, indem sie sich zehn unwesentliche Dinge vornehmen, anstatt nur ein Wesentliches zu erledigen. Es geht nicht, wenn wir uns zwanzig Dinge zugleich vornehmen. Am Ende des Tages sind wir nur frustriert und unzufrieden mit einem großen Gefühl des Versagens.
Wenn wir mit dieser Arbeit fertig sind, ist es gut, sich wieder auf die Schwelle des Raumes zu stellen, um rückblickend die Dinge anzuschauen, die wir getan haben, um festzustellen, ob alles seine Ordnung hat. Steht alles wieder an seinem Platz? Hängen die Vorhänge wieder richtig? Habe ich auch wirklich nichts übersehen?
An einem Nachmittag hatte ich plötzlich die Idee, unangekündigt bei einem unserer Großkunden eine Arbeitskontrolle durchzuführen. Ich ging prüfend durch die verschiedenen Räume. Als ich das Büro des Direktors betrat, lag zu meinem Schrecken auf seiner Arbeitsfläche eine verstaubte Heizungskörperbürste! Ich rief die Kollegin und fragte sie, ob sie, wie sie es gelernt hatte, auch in jedem Raum einen Rückblick gemacht habe. Verlegen gab sie zu, es gerade heute nicht gemacht zu haben, weil ihre kleine Tochter krank sei und sie so schnell wie möglich nach Hause wolle. — Mit Verständnis für ihre Situation zeigte ich ihr dennoch die Bürste, die uns den Vertrag hätte kosten können.

Stärkung des Willens und Bewusstseins für das eigene Tun

Wenn ich mir zehn Dinge gleichzeitig vornehme, ist es nahezu unmöglich, mich mit allen Vorhaben gleich intensiv zu verbinden. Ich habe ständig alle zehn Dinge im Sinn, das heißt: Ich bügle und denke bereits schon ans Einkaufen. Irgendwann wird die Unruhe und Ungeduld so groß, dass ich das Bügeln liegen lasse und einkaufen gehe. Beim Einkaufen denke ich schon ans Pflanzensetzen. Im Garten bin ich schon wieder beim Kuchenbacken. Und so folgt eins aufs andere, aber nichts wird richtig zu Ende gebracht, weil ich ja immer noch etwas anderes vorhabe. Dadurch lebe ich nie wirklich in der Gegenwart, ich genieße nicht bewusst, was ich tue. Ich laufe mir selbst ständig hinterher und hinterlasse überall Baustellen. — Nichts ist so erschöpfend wie nur halbgemachte, unerledigte Dinge.

Die Frustration über all das Unerledigte ist Folge einer Art Gier — mehr haben zu wollen, als was wir brauchen, uns mehr vorzunehmen, als wir schaffen können. Es ist gefährlich zu glauben, gut mit Überlastungen umgehen zu können. Irgendwann führt es doch zum Burnout oder Zusammenbruch.

Ein starker Wille muss nicht ständig aktiv sein, muss nicht ständig im Tun sein. Es gibt Menschen, die sehr aktiv sind, aber trotzdem völlig chaotisch in ihrem Handeln. Nichts wird zu Ende gebracht, sie hetzen von einer Aufgabe zur anderen und verbreiten überall Chaos, wo sie waren. Einen starken Willen haben wir, wenn wir anfangen Verantwortung zu übernehmen, nicht nur für das, was wir tun, sondern auch für das, was wir lassen. Dadurch entwickeln wir Lebenssicherheit und Vertrauen in uns selbst. Es stärkt uns und gibt uns Kraft für die nächste Tat.

Wie gesagt, das, was uns müde macht, was uns erschöpft, ist nie die geleistete Arbeit, sondern die vielen Dingen, die noch gemacht werden müssen und die sich wie ein Berg vor uns hinstellen. Die vielen Briefe, die noch geschrieben werden müssen; die Artikel, die wir noch lesen wollen; die Strümpfe, die wir noch stopfen wollen; die Rechnungen, die wir noch zahlen wollen und natürlich die Steuererklärung, die noch erledigt werden muss.

Alles was noch zu erledigen ist, alles Chaos um uns herum raubt etwas von unserer Kraft und Würde. Alles, was wir erledigt haben, und sei es noch so klein, befreit uns und gibt uns Kraft für das nächste. Es schenkt uns ein Erfolgserlebnis und unser Selbstwertgefühl wird gesteigert.

Jede kleine Tat, die wir bewusst vollbringen, befreit uns und hilft uns, unsere Umwelt zu harmonisieren. Es muss gar nicht etwas besonders Großes sein. Wiederholen wir aber diese eine Sache täglich, damit daraus ein dauerhafter Schritt werden kann, dann werden wir wieder gesund, finden unser Selbstbewusstsein wieder. Es braucht nur ein kleiner Tisch oder ein Fenstersims zu sein, den wir uns vornehmen, schön zu gestalten und täglich zu pflegen. Und wenn dann einmal wieder alles Kopf steht und alles schief läuft, dann können wir uns vor dieses Tischlein hinstellen und sagen: *Und das habe ich geschafft, das andere wird auch noch werden.*

Es gibt ganz kleine Übungen, die uns helfen können unser Bewusstsein für das, was wir gerade tun, zu stärken. Beobachten wir beispielsweise unsere Gesten: Wie nehme ich etwas in die Hand, wie lege ich es wieder hin? Oder: Warum behalte ich eigentlich etwas?
Ich half einer alten Dame, ihre Küche aufzuräumen. In einem Schrank befanden sich hunderte leere Ein-Kilo-Zuckertüten. Als ich sie fragte, wofür sie die Tütchen bräuchte, kam die Antwort: *Da passt doch das Pausenbrot der Kinder so wunderbar rein.* Als ich ihr sanft sagte, dass ihre Kinder ja bereits selbst Eltern seien und auch selbst Pausenbrote für ihre Kinder machten, schaute sie mich eine Weile unverständlich an — und fing dann an zu lachen! Wir haben alle Tütchen entsorgt und viele andere Sachen auch.

Geschickte (Selbst-)Hilfe

Es gibt immer Menschen, die das Aufräumen mit Hilfe von anderen Menschen schaffen, nur weil sie auf einmal einen guten Grund dafür gefunden haben. Ein Mann bat mich um Hilfe, weil er und seine Schwester während eines Krankenhausaufenthaltes der Mutter sich vorgenommen hatten, wenigstens ihr Bad von all den Zeitungen zu befreien. Als die Mutter wieder in die Wohnung kam, war es aber so ein Schock, dass sie mit Selbstmord drohte, falls die Kinder je wieder so etwas tun würden. Die Geschwister waren verzweifelt, weil die Mutter immer eine ordentliche Frau war. Die Unordnung fing an, als die Tochter das Haus verließ, um in einer anderen Stadt zu studieren. Da stopfte die Mutter ihr Zimmer voll. Als der Sohn später auch ging, folgte sein Zimmer, und nach und nach wurde das Haus immer voller und voller. Unterdessen hatte die Tochter zwei kleine Mädchen, die die Oma sehr lieb hatten, sie aber nie besuchen konnten, weil der Zustand des Hauses es nicht erlaubte. Die Großmutter kam aber gerne und oft zu Besuch bei der Tochter. — Mein Vorschlag war nun, sie sollten irgendeinen Grund finden, die Mädchen zur Großmutter bringen zu *müssen*. Die Tochter plante eine Reise mit ihrem Mann, lud zielgerichtet Freunde ein in dieser Zeit in ihrem Haus zu wohnen, damit es unmöglich für die Großmutter wurde, die Mädchen im Elternhaus zu hüten. — All das führte dann auch tatsächlich dazu, dass die Großmutter ihre Kinder bat, ihr zu helfen, das Haus zu räumen, damit jedes der beiden Enkel ein Zimmer haben konnte - und natürlich auch ein Bad.

Eine Frau erzählte mir einmal, dass ihre hohen Ansprüche ihrem Kind die Lust am Spielen verdorben hatte. Sie hatte ein sehr starkes Bedürfnis nach Ordnung, und die Kinder durften nur mit etwas spielen, wenn sie es anschließend auch aufräumten und kein neues Spiel durfte hervorgeholt werden, bevor nicht das andere vorher versorgt worden war. Einmal allerdings blieb ihr vierjähriges Büblein nach dem Frühstück ganz verdrossen auf der Treppe sitzen, anstatt wie sonst mit dem Spielen anzufangen. Als sie ihn fragte, warum er denn nicht spiele, antwortete er: *Ach Mami, nach dem Spielen muss ich ja immer wieder alles aufräumen.* Durch zu hohe Ansprüche schrecken wir oft Menschen ab, weil wir das Gefühl vermitteln, dass sie es sowieso nicht gut genug machen. Vor allem, wenn wir zwar diesen Herzenswunsch nach Ordnung haben, es selbst aber nicht wirklich schaffen. Dann wirken unsere Ansprüche noch negativer, weil sie in einem in sich widersprüchlichen Bild erscheinen. Wir meinen manchmal, dass wir die Eigenschaften, nach denen wir streben, schon errungen haben. Ist dies aber nicht der Fall — und tun doch so, als ob —, dann wirken wir sicher nicht mehr glaubhaft. Es ist eben sehr wichtig einzusehen: Entweder überzeugt das gute Vorbild, oder wir sprechen unser Bedürfnis so aus, dass es nicht zu einer Forderung wird. Hier ist es immer hilfreich, eine Kultur der Verabredung zu pflegen. Dazu erzählte Marshall Rosenberg[59] in einem Vortrag einmal, wie eine Mutter bei einem befreundeten Familientherapeuten Rat suchte, weil sie ihre drei jugendlichen Söhne überhaupt nicht dazu bringen konnte, im Haushalt mitzuhelfen. Sie war der Meinung, dass doch jeder etwas tun solle, auch wenn er gar keine Lust dazu hätte. Sie mache das ja selbst schließlich täglich. Auf die Frage, was sie denn so ungern tue, antwortete die Frau: *Ich hasse das Kochen, muss aber trotzdem mehrmals am Tag die Mahlzeiten vorbereiten.* Der Therapeut schlug vor, dass die Buben das Kochen übernehmen sollten, während die Mutter den restlichen Haushalt versorgen sollte. Einige Wochen später traf der Therapeut einen der Söhne und fragte, wie es denn zu Hause so gehe. Der Junge antwortete: *Seitdem wir jetzt das Kochen übernommen haben, gibt es das erste Mal in meiner Erinnerung Mahlzeiten, die wir in Freude und ohne Spannung genießen können.* — Diese Begebenheit hat mir viel zum Nachdenken gegeben.

Kahlil Gibran sagt über die Arbeit:[60]

Was ist Arbeit? Sichtbar gemachte Liebe.
Und wenn ihr nicht mit Liebe, nur mit Widerwillen arbeiten könnt, lasst besser eure Arbeit und setzt euch ans Tor des Tempels und nehmt Almosen von denen, die mit Freude arbeiten. Denn wenn ihr mit Gleichgültigkeit Brot backt, backt ihr bitteres Brot, das nicht einmal den halben Hunger des Menschen stillt. Und wenn ihr die Trauben mit Widerwillen keltert, träufelt eure Abneigung Gift in den Wein.

Schauen wir auf die Wirkung der Ordnung, dann können wir bemerken, dass wir Hundertfaches zurückbekommen. Die innere Kraft, die wir aufbringen müssen, Ordnung zu schaffen, verbindet uns mit einer *höheren Ordnung*. Haben wir es mit intensiver Bemühung geschafft, Ordnung herzustellen, leuchtet in unserer Seele jene wunderbare Harmonie auf, die uns selbst wieder Schritt für Schritt zu einer kosmischen Ordnung zurückführen kann.
Eine echte, lebendige Ordnung wirkt positiv auf Menschen, sogar am Arbeitsplatz. Einmal hatte ich mit zwei Gästen von einer Universität eine Sitzung zur Besprechung eines gemeinsamen Projektes. Das Büro, in dem die Sitzung stattfand, war fast leer, sehr diskret mit zwei Bildern, einer Pflanze und einem Blumenstrauß dekoriert. Die Arbeits- und Abstellflächen waren ganz frei, und man sah keine Aktenordner, weil sie alle hinter verschlossenen Türen versorgt waren. Rückblickend auf diese Sitzung, sagte einer der Gäste: *Der Raum war so hell und frisch, es gab mir sehr viel Mut für unser Projekt. In einem so aufgeräumten Raum spürt man Klarheit und Zukunftskräfte.* Der Gast erzählte dann von einer anderen Person, deren Büro vollgestopft mit Dossiers und Ordnern sei, die zum Teil über vierzig Jahre alt waren. Jetzt erst werde ihm klar, warum deren Projekte meistens im Sand verliefen.
Ein Landwirt, der recht oft Artikel publiziert, erzählte mir bei einem Seminar, dass er jetzt erst verstehe, warum er oft so große Mühe beim Schreiben habe. In seinem Büro dürfe niemand etwas aufräumen, das mache er immer selbst - aber leider nicht oft genug. Es wäre ihm schon aufgefallen, dass er manchmal ein starkes Bedürfnis hätte, sein Büro so richtig aufzuräumen und zu putzen — und er wisse auch, dass er dann anschließend immer wieder gut schreiben könne. Nur habe er noch nie wirklich über den Zusammenhang nachgedacht. Nun wolle er versuchen, einen Rhythmus fürs Aufräumen und Reinigen seines Büros zu finden, weil er dadurch doch sehr viel Zeit sparen könne, weil er sich zur notwendigen und rechten Zeit einfach hinsetzen könne, um zu schreiben.

6. Vernachlässigung, Schmutz und Staub

Wie schon gesagt: *Charity begins at home*. Eben, die Großzügigkeit fängt zu Hause an. Sehr oft suchen Menschen eine Aktivität außerhalb des Hauses — selbst unbezahlte Arbeit — nur um flüchten zu können. Junge Mütter, die meine Seminare besuchen, können mir oft ganze Listen aufzählen, von all den vielen Dingen, die sie ohne Bezahlung tun. Wunderbare, selbstlose Aktivitäten — und damit rechtfertigen sie ihre Unfähigkeit, zu Hause das Notwendige zu leisten. Eine Mutter sagte mir sogar einmal: *Ich kaufe jede Woche wunderschöne Blumensträuße, damit meine Kinder nur die Blumen und nicht die Unordnung sehen.* Ich schlug vor, sich eine Reinigungskraft als Hilfe zu holen. Sie sagte sofort, das wäre doch viel zu teuer, sie könnte sich das gar nicht leisten. Als wir die Kosten der Blumensträuße zusammenrechneten, stellten wir fest, dass sie sich immerhin für drei Stunden pro Woche eine Hilfe leisten könnte.

Damit wir überhaupt reinigen können, müssen wir erst aufräumen, Ordnung herstellen. Je mehr Dinge wir haben, desto schwieriger wird es Ordnung herzustellen und zu erhalten. Sobald die Unordnung völlig überhand nimmt, entsteht Verwahrlosung und Vernachlässigung. Die Vernachlässigung ist das Gegenteil von Pflege. Und so wie Pflege und die Ordnung eine strahlende Qualität haben, so empfinde ich die Vernachlässigung als etwas Schleichendes, Kriechendes. Es nimmt seinen Ausgang in all den nicht durchdrungenen Eckchen und Orten. Es kriecht von den Fenstersimsen, auf denen zu viele Dinge herumliegen, oft so viele, dass wir nicht einmal mehr realisieren, dass der Sims derweil zu einem regelrechten Friedhof geworden ist. Zwischen den Tannenzapfen, Kastanien, Kristallen und Pflanzen liegen viele tote Insekten herum. In den Falten der Vorhänge haben die Spinnen sich eingenistet, und unter den Betten reichert sich der Staub an, weil zu viele Gegenstände dort sind, um anständig saugen zu können.

Ein kleiner Junge, der zu Besuch bei seiner Großmutter war, brauchte dringend ihre Hilfe, um ein Spielzeug, das unter das Bett gerollt war, wieder hervor zu holen. Als sie ihn fragte, warum er es nicht selbst holen wollte, antwortete er: *Aber Oma, unter den Betten ist immer so furchtbar viel Staub, das mag ich nicht!* Sie versicherte ihm: *Schau doch erst mal. Die Linda macht bei mir sauber, und unter meinen Betten liegt ganz sicher kein Staub.*

Eine schöne Dekoration für das Zuhause ist ein Tischlein, das man der Jahreszeit entsprechend gestaltet. Manchmal ist sogar ein solcher Jahreszeitentisch verstaubt, ja auch dort finden sich oft tote Fliegen. Kein Wunder, dass dann die Kinder kein Interesse mehr daran hegen. Räumen wir aber den Tisch auf und machen das Tuch und die Blumen wieder frisch, dann haben sie gleich wieder Freude daran.

Manchmal sind wir ziemlich entsetzt über all den grauen und flockigen Staub dort, wo zuvor die Möbel standen, hinterm Bücherschrank, unterm Bett, in allen Ecken, wenn wir ein Zimmer umstellen oder wenn wir umziehen wollen. Wo kommt dieser Staub her und woraus besteht er eigentlich? Es gibt heute verschiedenste Analyseverfahren, vor allem seit so viele Menschen allergisch auf Staub reagieren. Im Hausstaub finden wir Partikel von Wolle, Baumwolle und Papier, von Insekten, Lebensmitteln, Pflanzen, Blättern, Asche, mikroskopisch kleinen Pilzsporen, einzelligen Lebewesen und eine große Zahl nicht klassifizierbarer Stoffe, zum größten Teil natürlichen, organischen Ursprungs (wie zum

Beispiel menschliche Schuppen und Haarstoppeln oder auch Meteorstaub. Robert Fulghum sagt in seinem Buch[61], dass das, was in den Ritzen und Winkeln unseres Zimmers liegt kein Schmutz, sondern kosmischer Kompost *(stardust)* sei.
Schafft es der Mensch nicht, seine Umgebung zu pflegen, so fängt er früher oder später an, sich selbst zu vernachlässigen. Entweder die innere oder äußere Pflege lässt nach, oft auch beides. Wir können ja durchaus noch recht gut und gepflegt aussehen, aber vielleicht schlafen wir nicht mehr so gut, oder wir werden von Angstzuständen geplagt.
Wer auf Lebensprozesse zu achten vermag, der wird entdecken, wie sie immer wieder kommen und gehen. Man wird sicher krank, wenn man meint, man müsse das feine, teure Essen, das einem gerade so gut geschmeckt hat, für immer behalten. Mit einer solchen Haltung kann kein Leben gedeihen, weder die Bäume, noch die Ökonomie, noch eine menschliche Biografie. Immer muss auch etwas zurückbleiben, absterben, damit ein Neuanfang möglich werden kann.
Ohne Veränderung ist Entwicklung nicht möglich. Altes soll vergehen, um Neues entstehen zu lassen. Obwohl viele Menschen jegliche Veränderung als eine Katastrophe erleben, erweist sie sich als notwendig, auch wenn es manchmal erst viele Jahre später deutlich wird, wofür eine Veränderung gut war. Menschen, die glauben, nichts mehr verändern zu müssen, stagnieren.
Aus dem Grund halten es viele Menschen auch allein mit sich selbst nicht aus. Sie werden mit einer Veränderung (wie zum Beispiel einer Pensionierung oder einer Trennung) nicht fertig. Sie haben Angst in diesem leeren Raum, haben Furcht vor der verunsichernden Ungewissheit der geistlosen Leere. — Aber es hilft nichts, eine geistige Leere mit materiellen Dingen voll zu stopfen. Denn erst, wenn wir diese Leere wirklich erfahren haben, können wir das Leben neu gestalten, der Leere einen neuen Inhalt geben. Dann können wir in einen Verwandlungsprozess einsteigen.
Es ist wichtig anzustreben, so zu leben, wie man eigentlich leben möchte. Das heißt, wenn jemand sagt: *Das halte ich keine drei Jahre mehr aus!*, so sollte er sofort danach trachten, sein Leben zu ändern, zu ordnen, zu verwandeln. Mit der Haltung *Es wird schon* zu leben, fördert die Überforderung. Wohingegen das Vorhaben *Ich will es tun* und es dann auch wirklich zu tun, ein Schritt in die richtige Richtung ist.

Aufräumen ist Loslassenlernen, Vertrauen stärken, dass wir genug haben werden, dass wir Wichtiges nie wirklich vergessen werden.
Um sich selbst besser anschauen zu können, ist es eine Hilfe den Blick auf die Welt der Dinge ringsum zu werfen, sich ein Bild zu machen, von den Dingen, die uns stören, uns umgeben, vielleicht auch fehlen.

Es gibt allerdings auch immaterielle *Dinge*. Diejenigen, woran wir uns erinnern, die, die wir noch erledigen müssen, diejenigen, die uns Sorgen oder Freude bereiten. Viele Dinge bereichern uns, andere erschöpfen uns, bestimmte Dinge saugen sogar unsere Kraft und Energie auf. Wir sind mit all diesen Dingen verbunden, und es braucht sehr viel Energie, das alles ins Bewusstsein zu heben und dort zu halten. Auch wenn uns Vieles nicht mehr zu Bewusstsein kommt, es existiert die Verbindung dazu doch weiter und kann dann so an unseren Kräften zehren.

Einen neuen Zugang auch zu diesen Dingen zu suchen, kann eine sehr neue und spannende Erfahrung sein. Dadurch können wir sogar Ordnung, ja vielleicht sogar Raum für Neues im eigenen Leben schaffen.

Die fünf Gespenster — ein japanisches Märchen

Der Abend brach herein, und der junge Ritter, der Samurai Joschinari, wusste noch immer nicht, wo er diese Nacht bleiben sollte. Ganz allein wanderte er über eine grasbewachsene Ebene und hielt Ausschau nach einem Dorf, in dem er vielleicht ein Nachtlager fände. Wären nicht seine aufrechte Haltung und die beiden blanken Schwerter in seinem Gürtel gewesen, man hätte wohl kaum einen Ritter in ihm vermutet. Seine Kleidung war armselig und zerrissen, das Haar ungepflegt, und das abgemagerte Gesicht verriet, dass er schon lange nicht mehr ordentlich gegessen hatte. Er hatte keine Anstellung mehr, denn sein Herr hatte bei einem Kampf seine Macht verloren und musste sein Gefolge entlassen. So war Joschinari und seinen Gefährten nichts anderes übrig geblieben, als durch das Land zu ziehen, in der Hoffnung, irgendwo einen neuen Dienst zu finden. Aber das Glück war ihm nicht hold. Längst hatte er alle seine Vorräte verbraucht, und außer den beiden Schwertern besaß er nichts mehr.

Wie er so ging und ständig um sich schaute, erblickte er in der Ferne einige Häuser. Er freute sich, doch nicht im Freien übernachten zu müssen, und eilte auf das Dorf zu. Als er hinkam, war es schon dunkel. Joschinari ging von einem Haus zum anderen, aber nirgends wollte man ihm ein Nachtlager gewähren.

Die Türen wurden ihm vor der Nase zugeschlagen, oder sie taten sich gar nicht erst auf. Hatte man etwa Angst vor ihm? Nur ein einziges Fenster öffnete sich einen Spalt breit, und jemand rief: *Hinter dem Dorf ist ein kleiner Tempel, dort könnt Ihr vielleicht unterkommen*, und schnell schloss sich das Fenster wieder. Joschinari wunderte sich über das seltsame Verhalten der Leute, aber dann sagte er sich: *Vielleicht hat die Obrigkeit verboten, reisenden Rittern Unterkunft zu gewähren*, und schlug die Richtung zum Tempel ein. Hauptsache, er bekäme für die Nacht ein Dach über dem Kopf.

Etwa auf halbem Wege stieß er auf einen alten Mann, der mit einem großen Reisigbündel auf dem Rücken vom Walde kam. Der Alte grüßte höflich und sprach zu Joschinari: *Ihr wollt doch nicht etwa in unserem Tempel übernachten, Herr Ritter? — Was bleibt mir denn anders übrig, Väterchen? Im Dorf scheint man Angst vor mir zu haben, denn niemand wollte mich aufnehmen. Aber immerhin hat mir jemand den Rat mit dem Tempel gegeben*, antwortete Joschinari.

Geht nicht in den Tempel! sagte der Alte. *Ich weiß wohl, warum Sie euch hingeschickt haben. Der Tempel ist nämlich seit Langem verlassen, und des Nachts spukt es dort. Noch nie hat es jemand eine Nacht lang dort ausgehalten. Vielleicht hoffen die Leute im Dorf, dass Ihr uns von den Gespenstern befreit. Aber geht lieber nicht hin. Wenn ihr mit meiner bescheidenen Hütte vorlieb nehmen wollt, so könnt Ihr bei mir übernachten.*

Joschinari ärgerte sich, dass der Dorfbewohner ihn hatte überlisten wollen, doch

dann überlegte er es sich anders und sprach zu dem Alten: *Ich danke für eure Güte, aber nun gehe ich erst recht hin. Sonst könnte noch jemand glauben, dass ich mich vor Gespenstern fürchte. Ein echter Samurai aber fürchtet nichts auf der Welt! — Tut, wie Ihr denkt, edler Ritter. Ich habe euch gewarnt und wünsche euch viel Glück für den Kampf!* Und der alte eilte nach Hause.
Der Weg zum Tempel war schon lange nicht mehr begangen worden. Nach einer Weile traten vor Joschinari die Umrisse des halb verfallenen Gebäudes aus der Dunkelheit auf. Im Dach gähnte ein großes Loch, durch die Ritzen in den Wänden hätte bequem eine Katze schlüpfen können. Als Joschinari auf die Veranda trat, blieb ihm ein Stück von dem morschen Geländer in der Hand, und die Dielenbretter knarrten verdächtig unter seinen Schritten. Gleich hinter der Tür hing wie ein Vorhang dichtes Spinnengewebe. Der Tempel war leer, wenn man von den zahllosen Spinnweben, einigen alten Matten und einem staubbedeckten Schrein absah. Joschinari machte sich in einer Ecke des Tempelvorraumes ein Lager und ließ sich nieder. Die Schwerter legte er in Reichweite, obwohl er bezweifelte, dass sie ihm gegen die Gespenster helfen würden, und harrte der Dinge, die da kommen sollten.
Inzwischen war es stockfinster geworden, aber bald schon schien der Mond hell durch die Decke und die Wände. Ab und zu knarrte ein Balken, aber sonst blieb alles still. Joschinari hatte sich vorgenommen, nicht einzuschlafen und sich von nichts überraschen zu lassen, doch er hatte eine anstrengende Wanderung hinter sich und dazu einen leeren Magen, und so war es kein Wunder, dass er schließlich doch einschlief.
Um Mitternacht weckte ihn ein starkes Klopfen an der Nordwand des Tempels. Zugleich hörte er eine hohe, krächzende Stimme: *Hallo, ist jemand da?* Schnell griff er zu den Schwertern und überlegte, ob er antworten sollte. Doch noch ehe er sich entschieden hatte, blinkte im Nebengemach hinter der dünnen Bambuswand ein Licht auf, und jemand rief: *Hier ist der Lange, Zerfranste, unschuldig Eingekerkerte. Heute bin ich zu Hause und empfange Gäste. Wer ist dort draußen?* krächzte es: *Hier ist der Schimmernde, Gebogene, im Dickicht Verlorene. Ich bin zu Besuch gekommen, darf ich eintreten?*
Komm nur herein, du bist willkommen, antwortete der Gastgeber, aber es waren keine Schritte und auch sonst kein Laut zu hören. Nun ging nach einer Weile das Licht im Nebenraum wieder aus, und alles war wie zuvor. Joschinari glaubte, geträumt zu haben, aber da klopfte es schon wieder, diesmal an die Südwand des Tempels, und eine undeutliche, näselnde Stimme rief: *Hallo, ist jemand da?* Wie vorher blinkte das Licht auf, und aus dem Nebenraum antwortete es: *Hier ist der lange, zerfranste, unschuldig Eingekerkerte. Heute bin ich zu Hause und empfange Gäste. Wer ist dort?* Daraufhin näselte der neue Gast: *Hier ist der Dünne, Zahnlose,*

an dem Ast Aufgehängte. Ich bin zu Besuch gekommen, darf ich eintreten? — Komm nur herein, du bist willkommen, antwortete der Gastgeber. Das Licht erlosch, und wieder regte sich nichts mehr.

Nun war es Joschinari klar, dass er nicht geträumt hatte, und er wartete gespannt, was sich weiter ereignen würde. Es dauerte nicht lange, da klopfte es an die Ostwand des Tempels, und eine tiefe, hohle Stimme fragte: *Hallo, ist jemand da?*

Als das Licht angegangen war und der Lange, Zerfranste geantwortet hatte, sagte der neue Besucher: *Hier ist der Nackte, Schnappende, nur halb Begrabene. Ich bin zu Besuch gekommen, darf ich eintreten?*

Auch er wurde hereingebeten, doch ob er wirklich eintrat, konnte Joschinari nicht feststellen, denn es war kein Laut zu hören.

Noch ehe das Licht erlosch, klopfte es wieder, und zwar an die westliche Tempelwand, und der neue Besucher stellte sich gleich vor: *Hier ist der Bauchige, Unersättliche, im Teich Ertränkte. Ich bin zu Besuch gekommen, darf ich eintreten?*

Nachdem er angekommen war, verlosch das Licht nicht mehr, im Gegenteil, es brannte heller als zuvor. Der Lange, Zerfranste schien niemanden mehr zu erwarten. Eine Weile geschah nichts, nur leises Geflüster und Gekicher und das klappern von Geschirr drang aus dem Nebengemach herüber, wie wenn eine kleinere Gesellschaft zu Abend äße und sich dabei angenehm unterhielte.

Dann aber sprach jemand lauter, der Stimme nach zu urteilen, war es der Gastgeber, und die übrigen verstummten.

Heute habe ich eine angenehme Überraschung für euch. Nebenan, im Vorraum, schläft der Ritter Joschinari und ahnt noch nicht, was ihn erwartet. Aber ich weiß es. Wir werden ihn … Leider wurden die nächsten Worte so leise geflüstert, dass Joschinari kein Wort verstehen konnte. Dem Geflüster folgte eine Lachsalve und begeisterte Rufe: *Das ist das Richtige! — Wie ich mich freue! — Das wird ein Spaß!*

Joschinari stand der kalte Schweiß auf der Stirn. Ein weniger mutiger Ritter hätte gewiss die Flucht ergriffen, aber er verlor seine Geistesgegenwart nicht. Als er hörte, dass die Gespenster näher kamen, stand er auf, streifte die Ärmel hoch, stellte sich breitbeinig und erwartete, mit dem Schwert in der Hand, den Angriff. In dem Augenblick ertönte ein scharfes Zischen, und ein rot leuchtender, dünner Strich schlüpfte in den Vorsaal. Er fuhr über den Boden, beschrieb Kreise und Bögen, und schließlich kam er immer näher an Joschinari heran und zog eine Schlinge um ihn. Joschinari schlug wild mit dem Schwert um sich, aber der Strich lachte nur vergnügt und tanzte weiter.

Nun wusste Joschinari, dass man einen hinterlistigen Feind am besten mit Furchtlosigkeit imponieren kann, und so rief er mit strenger Stimme: *Halt!* Und tatsächlich, der rote Strich hielt in seinem Tanz ein und blinkte unsicher, dann aber fasste er sich wieder und blitzte: *Sage mir, wer ich bin, oder ich erwürge dich!*

Joschinari überlegte nicht lange und antwortete: *Wer solltest Du schon sein? Natürlich der Lange, Zerfranste!* Und als sich der Strich noch immer nicht rührte, fügte er hinzu: *Der unschuldig Eingekerkerte.*
Kaum hatte er das gesagt, zuckte der Strich zusammen und verschwand.
Gleich darauf ertönte ein fürchterliches Stampfen, als käme eine Herde Pferde in den Vorsaal gestürzt, und etwas Längliches, weiß Leuchtendes sprang mit einem schnappenden Geräusch um Joschinari herum. Schließlich blieb das weiße Etwas vor dem Ritter stehen und sprach: *Sage mir, wer ich bin, oder ich reiße dich in Stücke!* Joschinari antwortete: *Du bist gewiss der Nackte, Schnappende,* und schnell fügte er hinzu: *Der nur halb Begrabene.* Da sprang das längliche, weiße Licht nicht noch einmal in die Höhe und verschwand.
Joschinari überlegte angestrengt, wer noch zu dem Langen, Zerfransten zu Besuch gekommen war, aber viel Zeit zum Überlegen blieb ihm nicht. Denn schon erklang ein hohler Ton, wie wenn eine Glocke anschlägt, und im Vorsaal erschien ein rundes blaues Licht, das sich immer schneller um sich selbst drehte. Wie es so herumwirbelte, wurde es immer größer und größer, bis es fast den ganzen Vorsaal ausfüllte und Joschinari sich an die Wand pressen musste, um nicht in den wilden Wirbel gerissen zu werden. Da blieb die Erscheinung stehen und gluckerte: *Sage mir, wer ich bin, oder ich verschlinge dich mit Haut und Haar!*
In diesem Augenblick fiel Joschinari ein, wer das seien mochte, und er antwortete eifrig: *Du bist niemand anders als der Bauchige, Unersättliche, natürlich, der im Teich Ertränkte.* Und die blaue Kugel verschwand.
Noch ehe der Ritter aufatmen konnte, schnellte etwas Unsichtbares so schnell auf dem Boden hin und her, dass die Funken nur so stoben. Schließlich fuhr es direkt auf Joschinari zu, aber der sprang gewandt zur Seite. Da blieb der Unsichtbare stehen und zischte näselnd: *Sag mir, wer ich bin, oder ich zermalme dich! Ach,* dachte Joschinari, *du kannst nicht beißen,* und er antwortete: *Du bist gewiss der Dünne, Zahnlose, der an dem Ast Aufgehängte.* Da verschwand das Gespenst ebenso wie die drei vor ihm.
Joschinari wusste, dass noch ein Besucher fehlte, aber er konnte sich beim besten Willen nicht an dessen Namen erinnern. Angestrengt überlegte er, doch da hörte er schon ein Flattern, als flöge eine Schar Vögel durch den Raum, und etwas Durchsichtiges, dass in allen Farben schimmerte, schwebte herbei. Es kam immer näher bis es vor Joschinari stehen blieb und krächzte: *Sage mir, wer ich bin, oder ich kitzle dich zu Tode!* Ein Glück, dass du der letzte bist, dachte Joschinari bei sich. Denn er war von dem nächtlichen Tanz schon recht müde, und er sagte: *Na, du bist doch der, der zuerst kam, der…* Da kitzelte ihn etwas an der Nase, dass er in die Höhe sprang. Aber zum Glück fiel ihm gerade in diesem Augenblick der Name des Besuches ein. *Du bist der Schimmernde, Gebogene, im Dickicht Verlorene.*

Und nun verschwinde, ich habe gerade genug von euch! rief er laut, und wirklich, das schimmernde, durchsichtige Etwas verschwand, und alles blieb still.
Aber im Nebengemach leuchtete noch immer das Licht, und so wagte Joschinari nicht einzuschlafen, denn er konnte ja nicht wissen, was die Gespenster noch vorhatten.
Zum Glück war es nicht mehr lange bis zum Morgen, und kaum erklang vom Dorf der erste Hahnenschrei, verlöschte das Licht. Die unheimlichen Besucher schienen wieder gegangen zu sein.
Erst jetzt legte sich Joschinari, der vor Müdigkeit kaum noch auf den Beinen stehen konnte, hin und schlief sofort ein. Als er mit knurrendem Magen erwachte, schien die Sonne schon durch alle Ritzen. Joschinari schaute sich um. Der Tempel war wirklich leer, bis auf die Spinnweben, die alten Matten und den staubbedeckten Schrein.
Joschinari stand auf, gürtete seine Schwerter um und trat auf die Veranda hinaus. Nicht weit von dem Tempel sah er ein Häuflein Dorfbewohner stehen, die stumm herüberschauten. Ihm fiel ein, wie unfreundlich sie ihn gestern empfangen hatten, und er legte die Hände an den Mund und rief zu ihnen hinüber:
Ihr habt mich also zu den Gespenstern schlafen geschickt! Aber wie ihr seht, ist mir nichts passiert, ja, ich habe mich ganz angenehm mit ihnen unterhalten. Und wisst ihr auch wer hier spukt? Hört gut zu! Hier im Tempel ist der Lange, Zerfranste, und zu Unrecht Eingekerkerte, und zu ihm kommen der Schimmernde, Gebogene, im Dickicht Verlorene, der Bauchige, Unersättliche, im Teich Ertränkte, der Nackte, Schnappende, nur halb Begrabene und der Dünne, Zahnlose, an dem Ast Aufgehängte. Die fünf sind gute Freunde, die am Tage nicht zueinander kommen können und deshalb in der Nacht herum spuken. Wenn wir sie alle fünf finden und sie auf einen Haufen legen, hört die Spukerei auf. Nun schaut nicht so erschrocken drein, helft mir lieber suchen. Dort im Westen sehe ich einen Teich, da finden wir gewiss den Bauchigen, den Unersättlichen.
Und ehe sich's die Dorfleute versahen, ging Joschinari auf den Teich zu. Lange fand er nichts, doch plötzlich sah er nahe beim Ufer einen alten Krug ohne Boden im Wasser liegen.
Da ist er! rief Joschinari. *Schaut nur, wie bauchig er ist, und unersättlich ist er auch, wo er doch keinen Boden mehr hat. Holt ihn heraus, und dann werden wir weitersehen.*
Als der Krug geborgen war, blickte Joschinari nach Norden und sprach: *Dort ist ein Gebüsch, da könnte sich der Schimmernde, Gebogene aufhalten.*
Das ganze Dorf suchte mit Joschinari das Dickicht ab. Schließlich sah der Ritter etwas leuchten. Er blickte sich um, und hob einen Hahnenschwanz auf.
Ich habe ihn! rief er freudig. *Er schimmert in allen Farben, gebogen ist er auch,*

und verloren muss ihn sein Besitzer ja haben, sonst läge er nicht hier. Jetzt gehen wir nach Süden, dort hängt an einem Baum der Dünne, Zahnlose.
Im Süden wuchs ein einsamer Baum, den sie nun von allen Seiten betrachteten. Lange konnten sie nichts finden, endlich aber bemerkte ein kleines Mädchen ganz oben in den Zweigen einen alten, zahnlosen Kamm.
Richtig, das ist er, lobte Joschinari das Mädchen. *Noch dünner kann er gar nicht sein, und sieh, er hat er auch keine Zähne mehr. Nehmt ihn mit. Und nun gehen wir in östlicher Richtung. Jener Stein dort sieht fast wie ein Grabstein aus, dort finden wir sicher den Nackten, Schnappenden, nur halb Begrabenen.*
Sie schüttelten den Dünnen, Zahnlosen vom Baum und begaben sich zu dem Stein. Hier brauchten sie nicht lange zu suchen. Gleich hinter dem Grabstein schaute ein blanker, weißer Pferdeschädel aus der Erde.
Das ist er bestimmt. Nackt ist er, dass es nicht nackter geht. Zähne zum Schnappen hat er noch, und begraben ist er wirklich nur halb. Nehmt den Schädel und kommt mit zum Tempel. Wir müssen noch den Gastgeber, den Langen, Zerfransten, unschuldig Eingekerkerten finden.
Sie schauten sich in dem Tempel um, aber er war leer wie zuvor. *Sollte es der Schrein sein?* fragte sich Joschinari. *Er ist zwar gut verschlossen, aber lang ist er nicht und zerfranst schon gleich gar nicht. Doch es könnte das Gefängnis sein. Sicher ist der Lange, Zerfranste darin.* Er schlug kräftig mit der Faust auf den Schrein und versuchte, das Schloss mit seinem Messer aufzubrechen. Endlich gab die Tür nach, und Joschinari erblickte eine Reihe Schubfächer. Im untersten lag ein abgerissener Schnürsenkel.
Joschinari zog ihn heraus und sprach: *Hier haben wir ihn, den unschuldig Eingekerkerten; denn er gehört nicht in den Schrein, der nur für Schriftrollen bestimmt ist. Und zerfranst ist er auch. Lang ist er zwar gerade nicht, aber doch viel länger als breit, und das bisschen Aufschneiderei werden wir ihm gerne verzeihen. Nun haben wir die Fünf beisammen. Vergrabt sie alle an einer Stelle, damit sie niemanden mehr erschrecken.*
Die Dorfleute taten, wie ihnen Joschinari geheißen. Sie gruben den bodenlosen Krug, den verlorenen Hahnenschwanz, den zahnlosen Kamm, den Pferdeschädel und den abgerissenen Schnürsenkel tief in die Erde, bedankten sich bei dem Ritter, dass er den Tempel von den Gespenstern erlöst hatte, und entschuldigten sich für ihr unfreundliches Verhalten am Tag zuvor.
Und ob Ihr es glaubt oder nicht, seit jenem Tag spukte niemand mehr in dem Tempel herum, weder der Schimmernde, Gebogene noch der Bauchige, Unersättliche, weder der Nackte, Schnappende noch der Dünne, Zahnlose, ja nicht einmal der Lange, Zerfranste.

Stufen

von Hermann Hesse

Wie jede Blüte welkt
und jede Jugend dem Alter weicht,
blüht jede Lebensstufe,
blüht jede Weisheit auch und jede Tugend
zu ihrer Zeit und darf nicht ewig dauern.

Es muss das Herz bei jedem Lebensrufe
bereit zum Abschied sein und Neubeginne,
um sich in Tapferkeit und ohne Trauern
in and're, neue Bindungen zu geben.
Und jedem Anfang wohnt ein Zauber inne,
der uns beschützt und der uns hilft zu leben.

Wir sollen heiter Raum um Raum durchschreiten,
an keinem wie an einer Heimat hängen,
der Weltgeist will nicht fesseln uns und engen,
er will uns Stuf' um Stufe heben, weiten!
Kaum sind wir heimisch einem Lebenskreise
und traulich eingewohnt,
so droht Erschlaffen!

Nur wer bereit zu Aufbruch ist und Reise,
mag lähmender Gewöhnung sich entraffen.
Es wird vielleicht auch noch die Todesstunde
uns neuen Räumen jung entgegen senden:
des Lebens Ruf an uns wird niemals enden.
Wohlan denn, Herz, nimm Abschied und gesunde!

VI. Vom Umgang mit den Dingen

Dieses japanische Märchen hat mich tief beeindruckt. Was mir daran deutlich wurde, ist der Umgang mit den Dingen. Durch unseren Umgang mit den Dingen, können wir Voraussetzungen dafür schaffen, dass etwas Positives stattfinden kann, dass helfende Wesen unterstützend mit uns zusammenarbeiten können. Wir können ihnen eine Tür öffnen, sie einladen — anstatt durch Gleichgültigkeit, Raum für weniger hilfreiche Wesen zu schaffen.

1. Nimm Abschied und gesunde

Hermann Hesse (1877—1962) sagt in seinem Stufen-Gedicht: *nimm Abschied und gesunde*. Das trifft offensichtlich nicht nur für den Menschen zu, sondern auch für Gegenstände. Wir leben heute in einer Zeit, in der sehr viel eingekauft, gesammelt, verstaut, aber auch gedankenlos weggeworfen wird.
Viele Menschen leiden unter all den vielen Objekten, die sie angesammelt haben, weil sie einfach nichts wegwerfen können. Und andersherum *leiden* die Objekte auch darunter, wenn sie ständig weggeworfen werden. Wie finden wir hier den Mittelweg?
Zum einen geht es um die Andacht zum Kleinen, um einen gesunden Respekt vor allem Materiellen. Zum anderen ist es wichtig, unseren Lebensraum so zu gestalten, dass wir uns immer noch darin wohl fühlen.
Es gibt Objekte, die sehr negativ auf das Umfeld wirken können. Wir behalten Geschenke, die uns irgendwann überreicht wurden, und obwohl sie uns gar nicht gefallen, glauben wir, sie behalten zu müssen, weil wir den Menschen, der sie uns geschenkt hat, nicht verletzen wollen. Doch verletzen wir uns selbst, weil wir mit Dingen konfrontiert werden, die uns gar keine Freude bereiten, ja die uns sogar unzufrieden machen.
Es ist manchmal auch sehr schwierig zu entscheiden, wie wir etwas loswerden können, etwa das Geschenk von der Schwiegermutter, das einen Ehrenplatz einnimmt, obwohl wir es nicht ausstehen können. Da bekommen wir manchmal Hilfe aus unerwarteten Bereichen. Nach einem Vortrag von mir fuhr eine Teilnehmerin nach Hause, fest entschlossen, gerade so eine Lampe zu beseitigen, die seit Jahren einen Ehrenplatz in ihrem Wohnzimmer hatte, obwohl sie sich fast täglich darüber ärgerte. Sie konnte einfach nicht den Mut aufbringen, sie zu entsorgen.

Am nächsten Morgen beim Seminar, erzählte sie uns: *Den ganzen Weg nach Hause habe ich mir vorgenommen, endlich diese Lampe zu entsorgen, selbst wenn dann der Hausfrieden danach für ein Weile schief hängen sollte. Kaum war ich vor der Haustür angekommen, stürzte meine Tochter ganz entsetzt aus dem Haus, und erzählte, wie die Katze die Lampe von der Großmutter vom Schrank runter gestoßen hätte, und diese nun in tausend Scherben am Boden läge.* Wenn wir uns ganz fest etwas vornehmen, so verbinden sich alle Kräfte der Natur, um uns dabei zu unterstützen!

Einmal kamen ein Mann und eine Frau zu mir ins Seminar, die sich kennen gelernt hatten, als sie beide zweiundvierzig Jahre alt waren. Sie hatten beide noch nie in einer Beziehung gelebt — und sie heirateten. Wenn man die beiden zusammen sah, spürte man sofort, dass sie eine Einheit waren: Sie wirkten ganz harmonisch. Ungefähr ein halbes Jahr nach unserem Seminar rief mich die Frau völlig verzweifelt an und sagte: *Linda, meine Ehe geht in die Brüche.* Ich sagte ihr, dass ich das nicht für möglich halten könne. Sie erwiderte: *Irgendetwas ist in unserem Haus! Etwas hat sich so geändert, dass wir uns in dem Haus gar nicht mehr vertragen können. Wenn wir einkaufen gehen, wenn wir essen gehen, wenn wir spazieren gehen, sind wir glücklich wie immer. In dem Augenblick aber, in dem wir die Tür zu unserer Wohnung aufmachen, ist es wie Eis zwischen uns. Wir reden kaum noch miteinander.* Ich fragte sie, wie lange das schon andauere, und sie sagte: *Seit zehn Tagen.* Ich fragte, ob in den letzten zehn Tagen irgendetwas in diesem Haus vorgefallen sei, aber sie antwortete, da sei nichts. Ich riet ihr also, sich in Gedanken an die Schwelle der Haustüre zu stellen, das ganze Foyer abzuschreiten und sich dabei zu fragen, was sich denn in der letzten Zeit im Raum geändert habe. Darauf fiel ihr ein, dass seit kurzem ein Klavier in der Wohnung sei. Sie erzählte, dass ihre Mutter vor zehn Tagen in ein Altersheim umgezogen war, und sie das Klavier nehmen *musste*. Das Wort *musste* machte mich sofort hellhörig. Ich fragte sie also, was es denn mit dem Klavier auf sich habe: *Liebst du denn dieses Klavier nicht?* — und sie antwortete mir völlig unvermittelt, wie ein Dammbruch: *Ich hasse das Klavier! Immer wollte meine Mutter eine Pianistin aus mir machen, und ich musste stundenlang täglich am Klavier sitzen und üben. Ich kann es nicht ausstehen.* Da war die Lösung doch ganz klar. Ich schlug vor, dass sie das Klavier verschenken und ihre Mutter so oft besuchen solle, dass sie kein Bedürfnis habe, die Tochter daheim zu besuchen. So würde sie wohl nie herausfinden, dass das Klavier ein würdigeres Zuhause gefunden hätte.
Es war aber sehr wichtig, das Klavier wohlwollend zu verschenken, wissend, dass das Klavier nichts dafür konnte, dass sie stundenlang üben musste. So kam das Klavier in eine Musikschule. Die angespannte Stimmung, die daheim beim

Anblick des gehassten Klaviers entstand, war wieder verschwunden, und das Ehepaar war glücklich wie zuvor.
Es ist oft so, dass es sich nur um ein Ding handelt, wenn wir etwas störend in einem Raum empfinden. Es kann manchmal ein einziger Brief in einer Schublade sein, der eine Atmosphäre vergiftet.
Vielleicht können wir uns alle fragen, wo denn wohl das Klavier bei uns stehen mag?
Als ich eine Dorfgemeinschaft für pflegebedürftige erwachsene Menschen besuchte, erzählte man mir von einem Haus, in dem eine sehr negative Stimmung war. Fast alle Menschen, die dieses Haus bewohnten, hatten irgendwann Schwierigkeiten. Entweder wurden die Kinder krank, die Betreuten fingen an sich zu zanken oder es gab Streit zwischen den Eheleuten. So ging es bereits über Jahre, und es wurde so schlimm, dass das Haus meistens leer stand. Nun kam eine neue Familie in diese Gemeinschaft, und aus Platzmangel entschieden sie sich, das Haus doch zu beziehen. Nach einer Weile gab es eine Überschwemmung im Haus, und alle Teppiche mussten herausgenommen werden. Groß war die Überraschung, als die Familie unter dem Teppichboden im Esszimmer eine Tür entdeckte, die offensichtlich in einen Keller führte. Von diesem Keller wusste aber niemand mehr im Dorf. Als nun die Tür geöffnet wurde, empfanden die Menschen es wie bei der Büchse der Pandora. Viele verschiedene Dinge waren in diesem Keller. Da aber seit mehr als 15 Jahren kein Mensch diesen Keller mehr betreten hatte, entschlossen sie sich, alles zu verbrennen, da darüber hinaus auch alle Gegenstände vermodert und schimmelig waren. Der Raum wurde tagelang gelüftet, frisch gestrichen und wieder in Gebrauch genommen. Ab diesem Tag war wieder Frieden im Hause.

Das sind jetzt Beispiele von unbeliebten und unbeachteten Dingen. Doch ist es möglich, dass auch geliebte Dinge einen Wohnraum auf eine merkwürdige Weise unangenehm beeinflussen können. Eine Kundin bat mich ihre Wohnung anzuschauen, weil sie immer wieder eine negative Kraft an einem bestimmten Ort spürte. Ich ging durch die Wohnung und musste nach zwei Schritten im Schlafzimmer plötzlich stehen bleiben. *Genau dort ist es!* rief sie. Ich schaute den Raum genau an. An dem Ort, wo ich gerade stehen geblieben war, bildete sich eine Verbindungslinie zwischen den Ecken zweier Möbelstücke: einem Sekretär an der Ostwand und einer Kommode an der Südwand, die sich diagonal gegenüberstanden. *Es kommt von diesen zwei Möbelstücken,* sagte ich. Für die Dame schien das unmöglich, weil sie gerade diese beiden Möbel besonders lieb hatte und auch sehr gut pflegte, weil sie Erbstücke von zwei innig geliebten Menschen waren. Der Sekretär gehörte der Mutter und die Kommode ihrer Patentante, der Schwester ihrer Mutter. Beim Nachfragen stellte sich heraus, dass gerade durch diese beiden

Möbelstücke die Schwestern sich nach dem Tode der Großmutter furchtbar zerstritten hatten. Leider konnten sie sich nie wieder versöhnen. — Wir fanden eine Lösung, indem wir den Sekretär in den Arbeitsraum stellten.
Es ist wichtig, im täglichen Leben darauf zu achten, was für Dinge uns umgeben. Welche bereiten uns Freude, welche bedrängen uns und was können wir neu ordnen? Dinge und Menschen gehören eben zusammen.

LIEBLINGSSTÜCKE
Es gibt natürlich auch viele Beispiele, wie wohltuend geliebte und gepflegte Objekte auf uns wirken können. Mein Sohn hat ein grünes Stoff-Krokodil, das überall hin mitreiste, als er noch klein war. Heute ist das Krokodil schon über zwanzig Jahre alt, und es hat immer noch einen Platz in seinem Zimmer.
Kurz nachdem ich mit meiner Firma angefangen hatte, bat mich eine alte Dame, sie alle zwei Wochen in ihrem Haushalt zu unterstützen. Als ich das erste Mal das Haus betrat, sank mein Mut. Auf den ersten Blick sah ich über die ganze Wohnung verteilt weit über hundert kleine Porzellanfiguren. Menschen, Tiere, Zwerge, sogar Bäume, ein kleines Haus und Vieles mehr. *Das wird eine sehr zeitaufwendige Sache,* dachte ich mir. Sie führte mich durch die Wohnung, zeigte sehr liebevoll auf die Figuren und sagte: *Diese Kleinen dürfen Sie bitte nicht berühren. Wenn ich sie abstaube, stelle ich sie immer wieder um. Sie, Linda, dürfen dann die frei gewordenen Stellen pflegen.* Erst jetzt wurde mir klar, dass die Dame auf innigste Weise mit diesen Figuren verbunden war und mit ihnen lebte. Überall wurden sie in kleinen Grüppchen aufgestellt, die ein Märchen oder ein bestimmtes Bild darstellten. Solche Gegenstände sind belebt und durchdrungen und spenden deswegen Kraft und Freude. Ich freute mich jedes Mal darauf zu entdecken, was sie wieder Neues aufgebaut hatte.

2. Das Gold des Interesses

Der Umgang mit den Dingen bekam für mich eine neue Dimension, nachdem ich Folgendes gelesen hatte: *Die Empfindungsseele ist dasjenige, was den Menschen in die Lage versetzt, die Welt der Dinge zu empfinden, sie in sich aufzunehmen, Anteil zu nehmen an den Dingen, nicht durch die Welt zu gehen und unwissend zu bleiben bezüglich der Dinge, sondern so, dass wir ein Verhältnis zu denselben bekommen […]. Was dem Menschen eine Beziehung zu den Dingen rings herum verschafft, ist dasjenige, was wir nennen können das Interesse an den Dingen. Mit diesem Wort Interesse ist etwas in moralischem Sinne ungeheuer Bedeutungsvolles ausgesprochen. Es ist viel wichtiger, dass man die moralische Bedeutung des Interesses ins Auge fasst, als dass man sich hingibt an tausend und abertausend schöne, wenn auch vielleicht nur scheinheilige, kleinliche Moralgrundsätze. Unsere moralischen Impulse werden in der Tat durch nichts besser geleitet, als wenn wir ein richtiges Interesse nehmen an den Dingen und Wesenheiten […]. Immer mehr und mehr wird man es erkennen, dass der Impuls des Interesses ein ganz besonders goldener Impuls in moralischem Sinne ist, je weiter man vorschreiten wird zu den wirklichen moralischen Grundlagen und nicht bloß moralische Predigten halten will. Dass wir unser Interesse erweitern, dass wir die Möglichkeit finden, uns verständnisvoll hineinzuversetzen in die Dinge und Wesen, das ruft unsere Kräfte im Innern auf, auch den Menschen gegenüber.*[62]

Deswegen leiden Menschen, die es nicht schaffen, sich mit der Umgebung und ihren Dingen zu verbinden, oft furchtbar unter ihrem Umfeld. Bei dem Vorhaben, aufzuräumen und ordnen zu wollen, immer wieder zu versagen, das kann zu tiefen Depressionen führen. Die notwendigen Aufräum- und Ordnungsarbeiten fordern von uns eine bestimmte Treue, eine Durchhaltekraft. Um Depressionen entgegen zu wirken, hilft es, ein lebendiges und echtes Interesse zu entwickeln, für das, was uns umgibt. Die innere Bewegung, die entsteht durch das Interesse an den Dingen, kann uns auch äußerlich dazu bewegen, tatkräftig zuzupacken, die Arbeit anzufangen.
Auch die alltägliche Hausarbeit kann in dieser Weise zu einer kreativen Aufgabe werden, in dem Augenblick, in dem wir beispielsweise einer bislang eher mechanisch ausgeführten Geste einen Schimmer von Bewusstsein schenken oder in dem wir dem Ding, das wir in den Händen halten, einen Hauch unseres Geistes einflößen. Während wir ein altes Möbelstück polieren, fühlen wir, wie nun vielleicht neue innere Eindrücke während dieser alt bekannten häuslichen Pflicht aufsteigen. Die bewusste Tätigkeit wirkt wie ein Jungbrunnen und gibt den alltäglichsten Handlungen eine Qualität des Neubeginns. Wie wunderbar ist es doch, wirklich erneut Erfinder einer mechanischen Handlung zu werden! Ich erschaffe mir ein neues Objekt, indem ich etwas liebevoll pflege. Unsere Seele begleitet diesen Vorgang, die Berührung schenkt Wärme. Etwas Menschliches geht in den gepflegten Gegenstand hinüber und hinein und wirkt positiv und heilsam auf die Menschen zurück. Dinge, die wirklich geschätzt und gepflegt werden, sind belebt und nehmen ihren Platz nicht nur in einem Haus ein, sondern auch in einem gemeinschaftlichen Gefüge. Im Gegensatz zu den vernachlässigten Dingen, die ja in der dargestellten Weise zu *spuken* beginnen können, erhöhen wir die Würde des Objektes durch eine liebevolle Pflege. Von einem Gegenstand in einem Raum zum anderen webt die hausfrauliche Pflege Bande. Sie kann dabei eine sehr lange Vergangenheit mit einer neuen Epoche vereinen. Die bewusste Hausfrau erweckt Möbel, die schlafend waren.

Ein Haus, das aufgrund der empfangenen Pflege leuchtet, scheint als wäre es innerlich wie neu. In der vertrauten Harmonie von Wänden und Möbeln erleben wir ein Haus, ein Zuhause, das durch Pflege abermals erbaut wurde. So gilt der Spruch:
Wir wollen alles Materielle im Lichte des Geistes tun, und wir wollen das Licht des Geistes so suchen, dass es uns Wärme entwickele für unser praktisches Tun,[63] für alle pflegerische Tätigkeit, auch für die Tätigkeit im Haushalt und für den Umgang mit den Dingen.

Suchet das wirklich praktische materielle Leben,
Aber suchet es so, dass es euch nicht betäubt
Über den Geist, der in ihm wirksam ist.
Suchet den Geist,
Aber suchet ihn nicht in übersinnlicher Wollust,
aus übersinnlichem Egoismus,
Sondern suchet ihn,
weil ihr ihn selbstlos im praktischen Leben,
in der materiellen Welt anwenden wollt.

Wendet an den alten Grundsatz:
Geist ist niemals ohne Materie,
Materie niemals ohne Geist in der Art, dass ihr sagt:
Wir wollen alles Materielle im Lichte des Geistes tun,
und wir wollen das Licht des Geistes so suchen,
Dass es uns Wärme entwickele für unser praktisches Tun.

Der Geist, der von uns in die Materie geführt wird,
Die Materie, die von uns bearbeitet wird bis zur ihrer Offenbarung,
Durch die sie den Geist aus sich selber heraus treibt;
Die Materie, die von uns den Geist offenbart erhält,
Der Geist, der von uns an die Materie heran getrieben wird,
Die bilden dasjenige lebendige Sein,
Welches die Menschheit zum wirklichen Fortschritt bringen kann,
Zu demjenigen Fortschritt, der von den Besten in den tiefsten Untergründen
der Gegenwartsseelen nur ersehnt werden kann.

Rudolf Steiner

Den Dingen etwas schenken

Der französische Dichter Henri Bosco (1888—1976) beobachtete einen alten Diener bei der Arbeit und schrieb: *Das weiche Wachs drang in die polierte Materie unter dem Druck von Händen und der wirksamen Wärme eines wollenen Tuches. Langsam nahm das Tablett einen dumpfen Glanz an. Es war, als würde die Strahlung durch magnetisches Reiben ausgelöst, befreit aus dem Jahrhunderte alten Holz. Wärme strömte aus dem innersten Herzen des toten Baumes und verteilte sich allmählich in Form von Licht über das Tablett. Die alten Finger, von jeglicher Tugend besessen, der breite Handteller, entzogen dem soliden Block mit seinen leblosen Fasern die verborgenen Kräfte des Lebens selbst. Dies war die Erschaffung eines Gegenstandes, ein realer Akt des Glaubens, der sich vor meinen verzauberten Augen abspielte.*[64]

Über das Aufgehen in den bescheidensten Beschäftigungen spricht Henri Bosco wenn er die Tätigkeit seiner alten, treuen Dienerin Sidoine mit den folgenden Worten beschreibt: *Diese Berufung zum Glück, weit entfernt von jeglicher Vorverurteilung ihres praktischen Lebens, nährte ihre Handlungsweise. Wenn sie ein Hemd wusch oder eine Tischdecke, wenn sie einen bronzenen Kerzenhalter polierte, dann erstiegen der Tiefe ihres Herzens kleine Bewegungen der Freude und belebten ihre Haushaltsaufgaben. Sie wartete nicht, diese Aufgaben zu beenden, ohne sich in sich selbst zurückzuziehen, wo sie zu ihrer Herzensbefriedigung die dort wohnenden überirdischen Bilder betrachtete. In der Tat erschienen Gestalten aus diesem Land zu ihrer Vertrautheit, wie immer gewöhnlich die Arbeit auch war, die sie verrichtete. So wusch sie, wischte Staub und fegte sie in der Begleitung von Engeln.*

Wenn wir Dinge oder Ereignisse der Welt ernsthaft wahrnehmen, verbinden wir uns damit, und zwar mit dem ganzen Wesen. Dadurch, dass wir uns mit etwas verbinden, teilen wir ihm etwas von unserem Wesen mit. Die Welt antwortet dem Menschen und teilt uns ihr eigenes Wesen mit. Kommunikation findet statt, und so fangen Dinge und Räume an, uns etwas zu sagen.

So schenken wir dem, was wir pflegen (ob Raum oder Gegenstand) unmittelbar unsere Ich-Kraft, unsere Seelenwärme und unsere Lebenskraft. Wir geben uns selbst, und so lebt ein Teil von uns im Gegenstand oder Raum. Wir sollten uns immer bewusst sein, dass dem, was wir in einem Raum tun, ja sogar besprechen, geistige Wesen dienen, und nicht alle geistige Wesen sind hilfreich. Alles, was wir tun, haftet an den Dingen und hinterlässt eine Anwesenheit im Raum, die für Menschen durchaus erfahrbar ist.

Soll man eine Unterscheidung machen zwischen sakralen und profanen Objekten? Sie bewohnen ein Haus oder eine Wohnung. In diesem Haus oder dieser Wohnung gibt es verschiedene Zimmer, und in diese Zimmer haben Sie alle möglichen Objekte gestellt. Wenn Sie sie dorthin gestellt haben, dann darum, weil sie Ihnen entweder nützlich sind oder weil Sie sie lieben, und Sie haben täglich Verbindung mit ihnen. Also, warum nicht daran denken, diese Objekte zu weihen. Wenn Sie sie dem Guten, dem Licht weihen, werden sie segensreich auf Sie und ihre Familie wirken. Und wenn sie einmal geweiht sind, sollten Sie sie mit Achtung, mit Vorsicht gebrauchen, denn die Weise, mit denen Sie sie behandeln, wird auch auf Sie zurückstrahlen. Selbst wenn diese Idee Ihnen nicht vertraut ist, versuchen Sie zu verstehen, dass Sie durch Ihre Betrachtungsweise die Sie umgebenden Objekte in magisch wirkende Mittel transformieren können, verbunden mit dem Himmel, und dass diese segensreiche Energie, die durch sie fließt, sich auch Ihnen übermittelt.[65]

Dinge haben ihre Würde und ihren rechten Ort, im Kleinen wie im Großen.

Dieter Zimmermann, ein Künstler, sammelt seit Jahren das ausgemusterte Inventar unserer Überflussgesellschaft. Aus Bruchstücken von verbrauchten Alltagsgegenständen schafft er Kunstgegenstände. Er schreibt auf seiner Webseite: *Das Abgefallene so zu erheben, dass ihm eine neue Würde wird.*[66]

VII. Einiges zum Messie-Phänomen

1. Nicht jeder, der unordentlich ist, ist gleich ein Messie!

Nicht alle Menschen sind in der Lage, den Alltag zu organisieren: Sie schaffen es zwar immer wieder, die Ordnung herzustellen, sie sind aber unfähig, die Ordnung aufrecht zu erhalten. Doch ist nicht jeder Mensch, der Unordnung oder Chaos um sich hat, ein Messie.
Viele unordentliche Menschen verstecken sich hinter der Bezeichnung *Messie* — auch wenn es gar nicht zutrifft, oft einfach deshalb, weil *Messie* sich nicht so schlimm anhört wie *Schlamper* oder ähnliches. In den Medien wird sehr menschenunwürdig über dieses Phänomen berichtet: Extreme Geschichten von Vermülllung oder Verwahrlosung werden geschildert, mit Bergen stinkenden Abfalls und überall herumlaufendem Ungeziefer. Oft bekommt man durch diese Darstellungen auch den Eindruck, das Messie-Phänomen beträfe nur Menschen aus der Unterschicht. Auch das stimmt nicht: Wir finden dieses Problem in allen sozialen Schichten, selbst bei hoch engagierten Menschen mit hochqualifizierten Berufen und Ausbildungen: Bei ihnen sind die Terminkalender oft über das Maß voll, manchmal auch als Kompensation für die Unfähigkeit, ihr Leben zu organisieren. Wie viele Männer und Frauen der Wissenschaft, wie viele Dichter, Schriftsteller, Philosophen und Künstler leben in inneren Qualen. Und während sich die Öffentlichkeit von ihren Werken nährt, würden sie selbst gerne ihr großes Talent gegen einige Tage inneren Friedens eintauschen. Warum gibt es im Leben dieser bemerkenswerten Leute so viel Unordnung, so viele Tragödien? Vielleicht wurde die Begabung nicht ausreichend gepflegt und deshalb empfinden sie es als unnötig, eine Lebensdisziplin zu akzeptieren, geschweige denn zu etablieren. Viele glauben sogar, dass ein solches Ungleichgewicht und die Seelenqualen ihr Talent nähren und halten es deshalb in gewisser Weise aufrecht. Es ist wahr, dass die Werke der Kunst und des Denkens genauso wie spirituelle Errungenschaften ihren Ursprung oft in Schmerzen und in tiefer Unruhe haben, die außergewöhnliche Menschen irgendwie zu überwinden wussten. Um die quälenden Probleme wirklich zu überwinden, ist eine innere Arbeit nötig, und wenn diese Arbeit unzureichend ist oder fehlt, dann bekommt das Ungleichgewicht mitsamt den begleitenden Ängsten und Leiden die Oberhand und drückt sich als Chaos aus.
Ein Satz, den ich schon oft gehört habe lautet: *Ordnung ist für Dumme — das Genie beherrscht das Chaos.* Ich muss gestehen, dass ich bei der vielen Unordnung, die

ich schon erlebt habe, doch eher selten genialen Menschen begegnet bin. Manchmal scheint auch das ganze menschliche Leben in eine Krise geraten zu sein.

Situative Unordnung

Es gibt besondere Umstände, die *nur* zu einer momentanen Überforderung führen können und so die Unfähigkeit, Ordnung zu schaffen, auslösen. Zum Beispiel die Geburt eines Kindes, oder im schlimmeren Fall eine nachgeburtliche Depression. Es kann auch sonst jegliche Art von Depression sein, ja eventuell sogar eine solche, die durch die Unfähigkeit, den Alltag zu bewältigen, ausgelöst wird. Weitere Ursachen können körperliche oder auch psychische Erkrankungen sein, auch Zwangshandlungen (z.B. Kaufzwang), Demenz, Wahn und wahnhafte Störungen, wie die irrationale Angst zu verarmen oder bestohlen zu werden. Dazu kommen noch die Suchterkrankungen oder auch körperliche Beeinträchtigungen. Im Gegenteil zu den echten Messies, sind Menschen in diesen Situationen, dankbar und erleichtert wenn ihnen geholfen wird.

Wenn die Ursache der Unordnung situativ ist, hilft es, mit dem, was am meisten stört, zu beginnen, weil dies oft ein Auslöser sein kann. Eine Kundin bat mich, ihr dabei zu helfen, ihre Wohnung aufzuräumen, weil sie mit dem Chaos allein nicht mehr fertig werde. Sie sei immer ordentlich gewesen, aber innerhalb weniger Monate habe sich ihre Wohnung, vor allem aber ihr Schlafzimmer, so gefüllt, dass sie sich kaum mehr bewegen könne.

Ganz so schlimm empfand ich es nicht, aber in ihrem Schlafzimmer stand ein Schreibtisch, der so voll gestapelt war, dass einige Sachen heruntergefallen waren und nun auch den Boden bedeckten. Ich schaute das Zimmer genau an und fragte spontan: *Was liegt ganz unten auf diesem Schreibtisch? Was deckt dies alles zu?* Ein Schrecken ging durch sie, sie schaute mich einen Moment lang wütend an, und dann fing sie an zu weinen.

Es stellte sich heraus, dass es ein Brief von ihrer Schwester war: Es handelte sich um einen Erbschaftsstreit. Diese Sache war ihr so schmerzhaft, dass sie den Mut nicht aufbringen konnte, der Schwester zu antworten. Mit großer Mühe haben wir den Brief dann hervorgeholt, und ich riet ihr, ihn gleich zu beantworten. Sie brauchte mehr als eine halbe Stunde, sich dazu durchzuringen. Sie kam in Atemnot, schritt wie ein Tier in einem Käfig im Zimmer auf und ab, bekam Schweißausbrüche, bevor sie sich endlich hinsetzen konnte, um den Brief zu schreiben. Sie brachte ihn dann schnell auf die Post, und als sie zurückkam, war sie wie verwandelt. Ihr ganzes Gesicht war entspannt und sie hatte einen viel leichteren Schritt. Dazu war sie voller Tatendrang. Binnen weniger Stunden hatten wir ihr Schlafzimmer gemeinsam aufgeräumt und gründlich geputzt! Sie war eben kein *echter* Messie.

2. Wann ist die Schwelle überschritten?

Das Wort *Messie* wurde in den 80er-Jahren des 20. Jahrhunderts von Sandra Felton geprägt. Sie ist Lehrerin, Pastoren-Frau, Mutter von drei Kindern und war völlig unfähig, Ordnung zu halten. Irgendwann sagte ihr Mann: *Die Dinge oder ich!* — Sie entschied sich für die Ordnung, organisierte eine Hilfe und fing an, ihr Haus aufzuräumen.

In ihrem Buch definiert sie einen *Messie* (von engl. mess = Unordnung) folgendermaßen: *Ein Messie ist eine Person, deren Ordnung im Haushalt nicht dem entspricht, was in der Gesellschaft, in der sie lebt, als annehmbar gilt, und deren haushälterische Gewohnheiten ernste Beziehungs- oder Funktionsprobleme hervorrufen. Die Unordnung verletzt die Menschen, die mit dieser Person leben und sie lieben. Nicht jede desorganisierte Person ist ein Messie, so wie auch nicht jeder, der trinkt oder sich gar betrinkt, ein Alkoholiker ist. Viele legen einfach nur nicht so viel Wert auf Organisation. Aber sie verlieren nicht die Kontrolle über die Situation. Solche Menschen sind in einem normalen Maß desorganisiert. Die Unordnung eines echten Messies muss das Leben auf irgendeine Weise entscheidend beeinträchtigen.*[67]

Menschen mit einem Messie-Syndrom fühlen sich dauernd unter Druck. Diese extreme Drucksituation verursacht manchmal auch physische Leiden wie Rückenschmerzen, Magen- und Darmerkrankungen, Atmungsprobleme, Kopfschmerzen. Wichtig ist es herauszufinden, was die innere Ursache für das Problem ist.

Es gibt unterschiedliche Gründe, warum Menschen Messies werden: Oft liegen die Ursachen in der frühen Kindheit oder die Symptome werden durch eine Situation ausgelöst, wie oben erwähnt.

Nicht jeder Mensch, der einen Verlust erlitten hat, wird zum *Messie*; aber jeder *Messie*, dem ich begegnet bin, hat irgendwann einen Verlust erlitten, durch den ein leerer Raum entstanden ist. Wenn dieser Raum nicht gefüllt wird, breitet sich gähnende Leere aus — die aber gefüllt sein will. Aus Hilflosigkeit gegenüber einer seelischen oder geistigen Leere wird die Wohnung mit Gegenständen angefüllt. Chaos erobert den ganzen Wohnraum.

Es gibt sehr viele verschiedene Bücher zum Thema *Messie.*[68] Eine genaue Beschreibung von Ursachen und Ansätzen für eine Therapie würde den Rahmen dieses Buches sprengen. Ich möchte hier nur in angemessener Kürze darauf eingehen. Die folgenden Ausführungen sind der Diplomarbeit von Claudia Sellmer, Sozialpädagogin und -arbeiterin entnommen.[69] Die verschiedenen Merkmale des Messie-Syndroms sind bei den betroffenen Personen unterschiedlich ausgeprägt:

— Die Organisation des Haushalts weicht von der bestehenden Norm ab

— Die Desorganisation erstreckt sich auf andere Bereiche, z.B. Zeitmanagement

— Inneres Chaos wird gespiegelt

— Die Unordnung wirkt sich schädlich auf den Betroffenen und seine Familie aus

— Die Verhaltensänderung ist nicht (oder in der Regel nur kurzfristig durch einen enorm hohen Energieaufwand) möglich

— Keine Kontrolle mehr: Der Haushalt beherrscht den Menschen

— Hoher Leistungsdruck

— Verstärktes Schamgefühl: Rückzug aus der Gesellschaft, soziale Isolation

— Aufräumen löst Panikreaktionen aus, führt zu Angstverhalten.

Typisch sind auch diese vier Chaos-Phänomene:

— Äußerlich unauffällig — normal, Ordnung ist jedoch ein ungewöhnlich wichtiger Teil des Lebens, sie zu halten wird als Qual empfunden

— Schlechtes Zeitmanagement: Unpünktlichkeit und Versäumen wichtiger Termine

— Papier: Horten von Papieren, Notizen, Zeitungsartikeln

— Sammeln: Horten von Gegenständen, zwanghaftes Kaufen und/oder Sammeln.

Letzteres kann auch zur Vermüllung führen, dann nämlich, wenn die Unfähigkeit, Ordnung zu halten, Brauchbares von Unbrauchbarem zu unterscheiden, chronisch wird, wenn der Betroffene die Kontrolle über die Situation verliert und es nie schafft, begonnene Arbeiten zu beenden.

Messies leiden nicht notwendigerweise an einem Vermüllungssyndrom. Das Wort Messie beschreibt die Person. Und Vermüllung beschreibt das Ausmaß der entstandenen Unordnung innerhalb der Wohnung oder auf dem Grundstück, das heißt, den Endzustand eines schon länger andauernden Prozesses. Von Vermüllung reden wir, wenn:

1. *wertlose* Gegenstände gesammelt und über die ganze Wohnung verteilt werden (wie schmutzige Joghurtbecher, Wäsche und Zeitungen)

2. Keine Ordnung mehr erkennbar ist (auch der Tisch, das Bett und der Herd sind voll gestellt; auf dem Bett gibt es nur eine Art Schlafkuhle)

3. Die Wohnung wird unbewohnbar, weil hygienische Einrichtungen nicht mehr funktionieren (wenn etwa überall Fäkalien, Speisereste und anderer organischer Müll zu finden ist).

Menschen mit einem Vermüllungs-Syndrom sammeln nicht aktiv wie Messies, sondern ihre Vermüllung ergibt sich aus einem eher passiven Verhalten. Das heißt: Abfall, auch Speisereste, werden nicht mehr entsorgt, Aufräum- und Putzaktionen werden nicht mehr unternommen. Im Gegensatz zum Messie hat der Betroffene keine Beziehung zu den Gegenständen in der Wohnung. Deswegen ist hier das Aufräumen durch eine Drittperson auch einfacher und wird manchmal sogar als Erleichterung empfunden — solange keine echte Mitarbeit vom Betroffenen selbst gefordert wird.

Ein würdevoller Mensch geht würdevoll mit sich selbst um. Die Grundlage für unsere Würde liegt in unserer Selbstachtung. Unsere Selbstachtung hat Auswirkungen auf alle Bereiche unseres Lebens, auch auf den Zustand unseres Haushaltes.[70]

3. Unordnung und ihre Ursachen beim Messie-Syndrom

Unordnung

Sie sind im privaten Bereich unfähig, zeitliche und/oder räumliche Ordnung herzustellen oder zu halten.
Sie können kurzfristig aufräumen (etwa für Besuch, Feste oder Handwerker), brauchen danach aber viel Zeit zur Erholung.
Sie wollen keine spontanen Besuche.

Perfektionismus

Es lohnt sich gar nicht erst etwas anzufangen, das nicht erledigt werden kann. Zum Beispiel wird eine Teetasse abzuwaschen zum Hausputz. Krümel werden erst weggesaugt, wenn Zeit genug vorhanden ist, um das ganze Haus saugen zu können. Das kann aber auch sehr gut eine Ausrede für Antriebsschwäche sein: Der Betroffene ist einfach nicht fähig, von der Planung ins praktische Handeln zu kommen.

Ablenkbarkeit und mangelnde Ausdauer

Sie verlieren sich in Detailarbeit, der Blick für übergeordnete Arbeit geht verloren. (Beim Kücheputzen werden alle Gewürze nach dem Alphabet eingeräumt.)
Durch Innen- und Außenreize wird die laufende Arbeit unterbrochen, um eine neue Tätigkeit anzufangen. Das zieht eine Reihe von halbfertigen Arbeiten nach sich. Sie haben immer einen übervollen Terminkalender.

Sammeln und Horten

Gegenstände werden nie als wertlos empfunden. Kaputtes könnte repariert werden, dafür gibt es aber keine Zeit, oder man findet weder Ersatzteile noch Werkzeug. Nicht nur Brauchbares wird gehortet. Was einmal herein kommt, das geht so leicht nicht wieder heraus: Zeitschriften, Plastiktüten, Konfitüren-Gläser, Geschenkpapier. Aus Angst zu vergessen, behält man Babykleider, Postkarten, Kinotickets.

Entscheidungsunfähigkeit

Messies haben oft überhöhte Angst vor Fehlentscheidungen und weichen deswegen Entscheidungen aus und wollen alles *später* machen.

Übertriebene Hilfsbereitschaft

Sie sammeln auch für andere: für die Nachbarskinder, für die Schule, für eine eventuelle Notlage.

Schlechtes Zeitgefühl

Sie können die Zeit, die für eine Aufgabe benötigt wird, nicht einschätzen. Deswegen fangen Sie auch erst gar nicht an oder verlieren sich in Details.
Ständige Unpünktlichkeit, auch mit Folgen für ihre Kinder, weil die Zeit, die es beispielsweise für den Schulweg braucht, immer wieder falsch eingeschätzt wird.

Mögliche Entstehungsgründe

Störungen in der Ich-Entwicklung beruhen häufig auf Entwicklungsdefiziten innerhalb der ersten drei Lebensjahre.
Unzureichende Befriedigung der Bedürfnisse des Kleinkindes führt zu Entbehrungserfahrungen in den ersten Lebensjahren, es entstehen Störungen beim Selbstwertgefühl.
Wünsche wurden unbefriedigend, spät oder gar nicht erfüllt. Das führt dazu, dass betroffene Menschen oft empfinden, sie seien es nicht wert, eine gepflegte Wohnung oder ein gepflegtes Äußeres zu haben.
Durch länger andauernde Trennung oder Abbruch des Verhältnisses zur Bezugsperson (Mutter) wurde emotionale Verlassenheit erlebt. Dadurch wird der Aufbau des Urvertrauens erheblich gestört. Man leidet sein Leben lang unter Existenzängsten. Man fühlt sich den Anforderungen des Lebens nicht gewachsen, das Selbstvertrauen ist schwach entwickelt. Die Umwelt wird oft als bedrohlich, Menschen eher als Gegner denn als Partner empfunden. Hierin liegt auch die Ursache dafür, Hilfe nicht annehmen zu wollen und sich verstärkt auf Beziehungen zu materiellen Dingen zu verlassen. Die Verlassenheitsängste werden durch die Gegenstände vermindert.
Unsicheres Bindungsverhalten und Kontaktarmut lösen Gefühle der Sinnlosigkeit und der inneren Leere aus.
Entscheidungsschwierigkeit: Werden Kinder in der Entwicklung ihrer Autonomie beeinträchtigt, wird gleichzeitig die Entwicklung eines eigenen Willens geschwächt, was zu Problemen in der Entscheidungsfähigkeit in späteren Jahren führen kann.
Traumata: Es wurde keine angemessene Trauerarbeit auf eine leidvolle Erfahrung geleistet (wie Ehescheidung, Tod, Stellenverlust). Tief gehende Trauer und Trennungsarbeit muss geleistet werden. Gelingt die Bewältigung des innerlichen Durcheinanders nicht, so wird das innere Empfinden durch äußerliche Unordnung dargestellt, beziehungsweise kompensiert. Unausgepackte Kartons werden dadurch sinnbildlich für die noch nicht verarbeitete neue Situation.
Durch Trennung oder Verlust kann der Lebenssinn, die Lebensaufgabe verloren gehen. Gefühle der Nutz- und Sinnlosigkeit verstärken noch das innere Chaos. Dies tritt noch stärker bei Verlust einer symbiotischen Beziehung auf.
Wenn der verstorbene oder weggegangene Partner für die Organisation zuständig war, ist es viel schlimmer und die latente Neigung zur Unordnung tritt in Erscheinung.

4. Lösungsansätze

Aus Erfahrung helfen Ratgeber in diesen Fällen gar nicht, oder höchstens vorübergehend. Auch große Zwangsräumungen sind sinnlos, weil sich Unpassendes, Ungeordnetes doch gleich wieder einschleicht. Das Chaos erobert die neue, gähnende Leere, weil keine Verarbeitung der Situation stattgefunden hat — selbst dann, wenn die Räumung gewollt ist. Der Bruder einer Kollegin besuchte ein Aufräumseminar und bat sie anschließend, ihn beim Aufräumen zu unterstützen, was sie auch gerne tat. Am nächsten Tag aber musste der Bruder wegen einer akuten Psychose eingeliefert werden.
Ich hatte die Gelegenheit, vierzehn Monate lang eine von Veronika Schröter (Heilpraktikerin für Psychotherapie und Messie-Expertin in Freiburg) geleitete Gruppe zu begleiten. Es wurde mir sehr deutlich, dass Messies qualifizierte Unterstützung brauchen, die auf ihre spezielle Symptomatik zugeschnitten ist. In therapeutischen Seminaren, Gruppen- und Einzelgesprächen arbeitet Frau Schröter mit Betroffenen und Familienangehörigen. Dabei zeigte sich, dass echte Hilfe möglich ist. In Kooperation mit der Universität Freiburg entsteht derzeit eine wissenschaftliche Studie, die wissenschaftliche Anerkennung der Symptomatik zum Ziel hat.

Die folgende Ausführungen sind Darstellungen und Erkenntnisse von Veronika Schröter:[71]
Häufig hat das Messiephänomen die Funktion, die Betroffenen vor der Wiederholung vergangener Verletzungen zu schützen. In der Hinwendung zur eigenen Lebensgeschichte kommen die Betroffenen den persönlichen Ursachen ihrer Problematik auf die Spur und lernen, sich selbst mit ihrer Geschichte liebevoll anzunehmen. Sie finden zurück zur eigenen Würde und Wertschätzung und beginnen, Schritt für Schritt selbstbestimmt das Chaos zu bewältigen. Dieser Weg kann im Rahmen einer Therapie, die das Messie-Phänomen als psychische Störung ernst nimmt, gelingen: Am Ende steht als Ziel die Freiheit der Wahl zwischen *gesunder* Unordnung und selbstbestimmter Ordnung.

Bei Betroffenen, die in einer Betreuungssituation leben, ist der interdisziplinäre Ansatz, der alle Beteiligten in den Veränderungsprozess mit einbezieht, unabdingbar.

Wenn alle beteiligten Berufsgruppen den therapeutischen Prozess fördernd begleiten, erfahren die Betroffenen die optimale ganzheitliche Unterstützung, die eine grundlegende und tragfähige Veränderung ermöglicht.

Auswirkungen für Fachkräfte und Angehörige

Fachkräfte in der Kranken- und Altenpflege, aber auch Mitarbeitende im sozialen und therapeutischen Bereich sind in ihren beruflichen Einsatzbereichen vielfach mit Messies konfrontiert. Häufig stehen sie — wie auch Partner und Angehörige der Betroffenen — dieser Problematik hilflos gegenüber. In der Regel führen weder wohlmeinende Unterstützung noch Auseinandersetzungen und Drohungen zu anhaltenden Veränderungen, sondern vielmehr zu Blockadereaktionen. Der Spagat zwischen empfundener Ohnmacht und dem Impuls, unbedingt etwas verändern zu müssen, stellt für Mitarbeiter wie Angehörige eine große Herausforderung dar. Oft sind es die hygienischen Verhältnisse, das gefährdete Wohl von Kindern in der Wohnung oder auch berechtigte Ansprüche von Vermietern und Nachbarn, die zum Handeln zwingen.
Entscheiden Sie sich aus diesem Druck heraus dafür, aktiv einzugreifen und selbst aufzuräumen und zu entrümpeln, wird den Betroffenen die Verantwortung vollends abgenommen. Deren Gefühl der Inkompetenz verstärkt sich, die Folge ist zunehmende Resignation und Selbstaufgabe, und es wird nicht lange dauern, bis der alte Zustand wieder erreicht ist.

Ein therapeutischer Prozess kann im geschützten Rahmen der Einzelberatung oder — in Form von Seminaren und Workshops — in der Gruppe stattfinden. Viele Teilnehmer erleben den Austausch mit anderen Betroffenen in der Gruppe als sehr hilfreich. Die bisherige Isolation wird durchbrochen und sie erhalten wertvolle Impulse und Unterstützung für die eigene Entwicklung. Gegebenenfalls werden auch Partner und Angehörige in die Arbeit mit einbezogen.
Hausbesuche haben sich als begleitende Maßnahme bewährt, da vor Ort die persönlichen Problemschwerpunkte sichtbar werden und sich aus der vorhandenen Situation angemessene Lösungsstrategien entwickeln lassen. — Soweit Veronika Schröter.

Im eigenen Heim

Wie im vorigen Kapitel taucht auch hier die gleiche Frage auf: Was sollen wir zuerst lösen? Das innere oder äußere Problem? Auch hier empfehle ich, beides gleichzeitig anzugehen.
Das Äußere in kleinen wohl bedachten Schritten umgestalten — am besten mit einer fremden Hilfe, die etwas Erfahrung in solchen Sachen hat. Es ist meistens

nicht empfehlenswert, mit Familienmitgliedern oder eng Vertrauten zu arbeiten (weil man sich doch sehr stark bloßstellt). Interessanterweise stelle ich oft fest, dass die Klienten und Klientinnen meistens nicht zu wenig vorhaben, sondern eher viel zu viel. Es liegt daran, dass sie keine Ahnung mehr haben, wie viel Zeit für so eine Aktion gebraucht wird. Sie zeigen mir dann stolz Aufräumpläne, die so umfangreich und kompliziert sind, dass ich sofort verstehe, warum das Aufräumen nie zustande gekommen ist. Von Beginn an muss also das richtige Tempo gewählt werden. Es ist sehr wichtig, nicht zu übertreiben: Das Aufräumen einer typischen Messie-Wohnung braucht einen sehr langen Atem — es ist ein Marathon, kein Sprint! Sich ein Ziel zu setzten, ist notwendig. Was will ich erreichen? Worauf arbeite ich hin?
Bei einem unserer Klienten nahmen wir uns als erstes vor, alle Unterlagen für die längst fällige Steuererklärung zu finden. Im Vorfeld regte ich aber an, ein kleines Tischlein im Wohnzimmer aufzuräumen, es zu pflegen und schön zu gestalten. Es sollte dann versucht werden, es so zu erhalten. Dann fingen wir an, die Unterlagen zu suchen. In diesem Prozess legten wir bereits ein System für die Ablage an. So konnten von uns ab diesem Moment bei jedem Besuch alle Unterlagen sofort abgelegt werden. Als nächstes entstand der Wunsch, die Wohnung so weit aufzuräumen, dass der Klient in neun Monaten Gäste zu seinem Geburtstag einladen konnte, was er seit Jahrzehnten nicht mehr gemacht hatte. Wir fingen mit der Küche an, es folgte die Terrasse. Jedes Mal aber wurden zuerst die neu entstandenen Papierberge abgebaut und die Unterlagen sortiert abgelegt. Die Woche vor seinem Geburtstag hatten wir es auch tatsächlich geschafft, die Küche, die Diele und die Terrasse so weit aufzuräumen, dass er wirklich Gäste einladen konnte. Das Wohnzimmer war zwar noch immer Tabuzone, aber das Tischlein war weiterhin schön aufgeräumt und gestaltet. Es ist wesentlich sich zu entscheiden, diesen Weg zu gehen und dann prozessorientiert zu arbeiten. Es darf kein äußerer Zwang herrschen, etwa weil Menschen es von einem erwarten. Es soll eine Ich-Entscheidung sein, ein tief aus dem eigenen Inneren empfundenes Wollen. Dann können wir völlig frei und eigenverantwortlich in die Tat übergehen.

Alles Gute, was geschieht, wirkt nicht einzeln. Seiner Natur nach setzt es sogleich das Nächste in Bewegung, so Johann Wolfgang von Goethe.[72]

Die kleinen Übungen, die ich bereits beim Ordnen empfohlen habe, können uns auch hier helfen, uns zu stärken. Zum Beispiel: Beobachten wir unsere Gesten: Wie nehme ich etwas in die Hand, wie lege ich es wieder hin? Wo lege ich es hin und warum gerade dorthin? Gehört es dorthin? Soll die Bananenschale nicht lieber direkt in den Kompostkübel gehen, anstatt sie auf der Theke liegenzulassen?

Ein gut gestalteter Tag ...

... gibt Kraft und neue Energie — auch wenn es am Anfang sehr viel Mut braucht, ihn bewusst und sinnvoll zu gestalten. Es lohnt sich, weil Rhythmus Kraft und Sicherheit gibt. Es hilft, wenn einem für diesen Schritt jemand zur Seite stehen kann, um möglichst feste und gleich bleibende Termine und Abläufe zu planen. Dazu braucht es eine unterstützende und verständnisvolle Person.

Bei der Planung des Tagesablaufs und auch der besonderen persönlichen Vorlieben sollte nach umsetzbaren und leistbaren Lösungen gesucht werden. Der Tagesablauf kann durch sinnvolle Rhythmen im Alltag geplant werden — aber bitte nicht gerade nach dem Fernsehprogramm! Ein gut geplanter Tagesablauf setzt Energie frei, die vorher durch schwierige Entscheidungsprozesse in Anspruch genommen wurde. Zum Beispiel auch für die Frage, wie die räumliche Ordnung wieder hergestellt werden könnte.

Die angestrebten Ziele sollten wirklich nicht zu hoch angesetzt werden. Eventuelle Rückfälle sollen als Lernerfahrung und als Möglichkeit zum Neuanfang betrachtet werden und nicht als Versagen. Gegenteiliges führt nur zu Entmutigung und Frustration.

Die persönlichen Bedürfnisse sind wichtig: Gehen Sie ins Konzert, Kino, spielen Sie Karten und machen Sie unbedingt den Spaziergang, den Sie brauchen!

Gesund werden wir nur, wenn wir uns dazu entschieden haben. Wenn wir versuchen, unser ganzes Wesen zu stärken und alle Wesensglieder für die Heilung einzusetzen, dann haben wir die Möglichkeit unser Entwicklungspotenzial vierfach auszuschöpfen.

Wir können mit der Arbeit an unserem physischen Körper beginnen, dann an unserer Lebensorganisation mit seiner Zeitstruktur, seinem besonderen Gesundheitspotenzial. Wir können weiter an unserer Seelenorganisation und an unserer Identität, an unserer Ich-Organisation arbeiten Das hilft uns bei der Sinngebung des Lebens, es trägt zur Selbsterkenntnis bei. — Es ist eine Entscheidung zur Entwicklung!

Aufräumen heißt: Raum schaffen. Raum schaffen aber setzt Abstand, Abschied nehmen voraus. Abstand ist die erste Bedingung dafür, mit dem Aufräumen beginnen zu können. Ein Kollege beschreibt diesen Prozess sehr treffend:

Die Ferne im Hier und Jetzt zu halten, schafft Raum. Wo Raum ist, ist Ferne anwesend. Um dauerhaften Raum zu schaffen, muss die Ferne bewusst ergriffen werden, ja muss mit ihr gerechnet, mit ihr gearbeitet, mit ihr geputzt, mit ihr aufgeräumt werden. Dann kann man das Bedrängende nicht verdrängen, sondern verwandeln. Es kommt damit offenbar auf mich an, ob Leere entsteht, oder ob im Blick auf die Dinge Ordnung, Schönheit, Glanz (= deutsche Bedeutungen des Wortes 'Kosmos') anwesend sind.[73]

Gesundheit ist Leben

Michaela Glöckler, die langjährige Leiterin der Medizinischen Sektion am Goetheanum, erklärt im Folgenden die Zusammenhänge der Messie-Problematik aus Sicht der Anthroposophischen Medizin:[74]

Gesundheit ist weder Krankheit noch Heilung, es ist ein Kampfplatz zwischen kränkenden und heilenden Möglichkeiten. Gesundheit ist kein Ort, an dem man sich ausruhen kann. Gesundheit ist absolut unzuverlässig: Es kann gerade anders kommen, als man es sich vorgestellt hat. Gesundheit ist Leben – und Leben ist Ordnung aus dem Chaos. Auch das Leben ist Kampf. Leben besteht aus Entscheidungen. In jedem Augenblick muss ich mich entscheiden, wie ich diesen speziellen Moment jetzt lebe, was ich jetzt will, was ich tue. Ich habe in jedem Augenblick die Möglichkeit, es wieder zu ändern. Das heißt: Leben ist ein Potenzial, das ich selbst orientieren und mit verantworten muss.

So stellt sich einerseits die Frage: Wie muss ich mit mir selbst umgehen, sodass ich genügend Chaos zulassen kann, sodass ich genügend Freiheit habe, in meinen Möglichkeiten zu leben. Und anderseits: Wie muss ich mit mir selbst umgehen, sodass ich die für mich nötigen und sinnvollen Entscheidungen treffen kann. Habe ich Entscheidungen getroffen, dann bin ich festgelegt, dann hört die Freiheit auf. Es gibt Menschen, die haben vor beidem Angst: Vor dem Chaos sowie vor Freiheit und Entscheidung.

Zu verstehen, dass beides nur allzu menschlich ist und einen geradezu darauf aufmerksam machen kann, worin das Wunder des Lebens besteht, das ist zentral.

Das Messie-Syndrom hat so viele Gesichter, wie es Menschen gibt, die sich damit auseinandersetzen. Gerade Menschen, die von dem Messie-Syndrom betroffen sind, können selten deutlich erleben, dass sie ganz persönlich an etwas leiden, aus welchen Gründen auch immer. Ich kann nicht sagen: Ich kenne das Messie-Syndrom, also kenne ich dich. Es ist genau umgekehrt: Ich kenne dich, und ich verstehe nun etwas mehr von der Messie-Problematik.

Jeder von uns muss an einer Stelle kämpfen, muss persönlich an etwas arbeiten, um es besser zu begreifen, um die eigene Identität klarer zu finden. Jeder hat sich seinen eigenen *Rucksack geschnürt* — und keiner ist *besser* als der Andere. Es kann aber Ziel sein, dass jeder seinen Rucksack annimmt und ihn nach und nach auspackt, und das Mitgenommene anschaut, verarbeitet und annimmt. Dies gelingt umso besser, je mehr es mir gelingt, Vertrauen in den Sinn und den Geist meines Schicksals zu entwickeln, in mein wahres, spirituelles Selbst, das mich leitet.

Diese Einsicht ist das Ergebnis der Arbeit, und nicht die äußere Anerkennung. Der persönliche Schulungsweg führt zum ganz individuellen Ringen mit den eigenen Möglichkeiten.

Es gibt neben dem persönlichen Schulungsweg, durch den wir lernen, an uns zu arbeiten, auch einen beruflichen. Gerade Menschen, die sich mit dem Kampfplatz des Messie-Syndroms auseinandersetzen, können oft sehr genau diese Grenze markieren. Im Beruflichen ist es für sie oft überhaupt kein Problem etwa beim Chef für Ordnung zu sorgen. Der berufliche Schulungsweg, etwas für andere zu machen, den Job zu machen, all das können sie von sich ablösen, das ist nicht das Thema eines Messie. Sicher ist auch der berufliche Schulungsweg eine harte Arbeit, es ist aber ein anderer Kampfplatz als der persönliche Entwicklungsweg, das eigene *Zuhause*.

Dann gibt es noch den Aspekt des menschheitlichen Entwicklungs- oder Schulungsweges: Da ist heutzutage vieles belastend, bedrückend, beängstigend, perspektivlos, sodass viele Menschen deswegen persönlich und beruflich in eine Krise kommen. Sie kommen mit der allgemeinen Menschheitssituation nicht mehr zurecht. Manche haben Angst vor der Zukunft, weil sie den Eindruck haben, mit der Entwicklung ginge gerade etwas schief. So hält man irgendwie am Beruflichen und Persönlichen fest, um diese Menschheitssituation auszuhalten.

Wir können lernen, diese drei Wege zu differenzieren und uns durch den großen Gang der Menschheitsentwicklung eine Kultur der Ruhe, der Überschau, der großen Perspektiven anzugewöhnen, eine Kultur des Zeithabens und Raumgebens. Dann gehen auch die Türen zwischen Geburt und Tod auf. Dann zeigt sich ein weiter Horizont: dass sich nämlich die Menschheit aus grauer Vorzeit bis in die Gegenwart entwickelt hat und auch noch eine weite Zukunft vor sich hat — und das durch Wiederverkörperung und Schicksal.

Wenn man diese große Perspektive hat, dann verwandelt sich der Kampfplatz zum Spielplatz. Dann wird der Beruf zum Trainingslager, zum Sportplatz. Man hat dann sein berufliches Leben, um bestimmte Fähigkeiten zu üben, um bestimmten Menschen zu begegnen, um bestimmte Dinge zu lernen. Und es ist dann auch nicht mehr so, dass man sich an den Beruf klammert. Man kann mit dem beruflichen Engagement spielen, weil man viel größer, viel fundamentaler ausgerichtet ist.

Und dann kann man auch in der Jetztzeit mit einem menschheitlichen Maßstab leben, dann kann man daran arbeiten an der Zeit, in der man lebt, nicht zu leiden, sondern ihr Entwicklungspotenzial zu entdecken. Dann kann man auch seinen persönlichen und beruflichen Weg nach diesem Kompass der Menschheitsentwicklung ausrichten.

Erst dann sind wir eine *kohärente*, eine *integrierte* Person. Ohne eine solche entwicklungsgemäße Kohärenz kommen wir nicht an unser Gesundheitspotenzial heran, nicht an unsere Heilungsressourcen.

Salutogenese

Saluto-Genese heißt *Herkunft der Gesundheit* — oder bedeutet letztlich die Frage: Wie entsteht Gesundheit? Es gibt drei Zugänge, wie man sich täglich gesünder machen kann. Erstens: Kann ich daran arbeiten, mich selbst, meine Lebensumstände besser zu verstehen (also auch das Messie-Syndrom besser zu verstehen). Zweitens: Macht das, was ich verstanden habe, für mich wirklich Sinn? Kann ich mich ganz damit identifizieren oder gibt es noch Barrieren? Denn nicht alles, was ich verstehe, kann ich für mich sinnstiftend verarbeiten. An der Verstehbarkeit zu arbeiten ist das eine, an der Sinnhaftigkeit zu arbeiten das andere. Hier kann ich mein Gefühl nicht mehr außen vor lassen wie beim bloßen Verstehen. Drittens: Kann ich, das, was ich sinnhaft finde und verstanden habe, auch handhaben? Dies ist nun der Willensaspekt. Wirklich gesund fühle ich mich erst, wenn alle drei — Erkenntnis, Gefühl und Wille — zusammenstimmen. Das nennt man dann das *Kohärenzgefühl.*

Gesundheit ist zugänglich durch Entwicklung von Verständnis, durch Entwicklung von emotionalem Kontakt sowie durch den Zugang und die Entwicklung von Geschicklichkeit, Anstrengung, Befähigung.

5. Menschenkundliche Aspekte zum Messie-Syndrom

Physischer Leib

Die menschliche Persönlichkeit kann sich körperlich, seelisch und geistig äußern — aber auch im Schlaf ist sie mehr als *nur* lebendig. Daher unterscheiden wir in der anthroposophischen Menschenkunde vier Wesensglieder, bzw. Persönlichkeitsanteile, die wir bereits weiter oben erläutert haben *(siehe Seite 29 ff)*. Hier sollen diese Glieder nun in Bezug auf das Messie-Syndrom betrachtet werden.

Zunächst haben wir den physischen Leib in seiner physischen Umwelt. Mein Körper findet sich unter anderen Objekten. Da bin ich im Bereich des Instrumentellen. Mein Leib ist Instrument meiner Seele. Und damit zeigt sich auch schon ein menschenkundlicher Aspekt des Messie-Syndroms: Bei einem *Messie* reicht der eigene Leib als Instrument nicht aus. Er wird durch die nähere Umgebung ergänzt. Deswegen tut es dann auch so weh, wenn etwas verschwindet, denn es gehört ja wie zum eigenen Leib.

Der Kampfplatz zwischen Gesundheit und Krankheit hat eine Schwelle: Bin ich noch gesund, oder bin ich schon krank und brauche ich Heilung? Das kann jeder für sich ganz klar an der Frage ausmachen: Kann ich noch, wenn ich ernstlich will? Wenn ja, dann bin ich nicht krank. Oder kann ich nicht, auch wenn ich

ernstlich will — dann allerdings brauche ich Hilfe. Das ist der persönliche Schulungsweg. Er lebt von der Ehrlichkeit sich selbst gegenüber. Ohne Wahrheit gibt es überhaupt keinen Weg. Jede Schulung beginnt persönlich mit dem Willen zur Ehrlichkeit. Das nennt man auch Selbsterkenntnis.
Letztlich beginnt auch die Krankheit erst dann, wenn man sie einsieht. Solange jemand noch nicht weiß, dass er krank ist, kann man ihm nicht helfen. Er kann sich selbst nicht und andere können ihm auch nicht helfen.
Christus fragte die Kranken: *Was willst du, dass ich Dir tun soll?* — ein Ausdruck des heiligen Respekts vor der Freiheit des andern. Solange du es nicht selbst sagst und es nicht selbst willst, kann dir nicht geholfen werden. Auch nicht durch den lieben Gott. Eine so große Macht besitzen wir über uns selbst — ja letztlich sogar über Gott, denn er ist ohnmächtig, solange wir nicht wollen. Man muss sich diese Heiligkeit des *Ich will!* ganz klar machen. Auch wenn es sehr weh tut: *Ich will!* — Erst dann kann geholfen werden. Dann kann man sich selbst bis zu einem gewissen Grad helfen oder vorübergehend Hilfe in Anspruch nehmen. Wenn man diesen Willen aufrechterhalten kann, dann gibt es immer einen Weg.
Es gibt ja den schönen Spruch: *Wer will, findet Wege; wer nicht will, findet Gründe.* Wie gesagt, solange etwas gesteuert werden kann, ist es gesund. Aber es gibt da eine feine Grenze, hinter der man es dann plötzlich nicht mehr steuern kann. Man erlebt es dann als gleich legitim, egal ob man etwas zu viel hat oder ob man etwas zu wenig hat. Will man aber wirklich, dann sollte man daran arbeiten, dass man seine eigenen Selbstheilungskräfte, seine eigene gegebene Gesundheit allmählich auf die physische Umgebung auszuweiten lernt. Dass man Stück für Stück ein Immunsystem entwickelt: Hier bin ich, und hier ist die Umwelt, und die Umwelt gehorcht ihren eigenen Gesetzen. Die Umwelt kann ich gestalten, sie gehört aber nicht nur mir, sondern auch anderen. Das bin eben nur teilweise ich. Ich kann da zwar mitbestimmen, aber das ist nicht mein Leib. Man muss also lernen, die Grenze des eigenen Leibes aus der Umwelt, aus dem Bereich, in dem man das Problem hat, sukzessive zurückzufahren, bis es sich mit den eigenen Körpergrenzen und den wirklichen Bedürfnissen, die man hat, wieder deckt. Das ist ein Schulungsweg.
Für das Physische gilt also beim Messie-Syndrom das Bild, den erweiterten physischen Leib zurückzuführen auf den real existierenden. Dann erst steht man der physischen Objektwelt frei gegenüber.

Ätherleib / Lebensorganisation

Im Ätherischen geht es um den Umgang mit der Zeit, mit dem Leben. Denn vieles von dem, was wir gerne tun würden, scheitert daran, dass unser Zeitbudget begrenzt ist. Deshalb müssen wir Prioritäten setzen. Der eine sagt vielleicht ganz

bewusst: *Bei mir daheim darf es in der Wohnung durchaus chaotisch sein; Hauptsache in meinem Garten und in meinem Beruf — dort also, wo andere hinschauen — ist alles in Ordnung. Ich kann nicht beides, ich schaffe nur eines.* Wenn das eine klare Entscheidung ist und nicht Augenwischerei, dann ist es in Ordnung. Wie teilt man die Zeit so ein, dass sowohl für das Persönliche, wie für die anderen, wie für das Berufliche genügend Raum vorhanden ist. Heutzutage werden wir vor allem auf Schnelligkeit getrimmt. Schon die Kinder werden verplant. Ständig werden sie von einem Termin zum anderen gefahren. Die Kinder gewöhnen sich immer mehr daran, dass immer irgendetwas aus der Umwelt kommt, was sie beschäftigt und das übrige tut dann noch das Fernsehen.
Irgendwelche ruhigen Momente, in denen man sich überlegt, was man eigentlich will, die gibt es nicht mehr. Dadurch kann man natürlich auch kein selbstbestimmtes Zeitmanagement mehr aufbauen. Man hat nicht gelernt, sich die Zeit zu nehmen, die man braucht, um die eigenen Lebensumstände organisch zu gestalten. Ein gesunder Organismus macht uns genau vor, wie das Leben funktioniert: durch Aufnahme, Verarbeitung und Ausscheidung und auch durch Depots, die man braucht, die man aber auch regelmäßig entleert. Ein Problem entsteht dann, wenn der Stoffwechsel, der Turnover, nicht mehr funktioniert, wenn pathologische Ablagerungen entstehen, die nicht in den Lebenszyklus, in die Zeitgestalt, in die eigene Lebensgestaltung integriert werden können.
Manches am Messie-Phänomen kann man dadurch verstehen, dass man mit dem lebendigen Organismus vergleicht. Was ist eine gesunde Ablagerung, was ist eine pathologische Ablagerung, was ist gesunde Aufnahme, was ist eine gesunde Ausscheidung?

Seelenleib und Ich-Organisation

Eine ganz große Rolle spielt auch das Seelenleben. Aus diesem Bereich kennt man ja sehr gut den Sammlertrieb, eine Sammellust, eine Aufbewahrungsfreude. Viele Menschen erleben sich tatsächlich primär im Seelischen und oft eben dann dort im Haben, im Besitzen von etwas.
Und schließlich gibt es auch noch die Ich-Organisation. Hier geht es um die eigene Identität. Hier geht es gewissermaßen um das heilige, ewige Ich. Dieses Ich inkarniert sich nicht, es kann nur hereinscheinen, herein klingen — es kann *personare* = hindurch tönen. Es macht aus uns eine unverkennbare Persönlichkeit. Unsere Ich-Organisation lebt physisch in der Wärme, in unserer Wärme-Regulation. Über die Wärme kann das höhere geistige Ich in das niedere, körperlich-materielle Wesensgliedergefüge hineinwirken. Die Ich-Präsenz erleben wir an der Wärme des Blicks, am Händedruck, an der Aufrichtigkeit, an der Zielorientiertheit. Das sind alles Qualitäten der Wärme, der Konzentration, des auf den Punktbringens,

des Ausgleichen-Könnens, des Ordnen-Könnens, des Überschauen-Könnens. Unsere Ich-Organisation ist der Träger unseres höheren Ichs, solange wir unsere Wärme bewusst beherrschen können. Es gibt nun ganz viele verschiedene Gründe, warum diese Wärmeorganisation eine Kränkung, eine Erkältung erfahren hat. Schock, Gewaltübergriffe, Traumata, Missbrauch, Vernachlässigung, zu strenge oder zu lockere Behandlung, zu viel oder zu wenig Grenzen. Alles Störungen, die sozusagen die Persönlichkeit *herausgeschockt* haben, die die Grenzen zum höheren Ich dichtgemacht haben, sodass man sich wie abgeschnitten, wie im Gefängnis fühlt — wie verlassen, allein gelassen, isoliert, schlecht behandelt, ausgegrenzt, unverstanden. Ein erfahrener Kinderarzt sieht am Blick, ob ein Kind angenommen ist oder nicht: Ist da schon etwas Abwartendes, ein Schock-Bereites oder schon ein nach innen Gekehrtes, ein Ausgelöschtes.
Habe ich mir eine solche Trennung vom Ich einmal deutlich gemacht, dann kann ich auch etwas tun, um meine Wärme-Organisation wieder anzuregen, um mein Ich wieder zu mir zu holen.

Zusammenfassend ist also zu prüfen, ob das Messie-Syndrom mehr im Physischen, mehr im Lebendigen, mehr im Seelischen oder primär in der Ich-Organisation veranlagt ist. Meistens sind alle vier Ebenen unterschiedlich betroffen, weswegen die Anthroposophische Medizin sich sehr um eine individuelle Diagnose bemüht und dabei alle vier Ebenen abfragt. Daraus kann sich dann auch eine sehr differenzierte Therapie ergeben. Die Anthroposophische Medizin bietet hierfür eine Fülle medikamentöser bis kunsttherapeutischer Behandlungsmethoden an. Hierzu sei auf weiterführende Literatur verwiesen.[75]

Frage: *Wie ordentlich ist eigentlich ordentlich genug?*
Antwort: Das ist sehr individuell. Eine Antwortmöglichkeit wäre: Wenn Sie zu jedem Augenblick Gäste, auch unerwartete Gäste empfangen könnten, ohne dass Sie beim Türöffnen anfangen, Ausreden zu geben, warum es jetzt gerade ein bisschen unordentlich bei Ihnen aussieht.

Frage: *Ordnung zu schaffen macht mir keine Mühe! Aber ich kann die Ordnung einfach nicht aufrechterhalten, und das macht mich verrückt. Wie kann ich das ändern?*
Antwort: Wie lange hält denn die Ordnung an, und wie entsteht die Unordnung? Wenn zum Beispiel jeden Abend vor dem Zu-Bett-Gehen jeder noch schaut, welche persönlichen Gegenstände nicht in die Gemeinschaftsräume gehören, so ist es doch schnell wieder aufgeräumt zuhause. Oder wenn die Papiere direkt dorthin

versorgt werden, wo sie hingehören! In der Küche hilft es, wenn alles, was nicht mehr gebraucht wird, sofort wieder an den Platz zurückkommt, wo es hingehört. Und: Beobachten Sie doch einmal Ihre Gesten eine Zeit lang genau! Oder versuchen Sie vielleicht vier Wochen lang, täglich einen Raum ordentlich zu halten — es könnte zur Gewohnheit werden!

Frage: *Ich bin mit allem so furchtbar in Verzug, dass ich immer glaube, ich könnte nie wieder alles in Ordnung bringen. Wenn ich mit allen Räumen fertig bin, dann sieht der erste doch schon wieder genau so schlimm aus wie vorher. Und dann habe ich ja noch nicht einmal mit dem Keller und dem Speicher begonnen! Wo und wie fange ich bloß an?!*
Antwort: Wenn es so schlimm steht, dann vergessen Sie erst einmal den Speicher und den Keller. Natürlich sollen die liegen gelassenen Dinge auch wieder aufgeräumt werden; aber wichtig ist erst einmal, einen Rhythmus für den Alltag zu finden. Notwendig ist doch: Das Essen soll auf dem Tisch stehen, und alle sollen etwas Sauberes zum Anziehen haben. Es soll wenigstens so sauber sein, dass es kein Ungeziefer gibt. Und die Rechnungen sollten so weit bezahlt sein, dass das Telefon, Elektrizität und Wasser zur Verfügung stehen. Sicher sollten auch die Versicherungen bezahlt sein, damit ein Schaden bezahlt werden kann, falls etwas passieren sollte. Für all diese Dinge braucht es einen Rhythmus, tägliche und wöchentliche Rhythmen. Rhythmus entlastet und gibt Halt. Wenn Sie erst Ihren Rhythmus gefunden haben und sich daran halten, werden Sie nie wieder ernsthaft in Verzug mit den Aufgaben kommen.
Vielleicht haben Sie Freundinnen, die in der gleichen Situation sind, dann könnten Sie sich gegenseitig helfen.

Frage: *Wie entscheide ich mich, was ich behalten und was ich wegwerfen oder weggeben soll?*
Antwort: Fragen Sie am besten nicht, ob Sie es noch gebrauchen könnten, sondern: Warum will ich es wirklich behalten? Aus Schuldgefühl? Was gibt es mir? Macht es mir Freude oder belastet es mich?

Frage: *Mir scheint, mein Haus wird immer voller. Wie kann ich das ändern?*
Antwort: Ordnung schaffen fängt oft beim Einkaufen an. Da kann man sich ernsthaft fragen, ob das, was man gerade in der Hand hält, wirklich notwendig ist. Kaufe ich es einfach, weil es gerade so günstig ist?! Oder bin ich eventuell schon zum Abfallkorb meiner Familie geworden? Kommt alles, was die anderen nicht mehr wollen zu mir? Warum sage ich in so einem Fall nicht einfach *Nein!*? Man kann sich auch vornehmen: *Wenn etwas Neues reinkommt, soll etwas Altes raus!*

Mein Mann hatte so eine Sache mit den Schuhen. Kaufte er ein neues Paar, wollte ich gleich wissen, welches von den alten wir jetzt entsorgen dürften. Dann folgte meistens folgendes Gespräch:

Darf dieses Paar jetzt weg? —
Nein, die brauche ich für die Putzarbeit. —
Aber Du hast doch bereits welche dafür? —
Ja, aber die werde ich jetzt für die Gartenarbeit nehmen. —
Dann dürfen die alten Gartenschuhe also jetzt weg? —
Die könnte ich ja brauchen, wenn ich nach dem Regen das Gemüsebeet umgraben muss. ...
Und so könnte es natürlich ewig weiter gehen.

Frage: *Bei meiner Freundin sieht es eigentlich immer etwas unordentlich aus, und doch habe ich das Gefühl, dass es nicht wirklich so ist. Warum erlebe ich aber die Unordnung bei mir ganz eindeutig als Unordnung?*
Antwort: Ich glaube, es hat mit einer grundlegenden Ordnung und Pflege zu tun. Man spürt, wenn ein Haus gepflegt wird. Genauso, wie ein Chaos eiligst unterm Bett oder Sofa versteckt werden kann, um Ordnung vorzutäuschen, könnten herumliegende Spielsachen oder eine übervolle Arbeitsfläche in der Küche einen Eindruck von Chaos vermitteln, obwohl es innert Minuten wieder aufgeräumt sein kann. Wie oft habe ich schon gesagt: *Es ist nicht so schlimm, wie es aussieht!* weil ich wusste, dass es nur ganz wenig Zeit braucht, um alles wieder in Ordnung zu bringen.

VIII. Rhythmus

Ein gesunder Rhythmus ist lebenswichtig und will gepflegt werden. Der ganze Kosmos und seine Gesetze basieren auf Rhythmus. Was einen Rhythmus hat, hat auch eine Ordnung.

Wenn ich jemanden in die Arbeit einführe, weise ich immer auf die Bedeutung des Rhythmus hin. Bewegung aus Rhythmus macht nicht müde. Müde wird man, wenn man allein aus dem Gliedmaßen-Willensbereich heraus arbeitet, wenn man mit kämpferischen, chaotischen Bewegungen Schultern und Nacken anspannt. Wenn wir uns aber mit unserer Tätigkeit verbinden, wenn es uns gelingt, uns der Tätigkeit ganz hinzugeben, dann können wir auch in den der jeweiligen Arbeit eigenen Rhythmus hineinkommen. Die Arbeit scheint dann auf einmal leichter, so als ob uns geholfen würde. Oft verschwindet sogar die Müdigkeit und ein Gefühl von Zufriedenheit und Freude überkommt uns.

Wir haben manchmal auch das Gefühl, es werde uns Zeit geschenkt. In vielen Kulturen finden wir Rhythmen, die einst die Tagesabläufe bestimmten. Sogar die Wochen-, Monats- und Jahresrhythmen gaben Halt und Struktur. Vor allem in der Landwirtschaft, aber auch im Straßenbau (dort, wo der rhythmische Teil der Arbeit noch nicht an die Technik delegiert wurde), sangen und singen die Menschen gerne bei der Arbeit. Ich habe es noch als Kind erlebt wie die Einheimischen in Südafrika beim Ausheben von Gruben nach dem Rhythmus eines Vorsängers arbeiteten. Als dann aber einmal ein weißer Vorarbeiter meinte, der Rhythmus sei zu langsam, sie sollten mit dem Singen aufhören, ging die Arbeit überhaupt nicht mehr weiter.

An einer Straßenecke in Johannesburg gab es einen kleinen schwarzen Schuhputzer. Ich beobachtete ihn sehr gerne bei seiner Arbeit, die er mit Herzenslust und Freude machte. Er sang dabei immer lustige, muntere Liedchen. Einmal kam ein Pfarrer, um seine Schuhe putzen zu lassen, und fragte den Jungen, warum er nicht ein Loblied an den Herren sänge, während er so arbeitete. Sofort stimmte der Junge einen Kirchgesang an. Nach zwei Strophen hörte er auf und sagte: *Nein, Master, bei dem Tempo werde ich ja nie fertig!*

Wir sprechen oft von einem *gesunden Rhythmus*. Rhythmische Prozesse sind Grundlage aller Heilungsvorgänge, und durch Rhythmus können wir in unserem Alltag sehr viel zur Gesundung unserer Beziehungen beitragen — nicht nur der Beziehungen zu unseren drei Tempeln (physischer Leib, Lebens- und Seelenleib), sondern auch zu unseren sichtbaren und unsichtbaren Hausgenossen.

Rhythmus ist Kraft — wer dies erkennt, wird mit dem Tag anders fertig. Rhythmus dürfen wir aber nicht mit Routine verwechseln. Alles, was sich im Leben wiederholt, kann zur Routine werden, und nichts ist erdrückender als ein monoton verlaufender Alltag. Eine rhythmische Betonung dagegen bringt Farbe ins Leben und erleichtert die Tätigkeit. Hier sind der Phantasie keine Grenzen gesetzt. Es muss nicht immer ein täglicher Rhythmus sein. Der Rhythmus kann auch durch eine spezielle Aufmerksamkeit einmal in der Woche gepflegt werden, zum Beispiel an einem bestimmten Tag, den Tisch als Festtisch zu decken oder nur an diesem Tag ein bestimmtes Lied zu singen.

Arbeiten wir mit anderen Menschen zusammen, hilft es sehr, sich bewusst zu machen, dass der Mensch als ein Mikrokosmos im Meso- und Makrokosmos lebt. Es gibt Rhythmen im Jahreslauf, die uns alle beeinflussen, sei es bewusst oder unbewusst. Wir arbeiten nicht an allen Tagen gleich gern, und im Frühling fällt uns vieles leichter als im Winter. Aber auch innerhalb nur einer Jahreszeit erleben wir schon Unterschiede: Im September fühlen wir uns anders als im November, obwohl beides Herbstmonate sind.

Ich musste ziemlich bald lernen, dass Menschen zu verschiedenen Zeiten anders arbeiten und dass es eine unnötige Überforderung darstellt, das Gleiche im Mai wie im November von einem Menschen zu verlangen. Dies traf auf das Reinigungspersonal in meiner Firma zu wie auf die Studenten und Studentinnen am Goetheanum, und auch auf die Schülerinnen und Schüler, die ihr Schulhaus selbst zu reinigen haben.

Rhythmus im Alltag, in den kleinen Dingen, ist vor allem wichtig, weil wir heutzutage so oft chaotisierenden Kräften ausgesetzt sind (unrhythmisches Verhalten, Unordnung, Durcheinander in den Abläufen).

Manchmal ist es sehr schwer, einen klar gegliederten Rhythmus, aus dem die Ordnung hervorgeht, zu schaffen. Da muss man sich ständig anstrengen, das Wesentliche vom Unwesentlichen zu unterscheiden. Man muss sich immer wieder fragen, was jetzt gerade wichtig ist und sich dann darauf konzentrieren. Dagegen ist es natürlich so viel einfacher, sich dauernd zerstreuen zu lassen.

Jeder Mensch muss selbst entscheiden, wie sein Haushalt geführt werden soll. Wie schaffen wir es, uns dabei wohl zu fühlen, ohne das Gefühl zu haben, von einer Aufgabe zur nächsten zu hetzen?

Hier kann ein Rhythmus unterstützend sein. Wenn ich weiß, dass ich am Mittwoch meine Wäsche mache, muss ich mich für den Rest der Woche nicht darum kümmern. Es gibt einen Rhythmus für den Haushalt, und es gibt einen Lebensrhythmus. Im Gegensatz zur Routine, die zermürbend sein kann, ist der Rhythmus etwas Lebendiges. Er wird bewusst gesetzt, er entlastet und gibt Halt.

Mit *Lebensrhythmus* spreche ich primär das menschliche Leben im Haushalt an:

Aufstehen, in die Schule oder zur Arbeit gehen, Mahlzeiten einnehmen, Hausaufgaben machen, Sport betreiben, Musikunterricht besuchen und üben, Zähne putzen, Waschen, Geschichte vorlesen, ins Bett gehen. Auch die Umsorgung der Haustiere gehört zu diesem Bereich.
Ein fester Rhythmus ist besonders wichtig, solange die Kinder einer Familie noch klein sind. Es gibt tausend Arten, wie wir den Tagesrhythmus individuell gestalten können. Auch die Geburtstage, Jahresfeste, Ferien und so weiter können als Rhythmusgeber gepflegt werden.
Was wiederholt sich ständig im Haushalt? Womit werden wir immer wieder konfrontiert? Essen müssen wir mehrmals am Tag. Ohne Bekleidung verlassen wir nicht das Haus.
Damit wir uns wohl fühlen und auch gastfreundlich sein können, brauchen wir ein bestimmtes Maß an Ordnung und Sauberkeit. Das gilt auch für den Garten, soweit einer vorhanden ist. Das alles braucht Unterhalt. Dann sollen noch die Glühlampen ersetzt werden, der Staubsauger und die Heizung müssen funktionieren, und die Türen und Schubläden sollten problemlos auf- und zugehen.
Um das alles zu bewältigen, brauchen wir einen Rhythmus. Je besser der Rhythmus gepflegt wird, desto besser bleibt alles im Fluss.

1. Nahrung

In einem Wohnhaus, in dem ich einmal lebte, konnte man den Wochentag am Duft im Treppenhaus erkennen! Am Montag wurde gewaschen, und es gab Minestrone. Am Dienstag wurde gebügelt, und dazu gab es Obstkuchen, je nach Jahreszeit. Am Mittwoch wurde die ganze Wohnung gründlich gesaugt, und es gab immer Pizza. Am Donnerstag gab es Linsen mit Speck, am Freitag wurde Brot gebacken, und es gab Fisch. Samstag war Einkaufstag, dann war das Essen nie so ganz klar definierbar. Am Sonntag gab es Braten. So genau muss es natürlich nicht sein, aber für viele Menschen scheint solch ein Rhythmus erleichternd.
In meiner Kindheit in Südafrika kauften wir immer am Freitag ein — für die ganze Woche. Jetzt, da ich in der Schweiz lebe, bekomme ich montags mein Gemüse vom Bauern geliefert. Und je nach dem Inhalt der Lieferung richte ich dann mein Kochen für die Woche ein.
Beim Planen eines Rhythmus sollte alles, was mit dem Essen zusammenhängt, berücksichtigt werden. Auf das Einkaufen (mit oder ohne Einkaufsliste) folgt das Auspacken und Versorgen. Zum Kochen selbst gehört das Abräumen, Abwaschen, Abfall trennen und entsorgen, Kompost wegbringen und so weiter. Ist ein Gemüsegarten vorhanden, ist ein weiterer Rhythmus zu berücksichtigen:

Aussähen, Pflanzen, Jäten, Gießen, Ernten. Schön ist es, wenn die kleinen Kinder diese Abläufe alle miterleben können.
Als meine Kinder noch zu Hause wohnten, war es immer Regel, dass die Männer mittags und die Frauen abends für den Abwasch verantwortlich waren. An einem Tag fegten die Männer den Boden und am nächsten Tag die Frauen. Dieser Rhythmus war so verankert, dass der Kinderbesuch ganz selbstverständlich daran teilnahm, um anschließend schneller spielen zu dürfen. Manchmal wurde getauscht, weil jemand weg musste.
Für die Nahrungsmittel brauchen wir Raum, und zum Kochen brauchen wir das *Rüstzeug*, benötigen wir Töpfe — allerlei Dinge, die uns dienen, damit wir uns ernähren können. Zum Essen brauchen wir Tische, Stühle, Tischtücher, Teller, Besteck und so weiter. Auch diese Dinge brauchen Raum und Pflege.
Die Küche mit dem Herd war immer — und ist es oft noch heute — das Herzstück des Hauses. Da dies der Ort ist, an dem am meisten gearbeitet wird, sollte er so gut und gemütlich wie möglich eingerichtet sein. Dinge, die wir nicht brauchen, sollten nicht kostbaren Platz einnehmen und uns wohl möglich auch noch ärgern. Es ist gut, von Zeit zu Zeit zu prüfen, ob alles, was Platz in der Küche einnimmt, auch wirklich dort hin gehört.
Auch die Atmosphäre und die Schönheit eines Hauses gehört zur Nahrung des Menschen: dazu gehören auch die Wärme und die Liebe, die in einem Haus leben.

2. Bekleidung

Bei dem Stichwort *Bekleidung* kommt uns gleich eine ganze Palette in den Sinn: Einkaufen oder selbst nähen, Flecken behandeln, waschen, flicken, bügeln, zusammenlegen, versorgen ... und sehr wichtig: entsorgen! Es gibt heute gar nicht mehr so viele Menschen, die noch flicken oder stopfen. Aber Knöpfe gehören angenäht, und eine Naht gehört zugenäht. Auch der Saum sollte genäht sein und vielleicht sollte auch ein Reißverschluss ersetzt werden. Wann hat man bloß Zeit für das alles?
Ich habe eine kleine Kiste mit Nähzeug bei meinem Bügelbrett, um auch gleich die *Reparaturen* ausführen zu können, wenn sie auffallen. Bei einer meiner Schwestern wussten ihre Familienmitglieder immer, wo sie zu suchen hatten, wenn sie ihre Kleidungsstücke nicht mehr fanden: Ihr Flickkorb war immer voll. Ich erlebe oft Freundinnen beim Stricken, während wir plaudern — selten aber beim Flicken. Dabei wäre das doch eine gute Gelegenheit dazu. Eine Freundin von mir nimmt immer etwas zum Nähen und Stopfen mit, wenn sie zum Arzt oder zum Zahnarzt geht.

Flecken lassen sich am einfachsten dann entfernen, wenn sie noch frisch sind. Später ist dann das Einweichen auch immer noch eine gute Sache. Spätestens beim Bügeln sollte nochmals ein Blick auf die frisch gewaschenen Kleidungsstücke geworfen werden. Über einen Fleck darf nicht einfach gebügelt werden, er ist dann meist nicht mehr wegzubekommen.
Man kann sitzend oder stehend bügeln. Früher habe ich gerne Musik beim Bügeln gehört, heute gibt es Hörbücher, Vorträge, sogar Sprachkurse, die man beim Bügeln hören kann. Sobald die Kinder groß genug sind, können sie lernen, selbst zu bügeln. Ich habe recht früh aufgehört, für meine Kinder zu bügeln. Unterdessen hat sogar mein Mann es gelernt. Für ihn lässt es sich sehr gut mit einer Sportsendung im Fernsehen verbinden. Ich selbst nutze gern ein Tennismatch mit Roger Federer, um einen ganzen Berg Wäsche weg zu bügeln!
Eine gute Freundin von mir schenkt ihrem Mann jedes Jahr zum Geburtstag ganz besondere Bücher. Er ist Arzt und bügelte früher immer vor dem Fernseher, um Abstand vom Arbeitstag zu bekommen. Seit fast fünfzehn Jahren gehört zum Geburtstagsgeschenk, dass sie ihm beim Bügeln die Bücher vorliest.
Dann gibt es noch die Bettwäsche. Gibt es einen Rhythmus für das Abziehen und Waschen? Hat es genug Bettwäsche, um das Bett auch gleich wieder frisch zu beziehen? Oder auch, damit die frisch gewaschene Bettwäsche zusammengelegt und versorgt werden kann? In meiner Kindheit gab es nur eine Garnitur pro Bett, und wir freuten uns ganz besonders auf die frisch getrocknete Wäsche, die oft — weil es bei uns so selten regnete — noch wunderbar nach Gras und Wiese duftete!
Es gibt Menschen, die glauben, dass die Wäsche auch prompt gesehen werden darf, kaum dass sie gewaschen ist. Der Wäschekorb bleibt manchmal tagelang im Wohnzimmer stehen. Oder Gebügeltes wird nicht gleich versorgt. Und wenn dann jemand in den Stapeln wühlt, hat es oft unangenehme Folgen für die anderen Kleidungsstücke.
Ein sehr wichtiger Teil der Bekleidung ist ihre Anschaffung und Entsorgung. Wie viele Kleidungsstücke braucht ein Mensch? Wann hat ein Kleidungsstück ausgedient? Wie lange bewahre ich die Kinderkleider auf, und lohnt es sich, alles aufzubewahren, was ich einmal gekauft oder geschenkt bekommen habe, auch wenn niemand es je mehr anziehen wird? Oder die vielen schönen Kleider, die mir nie wieder passen werden? Lohnt es, sich mit den vielen Kleidungsstücken, die Schränke, Speicher und Keller füllen, zu belasten — oft ja ohne, dass sie beachtet werden? Ist das dieser Sachen würdig? Dieser Dinge, die uns doch einmal gedient und Freude bereitet haben?
Eine gute Gelegenheit, die Kleider genau anzuschauen, besteht in den Momenten, in denen wir die Wintersachen versorgen und die Sommersachen wieder herausholen. Wenn ich etwas sehe, das ich seit Jahren nicht mehr getragen habe,

wäre jetzt nicht vielleicht eine Gelegenheit, mich davon zu trennen? Oder, falls es doch zu schwierig ist, kann man sich in dem Moment entscheiden, das Kleidungsstück mit dem Vermerk zu versorgen: *Wenn ich dich im kommenden Sommer nicht anziehe, dann darfst du gehen.*

3. Ordnen und Putzen

In früheren Zeiten war die Gastfreundschaft eine heilige Aufgabe. Heute mangelt es oft an dieser Tugend, weil Menschen sich schämen, Gäste zu empfangen, oder weil es zu viel Stress verursacht aufzuräumen, um Gäste überhaupt empfangen zu können. Das kann in extremen Fällen sogar in eine soziale Isolierung führen. Auch hier ist es wichtig, einen Rhythmus zu finden, der auf die eigenen Bedürfnisse und auf die Familie abgestimmt ist. Hauptsache, es funktioniert. Einige Menschen putzen gerne täglich eine Etappe: Montag das Bad, Dienstag die Wohnräume, Mittwoch die Schlafzimmer und so weiter. Für wen das so stimmig und praktisch ist, für den soll es auch so bleiben.

Es gibt im Haushalt Dinge, die täglich gemacht werden sollten, andere wöchentlich und wieder andere zwei oder drei Mal im Jahr. Dafür brauchen wir einen Ort, an dem wir Geräte, Mittel, Material und so weiter versorgen können, damit wir sofort das Nötige finden können, wenn es gebraucht wird. (Darauf gehe ich dann noch im praktischen Teil ein.)

Für mich persönlich funktioniert es mit dem wöchentlichen Saubermachen gut. Mit dem Gedanken zu leben: *Ich mache die Hausarbeit, wenn ich Zeit dazu habe*, das wäre für mich undenkbar! Ständig würde mir da etwas auf den Schultern lasten!

Als meine Kinder noch zu Hause waren, haben wir immer am Donnerstagnachmittag geputzt, weil sie dann schulfrei hatten. Da sowohl mein Mann als auch ich selbständig erwerbend waren, wurden für diesen Nachmittag auch keine Aufträge angenommen. Das Haus wurde in vier Bereiche eingeteilt: Bad und WC waren meine Aufgaben. Meine Tochter staubte ab und versorgte die Pflanzen. Mein Sohn saugte und wischte Flur und Treppenhaus, mein Mann saugte alle Böden im Erdgeschoss und unser Schlafzimmer. Die Kinder waren für ihre Schlafzimmer zuständig, und die Küche wurde ja sowieso täglich gemacht. Das Haus war zweihundertsechsundvierzig Quadratmeter groß, und wir brauchten nie mehr als eine Stunde pro Person, das heißt also insgesamt vier Stunden pro Woche. Falls jemand aus irgendeinem Grund am Donnerstag nicht dabei sein konnte, musste die Arbeit am Mittwoch *vorgeholt* werden. Ein Nachholen klappte zu selten — auch eine Erfahrung!

Wenn mich jemand am Mittwochabend besuchte, war es durchaus möglich, vor allem im Winter, hie und da eine *Staubmaus* zu sehen. Es störte mich nicht, weil ich wusste, dass ja am Donnerstag geputzt würde. Selbstverständlich wurde etwas gleich weggeputzt, wenn es störte oder zu sehr auffiel, aber sonst hatte ich den Rest der Woche frei, und das war immer ein Genuss.
Jedermann und Jedefrau könnten versuchen (wenn es als wichtig empfunden wird!), das gleiche im eigenen Schlafzimmer zu versuchen. Eine Seminarteilnehmerin erzählte, dass sie ihre kleine Tochter auf eine besondere Art zum Aufräumen anregen konnte: Sie stand in der Türe und sagte: *Ich sehe etwas, und das ist blau!* Dann wurden alle blauen Gegenstände gefunden und versorgt. So konnten sie meistens spielerisch alle herumliegenden Dinge aufräumen, weil die Kleine gleich noch eine weitere Farbe aufräumen wollte.
Geschirr sollte am besten immer sofort gespült werden, entweder von Hand — oder es sollte gleich in die Geschirrspülmaschine eingeräumt werden. Frisches Geschirr reinigt sich am schnellsten mit weniger Wasser, Spülmittel und Zeit. Herumstehendes, schmutziges Geschirr zeitigt natürlich gleich wieder seine Wirkung auf die Atmosphäre (nicht nur) in der Küche. Es sollte auch vermieden werden, über Nacht schmutziges Geschirr stehen zu lassen, vor allem im Sommer, wenn Ungeziefer eher ein Problem sein kann. Ein Student bat mich einmal um Rat. Er arbeitete in einer Familie und musste als erstes das Geschirr spülen. Die Familie verwendete immer solange das Geschirr, bis es keine sauberen Sachen mehr gab, und der Student musste dann zum Teil wochenalten Schmutz entfernen. Da ist guter Rat teuer. Er hatte nicht den Mut, die Familie darauf anzusprechen ...

Ich stehe gerne morgens früh auf, weil dies meine ganz persönliche Zeit ist. Keine Kinder, kein Telefon, nur Ruhe und Stille. Dann kann ich lesen, meditieren, schreiben, sogar flicken oder ganz in Ruhe etwas aufräumen. Diese Zeit ist mir heilig, und da ist eine aufgeräumte Küche eine Selbstverständlichkeit. Wenn ich meinen Wasserkocher anstelle, soll es ordentlich sein.
Eine Freundin in Amerika meinte dazu, dass sie immer ihren Morgen damit anfange, die Kaffeetassen und andere Kleinigkeiten abzuwaschen, die ihre Familie noch nach dem Abendessen verwendet hatte. Für sie sei es ein Ankommen in der Realität des Alltags.
Ich versicherte ihr, dass ich keine Intention hätte, das zu ändern, was gut funktioniert, vor allem nicht, wenn es einem auch noch Freude bereitet. Persönlich ist es mir einfach wichtiger, einen neuen Tag frisch zu beginnen — ohne Altlasten vom Vortag. Als sie mich ein Jahr später beim nächsten Besuch begrüßte, sagte sie strahlend: *Alles hat sich geändert. Jeder in unserem Haushalt wäscht sein Geschirr am*

Abend ab, und alles wird versorgt. Seit Monaten genieße ich auch die Stille des Morgens und habe viele Dinge nachgeholt, die ich schon längst habe machen wollen!

Noch etwas, was mir wichtig ist, ist mein Waschbecken im Badezimmer. Nach dem Zähneputzen wird es sofort mit einem weichen Tuch gewischt. Es ist ein großes Doppelbecken, aber da ich es täglich putze, brauche ich kein Putzmittel — und kaum dreißig Sekunden dafür! Beim Aufstehen strahlt mir dadurch immer ein glänzend weißes Waschbecken entgegen und vermittelt mir damit ein Lebensgefühl, auf das ich nicht verzichten möchte.

Ich brauchte einmal dringend eine Vertretung für einen Putzauftrag in einem Labor, in dem es sehr wichtig war, geschultes Personal einzusetzen. Studenten konnten diese Arbeit nicht machen. Ich entschloss mich daher, eine junge Frau aus Puerto Rico anzustellen und bat ihren Mann (sie konnte kaum Deutsch sprechen), sie zu mir zu bringen, um sie vor ihrem ersten Einsatz instruieren zu können. Obwohl er mir versicherte, sie hätte schon in vielen Reinigungsfirmen gearbeitet, bestand ich darauf, sie bei mir zu Hause vorher doch noch einmal einzuführen. — Das war dann allerdings eine sehr schwierige Aufgabe für mich, denn sie insistierte darauf, eigentlich schon alles zu wissen. Sie nahm nichts von dem, was ich ihr versuchte beizubringen, auf. Ich zeigte ihr den Abwaschtrog in der Küche, gab ihr ein Mittel und bat sie darum, ihn zu reinigen. *Wo Vif?* kam ihre Gegenfrage. Ich sagte ihr, sie solle das Mittel verwenden, das ich ihr gab. Sie gab einige Spritzer auf die Oberfläche und husch, husch, husch war sie fertig, ohne auch nur eine Ecke vom Wasserhahn berührt zu haben. *Das ist nicht sauber* sagte ich und zeigte ihr das, was sie übersehen hatte. Sie wiederholte den Vorgang, änderte aber gar nichts dabei! Ich zeigte ihr, wie es mit dem Staubsaugen vor sich geht, und auch hier ignorierte sie meine Angaben und saugte einen *Fächer* um sich herum. Aus lauter Verzweiflung sagte ich: *Und jetzt zeige ich dir, wie ich eine Toilette putze!* Ich nahm mein Werkzeug und meine Mittel, kniete mich vor der Toilette nieder und fing an ganz gründlich die Toilette zu putzen. Sie wurde ganz still, und ich spürte wie ihre ganze Aufmerksamkeit auf die Arbeit gerichtet war. Wir sprachen kein Wort, und als ich fertig war, sagte sie mit glänzenden Augen: *Du wunderbar putze, ich so putze wie Du!* Ich bat sie noch einmal, den Trog in der Küche zu putzen und musste kein Wort mehr dazu sagen, sie wusste, wie sie zu putzen hatte. Ihr Einsatz dauerte sechs Monate, und sie war sehr beliebt und geschätzt.

Es ist also nie zu spät, jemandem etwas Neues beibringen zu wollen. Der Mensch bleibt lernfähig, und sogar die Möglichkeit nachzuahmen verlieren wir nie ganz!

Manchmal kann ein Arbeitsrhythmus auch begrenzend sein. In einem Heim mit behinderten Jugendlichen bat eine Betreuerin mich um Rat. Ein Jugendlicher mit

Down-Syndrom war sehr tüchtig und gründlich. Es war seine Aufgabe, wöchentlich den Festsaal zu reinigen. Dies machte er mit Hingabe. Zuerst fegte er ganz rhythmisch durch den Raum, und dann wischte er mit Wasser und Mop. Das Problem war, dass er nie Flecken oder kleine Krusten, die am Boden klebten, wegmachte. Obwohl die Betreuerin es ihm mehrmals gezeigt und erklärt hatte, vergaß er die Welt, sobald er seinen Arbeitsrhythmus gefunden hatte.
Ich nahm daraufhin ein kleines Eimerchen mit Schwämmchen. Bevor er zu fegen anfing, gingen wir auf *Fleckensuche* und beseitigten sie. Das Muster musste verändert werden, weil der Rhythmus für ihn absolut tragend war.
Zum Reinigen gehört auch die persönliche Hygiene. Haben die Kinder einen Rhythmus, einen bestimmten Tag, an dem sie gebadet werden, an dem die Haare gewaschen und die Nägel geschnitten werden?
Auch für die Haustiere braucht es Reinigung und Pflege. Gibt es Käfige, Katzenstreu, Fressnäpfe, die gesäubert werden müssen? Sollen die Tiere gebürstet, entlaust, gewaschen werden? Wann und an welchem Tag der Woche nehme ich mir das vor? Wird hier ein gesunder Rhythmus gefunden, dann ist es möglich, Dinge regelmäßig zu erledigen und mit den verschiedenen Aufgaben à jour zu bleiben. Können wir zuhause unsere Rhythmen halten, dann werden wir auch mit dem Haushalt zurechtkommen.

Frühlingsputz

Früher gab es im Jahreslauf auch Putzrhythmen. Heute ist für viele Menschen der Frühlingsputz nur noch ein Begriff. In Südafrika kannten wir noch den Osterputz — dort ist Ostern im Herbst — und der Voradventsputz, was bei uns dann eigentlich der Frühlingsputz ist.
Auch in Europa gibt es noch verschiedene Frühlingsbräuche. Viele haben mit Feuer und Verbrennung zu tun, mit Reinigung und Läuterung — wie zum Beispiel das Verbrennen des *Bööggs* in Zürich.
Bei den Mayas zur Zeit von Kolumbus war der erste Monat des neuen Jahres der Monat *Pop*, eine Zeit der Erneuerung — im übertragenen wie im buchstäblichen Sinne: Das Geschirr, die Flechtmatten, die Kleider des alten Jahres wurden zerstört, und statt ihrer wurden neue Töpfe getöpfert, neue Matten geflochten, neue Kleider genäht.
In den ersten drei Jahrhunderten des Christentums wurde im Wesentlichen nur das Osterfest, die glorreiche Auferstehung Christi, gefeiert, in geringem Maße auch Pfingsten. Eine der ersten Erweiterungen war die Karwoche, dann folgten die vorösterliche Fastenzeit und der Aschermittwoch.
Seit eh und je haben die Menschen immer die Wendezeiten im Jahreslauf mit den unterschiedlichsten Festen gefeiert. Und vor diesen Festen wurde — geputzt. Ein

junger Mann aus Nordafrika putzte einmal in meiner Firma, und als ich ihn wegen des zu vielen Staubes in seinem Arbeitsbereich ansprach, fragte er ganz erstaunt: *Wischt ihr denn immer Staub? Man macht das doch nur für die hohen Festtage.* Wenn man am Rande der Wüste lebt, hat man ein ganz anderes Verhältnis zum Staub.

Die Hausreinigung als Vorbereitung auf die Oster- und Adventszeit gibt uns die Möglichkeit, Raum für das zu schaffen, was auf uns zukommen will. Durch die bewusste Pflege können wir in dieser chaotischen und meist sehr stressvollen Zeit, eine Oase der Ruhe und Ordnung schaffen.

Frühling und Auferstehung! Das gilt nach einem langen, kalten Winter auch für uns selbst. Auf einmal sehen wir alles, was in der dunklen Jahreszeit nicht so sichtbar war: die Staubschichten, die Spinnweben ... Die Fenster werden weit geöffnet, Staubwedel und Putzlappen hervorgeholt, Möbel werden weggezogen, Teppiche herausgetragen und geklopft, Bettzeug wird gewaschen, die Matratzen gelüftet. Ähnlich wie bei den Mayas haben auch wir Gelegenheit, alte Kleider auszusortieren (oder eben nicht!).

Alle, die schon mal so richtig einen Frühjahrsputz gemacht haben, kennen diese große Befreiung, die über uns kommt, und die große Freude, durch blitzblanke Fensterscheiben zu schauen! Das Haus wirkt heller und größer.

Wir machten einmal in einem großen Haus einen Frühlingsputz. Die Kundin hatte uns angefragt; sie hatte uns aber auch vorgewarnt, viel Zeit dafür einzuräumen. Sie war eine Kleinbäuerin. Genau so schön, wie ihre Tiere und der Garten gestaltet waren, ebenso schlecht sah es dann aber im Haus aus. Der Auftrag lautete: Bitte vom Dachboden bis zum Keller alles saubermachen. Schränke und Schubladen sollten innen sortiert und außen gereinigt werden. Zeitlich gab es keine Begrenzung und die Kosten sollten keine Rolle spielen. Dieses Haus war ein Erlebnis! In der Küche klebte alles, aus dem Backofen holte ich vier Kehrschaufeln von etwas heraus, das wie Holzkohle aussah. In den Schränken fanden wir Nahrungsmittel, die seit zwölf Jahren abgelaufen waren, und in Glasbehältern waren nur noch winzige Überreste von Getreide von den Motten zu unterscheiden. — Wir legten los, und als der zehnjährige Junge zum Mittagessen nach Hause kam, rief er verwundert: *Mami, habt ihr die Wände gestrichen, es ist so hell im Haus?* Die Wände hatten wir aber noch gar nicht berührt, doch nach 16 Stunden Einsatz hatten wir bereits so viel Altes entfernt, dass das Haus schon so befreit wirkte, dass das Kind es als hell empfand.

Am Nachmittag fing ich dann mit dem Zimmer des Jungen an. Es war entsetzlich. Er hatte in seinem Schlafzimmer Vögel, Meerschweinchen und Hamster — dazu viele weitere kleinere Tiere. Der Teppich war von Flöhen befallen! Alle Vorhänge wurden abgenommen und gewaschen, Teppich und Matratze mit einer Heissdampfmaschine bearbeitet. Die *(größeren)* Tiere ließ ich draußen auf dem Flur stehen. Nach sechsundneunzig Stunden intensiver Arbeit, war das Haus wie neu. Wochen später begegnete ich der Bäuerin im Dorf, und sie erzählte mir, dass der Junge die Tiere gar nicht mehr in seinem Zimmer haben wollte. Sie fanden alle im Wintergarten einen Platz — eine viel bessere Lösung (auch weil dort ein Steinboden war). Der Junge wäre auch so begeistert von seinem schönen Zimmer gewesen, dass er sich während eines ganzen Monats darum bemüht habe, es auch so zu erhalten. Leider, sagte sie, fängt es jetzt wieder an nachzulassen. Für ein zehnjähriges Kind ist das allerdings schon eine tolle Leistung. Einem Kind in diesem Alter das Aufräumen und Putzen des Zimmers ganz allein zu überlassen, ist eine Überforderung.

Früher wurden zum Frühlingsputz sogar Wanderarbeiter herbeigezogen, so wie heute noch in der Erntezeit. Es gab sogar eine Zunft für Bohnerer, wie eine sehr schöne Schilderung von Margarita Woloschin (1882—1973) erzählt:[76]
Keine Parkettböden können jetzt so glänzen, wie sie damals geglänzt haben, denn die Zunft der Bohnerer, der 'Polatjory' ist aus der Welt verschwunden. Jede Woche erschienen in unserem Haus fünf bis sechs Männer, barfuss in weiten schwarzen Sammethosen und roten Hemden, die bis zu den Knien reichten und an den Hüften mit einem Gürtel lose gehalten waren. Vor ihnen musste alles weichen; die Teppiche rollten sich zusammen, Möbel drückten sich an die Wand. Die Stunden wurden unterbrochen, wenn diese Kumpanei erschien.
Jeder band sich an den rechten Fuß eine Sandale, die mit gewachsten Bürsten unterlegt war. Und dann bewegten sie sich in einer Reihe durch den Raum, die Hände hinter dem Rücken gekreuzt, mit dem rechten Fuß einen Halbkreis von rechts nach links, von links nach rechts umschreibend; mit dem linken Fuß sich vorwärts schiebend. Die Haarsträhnen hingen ihnen ins Gesicht und pendelten im Takt mit. Von Zeit zu Zeit blieb einer stehen und rieb eifrig mit dem Fuß vor und zurück. Das alles geschah mit elementarer Kraft in einem ungeheuren Tempo. So durchtanzten sie Saal um Saal, Zimmer für Zimmer. Und wenn sie das Haus verließen und einen Geruch von Schweiß, mit duftendem Wachs und Terpentin vermischt, hinterliessen, spiegelten unsere Böden herrlich.
Unsere kleine Familie bedienten vier Dienstmädchen, ein Hausdiener, ein Küchenknecht, eine 'weiße' Köchin, die für uns kochte, eine 'schwarze' Köchin, die für die Leute kochte, eine Geschirrspülerin, ein Kutscher und ein Pferdeknecht, zwei Wäscherinnen, zwei Dwornicks, Hausknechte und ein Heizer. Zwei Mädchen, die vor meiner Geburt ins Haus kamen, blieben vierzig Jahre bei uns. Wir haben so viel hingebende Liebe, so viel Geduld von ihnen erfahren, dass ich, wenn ich nicht vom Wiederkommen auf die Erde überzeugt wäre, die Tatsache nicht ertragen könnte, ihnen das nie vergelten zu dürfen ...

4. Unterhalt

Beim Unterhalt können wir unterscheiden zwischen dem, was wir selbst machen können, und den größeren Reparaturen oder Erneuerungen, die von Handwerkern gemacht werden müssen. In unserer Reinigungsfirma wurde die Wachheit des Personals dahingehend geschult, wahrzunehmen ob und wann etwas eine Reparatur braucht. Beim Putzen stellen wir fest, ob alle Glühbirnen noch funktionieren, ob der Staubsauger richtig tönt und richtig riecht. Es ist erstaunlich, wie gut Menschen lernen können, sich auf ihre Sinneswahrnehmungen zu verlassen. Vor allem Gerüche können sehr viel verraten. Mäuse beispielsweise riecht man, auch wenn man sie nicht sieht. Dasselbe gilt für Schimmel. Der Geruch vom Gully verrät, ob er ausgetrocknet ist oder nicht. Auch wenn eine Gasdichtung mal nicht dicht ist, fällt das als erstes durch den Geruch auf. Kalkablagerungen hinter der WC-Schüssel, weisen darauf hin, dass eine Dichtung nicht richtig funktioniert. Je nachdem, wo sich Kalkrückstände beim Waschbecken finden, deutet es auf einen tropfenden Wasserhahn oder auf ein Leck bei der Verbindung zum Rohr hin. Ein unerklärlicher Wasserfleck verrät uns, dass es irgendwo tropft: Der Heizungskörper, ein Leck im Dach, ein Rohr unter dem Abwaschtrog in der Küche? Schimmel weist auf zu hohe Feuchtigkeit hin oder auf ungenügende Lüftung. Ein Wackelkontakt sollte repariert werden, bevor er einen Kurzschluss verursacht. Diese Art von Unterhaltsarbeiten führt man am besten gleich aus.

Einen Rhythmus zu finden, den Staubsauger-Sack zu ersetzen, kann großen Schaden vermeiden, vor allem wenn verschiedene Menschen zu verschiedenen Zeiten den Sauger benützen. Der Filter wird weniger oft ersetzt, darf aber nicht vergessen werden.

Dachrinnen reinigen, Moos von den Gartenplatten entfernen, Farbanstriche erneuern, Boiler entkalken, Fensterrahmen neu streichen und vieles mehr — all das braucht je seinen eigenen Rhythmus, und manchmal auch einen Fachmann.

5. Lebensgewohnheiten

Nun, das hört sich jetzt alles nach sehr viel an. Aber viele Sachen werden zu gesunden Gewohnheiten, wenn sie erst in einem Rhythmus verankert sind, so wie ein Schlüsselbund oder ein Mantel am richtigen Ort aufgehängt wird, sobald das Haus betreten wird. Eine große Hilfe ist es, wenn wir versuchen, soweit es möglich ist, eine Zeit und einen Ort für alles zu finden. Zwischenlager und Übergangslösungen nehmen auf die Dauer kostbare Zeit weg.

Die Dinge, die ich auf die unterste Treppenstufe lege, um sie später nach oben mitzunehmen, sollen spätestens am Abend auch wirklich oben sein.
Glauben Sie bitte nicht, dass bei mir alles wie am Schnürchen funktioniert. Das Leben hält immer Überraschungen bereit, und da ich meinen Haushalt im Griff habe (und nicht umgekehrt), fühle ich weder Zwang, noch muss ich jemandem etwas beweisen. Zum Beispiel gibt es im Sommer eher einige Dinge, die liegen bleiben, weil dann der Garten Priorität hat. Ich versuche aber mein Bestes, den Überblick so weit zu behalten, dass ich einschätzen kann, wann es notwendig wird einzugreifen, bevor es zum ernsthaften Verzug kommen kann. Ich bin auch oft auf Reisen, und seit einiger Zeit putzt alle zwei Woche eine Studentin unser Haus gründlich durch und putzt das Bad. Alles andere machen mein Mann und ich.
Vielleicht ist es eine gute Idee, mal in aller Ruhe durch das Haus zu gehen, um eine Art Bestandsaufnahme zu machen. Wie sieht es aus? Was soll sofort angepackt oder verändert werden und was kann warten? Bitte nicht gleich den Mut verlieren! Es braucht diesen ersten Schritt! Es ist immer hilfreich festzustellen, wo das Hauptproblem liegt, wo wir anfangen können. Welche Gewohnheiten wollen wir ändern? Wenn wir in einer Familie leben, geht es nicht nur um die persönlichen Gewohnheiten, sondern auch um die, die sich allgemein in den Haushalt eingeschlichen haben. Dann ist Teamarbeit angesagt, und dazu braucht es eine ganz klare, transparente Kommunikation, es bedarf Familienbesprechungen und Verabredungen. Es ist mir völlig klar, dass es nicht jedermanns Ding ist, solche Sachen so zu organisieren, es ist aber ein Vorschlag und bei vielen Familien funktioniert das wunderbar.
Letztlich muss auch hier jeder persönlich entscheiden, was wichtig ist und was nicht. Wenn es Dinge gibt, die zum Beispiel nur für Sie wichtig zu sein scheinen, belasten Sie nicht die ganze Familie damit. Bei uns waren es die Blumen. Ich sorgte für frische Blumen, und wenn sie welkten, fiel es nur mir auf … und so habe nur ich mich darum gekümmert.

Für mich war die größte Herausforderung, die Unfähigkeit, Ordnung zu halten. Ordnung zu schaffen machte mir keine Schwierigkeit, sie aber zu halten schien mir fast unmöglich. Als ich ganz frisch verheiratet in die Schweiz kam, machte ich meinen ersten großen Fehler, indem ich einen Lehnstuhl ins Schlafzimmer stellte. Irgendwann entdeckte ich den Zusammenhang zwischen meinem leeren Kleiderschrank und dem Stapel Kleider auf der Lehne des Stuhls. Aber eine Änderung kam erst zustande, als es mir einfach zu dumm wurde, jedes Mal ein Kleidungsstück bügeln oder waschen zu müssen, bevor ich es endlich wieder anziehen konnte. Der Stuhl verschwand aus dem Zimmer, und ich fing an, mich abends im Badezimmer umzuziehen. Hier konnte ich dann die Kleider dorthin verteilen,

wo sie hingehörten: In den Wäschekorb, an den Haken zum Lüften oder so aufgehängt, dass ich sie wieder tragen konnte.
Ich entdecke immer wieder neue Gründe, warum Unordnung bei mir herrschte. Wie bei so vielen Menschen hatte ich Mühe mit Papier. Bis ich eine kleine Schubladenbox mit sechs Schubladen kaufte. Die Schubladen heißen: Bank, Rechnungen, Haus, Steuer, Korrespondenz, und eine Schublade ist für meinen Mann. Die Post für meinen Sohn wird auf die Treppe gelegt. Alle Briefe werden sofort geöffnet und in der Schublade versorgt. Briefumschläge, Kataloge und sonstiges Papier gehen in den Altpapierkorb. Die Rechnungen werden ein Mal im Monat bezahlt, unabhängig vom Datum. Einige haben Glück, andere müssen etwas warten.
Ein wichtiges Abendritual ist das Anschauen aller Gemeinschaftsräume: Küche, Wohn- und Esszimmer, Flur und Badezimmer. Welche persönlichen Dinge gibt es in diesen Räumen, die hier nicht hingehören, nicht am richtigen Platz sind? Eine Aktentasche, Handtasche, Pullover, Zeitschrift, Musikinstrument, Schulheft, Spielzeug? Wenn jede Person das Eigene oder das zuletzt Verwendete versorgt, gibt es Ordnung. Eine wunderbare Gewohnheit, die viel zum Allgemeinwohl beitragen kann.
So kann jede Aufgabe, der wir einen Rhythmus geben, uns helfen, den nächsten Tag vorzubereiten. Durch die Wiederholung wird es leichter und leichter, und wir und unsere Kinder können neue Fähigkeiten entwickeln. Wenn die Kinder bereits früh lernen gemeinsam mit der Familie die anstehenden Aufgaben in bestimmten Rhythmen zu wiederholen, werden die Willenskräfte gestärkt und sie lernen Verbindlichkeit und Zuverlässigkeit.

IX. Erziehung und Selbsterziehung

Das Kind ist ganz Sinnesorgan, reagiert auf alles, was durch Menschen als ein Eindruck in ihm hervorgerufen wird. Daher ist das Wesentliche, dass man nicht glaubt, das Kind könne lernen, was gut, was schlecht ist, könne dies oder jenes lernen, sondern dass man weiß: Alles, was man in der Nähe des Kindes tut, setzt sich im kindlichen Organismus in Geist, Seele und Leib um. Die Gesundheit des ganzen Lebens hängt ab davon, wie man sich in der Nähe eines Kindes benimmt.[77]

Rudolf Steiner

1. Sich nicht unter Druck setzen

Bei jungen Menschen sprechen wir oft von der so genannten *Peer pressure*, damit ist der Druck unter Gleichaltrigen gemeint, *dazu gehören* zu wollen. Dieses Phänomen gibt es längst nicht mehr nur unter jungen Menschen. In allen Lebensbereichen ist heute massiver gesellschaftlicher Druck vorhanden. Frauen haben sich für einen Beruf qualifiziert und wollen ihm nun auch nachgehen. Andere fühlen sich mit dem Haushaltsalltag überfordert und wollen gar nicht mehr zuhause bleiben. Sie wollen sich selbst entfalten oder freiwillig Aufgaben außerhalb des Hauses übernehmen.

Wieder andere verzweifeln, weil sie meinen, sie könnten sich erst mit dem geistigen Leben auseinandersetzen, wenn alles organisiert und erledigt ist. Da aber das Leben nie ganz organisiert und erledigt sein kann, kommen sie zu nichts.

Doch das Streben nach Gleichgewicht zwischen diesen beiden Welten — Streben nach Selbstverwirklichung und praktischer Alltag — bietet unbegrenzte Entwicklungsmöglichkeiten — vielleicht gerade deshalb, weil es so schwer ist, diese beiden Seiten in einen kreativen Ausgleich zu bringen.

Erziehung anderer Menschen setzt immer Selbsterziehung voraus. Natürlich versuchen Eltern, das Beste für ihre Kinder zu tun. Wir machen auch sicher alle Fehler. Doch es ist nie zu spät, etwas dazu zu lernen, oder zu versuchen, bestimmte Gewohnheiten zu ändern. Es ist ganz wichtig zu wissen, dass wir nicht alles falsch gemacht haben.

Es gibt so viele Ratgeber, die sich allerdings oft gegenseitig widersprechen. Schon das sorgt für Druck, für Überforderung. Es ist sicher auch nicht so entscheidend, dass wir unseren Kindern nicht immer alles geben können, was sie brauchen.

Aber unsere Kinder spüren es sehr wohl, wenn wir uns bemühen; und schon das trägt dazu bei, dass sie gedeihen.
Kinder zu erziehen ist immer eine Gratwanderung, und wir brauchen sehr viel Geduld. Vor allem brauchen Kinder Zeit. Stecken wir also unsere Ideale nicht zu hoch, leben wir nicht mit zu hohen Erwartungen an uns selbst. Das führt nur dazu, dass wir nicht nur uns selbst, sondern auch die Kinder überfordern. Das Kinderspiel und die Kinder benötigen gerade so viel Zeit, wie sie eben brauchen. Der Weg vom Kind zum erwachsenen Menschen besteht aus Entwicklung, Verwandlung, Werden. Für mich war von Anfang an das Wissen um die unsichtbaren, die guten Geister, die Schutzengel, die unsere Kinder stets begleiten, ein großer Trost.

Wir kennen auch alle die schönen Momente, wenn eine Mutter eines Spielgefährten anruft und sagt, wie fleißig doch unser Kind sei und wie es überall anpackt und mithilft. Auch wenn es zuhause oft ganz anders aussieht, so wissen wir wenigstens durch solch einen Anruf, dass die eigenen Kinder etwas gelernt haben. Die Mutter des Freundes von meinem Sohn rief mich an und fragte, was ich eigentlich beruflich machen würde. Sie hätte meinen Sohn Dion gefragt, und er habe nur geantwortet: *Ein Wurzelmännlein!* Er war damals fünf, und als ich fragte, was er damit gemeint habe, sagte er mir das Sprüchlein von Ida Bohatta auf:[78]

Ich weiß schon, was ich werden will,
ich möchte still, verborgen
so wie das Wurzelmännlein fein
nur für die Anderen sorgen
nur an die Anderen denken,
und ohne Rast und ohne Ruh
für Andere meine Arbeit tun
und selber mich verschenken.

Inzwischen hat ja auch die Forschung bestätigt, dass die Erfahrungen des kleinen Kindes nicht nur für die Entwicklung der Organe und des Gehirns, sondern auch für die Entwicklung der Seele und somit für die Entfaltung der Persönlichkeit von größter Bedeutung sind. Damit ein Kind Vertrauen entwickeln kann, braucht es Geborgenheit: durch liebevolle und verlässliche Beziehungen, aber auch durch eine Umgebung, in der die Phantasie angeregt wird und die Schulung der Sinne unterstützt wird. Kinder brauchen echte Begegnungen mit der realen Welt. Sie sollen sich beim Spielen möglichst frei bewegen können. Je mehr ein

Kind spielen kann, desto besser entwickelt es sich zu einem sozialen, widerstands- und leistungsfähigen Menschen.
Dieses Buch beschäftigt sich nicht in erster Linie mit der Kindererziehung. Aber durch über zwanzig Jahre seminaristischer Tätigkeit weiß ich, wie viel Leid wir vermeiden könnten, wenn junge Eltern mehr über die große Bedeutung der Entwicklung des Kindes bis zum Schulalter wüssten. Als ich mit der Firma anfing, war mein Sohn nicht einmal ein Jahr alt und meine Tochter war im Kindergarten. Ich war täglich hin und her gerissen zwischen der Notwendigkeit, Geld zu verdienen, und meiner tiefen Sehnsucht, doch eine gute Mutter sein zu wollen. Es gibt natürlich bereits sehr viel gute Literatur zu diesem Themenkomplex. Ich will aber doch gerne einige (wenige) mir wichtig erscheinende Aspekte anführen, die weitgehend auch von der heutigen Wissenschaft bestätigt werden.

Freispiel

Thomas Marti — Vater von drei Kindern und wissenschaftlicher Projektleiter der *Basalstufe* an der Rudolf-Steiner-Schule in Bern (CH) sowie Dozent an der Freien Hochschule für anthroposophische Pädagogik in Mannheim (DE) — bezeichnet das freie Spiel (Freispiel) als Kernelement der Vorschulpädagogik:
Kinder spielen, aber sie haben kein Bewusstsein davon, dass sie während des Freispiels — und die Betonung liegt auf Freispiel und nicht auf Beschäftigungsspiel — Sozialverhalten lernen, das heißt Rollenspiel, Problemlösung, Gesprächsführung, Krisensicherheit, Innovation, Kreativität, dass die Phantasie gesteigert wird einfach dadurch, dass die Kinder in einer Situation stehen, die sie spielend selbst gestalten. Das sind alles Fähigkeiten, die man als so genannte 'soft skills' bezeichnet und zur Grundlage einer gesunden Persönlichkeitsbildung werden. All das spielt eine Rolle bis hinauf in die Kaderetage der Wirtschaft und Politik, wo man immer mehr Leute braucht, die krisensicher sind, fähig sind, nicht schematisch, sondern konkret Lösungen zu entwickeln.[79]

Eltern glauben oft, Kindern beibringen zu müssen, wie sie zu spielen hätten. Das Kind bringt selbst sehr viel mit. Wir sollten versuchen, dem Kind all das aus dem Weg zu räumen, was es daran hindert, sich selbst und seine Umgebung zu entdecken, zu erproben, zu üben. Es sollte am besten in einer Umgebung sein, in der es angeregt wird, in der es aber zugleich auch geschützt und behütet ist.
Das Kind ist noch ganz offen für alles, was es in seiner Umgebung erlebt, das nimmt es nahezu ungefiltert auf und lässt es auf sich wirken. Innerlich ist es ganz auf Nachahmung eingestellt. Es nimmt, was die Welt ihm bietet, was die Menschen ihm vorleben. Ein Kind will werden wie die Erwachsenen, und was es sieht, erlebt und nachmacht, hat weit reichende Konsequenzen.

Kurz nach der Gründung meiner Firma, war Zeit für mich immer eine Mangelware. Oft hatte ich absolut keine Zeit für lange Spaziergänge oder für Spiele mit den Kindern. In solchen Zeiten versuchte ich immer, die Kinder in meine Tätigkeiten mit einzubeziehen. Es war wichtig für mich, sie in meiner Nähe zu wissen, während ich meine täglichen Arbeiten erledigte und jeden Moment, soweit es mir möglich war, bewusst zu gestalten.
Ein junger Mann erzählte mir einmal, wie gerne er seiner Mutter im Haushalt hatte helfen wollen. Die Mutter aber sagte, es ginge viel schneller, wenn sie es alleine machte, und er soll doch lieber spielen gehen. Mit achtundzwanzig Jahren kam er dann zu mir und wollte lernen, wie man die ganz grundlegenden Haushaltsarbeiten zu verrichten habe.
In den frühen Jahren gestaltet das Kind nicht nur seine Organe, sondern es entwickelt auch sein Gehirn. Die Neuronen verknüpfen sich im Tun, im Tätigsein. Auch deswegen ist es so wichtig, wie wir die Umgebung eines Kindes gestalten, wie wir uns im Beisein der Kinder verhalten. Was das Kind erlebt, kann anregen oder überwältigen, nähren oder abstumpfen. Nichts, was wir im Umfeld des Kindes tun, ist unwichtig. Nicht nur was wir sagen, sondern auch wie wir es sagen, wie wir ein Kind beim Wickeln berühren, wie wir es beim Füttern anschauen. Ganz anders wirkt es, wenn ein Kind draußen spielt soll oder vor den Fernseher gesetzt wird. Forschungsergebnisse zeigen: Nicht nur Inhalte des Fernsehens, schon das Sitzen vor dem Bildschirm an sich ist problematisch und hat nachhaltige Negativwirkungen für das spätere Leben der Kinder.[80] Es steht ihrem gesunden Drang, aktiv zu sein, sich zu bewegen und die wirkliche Welt zu entdecken, im Weg.

2. Nachahmung

Die Erziehung fängt zu Hause an, in der Wiege schon. Heute bestätigt die Wissenschaft sogar, wie bereits vorgeburtliche Erfahrungen Einfluss auf das spätere Leben des Kindes haben können.[81] Für mich war die Küche ein Ort, an dem ich am meisten Zeit mit meinen Kindern verbracht habe. Kleine Aufgaben beim Helfen auszuführen, das sind doch die Momente, in denen ein Kind sein Selbstbewusstsein entwickelt; wo es glauben darf, dass es auch etwas kann, dass es fähig ist, etwas für die Gemeinschaft beizutragen sei es in der Küche, zu Hause oder im Kindergarten oder im Hort.
Im ersten Jahrsiebt sind die Kinder im Nachahmungsalter. Sie beobachten und ahmen nach. Sie sehen, ob wir mit Liebe arbeiten — oder eben auch nicht.

Nach einem Ehestreit in der Garage, kam ich in die Küche, um das Geschirr zu spülen. Meine 4-jährigeTochter saß am Tisch und malte. Sobald ich anfing zu arbeiten, hörte sie mit dem Malen auf und schaute mir zu, sehr intensiv. Ich blickte zu ihr und fragte, warum sie denn nicht weiter male. Da sagte sie: *Es geht schon viel schneller, wenn du wütend bist, gell Mami?*
In diesem Alter tut das Kind, was seine Umgebung tut, was die Großen tun. Es ist schon eine enorme Aufgabe für die Erwachsenen, nur dasjenige zu tun, nur das zu denken und zu empfinden, was für das Kind wirklich nachahmenswert ist. Frei wird man nur, wenn man als Kleinkind möglichst intensiver Nachahmer war, denn was im Kindesalter in dieser Weise eingepflanzt wird, das allein kann die Grundlage für soziale Freiheit werden.

Unterstützen und Geduld haben

Oft wenn ich in der Straßenbahn, im Bus oder im Zug sitze, fällt es mir auf, wie ungeduldig und schroff manchmal Eltern mit ihren Kindern umgehen. Ich spüre die Ungeduld und Unzufriedenheit, die sicher sehr oft ihren Grund in der Überforderung hat. Ein zweijähriges Kind bekommt eine Ohrfeige, weil es den Apfel hat fallen lassen, oder es wird ungeduldig weiter gezogen, während es noch etwas anschaut, was auf dem Boden herumkriecht.
Ab der Geburt nimmt das Kind alles um sich wahr und lernt durch Nachahmen, sich aufzurichten, zu laufen und zu sprechen. Es ist wichtig, das Kind zu lassen und nicht durch Übungen *künstlich* zu fördern. Es wird sich aufsetzen, aufrichten und laufen, sobald es dazu reif ist. Jeder Fortschritt, den ein Kind aus eigener Kraft vollzieht, hat ihm die Möglichkeit gegeben, kräftig den eigenen Willen auszubilden. Andernfalls nehmen wir ihm eine Entwicklungschance.
Als Eltern können wir uns bemühen, eine Umgebung zu schaffen, in der das Kind die nötigen Impulse für sein eigenes Tun empfängt. Schon auf dem Wickeltisch können wir üben, mit Geduld, Zuwendung und harmonischen Gesten das kleine Kind zu begleiten. Das ist ein wunderbares Beispiel dafür, wie etwas ganz Alltägliches und Notwendiges zu einem intensiven Moment des Austausches, der Beziehungsbildung werden kann. Die Ruhe bei dieser Tätigkeit und die Sorgfalt der Gesten, dieses Bei-der-Sache-Sein hinterlassen bleibende Eindrücke von Geborgenheit beim Kind. Erwachsene haben oft die Neigung, Kinder abzulenken. Stattdessen könnten wir, wenn wir ein Kind wickeln und diesen Moment des Austausches bewusst pflegen wollen, ihm eben kein Spielzeug in die Hand geben, sondern versuchen, uns durch Blick-, Körper- und Sprachkontakt mit ihm zu verbinden. Viele alltäglich wiederkehrenden Momente und geteilte Tätigkeiten im Leben des Kindes können zu wichtigen sozialen Momenten des Zusammenlebens werden.

Bei einem Besuch erlebte ich, wie eine Mutter ihr zweijähriges Kind fütterte: Der Fernseher lief nebenbei und als das Kindlein immer wieder zum Fernseher hinschaute, sagte die Mutter: *Hör doch auf die ganze Zeit zum Fernseher zu schauen, sonst stelle ich ihn ab!*

Im Alter von ungefähr zwei Jahren fangen die Kinder an, unsere Tätigkeiten durch eigene Handlungen nachzuahmen. Indem ein Kind sieht, wie wir mit Freude die täglichen Aufgaben erfüllen, ergreift es mit Lust und Freude alle Gegenstände im Haushalt, mit denen es den Erwachsenen arbeiten sieht. Nicht nur Töpfe und Holzlöffel, sondern auch Besen, Handfeger, Kehrschaufel, Staubsauger, Eimer, Wischlappen, Wäscheklammern. Obwohl das Kind jetzt noch nicht den Zweck der Arbeit versteht, macht es mit Freude alles mit, was es bei den Erwachsenen wahrgenommen hat. Ein Vater, der sein Auto putzt oder im Haus etwas repariert, ist etwas sehr Spannendes — und möchte vom Kind nachgeahmt werden. Es will kochen, putzen, backen, waschen. Man kann aber auch erleben, wie ein Kind beim Spielen im Sandkasten einen Topf an eine Wand des daneben stehenden Hauses schleudert und ganz ruhig erklärt: *Das macht meine Mami auch, wenn sie wütend ist.*

Wenn ein Erwachsener mit Hingabe seine Arbeit tut, entsteht eine besondere Hülle um ihn selbst. Ein solcher Mensch ist Vorbild für Kinder. Sie wollen dann helfen, sie wollen mitmachen, zuschauen oder einfach in der Nähe sein. Seine Gestik, sein Auftreten wirkt erziehend und heilend.

Ab etwa drei Jahren kommt die Zeit, in der die Phantasie sehr wichtig wird und auf einmal ein Eimer nicht mehr zum Putzen, sondern als Feuerwehrhelm verwendet wird. Es wird auch öfters *Nein* gesagt, und das Kind versteht nicht, warum es nicht einen Stuhl umdrehen darf, um einen Lastwagen damit zu bauen. Ein Kind braucht nicht viele Spielsachen, jeder Gegenstand verwandelt sich in das, was es gerade braucht. Es gibt auch auf einmal einen Dinosaurier in der Küche, der nur noch grunzt, oder eine Katze, die nur noch aus einem Schälchen trinken will. Gerade in diesem Alter, sollte das Kind seine Welt durch direktes Erleben entdecken dürfen — und nicht durch Lernspielzeug. Kinder einfach spielend lernen zu lassen, ist ein Geschenk für das Leben.

Wenn wir Eltern lernen würden, auf die tieferen Bedürfnisse unserer Kinder achten zu können, dann würden wir die Kinder und uns selbst auch besser kennen lernen. Wir würden dann auch einen tieferen Sinn, eine andere Lebensqualität entdecken und schenken können.

Je größer das Kind wird, und je mehr es eigene Initiative ergreift, desto wichtiger wird es für uns Erwachsene, uns etwas zurückzunehmen und mit Geduld diese Versuche zu unterstützen und zu fördern. Vor allem in der Küche kann das

Kind seine Fähigkeiten entwickeln und gleichzeitig erleben, dass es Teil der Familie ist und dass es durch sein eigenes Tun auch einen Beitrag leisten kann. Jetzt zu sagen, *Geh du spielen! Es geht schneller, wenn ich es alleine mache*, das wäre ein großer Fehler.

Die Zeit, die wir in unsere Kinder investieren, ist bestimmt die größte und sicherste Anlage: Wir investieren in die Zukunft der Menschheit. Je mehr wir uns der Wichtigkeit dieser gemeinsam verbrachten Momente mit den Kindern bewusst sind, desto einfacher wird es für uns, die innere Ruhe dafür zu finden. Wir verlieren dabei keine Zeit, wir gewinnen Zeit, denn ein Kind, das sich sicher fühlt und wahrgenommen weiß, ist viel zufriedener und benötigt nicht ständig den Erwachsenen zur Unterhaltung. Es entwickelt ein aktives Interesse für seinen Körper und seine Umwelt. Wenn ein Kleinkind die Zufriedenheit der Eltern beim Putzen oder beim Bügeln wahrnimmt, und dies als ein gemeinsames Erlebnis erfahren durfte, wird es später auch nicht einen Aufstand machen, wenn es etwa Aufgaben im Haushalt übernehmen soll.

Kinder haben so viel Ausdauer, Konzentration, Wille und Freude — vor allem wenn ihnen unterstützend erlaubt wird, bei den vielen Tätigkeiten im Haushaltsalltag zu helfen. Wir unterstützen sie, indem wir sie vieles ausprobieren lassen, ihre Freude am Experimentieren nicht bremsen und vor allem nicht mit ungeduldigen Eingriffen, und schon gar nicht durch *Trainieren* Schaden anrichten. Es ist schade, wenn Kinder durch unsere Ungeduld bestimme Einwicklungsphasen überspringen. Durch Vorbild und Nachahmung, durch Rhythmus und Wiederholung lernt das Kind. Wenn wir eine getane Aufgabe loben, muss dies echt sein und nicht anschließend korrigiert oder ausgebessert werden. Wir dürfen aber gerne etwas nachhelfen und sagen: *Jetzt ist es ganz ausgezeichnet geworden!* Würden wir ständig korrigieren, würden wir das Kind entmutigen und ihm das Gefühl vermitteln, dass es den Aufgaben nicht gewachsen sei. Auch Kinder wachsen mit der Aufgabe!

Mein Sohn wollte nie seine Schuhe zubinden, er sagte immer: *Das kann ich nicht!* Jedes Mal beim Schuhbinden zeigte ich ihm die Geste und kommentierte sie entsprechend. Er schaute genau zu, wollte es aber nie ausprobieren. Ich bekam dann zum Geburtstag ein Geschenk, das mit einer schönen, breiten, roten Schleife gebunden war. Mein Sohn fand diese Schleife wunderschön und spielte oft damit. Eines Tages, beim Spielen, sagte ich spontan: *Komm Dion, binde mir doch eine schöne Schleife, um mein Handgelenk.* Ohne zu zögern band er die Schleife und sagte dann voller Überraschung: *Es ist ja genau wie Schuhbinden!* Ab diesem Tag ging er immer nach dem Kindergartenunterricht ganz schnell in die Garderobe und half allen Kindern, die es noch nicht konnten, beim Schuhbinden.

3. Rhythmus, Kultur und Verabredungen

Immer mehr wird darauf aufmerksam gemacht, wie wichtig es ist, Erziehungsmaßnahmen zu finden, die ganz auf die eigene, spezifische Lebenssituation eines jeden Kindes abgestimmt sind. Es gibt jedoch Gesetzmäßigkeiten, die allgemeingültig bleiben. Kinder brauchen nachahmungswürdige Erwachsene, und sie brauchen Rhythmus. Rhythmus ist, wie wir das schon gesehen haben, Leben, Gesundheit.

Einer der größten Fehler der Eltern ist es, oft ungeduldig zu sein. Das Kind braucht seine eigene Zeit, seinen eigenen Rhythmus. Wir unterstützen das Kind mit allem, was sich rhythmisch wiederholt. Sei es die Pflege, die Ernährung, Alltagsrituale wie Tischdecken, Geschirrspülen, Gemüse vorbereiten. Auch durch Sprüche, Lieder, Fingerspiele — und natürlich durch die Geschichte am Abend.

Rhythmus im Familienalltag, Kindergarten und Schule gibt den Kindern Lebenssicherheit. Das immer Wiederkehrende gibt ihnen Halt und Geborgenheit. Ohne sichere Orientierungspunkte im Leben, empfindet das Kind Unsicherheit und Angst.

Als meine Kinder noch recht klein waren, versuchte ich, so viele Aufträge wie möglich an einem Tag zu erledigen, damit sie einen ganzen Tag von der gleichen Person betreut werden konnten. Dies war ein Donnerstag. Am Mittwochabend kam Emily, eine siebzigjährige Freundin, zu uns. Ich ging donnerstagmorgens bereits um sieben Uhr aus dem Haus, kam für eine Stunde zum Mittagessen heim und dann erst wieder um acht Uhr abends, um gute Nacht zu sagen. Die Kinder wussten, dass Emily sie wecken, den ganzen Tag mit ihnen verbringen und sie auch abends zu Bett bringen würde. Der Donnerstag hatte noch etwas Besonderes an sich. Es wurde jedes Mal zum Mittagessen ein Festtisch gedeckt, mit Blumen, Kerzen und Tischtuch. Es gab Salat, Fischstäbchen und Pommes frites mit Rivella zum Trinken — und Eis als Nachtisch. Dazu gab es ein ganz besonderes Lied, das wir nur am Donnerstag sangen und mit bestimmten Hand- und Armbewegungen begleiteten: *Wir grüßen die Freude, die Freude, die Freude, wir grüßen die Freude und verbringen einen Tag voller Freude.*

Diesen Rhythmus pflegten wir für etwas mehr als zwei Jahre. Die Kinder erinnerten sich später immer noch gerne an diesen wöchentlichen Festtag — und eben nicht daran, dass am Donnerstag die Mami den ganzen Tag weg war.

Vielen Eltern graut es bei dem Gedanken, jeden Abend die Kinder ins Bett bringen zu müssen. Es ist oft erschöpfend und belastend für die Nerven. Sie schreien und weinen sich oft in den Schlaf. Eine junge Mutter erzählte mir einmal, dass sie es immer wieder provozierte, dass das Kind wütend wurde und laut schrie, weil es sich so am schnellsten erschöpft hätte und so schließlich auch einschlafen würde.

— Würden wir Eltern versuchen, uns daran zu erinnern, wie wir uns am Morgen nach einem Streit fühlen, vor allem wenn wir uns in den Schlaf geweint haben, so würden wir sicher versuchen, es den Kindern zu ermöglichen, in einer harmonischen Stimmung in den Schlaf zu gehen.

In unserer Familie war das Ins-Bett-Bringen ein Ritual und ein Moment, an dem Gewohnheiten fürs Leben geprägt wurden. Hier lernten die Kinder ihre Kleider auszusortieren. Ich führte das natürlich alles für sie aus, aber sie wurden mit einbezogen und durften mit entscheiden: Was geht in den Wäschekorb, was wird aufgehängt und gelüftet, und was kann morgen wieder angezogen werden? Sehr wichtig waren auch die Socken. Ich zeigte jedes Mal, wenn eine Socke abgestreift wurde und als *Bollen* auf dem Boden lag, genau, wie eine Socke gestreckt werden muss, bevor sie im Waschkübel landet. Jedes Mal wiederholte ich: *Mami wäscht keine Bollen!*

Eine Goldregel war, dass ich nie eine Geschichte in einem unaufgeräumten Zimmer erzählte. Dies war im Tagesablauf die letzte Gelegenheit, noch einmal etwas gemeinsam zu tun, und meine Kinder halfen immer mit, da das Märchen so wichtig war. Als eines von sieben Kindern bekam ich nie eine Gute-Nacht-Geschichte. Als ich aber später die Märchen entdeckte und die vielen schönen Kinderbücher, verspürte ich ein starkes Nachholbedürfnis, und meine Kinder spürten meine Freude am Erzählen.

Natürlich haben wir nichts weggeräumt, womit sie am nächsten Tag noch weiterspielen wollten, aber es lag nichts herum. Ich erzählte oder las immer bis halb acht, später bis acht Uhr. Je interessanter die Geschichte war, die ich gerade las oder erzählte, desto früher waren sie bereit, ins Bett zu gehen. Im Sommer, in den Ferien gab es manchmal die Geschichte für nur einige Minuten, weil es dann eben doch schöner war, draußen zu spielen.

Beim Schulbazar durften die Kinder schon als sie noch ganz klein waren helfen, Kerzen zu ziehen. Die Kerzen waren so dick und so lang, wie die Kinder bereit waren, Zeit dafür zu investieren. Bei der Gute-Nacht-Geschichte wurden dann immer diese Kerzen angezündet. Wir sprachen über den vergangen Tag, auch über den verstorbenen Großvater, und er wurde eingeladen die Geschichte mit anzuhören. Als später mein eigener Vater starb, war es selbstverständlich für die Kinder, dass auch er jetzt zuhören würde. Nach der Geschichte wurde gemeinsam gebetet und dann wurde die Kerze ausgeblasen. Manchmal staunten unsere Gäste nicht wenig, wenn meine Kinder von sich aus kamen, um ins Bett zu gehen.

Beim morgendlichen Aufstehen, versuchte ich dann immer, die Abläufe zu *kommentieren: Fenster auf, Bett auf, waschen, anziehen, Bettmachen, Fenster zu.* Alles, was wir von klein an als ganz selbstverständlich in den Tagesablauf integrieren können, sorgt später für viel weniger Auseinandersetzungen. Ganz sicher

geht einiges während der Pubertät wieder verloren, aber was gut angelegt wurde, kommt wieder zurück — diese Erfahrung habe ich gemacht. Bei meinen Kindern erlebte ich es mit den Socken im Wäschekübel und vor allem beim Bettmachen. Mittlerweile lebt meine Tochter in einer Wohngemeinschaft und ist immer bemüht, die Mitbewohner zum Putzen und Aufräumen anzuregen — es ist ihr eben ein Bedürfnis geworden.
Es gibt viele Familien, die überhaupt keinen geregelten Tagesablauf mehr haben. Wenn wir uns gar nicht darum bemühen, eine gewisse Ordnung in den Tag oder wenigstens in die Woche zu bringen, dann entsteht ein Chaos, das die Kinder verunsichert. Kinder durchschauen uns schnell, und reden nicht über ihre Ängste. Doch sind Schlafstörungen, Nervosität, Verhaltensauffälligkeiten oft die Auswirkungen dieser Unsicherheit.
Es gibt Familien, in denen nie gemeinsam am Tisch gegessen wird. Jeder bekommt oder nimmt sich etwas, wenn er gerade Hunger hat. Dabei geht viel an Kultur verloren, und je schlechter unsere Esskultur, desto schlechter auch die Gesundheit. Aber nicht nur das, auch Familienkultur geht verloren. Momente der Gemeinsamkeit, des Austausches, des Interesses am anderen. Alles was sich notwendig wiederholt am Tag, können wir versuchen bewusst zu gestalten: Aufstehen, Essen, Schlafengehen. Zeit ist das kostbarste Gut, das die Eltern ihren Kindern geben können. Und je weniger Zeit zur Verfügung steht, umso wichtiger ist die Qualität dieser zusammen verbrachten Zeit.
Den Tisch zu decken, war bei uns immer ein ganz besonderes Spiel. Ich kann mich nicht entsinnen, dass meine Mutter je während einer ganzen Mahlzeit in Ruhe am Tisch saß. Es gab immer wieder einen Grund aufzustehen. Schon als Kleinkind störte mich das, und sie tat mir auch leid. Damals schon nahm ich mir fest vor, als Mutter mit meiner eigenen Familie in Ruhe am Tisch sitzen zu bleiben. Wir deckten mit größter Sorgfalt den Tisch und fragten uns immer wieder, ob wohl noch etwas fehle. Sogar ein Schüsselchen mit einem Tüchlein stand bereit, falls etwas umfallen würde, was aufgeputzt werde müsste. Daraus hat sich sogar ein kleines Spielchen ergeben: Immer wieder, wenn ich gerade wegschaute, verschwand etwas und dann wurde ich so lange ganz gespannt beobachtet, ob ich auch wirklich merken würde, was doch (scheinbar) noch fehlte.
Eine Verabredung war auch, dass am Tisch so wenig wie möglich geredet werden solle, weil wir uns so besser auf das Essen konzentrieren konnten. Vor allem mein Sohn hatte große Mühe zu essen und zu plaudern oder sogar zuzuhören. Das hatte zur Folge, dass alle auf ihn warten mussten und er dann oft nicht weiter essen wollte, um bald nach dem Essen doch wieder Hunger zu haben. So aßen wir in Ruhe und plauderten dann erst anschließend beim Nachtisch.

Wir machten auch ein Spiel daraus, wie genau wir unsere Gesten führen konnten, ohne mit Messer oder Gabel anzuschlagen. Die Kinder waren dann hoch amüsiert, als unser Besuch mit lautem *Kling-Kling-Kling* auch noch die allerletzten Reste der Nachtischschale auszukratzen versuchte.
Als sie größer geworden waren, war eine weitere wichtige Abmachung, dass am Tisch nur *Goldstückli*-Gespräche geführt und keine *Kröten*-Geschichten erzählt werden durften. Für letzteres wurde dann eine spezielle Zeit vereinbart. Setzte sich meine Tochter ganz aufgeregt an den Tisch und wollte gleich mit einer Geschichte darüber loslegen, wie blöd dies oder jenes war, fragte ich gleich: *Kommt jetzt ein Goldstück oder eine Kröte aus deinem Mund?* Die Kröte musste dann eben warten und tauchte dann auch oft gar nicht mehr auf.
Es ist heute nicht mehr selbstverständlich, dass einer der beiden Eltern zu Hause ist. Immer öfter arbeiten beide Eltern. Es gibt zudem auch mehr allein erziehende Eltern, die fast zwangsläufig berufstätig sind. Ich war es ja auch eine Zeit lang. Über 50 Prozent der Mütter mit Kindern im Vorschulalter und etwa 75 Prozent mit Kindern im Schulalter arbeiten mindestens in Teilzeit-Jobs. Dies ist eine Realität, auf die sich die Gesellschaft leider noch nicht eingestellt hat. Wichtig wäre es doch, wenn wir unseren Kindern die Möglichkeit gäben, Vertrauen zu einer oder auch mehreren Bezugspersonen aufzubauen, die sich als zuverlässig für das Kind erweisen, damit eine Kontinuität der Betreuung gesichert ist. Ständiger Wechsel verunsichert das Kind, weil es Zeit braucht, sich mit einem Menschen vertraut zu machen, und auch bis es bereit ist, sich an einen Menschen zu binden. Auch wenn die Kinder größer sind, ist es weiterhin wichtig, für ihre Betreuung zu sorgen. Kinder kommen zu Schaden, wenn sie in der Zeit, in der die Eltern arbeiten müssen, sich selbst überlassen bleiben. Die Frage ist nicht mehr, ob die Mütter (oder Väter) zu Hause bleiben wollen oder nicht, sondern viel mehr, wer die Kinder betreut, während die Eltern arbeiten! Auch hier gibt es kein Rezept, aber die realen Gesetzmäßigkeiten müssen auch hier berücksichtigt werden.

4. Förderung der Eigenverantwortung

Bei den größeren Kindern (so ab zehn bis zwölf Jahren) geht es darum, die Eigenverantwortung anzusprechen. Sobald ein junger Mensch lernt, das zu verantworten, was er tut, dann wird sein Wille gestärkt. Jugendliche finden oft nicht den Willen dazu, das zu tun, was sie wissen und was sie tun sollten. Es ist für uns als Eltern und als Lehrer und Lehrerinnen dann die Aufgabe, die Jugendlichen darin zu unterstützen, diesen Willen so zu kultivieren, dass er dem eigenen Ich dient und nicht umgekehrt, dass er das Ich ständig überwältigt.

Im Jugendalter wird sehr oft über Freiheit geredet. Es gilt aber, zwischen Freiheit und Willkür unterscheiden zu lernen. Freiheit hat mit Verantwortung zu tun — auch wenn es in diesem Alter nicht ganz einfach ist, eine solche Aussage zu akzeptieren oder zu verstehen. Wenn Jugendliche lernen, dass jede Entscheidung eine Folge hat und dies auch anhand von Beispielen aufgezeigt wird, hilft es sehr, die Übernahme von Eigenverantwortung zu stärken, ohne dabei moralisierend werden zu müssen. Jemand erwähnte einmal, wie *ätzend Moralinsäure* auf jede Beziehung wirken könne. Dies ist eine wichtige Tatsache. Moralität ist ein stark negativ besetztes Wort, dennoch ist es lebenswichtig, das Feld des Moralischen unseren Kindern zu vermitteln.

Wir versuchten das mit der Kultur der Verabredung. In der Familie besprachen wir bestimmte Aufgaben, und wir einigten uns darauf, wer was machen sollte. Diese Aufgaben wurden gemeinsam als Familie erledigt, und zwar am Donnerstagnachmittag, weil die Kinder an diesem Nachmittag schulfrei hatten. Andere Aufgaben wurden gegeben und dafür bekamen die Kinder dann auch etwas Taschengeld. Für das Rasenmähen bekam mein Sohn beispielsweise fünf Franken. Der Wunsch war, dass der Rasen wöchentlich gemäht würde. Hatte er aber zwei Wochen lang den Rasen nicht gemäht, dann brauchte er auch entsprechend mehr Zeit. Er bekam aber dennoch nur die fünf Franken, er hatte ja nur einmal in zwei Wochen gemäht.

Eine weitere Verabredung war, dass die Betten alle zwei Wochen abgezogen werden sollten. Anschließend wurde die saubere Bettwäsche auf das Bett gelegt, und jeder musste selbst sein Bett frisch beziehen. Nun passierte es manchmal, dass mein Sohn sein Bett nicht bezog, sondern einfach auf der Matratze und unter einem unbezogenen Federbett schlief. Ich machte ihn darauf aufmerksam, dass das Federbett und die Matratze schmutzig würden, wenn das Bett unbezogen blieb, und er dann mit seinem Taschengeld die Reinigung dafür zu bezahlen hätte. Er hatte also die Wahl! — So brachte jede Entscheidung ihre Konsequenzen mit sich.

Im zweiten Jahrsiebt richtet das Kind sein Handeln auf Autorität aus. Für das Kind ist es nun heilsam, wenn es die Möglichkeit hat, etwas deshalb zu tun, weil verehrte Menschen in seiner Umgebung sagen: *So ist es richtig.* In diesem Alter sollte das Kind nicht primär darauf hin erzogen werden, sich ein eigenes Urteil zu bilden. Auch hier bietet das häusliche Leben ein unbegrenztes Lernfeld. So etwa regelmäßig wiederkehrende Aufgaben, die in rhythmischen Abständen durchgeführt werden. Meine Kinder bekamen ungefähr mit ihrem neunten Lebensjahr feste Aufgaben bei Haushaltstätigkeiten, die wir als Familie erledigten. Zum Beispiel der gemeinsame Hausputz am Donnerstagnachmittag, aber auch das tägliche Geschirrspülen: die Männer am Mittag, die Frauen am Abend. Die Kinder fütterten

auch die Tiere. Diese Aufgaben waren selbstverständlich, und darüber wurde nie diskutiert, sie gehörten einfach zum Alltag. Die Kinder lernen dadurch, ein gesundes Autoritätsgefühl zu entwickeln — eine notwendige Grundlage, um später im Erwachsenenleben ein gesundes Rechtsempfinden auszubilden.
In diesem Alter (und auch noch darüber hinaus), hilft die Konsequenz der Eltern oder anderer erwachsener Bezugspersonen. Viele Dinge, die wir bei den Kindern mit Liebe und Ausdauer angelegt haben, verschwinden. Jetzt wird, was selbstverständlich war, in Frage gestellt.

5. Wegen Umbau geschlossen - Pubertät

Die Pubertät ist Umbruch, Neuanfang. Wie passend ist doch der bekannte Aufkleber, der oft die Türen unserer Kinder schmückt: *Eintritt verboten! Wegen Umbau geschlossen!*
Als Eltern sind wir in dieser Zeit oft überfordert und voller Selbstzweifel. Wir fühlen uns hilflos und haben sogar Angst, als Autoritätsperson zu versagen. Manchmal hilft es, an die eigene Pubertät zurückzudenken. War es so schlimm? Wie lange hat es gedauert? Erinnern wir uns noch an diese Momente der unbeschreiblichen Einsamkeit und Ohnmacht? Wie schwer es doch war, mit Erwachsenen zu kommunizieren, die alles persönlich und als Angriff und Kritik verstanden! Und wir erinnern uns sicher auch daran, wie maßlos empfindlich wir selbst waren (weil niemand uns verstand und ernst nahm).
Und wie war es mit der ersten Zigarette und dem Alkohol? Ich selbst wurde von meinen Eltern und sogar Geschwistern als besonders *wild* eingeschätzt. Ich liebte Rock-Bands wie Led Zeppelin und Cream, schlich oft nachts zum Fenster hinaus, um tanzen zu gehen. Ich liebte Buben, die um einiges älter waren als ich, am besten *Ausländer*. In Südafrika waren alle Nicht-Südafrikaner Ausländer, auch Engländer, Deutsche und Franzosen. Damals wurden selbst Inder, Asiaten und Menschen aus dem Libanon oder aus arabischen und nordafrikanischen Ländern als *nicht-weiß* eingestuft.
Wann gab es den ersten Freund, die erste Freundin? Im welchen Alter waren wir *keine Kinder* mehr und wussten genau, was die Welt bräuchte, damit alles besser würde?
Meine Pubertät ging vorbei — die meiner Kinder Gott sei Dank auch. Wir haben es alle überlebt und reden heute gerne über diese Zeit. Mein Sohn meinte damals, ich sei sehr uninformiert und gutgläubig.
Ich bin oft an meine Grenzen gestoßen und war manchmal verzweifelt und ratlos. Als meine Tochter und ich uns einmal weinend gegenüberstanden, gab ich

zu: *Genau so neu und verunsichernd wie es für Dich ist, in der Pubertät zu sein, genau so neu ist es für mich, eine pubertierende Tochter zu haben! Lernen wir doch gemeinsam, anständig miteinander umzugehen.*
Auch wenn es sehr schwer war, eines habe ich mir aber doch vorgenommen und auch eisern durchgehalten: Ich habe meine Kinder nicht gedemütigt oder verbal gepeitscht. Eindeutigkeit war nicht mehr selbstverständlich, aber Konsequenz bezüglich unserer Verabredungen war für mich sehr, sehr wichtig.
Ich erwähnte ja bereits an früherer Stelle, wie wichtig eine Kultur der Verabredung ist. Wir hatten ja verabredetet, dass nie Socken als *Bollen* in die Wäsche kommen sollten. Die Socken wurden immer schön gestreckt, bis mein Sohn dreizehn wurde. Auf einmal fand ich *Bollen* im Wäschekorb. Ich sagte kein Wort, wusste aber, je mehr *Bollen* sich im Kübel ansammelten, desto weniger saubere Socken waren in der Schublade. Die Kleiderkommode meines Sohnes stand auf dem Flur, weil er es gerne geräumig in seinem Zimmer hatte. Nach einer Woche hörte ich früh am Morgen wie die Schublade kräftig zugeschlagen wurde, mit lautem *Keine saubere Socken in dieser Bude!* Ich fragte, ob sein Problem etwas mit den *Bollen* in dem Wäschekorb zu tun haben könnte. Er sagte kein Wort, alle Socken wurden *gestreckt*. Eine Woche später hörte ich noch einmal die Schublade, fand aber anschließend — ohne ein Wort gesagt zu haben — die gestreckten Socken im Korb.
Eine weitere klare Verabredung war, dass ich die Küche am Morgen (das hieß damals um fünf Uhr) genauso aufgeräumt vorzufinden wünschte, wie wir sie nach dem Abendessen bereits hergerichtet hatten. Alles wurde abgewaschen, getrocknet und versorgt, und alle Oberflächen wurden sauber gewischt. Selbstverständlich durften die Kinder Freunde einladen, kochen, backen, aber es musste anschließend sauber aufgeräumt werden. In all den Jahren musste ich nur ein einziges Mal meine Tochter und meinen Sohn um fünf Uhr wecken, um sie die Küche aufräumen zu lassen. — Sie haben schnell verstanden, dass ich es mit den Verabredungen ernst meinte.

Liebe und Vertrauen schenken

Obwohl die Kinder in diesem Alter so selbständig und so eigenwillig tun, brauchen sie doch die Sicherheit, dass wir sie lieben wie sie sind, und dass wir auch weiterhin Vertrauen in sie haben. Vertrauen in das, was wir in der frühen Kindheit für die sich jetzt entwickelnde Persönlichkeit versucht haben anzulegen.
Zu einem *Tag der offenen Tür* am Goetheanum lud ich meinen sechzehnjährigen Sohn zu einer Veranstaltung eines Musikers ein, dessen Musik er sehr schätzte. Er verschwand in sein Zimmer und kam mit einer schmutzigen, verschlissenen Jeanshose und ausgelatschten Turnschuhen zurück. Innerlich musste ich doch heftig schlucken, da es immerhin mein Arbeitsplatz war und alle Menschen mich

dort kannten. Ich sagte kein Wort, obwohl ich mich innerlich sehr angespannt fühlte. Im Goetheanum angekommen, trafen wir gleich auf ein Mitglied des Vorstandes der Anthroposophischen Gesellschaft, der einen Sohn im gleichen Alter hatte. Ohne zu zögern sagte ich: *Komm doch mit, ich möchte Dich gerne dem Herrn dort vorstellen.* Das tat ich dann, und irgendwie spürte ich, wie ich ganz frei wurde. Ich konnte meinen Sohn und seine Aufmachung akzeptieren, ohne mich zu schämen.

Diese Zeit ist wirklich nicht einfach. Es kommen viele Vorwürfe, Kritik, Ernüchterung, weil die Welt und vor allem die Erwachsenen nicht die perfekten Menschen sind, wie die Kinder es bis dahin geglaubt haben. Es gibt sehr viele Gemütsschwankungen: Heute verstehen wir uns prächtig, morgen bin ich *engstirnig und gefühllos.*

Im tiefsten Wesen verspürt die Jugend die Sehnsucht nach einer guten Welt. Sie will wissen, wie sie dazu beitragen kann. Die Fragen nach Gerechtigkeit, Toleranz und Freiheit stehen im Vordergrund. Wenn wir nicht versuchen, ihre Kritik und was dahinter steht, zu verstehen, nehmen wir den jungen Menschen die Hoffnung, es irgendwie besser machen zu können. Sie brauchen unsere Zuversicht, Vertrauen, auch wenn sie uns gnadenlos durch ihre Argumente unsere eigene Unzulänglichkeit vorführen.

Zu den Jugendlichen muss eine konkrete menschliche Beziehung vorhanden sein oder aufgebaut werden. Es geht nicht um eine Pauschal- oder Gruppenbeziehung. Jugendliche wollen menschliche Beziehungen, gleichberechtigt, von Ich zu Ich. Sie wollen ernst genommen, angehört, individuell angesprochen werden – weit mehr als in ihrer Kindheit. Ich spüre oft bei den Jugendlichen eine Sehnsucht nach Authentizität, nach Echtheit. Eine große Sensibilität ist für das vorhanden, was echt am anderen ist. Wir werden sehr schnell durchschaut. Einige Kinder reagieren mit Protest, viele ziehen sich zurück und reagieren mit Gleichgültigkeit. Mein Sohn sagte mir sehr direkt, wie respektlos er es von mir empfand, als ich während eines Gesprächs mit ihm aufstand, um an das klingelnde Telefon zu gehen.

Es gibt einen wunderbaren Spruch von Rudolf Steiner über das Urbild eines Menschen. Ein echtes Interesse an unserem Gegenüber könnte uns zu einer Begegnung mit diesem Urbild führen:

Das aber machen Sie zu Ihrer Treue: An den anderen Menschen werden Sie Augenblicke erleben — schnell dahingehende — da wird er Ihnen erscheinen wie erfüllt, wie durchleuchtet vom Urbild seines Geistes. Und dann können, ja werden lange Zeiten kommen, da verdüstern sich die Menschen. Sie aber sollen lernen, in solchen Zeiten zu sagen: Der Geist macht mich stark; ich denke an das Urbild, ich sah es doch einmal, kein Trug, kein Schein raubt es mir. Ringen Sie immer um das

Bild, das Sie sahen. Dieses Ringen ist Treue. Und so nach Treue strebend, wird der Mensch dem Menschen wie mit Engel-Hütekräften nahe sein.[82]
Wenn es mir allzu schwer wurde, sah ich mir immer die Fotos aus der Zeit an, als meine Kinder noch kleiner waren und mich strahlend und voller Freude anschauten.

Für die Zukunft

Diese Aussage von Nelson Mandela sollte sich jeder Jugendliche zu Herzen nehmen!

Nelson Mandela *(Auszug aus seiner Antrittsrede von 1994)*[83]

Unsere tiefgreifendste Angst ist nicht, dass wir ungenügend sind.
Unsere tiefste Angst ist, über das Messbare hinaus kraftvoll zu sein.
Es ist unser Licht, nicht unsere Dunkelheit, das uns erschreckt.
Wir fragen uns, wer bin ich, mich brillant, großartig, talentiert, phantastisch zu nennen?
Aber wer bist Du, Dich nicht so zu nennen? Du bist ein Kind Gottes.
Dich selbst klein zu halten, dient nicht der Welt.
Es ist nichts Erleuchtendes daran, sich so klein zu machen, dass andere um Dich herum sich nicht sicher fühlen.
Wir sind alle bestimmt, zu leuchten, wie es die Kinder tun.
Wir sind geboren worden, um den Glanz Gottes, der in uns ist, zu manifestieren.
Und wenn wir unser eigenes Licht erscheinen lassen, geben wir unbewusst anderen Menschen die Erlaubnis dasselbe zu tun.
Wenn wir von unserer eigenen Angst befreit sind, befreit unsere Gegenwart automatisch andere.

Nach der Geschlechtsreife entwickelt sich beim Menschen ja nicht nur das geschlechtliche Liebesleben. Es sollte in dieser Entwicklungsphase auch die allgemeine Menschenliebe entwickelt werden, ja die ganze Erziehung sollte auf Menschenliebe aufgebaut werden, überhaupt auf Liebe zur äußeren Welt. Diese Liebe zur Außenwelt kann unter anderem auch dadurch unterstützt werden, dass die Schüler lernen, selbst ihr Schulgebäude zu pflegen *(siehe nachfolgendes Kapitel).*

Wie ich bereits am Anfang erwähnt habe, wird die Zukunft der Gesellschaft zuhause, in der Familie generiert. Die Eigenschaften, die wir uns für die Menschen in der Zukunft wünschen, gilt es, bereits im Kindesalter anzulegen.
Je mehr wir bereit sind, in unsere Kinder zu investieren, desto weniger muss später in Sozialpädagogik, Erziehungsanstalten, Psychiatrie, ja auch in Gefängnisse investiert werden. Die großen Ideale der Französischen Revolution — Freiheit, Gleichheit, Brüderlichkeit — benötigen eine solche Basis, um realisiert werden zu können: Wenn sich ein Kind durch gesunde Nachahmung entwickeln durfte, wächst in ihm die Freiheit; eine authentisch gelebte und erlebte Autorität entwickelt ein Verständnis für Recht, für Brüderlichkeit; durch Liebe und Geborgenheit wird Gleichheit erlebt, was sich später im Wirtschaftsleben ausdrücken kann.
Unsere heutige Gesellschaft leidet an Bewegungsarmut. Bewegung ist aber die ureigene Erscheinungsform des Willens. Willensbildung entsteht, indem wir die Bewegung lenken und mit Sinn erfüllen, vor allem auch dann, wenn Bewegung und Tätigkeit aus innerer Motivation zustande kommen, aus Freude um ein Ziel zu erreichen. Wiederholte Tätigkeit kultiviert den Willen.

Oft ist in meiner Arbeit mit Studenten eine weitere Frage der *Freiheit* der Umgang mit der Pünktlichkeit. Für mich ist mehrfaches Zuspätkommen ein Kündigungsgrund. Diesbezüglich beklagte sich eine Eurythmie-Studentin wegen meiner Strenge bei ihrer Lehrerin, die mich darum bat, doch bitte Rücksicht auf das Studium zu nehmen. Ich hielt aber an meinen Anforderungen fest. Nach und nach wurde die Studentin ihnen auch gerecht — und auch ihre Leistungen im Studium verbesserten sich. Nach fünf Jahren sagte sie mir, dass ihr die morgendliche Reinigungsarbeit im Goetheanum die nötige Durchhaltekraft gab, um überhaupt das Studium bis zum Ende zu führen. Kurz danach bat die besagte Lehrerin mich darum, eine andere Studentin derselben *Kur* zu unterziehen.

6. Sinnvoll arbeiten

In einem meiner Seminare sagte jemand einmal: *Ich hoffe, dass ich von Ihnen lernen kann, 'Spaß' am Putzen zu bekommen.* Ich musste die Person da etwas enttäuschen, da es mir nicht besonders wichtig ist, Spaß zu vermitteln. Man hat vielleicht einmal Spaß, und dann vergeht es wieder. Man will ja auch nicht unbedingt jedes *Späßli,* das man einmal gehabt hat, wiederholen. Viel, viel wichtiger ist es für mich, dass es mir gelingt, dass jemand einmal so richtig Freude beim Haushalten und beim Putzen empfinden kann. Freude zu erleben, das wiederholt man ja auch gerne. Und um wirklich echte Freude bei der Hausarbeit empfinden zu können, hilft es, wenn wir verstehen können, dass dies eine Grundlage bildet für alles, was getan wird.
Warum tun wir etwas? Was ist unser Ziel, wenn wir unsere Haushaltstätigkeiten ausführen?
Reinigungsarbeit ist sozusagen ein Modell von Arbeit für das Leben. Ohne diese Arbeit zerfällt eine Familie. Im Haushalt wird — wie bereits oben erwähnt — die Zukunft der Gesellschaft generiert, und wenn wir glauben, dass es den Kindern gleichgültig ist, wie es zu Hause aussieht, irren wir uns gewaltig. Sie schämen sich manchmal zutiefst, verdecken dies aber mit Gleichgültigkeit, ja nennen es sogar *cool.* Ein junger Mann rechtfertigte den Schmutz in seinem Zimmer mit: *Es ist doch organisch, reinste Natur!*
Während eines Seminars fiel mir auf, wie genau ein anderer junger Mann zuhörte und auch alles ausprobierte, was ich vorführte. Er stellte viele Fragen und machte Notizen. Vier Wochen später bekam ich folgenden Brief:
Schon während des Seminars wurde es mir bewusst, in welchem Zustand ich mit meinen Kindern lebe. Ich bin fünfunddreißig, alleinerziehend und berufstätig. Meine Söhne sind acht, zehn und zwölf Jahre alt. Als ich nach Hause kam, war ich so überwältigt von diesem Zustand der Verwahrlosung und von dem Schmutz in unserem Haus, dass ich mir fest vornahm, jeden Tag etwas zu unternehmen, um die Ordnung wieder herzustellen, und seien es nur zehn Minuten am Tag. Das habe ich auch getan, und bald fingen die Buben von sich aus an, ihren Teil beizutragen. Gestern, Samstag, gaben wir gemeinsam dem Hause den letzten Schliff. Heute Morgen habe ich uns was Schönes zum Frühstück gebacken, und am Frühstückstisch sagte mein zwölfjähriger Sohn: 'Vielen Dank, Papa, jetzt haben wir endlich wieder ein Zuhause'.
Auch wenn wir es nicht immer schaffen, lohnt es sich, wenn die Kinder die Gelegenheit bekommen, diesen Unterschied zwischen Ordnung und Unordnung zu erleben. Auch im eigenen Zimmer. Die Jugendlichen wollen oft nicht, dass wir ihr Zimmer betreten, und aus Respekt dürfen wir es auch nicht aufräumen, wenn

sie es nicht wollen. Ich habe aber die Erfahrung gemacht, dass meine Kinder sehr selten *Nein* sagten, wenn ich in ihnen anbot, ihnen beim Aufräumen zu helfen. Wichtig war eben das *Wie*. Nie habe ich zum Beispiel gesagt: *Ich halte diesen Dreck nicht mehr aus!* oder: *So ein Saustall!* Meistens sagte ich etwas wie: *Morgen hätte ich etwas Zeit, wenn Du Lust hast, helfe ich Dir in Deinem Zimmer*, oder: *Wenn Du heute etwas aufräumst, kann ich gerne morgen bei Dir putzen.*
Mein Sohn wurde dreizehn. Ich kam von der Arbeit nach Hause. Strahlend erzählte er mir, er hätte sich zum Geburtstag etwas ganz Tolles geschenkt. Groß war mein Erstaunen, als er mir dann ganz stolz sein Zimmer vorführte: Ein frisches Bett, saubere Fenster, alles abgestaubt, der Boden war gesaugt und aufgewischt, und es gab einige von den ersten Winterlingen in einer winzigen Vase. Ich war zutiefst dankbar und berührt und wusste, dass, was auch kommen mag, tief in seinem Innersten eine Freude an Ordnung und Schönheit lebt.
Mit vierzehn war sein Zimmer so eine Katastrophe, dass ich mir vornahm, ihm (natürlich neben anderem) als Geburtstagsgeschenk sein Zimmer aufzuräumen, wie er es selbst doch vor einem Jahr getan hatte. Er war sehr erfreut und dankbar. Da es so gut ankam, erlaubte ich mir, an den darauf folgenden Tagen wenigstens täglich sein Bett zu machen. Nach drei Tagen sagte er ganz entschlossen: *Es war ein schönes Geburtstagsgeschenk, Mami, aber es ist mein Zimmer, und ich bitte Dich, es so zu lassen, wie es ist.*

Freilassend kooperieren

Ich werde so oft gefragt, was eine Frau tun soll, damit ihr Mann und ihre Kinder mehr im Haushalt mithelfen. Leider bin ich weder Erzieherin noch Eheberaterin. Es gibt kein Rezept, aber auch hier finden sich Gesetzmäßigkeiten. Allein diese zu kennen und sie zu verstehen, ist bereits eine große Hilfe.
Letzthin sagte mir eine Mutter, sie hätte immer von ihren Kindern erwartet, dass sie ihre Zimmer ordentlich halten und auch, dass sie im Haushalt helfen müssten. Irgendwann hat sie es dann aufgegeben, und siehe da: die Kinder fingen an, genau das zu tun, was sie schon immer wollte — nun aber, ohne dass sie es von ihnen erwartet hatte. Ihre beiden Kinder sind jetzt schon erwachsen und als sie hörten, dass ihre Mutter zu einem Putzseminar gehen würde, sagten sie ihr zum ersten Mal, dass sie sich immer furchtbar unter Druck gefühlt hätten, weil die Mutter so hohe Ansprüche hatte.
Ordnung soll eben dienen und nicht herrschen!
Frauen neigen mehr zu Erwartungen der Familie gegenüber als Männer. Eine Frau hofft, dass der Mann oder das Kind spüren, dass sie Hilfe braucht, oder dass ein unaufgeräumtes Zimmer die anderen Familienmitglieder so stören würde, dass sie es von sich aus aufräumen würden. Dies ist meistens Wunschdenken!

Die Frustration ist somit vorprogrammiert. Aus diesem Grund empfehle ich eine Kultur der Verabredung.
Wir besprechen die Aufgaben, verabreden uns darüber, wer was macht. Wenn alle einverstanden sind, und die Verabredungen getroffen sind, dann dürfen wir erwarten, dass es getan wird, und wir können es dann auch ansprechen, wenn es nicht gemacht wurde.
Unser Zuhause bietet nicht nur Schutz durch seine Atmosphäre, es kann auch heilend (oder eben auch gegenteilig) auf die Bewohner wirken. In den eigenen vier Wänden sind wir so, wie wir sind. Wir müssen niemandem etwas vormachen. Unsere Anstrengungen sind echt, der Mangel daran auch. Deswegen ist unser Zuhause der Ort, wo Erziehung und Selbsterziehung Hand in Hand gehen und wir alle gemeinsam auf eine bessere Zukunft hoffen, wofür wir uns nach Kräften bemühen.

X. Die Schulhausreinigung

Der Zustand von Schulhäusern ist seit Jahren ein Thema, und gerade jetzt aktueller denn je. Als vor Jahren die erste Pisa-Studie in der Schweiz und in Europa abgeschlossen wurde, waren die finnischen Schulen deutliche Sieger.
Daraufhin wurde eine Delegation aus der Schweiz nach Finnland gesandt, um festzustellen, was an finnischen Schulen anders ist. Auffällig war, wie gepflegt und sauber die Schulhäuser im Vergleich zu den Schulen waren, an denen die Resultate wesentlich schlechter waren. Zum Beispiel fanden sich in Finnland keine Anzeichen von Vandalismus, Graffiti oder dergleichen.
Für mich kam dies nicht überraschend. Ich hatte sehr oft festgestellt, dass ein gepflegtes Schulhaus auch ein besseres Benehmen der Schüler bedingt. Es ist doch eine Tatsache, dass eine höhere Hemmschwelle vorhanden ist, mutwillig Unordnung anzurichten, sobald etwas sauber und gepflegt ist.

Das Vorbild zählt

In den Schulen gibt es deutliche Unterschiede im Umgang mit den Klassenzimmern und darin, wie sich die jungen Menschen dort benehmen. Es gibt Schulhäuser, die sehr gut gereinigt werden, die Klassenzimmer dagegen jedoch unordentlich sind: Schülerbilder hängen schief, Regale sind vollgestopft, auf den Ablagen und Simsen liegen Gegenstände herum, die Pflanzen sind zum Teil verwahrlost und staubig. Im Auftrag der Schuldirektion wird heutzutage sogar das Lernklima in ausgewählten Klassenzimmern begutachtet — genau so wie man auch ein Wohnklima oder ein Arbeitsklima untersuchen kann. Ziel ist die Frage, was unternommen werden kann, um die Atmosphäre positiv zu beeinflussen, die Schüler zu beruhigen und ihre Konzentration zu unterstützen.
Auch hier ist wieder das Vorbild wichtig. Bei den jungen Menschen sollten wir anstreben, wie ein Schäfer voranzugehen — und nicht wie ein Eselstreiber hinterher.
Meines Erachtens sind die Schulen so sauber, wie die Ansprüche der Lehrerschaft als Auftraggeber es bestimmen. Sozialität hat eben auch mit Pflege zu tun. Manchmal sehen Lehrer- und Besprechungsräume furchtbar aus. Überfüllte Abfallkörbe, halbgegessene Äpfel, Kaffeetassen mit alten Kaffeeresten und manchmal sogar Zigarettenstummel darin. Und dann wundern sich die Lehrer auch noch darüber, dass sie Konflikte nicht lösen und zu keinen guten Entschlüssen kommen können!

Oft gibt es auch *Sammelorte* in den Schulen, die ein Bild der Unordnung erzeugen. Lehrer haben oft die Neigung, kleine Lagerräume neben den Klassenzimmern mit anderen Dingen als nur mit Schulmaterial vollzustopfen. Genau so wie wir im Privatbereich öfters einmal in bestimmte Schubladen schauen sollten, so sollten die Lehrer von Zeit zu Zeit ihre Klassenräume, Lager und Lehrerzimmer durchforsten.

1. Projekt Schülerreinigung

Seit Jahren reise ich an viele verschiedene Schulen und Ausbildungsstätten quer durch Europa und Amerika. Dabei finde ich die unterschiedlichsten Qualitätsstandards und Reinigungs-Modelle vor: Das Spektrum reicht von Reinigungsunternehmen bis zu von der Schule angestellten Reinigungskräften, von sich selbst organisierenden 400-Euro-Kräften, über den Hausmeister (der mit 1-Euro-Kräften arbeitet) bis hin zu kleinen Familienunternehmen (beispielsweise einer portugiesischen Familie: Eltern, Schwiegereltern, Söhne, Töchter und so fort). An vielen Waldorfschulen reinigen immer noch die Eltern, und an einigen Schulen wird jetzt auch mit der Hilfe von Oberstufen-Schülern geputzt.
Die Gründe, warum die Schulen mich einladen, sind vielfältig:

- Sparmaßnahmen, oder ich werde gebeten das bestehende Leistungsverzeichnis der Putzfirma zu überprüfen.
- Die Schule ist mit der Qualität der Reinigung nicht zufrieden.
- Es wird nach einer umweltfreundlicheren Lösung gesucht.
- Die Motivation der Reinigungskräfte und/oder der Elternschaft ist sehr schwach, und die Schule erhofft sich einen neuen Impuls.
- Es besteht der Wunsch, neue Wege zu gehen, zum Beispiel mit Schülern das Schulhaus zu reinigen.

Im Jahr 1992 wurde es in einer Schule, in der meine Firma für die Reinigung zuständig war, dringend nötig, Sparmaßnahmen zu ergreifen. Mein Vorschlag war, dass die Schüler gegen Bezahlung ihr Schulhaus selbst sauber machen sollten. Ich war bereit, sie entsprechend einzuführen und zu betreuen.
Ein Leistungsverzeichnis bestand bereits, so wurden die Pläne neu ausgearbeitet und die vorhandenen Aufgaben auf zehn Schüler verteilt. Sie wurden genau eingearbeitet und die Qualität der Arbeit wöchentlich kontrolliert.
Das ging so lange gut, bis jemand die Meinung vertrat, die Schüler wüssten jetzt, wie es ginge, und die Schule könnte doch noch mehr sparen, wenn sie auf die

Betreuung verzichten und die Schüler die Reinigung ganz selbstständig ausführen würden. So beschloss man, auf meine Betreuung zu verzichten. Leider ging das nicht lange gut.
Schüler wissen zwar genau, was gemacht werden soll und was nicht. Sie sind meistens verantwortungsbewusst und zuverlässig, aber sie wollen geführt, betreut werden. Dies ist auch verständlich, weil in diesem Alter die Willenskräfte noch nicht so weit entwickelt sind, dass sie alles auf sich nehmen könnten. Die ganze Personal-Koordination, die Planung, die Kontrolle, die Arbeitseinteilung, ja die Überprüfung und das Nachbestellen der Mittel und des Materials — all das den jungen Menschen zu überlassen, ist eine Überforderung. Mittlerweile habe ich mehrere Projekte, bei denen Schüler selbst ihr Schulhaus reinigen, eingeführt. Hierbei begründen die Schüler real ein eigenes Putzunternehmen, eigens für ihre Schule. Die Erfahrung zeigt deutlich, dass solch ein Projekt mit der Person steht oder fällt, die es betreut. Im Folgenden möchte ich zeigen, was ein solches Projekt für die Schule bedeuten kann:

a) auf pädagogischer Ebene
Jugendliche verbringen viel Zeit vor dem Fernseher und am Computer. Durch die Reinigung der Schulhäuser können Schüler praktische Fähigkeiten entwickeln, indem sie sich der realen Welt stellen.
Die Schüler erleben die Bedeutung von Werterhaltung durch bewusste Pflege am eigenen Schulgebäude (z.B. die Verminderung von Vandalismus).
Die Schüler lernen durch praktische, erlebte Pädagogik, ökologische und nachhaltige Werte im Bereich der Schulhausreinigung kennen.
Ein gepflegtes Umfeld wirkt sich positiv auf die Konzentration und die schulischen Leistungen der Schüler aus. Die Schüler entwickeln neue Fähigkeiten: Durch die Wahrnehmung lernen sie, sich neu mit dem Schulhaus zu verbinden, durch die physische Aktivität wird Bewegungsträgheit abgebaut.

b) auf sozialer Ebene
Durch die gemeinsame Pflege des Schulhauses entwickeln sich soziale Fähigkeiten. Durch die bewusste Pflege entsteht eine neue Beziehung zum Schulhaus, dies kann zu einer Verminderung der Gewaltbereitschaft führen. Gewaltbereitschaft und Aggressionen werden abgebaut, wenn Lehrer- und Schülerschaft sich gleichermaßen für ihre Schule verantwortlich fühlen, weil sie als gleichberechtigte Partner mitbestimmen und mitgestalten dürfen.
Es wird gelernt, sich mit sozialen Tatsachen zu konfrontieren: Wie gehen Jugendliche beispielsweise damit um, wenn bestehendes Putzpersonal entlassen werden muss?

Die Reinigungserfahrung könnte zu einer veränderten Einstellung der Schüler gegenüber der Reinigungstätigkeit sowie gegenüber den Menschen führen, die diese Tätigkeit ausüben.
Erste Erfahrungen mit wirtschaftlichen und juristischen Aspekten werden im Zusammenhang mit der Gründung und der Führung eines Kleinunternehmens gefördert.

Von der Idee zur Wirklichkeit
Wie wird so ein Projekt initiiert und was muss dabei beachtet werden?
Am Anfang entsteht eine Idee, ein Impuls, der meistens aus der Elternschaft kommt: Der Wunsch nach einem gepflegten Schulhaus für die Kinder. Ein Prozess der Bewusstseinsbildung fängt an. Vielleicht wird der Zustand in der Schule vielen Menschen zu diesem Zeitpunkt erst richtig bewusst. Die Idee wird meistens von jemandem aus der Lehrerschaft aufgegriffen, der bereit ist, als Kontaktperson und Ansprechpartner für die Initiativgemeinschaft zu dienen.
Es bildet sich eine Gruppe interessierter Eltern, und es wird solange gearbeitet, bis das Projekt als Initiative dem Kollegium und der Geschäftsführung vorgestellt werden kann. Der Wille wird angesprochen und es kommt zu den ersten Taten.
Als nächstes folgen die Inhalte. Wie bauen wir so ein Projekt auf? Ich besuche die Schule, rede mit den Lehrern, Schülerinnen, Schülern und Eltern. Die Bereitschaft von allen Seiten wird abgeklärt. Wie vorher schon erwähnt, steht und fällt das Projekt mit den Personen, die bereit sind, die Führung und die Verantwortung zu übernehmen. Zu dieser Phase gehören die beiden folgenden Schritte:
Wird am Anfang nur ein Teil des Schulhauses von den Schülerinnen und Schülern übernommen oder gleich das ganze?
Es folgt die Aufstellung eines Leistungsverzeichnisses. Die nötige Anzahl Schüler und Schülerinnen werden festgestellt und die Kosten berechnet.
Wenn eine Entscheidung getroffen ist, wird damit begonnen, das Ideal zu formulieren. Was wünscht man sich als Leitbild für das Projekt?

2. Mögliche Einwände

Wie bereits gesagt: Was auf jeden Fall angestrebt wird, ist ein sauberes, gepflegtes Schulhaus — und darüber hinaus soll die Reinigung, wenn möglich, auch etwas weniger kosten. Ich möchte aber noch gerne auf die Fragen oder etwaige Schwierigkeiten oder Einwände eingehen, die meistens aufkommen, wenn das Projekt vorgestellt wird.

Sind die jungen Menschen überhaupt offen für die Hintergründe, die ich als Motivation angebe? Da kann ich nur sagen: Ja, sie sind offen. Ein Neuntklässler hat mich nach einem Vortrag, in dem ich auch den *unsichtbaren* Schmutz erwähnte, gefragt: *Wenn es einen unsichtbaren Schmutz gibt, gibt es auch eine unsichtbare Ökologie?* Diese Frage hat mir bislang kein erwachsener Mensch gestellt.
Personal wird entlassen. Was passiert jetzt mit diesen Menschen? Dies ist wirklich ein wichtiger Aspekt. Wenn es eine Firma ist, der gekündigt werden soll, besteht meistens die Möglichkeit, dass die Menschen dieser Firma anderswo wieder eine Aufgabe übernehmen könnten. Oft entsteht aber auch bereits der Wunsch nach Änderung/Kündigung, weil etwas mit der Qualität nicht stimmt (was für mich immer ein berechtigter Kündigungsgrund ist). Es ist aber auch möglich, die bestehenden Reinigungskräfte in das Projekt zu integrieren.
Am Anfang entstehen Mehrkosten. Bestehendes Inventar muss oft zum Teil oder ganz ersetzt werden. Es werden viel mehr Schülerinnen und Schüler angestellt werden, als die Zahl der bereits bestehenden Reinigungskräfte, da die Schülerinnen und Schüler meistens nur einen Einsatz von maximal ein bis zwei Stunden pro Tag und Woche übernehmen können. Aus diesem Grunde wird auch mehr Reinigungsgerät und -material benötigt. Das bedeutet mehr administrativen Aufwand. Die Koordination und Einsatzplanung braucht Zeit, verlangt Übersicht und oft viel Geduld.
Beratungskosten: Dazu kommt der Aufwand für die Person, die anleitet. Oft werde ich gebeten, wenigstens einmalig die Schülerinnen und Schüler einzuführen, oder manchmal nur die Person, die dann die Gruppe führen soll. Leider ist das letztere oft eine Fehlkalkulation. Wenn am Anfang gespart wird, wird es langfristig meist teurer. Es kommt zum Beispiel vor, dass die Person, die das Projekt leitet, nicht genügend gut einschätzen kann, wie viel Zeit für die Aufgaben eingeplant werden muss.
In einer Schule wurde einem Reinigungsprojekt mit Oberstufenschülern und -schülerinnen zugestimmt, obwohl das neue Projekt etwas teurer war als das bisher bestehende Reinigungskonzept. Das Lehrerkollegium schätzte die pädagogische Seite des Projekts so hoch, dass es die Mehrkosten in Kauf nehmen wollte. Das ist lobenswert, dennoch lohnt es sich, bewusst mit finanziellen Ressourcen umzugehen.
Wenn dann am Anfang zum Beispiel zu viel Zeit für die Reinigung eines Klassenzimmers kalkuliert wird, summiert sich das über das ganze Jahr. Die Schülerinnen und Schüler sollen von Beginn an so gut eingeführt werden, dass die Arbeit in der vorgesehenen Zeit erledigt werden kann. Dafür braucht es eine erfahrene Person, oder die leitende Person sollte ihrerseits sehr gut eingeführt worden sein. Das braucht Zeit und Geld, aber ich kann nur empfehlen, dass in der

Anfangsphase weniger gespart wird, damit die Kosten langfristig reduziert werden können.
Bei einer Schule, in der ein solches Projekt seit bald zehn Jahren erfolgreich läuft, wurde ich die ersten drei Jahre jährlich eingeladen, um auf diese Weise sicherzustellen, dass der Nachwuchs gut eingeführt wurde. So wurde die ganze Schulgemeinschaft sensibilisiert, Nachwuchs wurde gesichert und auch die Betreuerin konnte optimal eingeführt werden.

3. Schulung

Was ist bei der Einführung der Schüler in ihre Aufgabe zu beachten?

Wahrnehmungsschulung: Wer nicht sieht, was gemacht werden muss, putzt nicht gut. Bewusste Wahrnehmungstätigkeit heißt auch immer, sich mit einer Sache zu verbinden. Das wiederum entwickelt die Hingabefähigkeit zu der Aufgabe. Hier steht die Sinnesschulung im Vordergrund.
Methodisch: Wo fange ich an, wie nehme ich den Besen in die Hand, und wie ist meine Körperhaltung? Wie plane ich die Arbeitsabläufe?
Rhythmus: Wie oft werden welche Aufgaben ausgeführt? An welchen Tagen arbeitet wer? Und: Wie sind meine Bewegungen und meine Gesten? Rhythmisch, harmonisch, fließend — oder eher hektisch, verspannt, gereizt? Die Bewegungsschulung muss unterstützt und gefördert werden.
Mittel und Material: Welche Geräte, Putzmittel, welches Material verwende ich auf welchen Oberflächen?
Wie hinterlasse ich meine Reinigungsutensilien am Ende der Arbeit? Ist alles sauber, alles neu aufgefüllt (Putzmittelflaschen etc.), ist alles ordentlich? Meistens ist am nächsten Tag jemand anderes dran, und dann ist es sehr wichtig, dass die Arbeit sofort losgehen kann — auch um die Zeit einhalten zu können.

Das Ideal

Ein solches Projekt hat nicht nur das Putzen als Inhalt, es geht nicht nur darum, den Dreck wegzunehmen. Ein wichtiges Motiv ist vor allem die Entwicklung der Kinder, ja der ganzen Schulgemeinschaft. Das ist für mich der allerwichtigste Aspekt: die Anerkennung der pädagogischen Bedeutung des Projektes und damit verbunden auch die Einstellung zur Arbeit.
Am Anfang ist der Anreiz bei den Schülerinnen und Schülern natürlich oft der Lohn. Die Aussicht Geld zu verdienen, ist sogar stärker als die instinktive Abneigung gegenüber dem Putzen.
Deswegen versuche ich vom ersten Moment an, den Schülerinnen und Schülern

die Bedeutung und die Würde dieser Aufgabe nahe zu legen. Ich spreche mit ihnen über das Putzen aus der Sicht einer Putzfrau. Putzen betrifft alle Menschen — die, die putzen, und die, für die geputzt wird. Menschen reden manchmal über das Putzen und die Putzleute. Manchmal reden aber die Putzleute auch über uns — und sie haben oft Grund genug dazu.
Während ich eine Schule reinigte, kam immer wieder eine Jungen-Gruppe vorbei und machte Sprüche. Einer, der *Leithammel*, warf mir sogar manchmal auch Sachen vor die Füße und sagte so etwas wie: *So, da hast Du was zu tun!* Er hieß Michael, und aus einem mir unbekannten Grund erschien er oft mit seinen Sprüchen, während ich arbeitete. Einmal, als er gerade wieder Orangenschalen auf dem Boden geworfen hatte, rief ich ihn bei seinem Namen. Er blieb sehr überrascht stehen und schaute mich an. Dann sagte ich: *Da staunen Sie, nicht wahr? Sie wissen gar nicht, wie ich heiße, noch warum ich hier das Schulhaus putze. Aber ich weiß, wie Sie heißen, und ich weiß einiges mehr. Die Art, wie Sie sich benehmen und mich behandeln, sagt sehr viel über Sie aus.* Das war das letzte Mal, dass er sich so verhalten hat. Sechs Monate später fragte er mich, ob er während der Sommerferien im Goetheanum bei mir putzen lernen dürfte.

Reinigen ist eben mehr als nur das Entfernen von Schmutz. Reinigung, Ordnung und Pflege tragen sehr viel zur Lebens- und Lernqualität bei und bilden deswegen eine so wichtige pädagogische und soziale Grundlage. Es geht eben um viel mehr, als nur um bloße Sauberkeit. Putzen bildet eine Grundlage für alles, was sich in einer Schule entfalten soll, für den Unterricht, für die Kommunikation zwischen den Lehrerinnen und Lehrern und auch für den Dialog zwischen der Lehrer- und Schülerschaft.
Die Bewegungsarmut unserer Gesellschaft ist auch ein Zeichen von Willensschwäche. Durch die Schulhausreinigung können wir zur Willensbildung beitragen; denn: die Bewegung beim Putzen ist bewusst geführt und mit Sinn erfüllt. Versuchen wir auch von Beginn an das rhythmische Element zu integrieren! Putzen wird dann auf eine indirekte Art eine fast musikalische Erfahrung. Wenn die Schüler und Schülerinnen es schaffen, die Tätigkeit aus innerer Motivation zu tun, dazu auch noch Freude am Resultat zu erleben, ja sogar ein Ziel erreichen zu können, haben wir einen großen Schritt in Richtung Abbau von Gewaltbereitschaft getan.
Die Reinigungstätigkeit, verbunden mit der bewussten Wahrnehmung der Umgebung, stärkt die Selbstmotivation und fordert die Selbstbeherrschung. Wenn die angestrebte Qualität erreicht werden soll, wird die Eigenverantwortung gestärkt. Die jungen Menschen lernen, dass es sich nicht auszahlt, eine Sache so schnell wie möglich zu erledigen.

Wenn wir von einem starken und schwachen Willen sprechen, dann ist damit nicht der Wille direkt gemeint, sondern es ist die Verantwortlichkeit gegenüber dem Willen gemeint. Der junge Mensch, der lernt, das zu verantworten, was er tut, entwickelt einen starken Willen. Auch die Wahrnehmung der Umgebung und die Selbstwahrnehmung während der Tätigkeit des Reinigens unterstützen die Willensbildung, und sie wird weiter unterstützt durch die rhythmischen und bewussten Bewegungen.

Nach einem einführenden Vortrag an einer Schule in Potsdam übernahmen die Schülerinnen und Schüler unter Leitung eines Vaters gleich die Pflege des Schulhauses. Als ich sechs Monate später die Schule besuchte, war die Verwandlung überwältigend. Das Schulhaus strahlte.

Sobald die Schülerinnen und Schüler anfangen, ihr Schulhaus zu pflegen, ändert sich vor allem die Situation in den Toiletten schlagartig. Sie werden viel weniger absichtlich verschmutzt und auch der Vandalismus reduziert sich drastisch. Die Mitschülerinnen und Mitschüler wollen die reinigenden Schülerinnen und Schüler unterstützen, und weil so viele da sind, die sauber machen, weisen sie sich gegenseitig auf die Ursachen der Verschmutzung hin. Manchmal heißt es dann sogar, dass die Schülerinnen und Schüler jetzt die Lehrerschaft erziehen würden.

4. Die Schule — ein lebendiger Organismus

So wie das eigene Zuhause als ein Organismus erlebt werden kann *(s. Kapitel 3)*, so kann auch das Schulhaus als ein lebendiger Organismus aufgefasst werden. Jeder lebendige Organismus gedeiht durch die Pflege, die man ihm zuteilwerden lässt. Durch die Pflege erfahren die Jugendlichen, was bewusstes Handeln ist, wie man sich mit dem zu pflegenden Objekt neu verbinden kann. Das ist Geistesgegenwart und ein Lernen für das ganze Leben. Eine der wichtigsten sozialen Fragen für die Zukunft (und natürlich auch schon für die Gegenwart) ist die Erziehungsfrage. Die Schule ist deswegen eine der wichtigsten sozialen Institutionen. Hier üben die jungen Menschen sich täglich darin, sich sozial zu verhalten, Beziehungen über die Sinne zu schaffen: zu einem anderen Menschen oder zu Objekten, also zu ihrem materiellen Umfeld. Deshalb hilft die Sinnesschulung, Gewalt abzubauen, da man durch sie eine Beziehung zur Welt aufbaut.

Die bewusste Pflege ist auch immer der Beginn einer Beziehung. Wir können unmöglich bewusst und liebevoll mit etwas oder jemand umgehen, ohne dass dadurch eine Beziehung entstünde. Die Beziehung vermindert die Gewaltbereitschaft, weil Menschen meistens nicht das zerstören wollen, zu dem sie ein positives Verhältnis aufgebaut haben.

Gewalt ist eine Gesellschaftsproblematik — keine Jugendproblematik. Vandalismus finden wir überall, aber zumeist an Orten, die bereits vernachlässigt worden sind. In dem Buch *Gewalt an Schulen* von Gisela und Axel Preuschoff heißt es zu diesem Themenkomplex: *Gewaltbereitschaft und Aggressionen werden abgebaut, wenn sich Lehrer/-innen und Schüler/-innen gleichermaßen für ihre Schule verantwortlich fühlen, weil sie mitbestimmen und mitgestalten dürfen. Frustration und Misserfolgserlebnisse aller Art müssen vermieden werden. Die Schule darf nicht zu einer Wissensfabrik verkommen, sondern muss ihren Erziehungsauftrag ernst nehmen.*[84]

Nach einer Arbeitswoche mit Studenten und Studentinnen am Institut für Waldorfpädagogik in Witten Annen (DE), erhielt ich durch die Person, die damals die Reinigungsarbeiten betreute, folgendes Schreiben von einer brasilianischen Studentin:

Das war der letzte Tag in der Bauzeit und der dritte Tag der großen Reinigungsarbeit. Ich war ganz kaputt. Die Arbeit war nicht zu schwierig. Ich wusste nicht, warum ich so müde war. Ich konnte mich nicht zurückhalten zu sagen: 'Marion, ich hasse putzen!' Meiner Angriffsbewegung kam ein Liebessatz entgegen: 'Putzen ist sehr wichtig in der Welt; du musst das Putzen lieben.'

Nach der Bauzeit kam eine neue Überraschung: sechs Wochen putzen! Jeden Morgen versuchte ich zu verstehen: Warum mag ich nicht putzen? Ich erinnere mich an die Aasgeier am Santos-Strand. Es war normalerweise auch morgens früh. Die Aasgeier fraßen alles, was das Meer nicht brauchte und auf dem Strand gelassen hatte. Die Menschen schlafen, während die Aasgeier fressen. Jeden Morgen ist der Strand dann wieder sauber. Nur wer früh aufsteht, der kennt den Schmutz des Meeres. Niemand muss die Aasgeier anweisen zu putzen. Sie machen das instinktiv. Doch die Menschen müssen putzen lernen. Mehr: Die Menschen müssen putzen lieben lernen. Dann kommt die zweite Frage: Können die Menschen lieben lernen?

Jeden Morgen habe ich eine lange Treppe und eine Halle nur für mich. Ich kenne jede Stufe und jede Ecke meines Geländes. Ich weiß genau, wo es mehr Staub gibt. Ich weiß auch, dass es unter einer schönen Skulptur viel dunklen Staub gibt. Die schöne Skulptur vergibt dem Schmutz. Die schöne Skulptur vergibt meinem eigenen Schmutz. Jeden Tag fühle ich etwas wie ein Unwohlsein. Alle Leute sehen eine Skulptur. Aber ich, ich sehe nur den Schmutz. Ich kann mir den Schmutz nicht vergeben. Ich weiß, dass er dort ist. Jetzt weiß ich, warum ich so müde bin: Ich kann meine Schmutzigkeit nicht mehr ertragen. Es ist nicht einfach, unter der Skulptur zu putzen. Der Schmutz sammelt sich immer an den unglaublichsten Plätzen. Man braucht Beziehung und Mut, diese besonderen Plätze zu putzen.

Seit einer Woche versuche ich, ganz ruhig die Skulptur beiseite zu stellen. Dann

kommt das Tuch mit Wasser und Seife. Dann stelle ich die Skulptur zurück. Alles fertig. Jetzt kann ich ihre Schönheit anschauen. Das Institut ist wirklich schön, aber meine Halle hat für mich etwas Besonderes.
In sechs Wochen konnte ich noch nicht das Putzen lieben. Aber ich konnte sehen, dass ich Räume lieben lernen kann.

Vernachlässigung vermeiden

Das Gegenteil von Pflege ist die Vernachlässigung. Ich empfinde die Vernachlässigung als etwas Schleichendes. Sie fängt in all den Eckchen an, die wir nicht durchdringen. Sie breitet sich aus, wenn beschädigte Sachen nicht repariert werden, Schmutz und Abfall nicht gleich entfernt werden. Vernachlässigung ist eine passive Form von Vandalismus und steigert die Gewalt- und Zerstörungsbereitschaft. Nach einer gemeinsamen Arbeit mit dem Lehrerkollegium einer Schule konnten wir feststellen, wie sich große Konflikte, die schon seit längerer Zeit bestanden, wie von selbst lösten, indem das Lehrerzimmer gründlich gereinigt wurde. Durch einen *Großeinsatz* von fast allen Kollegen und Kolleginnen, wurde das Lehrerzimmer von vielen Altlasten und Staubschichten befreit. Im Vorfeld wurde Gerümpel, das sich über Jahre angesammelt hatte und in den Ecken herumlag sowie persönliche Gegenstände, die aus Bequemlichkeit hier verstaut worden waren, aussortiert und entsorgt. Der Zustand des Zimmers vergiftete die Arbeitskultur und soziale Atmosphäre.
Innerhalb von wenigen Tagen nach diesem Einsatz kündigten zwei Personen, deren Anwesenheit an der Schule für so schwerwiegende Konflikte gesorgt hatte, dass bereits eine Spaltung in der Eltern- und Lehrerschaft die Folge war.
Ich würde mir sehr wünschen, dass man lernt, diese Tätigkeit des Reinigens wieder zu würdigen und ihr ihren Stellenwert zukommen zu lassen. Putzen, vor allem auch wenn es gemeinsam ausgeführt wird, ist eine wichtige soziale Übung und schafft eine Basis. Wenn das bewusst wird, ist sehr viel gewonnen.
Es hat nichts mit Pädagogik zu tun, in einem vernachlässigten Klassenraum zu unterrichten oder in einem chaotischen, ungepflegten Lehrerzimmer eine Konferenz zu gestalten. Die Verbindung von Mensch, Raum und Aufgabe kann also zu einer lebenspraktischen Pädagogik werden — ein unbezahlbares Gut.

Frage: *Was lesen Sie vom Zustand einer Schule ab?*
Antwort: Ich kann nur meine Eindrücke schildern, und das, was dann als Bild in mir aufsteigt: Zum Beispiel besuchte ich eine Schule und wurde dann nach meinem Eindruck gefragt. Ich antwortete spontan: *Euch fehlen die Grundlage und der Durchblick.* Man fand meine Beschreibung äußerst treffend, wollte aber wissen,

wieso ich denn den Zustand so gut beschreiben konnte. Beim Durchschreiten der Schule fielen mir die sehr, sehr vernachlässigten, ausgelaugten Böden auf. Also kein Bewusstsein für die Grundlage. Zweitens waren alle Scheiben in den Durchgangstüren bis über Augenhöhe sehr stark verschmutzt. — Ein Durchblick war nicht möglich.

Frage: *Hatten Sie sonst noch Eindrücke, die Sie beschreiben können?*
Antwort: Wenn Dinge herumstehen, wo sie offensichtlich nicht hingehören, oder wenn unerledigte *Baustellen* vorhanden sind, tippe ich auf Entscheidungsschwäche im Kollegium, was auch auf Kommunikationsschwierigkeiten hindeuten könnte. Mangelnde Struktur kann man oft am Zustand des Lehrerzimmers oder der Konferenzräume ablesen.

Frage: *Sie sind oft an Schulen, gibt es hier große Unterschiede in der Pflege?*
Antwort: Ja, sehr, sehr große Unterschiede. Manchmal spüre ich beim Kollegium eine starke Überforderung, und die führt zur Flucht, zum *Nichtsehen*. Die Schule wird wunderschön gebaut, man verausgabt sich für Jahre. Heute gibt es das so genannte baubegleitende Facility Management. Das heißt: Schon während der Planungsphase werden Menschen mit Erfahrung in Unterhalt und Reinigung von Gebäuden mit einbezogen. Wenn unvernünftig gebaut wird, werden über viele Jahre sehr viel Kosten für die Reinigung ausgegeben. Bei den Baukosten sollte eigentlich immer Geld für den Unterhalt eingeplant werden. Während der Pionierphase sind die Menschen oft über ihre Verhältnisse großzügig und einsatzbereit. Dann ist diese Phase vorbei, die alten Mitbegründer sind weg und die neuen Mitarbeiter wissen nicht mehr, wie es einmal war. Eine Art Leere entsteht, Räume (auch das Lehrerzimmer) werden vollgestopft, und es entstehen chaotische Zustände. Gerade deswegen werde ich oft eingeladen, weil Änderungen gewünscht werden.
Manchmal haben die Menschen, die die Reinigungsaufgaben verteilen oder vergeben, schlicht und einfach keine Ahnung, was putzen heißt oder beinhaltet. Eine Schule stellte zwei Frauen ein. Gemeinsam hatten sie täglich sechs Stunden für die Reinigung des Schulhauses. Ich wurde eingeladen, weil es nicht sauber war. Ich war empört: Die vereinbarten sechs Stunden reichten nicht einmal für die sanitären Anlagen, und man hatte die Frechheit, sich über die Qualität zu beschweren!
In einer anderen Schule wurde eine Firma bezahlt, um fünfzehn Stunden pro Tag zu reinigen. Für diese Schule wären fünfundzwanzig Stunden pro Woche absolut ausreichend gewesen, bezahlt wurden aber neunzig Stunden pro Woche! Das Lehrerkollegium darf sich in einem solchen Fall nicht herausreden: Man habe

es ja nicht gewusst. Jederzeit kann eine Fachperson gefragt werden, oder man kann sich verschiedene Kostenvoranschläge machen lassen.

Frage: *Ist Putzen eigentlich auch eine Gemeinschaftsaufgabe, und hat es eine Wirkung auf eine Gemeinschaft, wie es gehandhabt wird? Sie beraten darin ja auch ganze Institutionen.*
Antwort: Ich gehe hier ganz auf die Bedürfnisse meiner Auftraggeber ein. Wenn ich beispielsweise ein Konzept ausarbeite, dann führe ich es auch selbst ein, und ich trete immer dafür ein, daß zum Beispiel Oberstufenschüler ihr Schulhaus selbst putzen. Ich empfehle, die Schülerinnen und Schüler darin einzuführen — was ich meist selbst leiste —, und ich denke, Schüler, die ihre Schule selbst putzen, verbinden sich auch ganz anders mit ihrer Schule. Diese Projekte dauerhaft erfolgreich zu führen, hängt sehr von der Person ab, die es betreut.
Alles, was man gemeinschaftlich leisten kann, unterstütze ich stark. Es gibt aber immer auch eine gewisse Unverbindlichkeit. Manche Eltern, die einen Kindergarten putzen müssen, haben keine besonders große Lust dazu, und machen die Arbeit dann entsprechend oberflächlich. Kindergärtnerinnen empfehlen daher oft, dass eher diejenigen Eltern, die es gerne tun, ein kleines Entgelt erhalten, und diejenigen, die nicht gerne putzen, auch nicht dazu verpflichtet werden. Zwingend oder widerwillig zu putzen, hinterlässt ganz andere Spuren im Raum.

X. Praktischer Teil

1. Wo fange ich an?

Ordnung schaffen und reinigen

Als meine Kinder noch klein waren, war meine Rettung, morgens 15 Minuten früher aufzustehen — diese Zeit reichte aus, um täglich mit kleinem Aufwand Ordnung in die Wohnung zu bekommen. Abends vor dem Schlafengehen nahm ich mir etwas für die 15 Minuten des nächsten Morgens vor und konnte dann diese Viertelstunde ganz gezielt nutzen. Diese morgendlich frühe Tatkraft brachte ein Gefühl der Sicherheit in den Tag — und das bewährte sich.
Es ist fruchtbar, sich am Abend zuvor ein Bild davon zu machen, wie man den nächsten Tag gestalten will. Natürlich kommt es oft ganz anders, als man sich es vorgenommen hat — aber das abendliche Vorgreifen hilft trotzdem. Bevor Sie dann tatsächlich mit dem Putzen oder Aufräumen beginnen, stellen Sie sich vorher einfach auf die Türschwelle und schauen sich den Raum an, in dem Sie tätig werden wollen. Nehmen Sie ihn einmal als Ganzes wahr. Und dann fragen Sie sich: Was stört mich eigentlich am meisten? Oft ist es dasjenige, was Sie immer wieder verschieben, was Sie vermeiden, aus welchem Grund auch immer. Man sollte mit dem beginnen, was einen am meisten stört. Gerade an dieser Stelle hat sich irgendetwas von Ihnen verselbstständigt, und deswegen schauen Sie auch nicht mehr gerne dort hin. Sobald Sie an dieser Stelle angefangen haben, wird sehr viel Kraft frei. Es ist wie eine Hürde, die man meidet; hat man sie aber einmal überwunden, hat man gerade diese schwierigste Ecke angepackt, dann wird einem viel Kraft geschenkt, die anspornt weiterzumachen.

Also: Fangen Sie mit dem Raum an, der die größte Zuwendung benötigt, der Sie am meisten irritiert.
1. Versuchen Sie herauszufinden, was Sie in diesem Raum am meisten stört und beginnen Sie mit der Arbeit dort.
2. Stehen Sie einen Moment in der Tür, schauen Sie sich den Raum an; gehen Sie dabei mit ihrem Blick nach links (oder rechts, egal) der Peripherie entlang und von oben nach unten. Dann schauen Sie auf alles, was sich in der Mitte des Raumes befindet und zum Schluss noch auf den Boden.
3. Sehr wichtig: Sollte das, was Sie am meisten stört, eine Großaktion sein (zum Beispiel die Fotos aussortieren und einkleben), dann planen Sie sie genau; und überlegen Sie sich gut, ob nicht lieber andere Sachen, die unmittelbarer stören,

zuerst gemacht werden sollten. Sollten Sie aber entschlossen sein, die Fotos zu sortieren, bereiten Sie alles genau vor. Ein großer Tisch, verschiedene Alben, was Sie so alles brauchen zum Kleben und beschriften und — nicht zu vergessen — ein großer Abfallkorb!
4. Großaktionen sollten separat von der aktuellen Aufräumaktion geplant werden, sonst kommt man nicht vorwärts!

Wesentliches im Reinigungsprozess

*1. **Die Wahrnehmung:*** Was man nicht sieht, putzt man nicht.
*2. **Struktur:** Was* und *wie viel* will ich machen?
System: Wo fange ich an und wie gehe ich vor (von oben bis unten, usw.)?
Rhythmus: Wie oft, an welchem Tag, mit welchen Gesten? Putze ich mit hektischen Bewegungen, oder mache ich harmonische Bewegungen? Achte ich dabei auf meinen Körper oder darauf, wie ich etwas in die Hand nehme, wie ich damit umgehe?
*3. **Methode:*** Hier spielt die Wahrnehmung mit: Wie wende ich mein Gestik an? Wann arbeite ich fließend und wann mit den Fingerspitzen? Wer eine Ecke als Ecke wahrnimmt, putzt sie nicht *rund* (ein Beispiel für eine aus der Sache geführte Geste). Mit den Fingerspitzen wird die Ecke gereinigt und durchdrungen. Auffallend ist, wie oft zum Beispiel Kochtöpfe von innen sehr gut geputzt werden, aber gar nicht so gut von außen. Für die Topfdeckel ist es oft gerade umgekehrt: Sie werden gut von außen, aber nicht ganz so gut von innen geputzt.

Reinigungsmittel und Geräte

Welche Mittel werden für welche Reinigungsaufgaben benötigt? Wann brauche ich beispielsweise die Klinge, den Abzieher, die Fasertücher?
Wie bei allem ist auch im Haushalt das Vorbeugen eine große Hilfe beim Umgang mit der Zeit und mit den Nerven. Da die meisten Unfälle im Haushalt passieren, sollte man unbedingt versuchen, Stolperfallen zu vermeiden — und zwar mit einer einfachen Regel: Beim Aufräumen immer mit dem Fußboden beginnen. So lebt man nicht nur ungefährlicher, der freie Boden bringt auch sofort Ordnung.
Unordnung entsteht oft, weil zu viel angesammelt wurde, die Wohnräume schlecht organisiert sind oder einfach zu wenig Platz vorhanden ist. Bei vielen Menschen scheint es einfacher, im Büro alles im Griff zu haben, während man die Ordnung zuhause kaum zu bewältigen scheint. Eine beständige Grundordnung zu halten, ist eine große Hilfe, vor allem wenn Kinder im Haus sind. Es ist nicht einfach, aber man kann es üben, je früher desto besser, und am liebsten mit der ganzen Familie. Wer eine gewisse Ordnung hält, kann das große Aufräumen umgehen.

Aufräumen bedeutet in erster Linie, dass man in kurzen Abständen prüft, ob das, was Platz einnimmt, auch wirklich gebraucht wird. Alle Gebrauchsgegenstände, die länger als sechs Monate nicht benutzt wurden, gehören in den Keller oder auf den Speicher. Wenn etwas mehr als ein Jahr nicht gebraucht wurde, kann man sich fragen, ob es den Platz verdient, den es einnimmt.
Zur Ordnung gehört, dass man sich ein gutes Ordnungssystem schafft. Wenn das, was in der Wohnung gebraucht wird, seinen Platz hat, lernen die Kinder schon recht früh, dass nichts anderes dorthin gehört.

Küche

Das tägliche Aufräumen der Küche vereinfacht das Leben. Schon beim Frühstück können wir den Verlauf des Tages bestimmen:
Verlassen Sie nie mit leeren Händen den Tisch.
Alles hat seinen Platz und kehrt sofort nach Benutzung wieder dorthin zurück.
Dreckiges Geschirr gehört direkt in die Spülmaschine oder wird gleich abgewaschen.
Marmelade, Butter, Milch und alles andere kommen gleich nach Gebrauch wieder zurück.
Die Küchenordnung soll vor allem der Praxis dienen:
Wie kurz sind die Wege, wenn ich kochen oder backen möchte? Stehen die Zutaten griffbereit? Durch zu viel Hin- und Herlaufen in der Küche entsteht Unordnung. Man richtet alles so ein, dass man es schnell wegräumen kann, ohne dass andere Sachen angehoben oder weggestellt werden müssen.
Im Geschirrschrank nichts übereinander stellen. Das verhindert, dass man schnell wieder zurückräumen kann. Denn wenn für das Wegräumen erst einmal im Schrank herum geräumt werden muss, ist zu befürchten, dass man erst gar nicht wegräumt, weil es zu umständlich ist.
Der Grundordnung zuliebe sollte man in der Küche nur wenige Gegenstände außerhalb der Schränke aufbewahren.
Die Kochlöffel beim Herd, Salz und die gängigsten Gewürze sollten in unmittelbarer Nähe sein.
Vor dem Kochen oder Backen sollte man zuerst Platz schaffen. Die Spülmaschine sollte ausgeräumt und der Abwasch gemacht sein, damit man bereits während des Arbeitens problemlos aufräumen kann. Das heißt: Benutzte Utensilien werden sofort abgewaschen oder in die Spülmaschine geräumt. Sobald zum Beispiel Mehl, Butter oder Eier nicht mehr gebraucht werden, sollen sie dorthin zurück, wo sie hingehören. So kann eigentlich kein Chaos entstehen.
Vor dem Einkauf Ordnung im Kühlschrank schaffen. Bestand und Zustand von Frischobst und Gemüse prüfen. Ab und zu die Ordnung in der Tiefkühltruhe und die Haltbarkeit von Lebensmitteln kontrollieren.

Kühlschrank innen: Innen putzt man gut mit Backsoda (Natron), da es ohne zu kratzen scheuert und darüber hinaus auch noch desinfiziert. Zudem hilft etwas Backsoda auf einem Tellerchen, Gerüche (wie Zwiebel oder Käse) zu absorbieren.

Geruch im Kühlschrank: Flaschenhalter in der Türe kontrollieren. Milch oder Sahne verursachen schnell Geruch, wenn sie aus Versehen verschüttet werden.

Herd und Backofen: Angebranntes mit Soda einsprühen und mit der Klinge entfernen. Was zurückbleibt, auch an den Seitenwänden (nicht bei selbstreinigenden Öfen) und am Backrost, mit Soda einsprühen und mit Edelstahl-Knäuel entfernen. Mit feuchtem Fasertuch nachwischen.

Luftabzug: Er lässt sich gut mit Fasertuch und Soda reinigen.

Geschirrspülmaschine: Geschliffene Chromstahltür lässt sich sehr gut mit *Butzwasser*[85] und Fasertuch pflegen. Die Innenränder der Türe sollte man von Zeit zu Zeit mit Soda einsprühen und abwischen, damit sie nicht zu fest verkrusten. Wird öfters geputzt, dann reichen ein Fasertuch und Butzwasser.

Boden: Der Fußboden sollte täglich gefegt und bei Bedarf feucht gewischt werden.

Regelmäßiger Turnus: Da Küchenstaub ein fettiger Staub ist, der sich nicht so leicht entfernen lässt, hilft es, in einem regelmäßigen Turnus die Küchenfronten und etwaige Behälter abzuwischen; sie bleiben dann auch sauber. Bei mir stehen Getreide- und Zuckerbehälter oben auf dem Schrank. Dort sind sie für mich immer griffbereit. Etwa alle sechs Monate oben auf den Schränken abstauben und abwischen.

Abfall- und Komposteimer: Jedes Mal wenn der Abfallkübel oder Kompostkübel geleert werden, soll auch der dazu gehörige Schrank ausgewischt werden. Es fällt ja manchmal etwas herunter oder spritzt über den Behälter hinaus. Wird hier nicht regelmäßig saubergemacht, kann dadurch Ungeziefer angelockt werden.

Motten: Das Einnisten von Mehlmotten kann gut vermieden werden, indem man Lebensmittel (wie z.B. Mehl und gemahlene Nüsse, aber auch Kräutertees und Dörrobst) in Behältern und gut verschlossen aufbewahrt.

Das Badezimmer

Im Bad kann man ein mittelschweres Chaos vermeiden, indem man Zahnpasta, Deo, Rasierschaum usw. gleich nach Gebrauch wegräumt.
Alle Wohngenossen sollten sich bemühen, direkt nach dem Duschen oder Baden die Kacheln, Duschwände oder die Badewanne mit einem Fensterabzieher zu trocknen. So bilden sich keine Kalkablagerungen.
Nach jedem Gebrauch sollten die Haare entfernt — und nicht weggespült — werden, sonst verstopfen die Abflussrohre.
Bevor Nassbereiche geputzt werden, sollte zuerst der Boden gefegt oder gesaugt werden, damit keine Haare oder Staubreste am Boden kleben bleiben. Am Schluss wird gewischt.
Den Überlauf im Waschbecken regelmäßig mit einer Bürste reinigen, so entwickelt sich kein Schimmel.
Verwenden Sie kein Scheuermittel, sondern ein leicht säurehaltiges Mittel, zum Beispiel Zitronensäure.
Bei starker Verkalkung die Kacheln vorher gut mit der Duschbrause besprühen, damit die Fugen möglichst mit Wasser vollgesogen sind. Wenn Sie jetzt mit einem etwas stärkeren Mittel (Sanica von der Firma Bonadea, Kalklöser von Sonett oder Putzessig) reinigen, werden die Fugen nicht durch die Säure gelöst.
Schimmel in Fugen im Bad oder an den Wänden entfernt man am besten mit der richtigen Geste. Reinigen Sie mit dem Fasertuch und mit den Fingerspitzen die Fugen. Falls der Schimmelbefall aber schon zu weit fortgeschritten ist, nehmen sie ganz wenig Chlorbleiche (1 Teelöffel auf 3 dl Wasser) zum Putzen, danach abwaschen und gut trocknen lassen. Anschließend mit Teebaumöl oder Grapefruitkernöl behandeln, um weiterer Schimmelbildung vorzubeugen. Schimmel in Silikonfugen geht allerdings nie mehr weg, da die Schimmelbildung unter der Oberfläche entsteht.
Duschvorhänge: Nach dem Waschen jeweils in Salzwasser legen, einige Zeit einwirken lassen. Dies verhindert die Schimmelbildung. Bei regelmässiger Wiederholung bleibt der Vorhang lange schön.
Spiegelschrank beim Waschbecken regelmäßig prüfen. Alte Medikamente entsorgen und Rückstände von Kosmetikfläschchen entfernen, sonst werden die Abstellflächen sehr klebrig. Zweimal im Monat die oberen Flächen abstauben, da durch die Wärme der Lampen, sehr schnell Staub gebildet wird.

Wohnräume: Wohnzimmer, Esszimmer, Schlafzimmer

Ordnung ist auch im Kinderzimmer wichtig. Gerade weil es hier am schwierigsten erscheint, sollte regelmäßig aufgeräumt werden. Schon im Vorfeld kann man darauf achten, dass die Spielsachen in Körbe oder Behälter versorgt werden. Auch hier ist es einfacher, wenn die Dinge ihren Platz haben. Vor dem Schlafengehen sollte immer erst Ordnung gemacht werden — und zwar von den Kindern unter Mithilfe der Eltern. Alle Kleidungsstücke, die nicht angezogen werden, können direkt wieder in den Schrank gehängt werden, anstatt sie achtlos auf den Boden zu werfen und dort liegen zu lassen. Ich erzählte nie eine Gute-Nacht-Geschichte in einem unaufgeräumten Zimmer. Ein gründliches Aufräumen in der Wohnung oder des Kinderzimmers fand ich immer vor Geburtstagen oder in der Adventszeit besonders sinnvoll. So konnten wir Spielsachen aussortieren, um Platz für neue Sachen zu schaffen. Immer gab es solche, die bleiben durften, einige gingen nach Afrika und noch andere wurden verpackt und auf den Speicher geräumt. Wurden diese dann nach einiger Zeit wieder hervorgeholt, war die Freude groß. Es wurde eifrig damit gespielt, und fast immer durften diese Sachen beim nächsten Aufräumtag dann nach Afrika gehen. Was wirklich kaputt oder nicht mehr schön war, wurde am Aufräumtag direkt entsorgt.

Folgendes kann noch bei den Wohnräumen beachtet werden:

— Spinnweben regelmäßig entfernen, Staubecken finden und gründlich entstauben, auch hinter den Möbeln und Bildern abstauben

— Alte Zeitschriften, Zeitungen und Kataloge gehören nicht ins Wohnzimmer

— Abends vor dem Schlafengehen prüfen, ob alle persönlichen Gegenstände weggeräumt sind

— Tischwäsche versorgt man am besten in der Nähe vom Esstisch

— Bettwäsche verstaut man am besten im Schlafzimmer

— Vermeiden Sie das An- und Ausziehen im Schlafzimmer. Im Badezimmer kann die Wäsche direkt im Wäschekorb landen oder aufgehängt werden, falls sie nochmals angezogen werden soll

— Wenn möglich, vermeiden Sie es, den Arbeitsplatz im Schlafzimmer zu haben. Bei den Kindern geht es meistens nicht anders, deswegen hilft es sehr, wenn dort nach Ordnung geschaut wird. (Ich weiß, wie schwer es ist, wenn die Kinder anfangen zu pubertieren!)

Papierkram

Ordnung in den persönlichen Unterlagen sollte möglichst regelmäßig geschaffen werden. Schon beim Öffnen der Post, versuche ich alles zu sortieren: Post für meinen Sohn kommt auf die Treppe zu seinem Zimmer. Kataloge und Werbesendungen, die ich nicht brauche, landen direkt in den Altpapierbehälter. So auch die Briefumschläge der geöffneten Post. Bitte: Bewahren Sie nicht alle Briefumschläge als Schreibzettel für Notizen beim Telefon auf! Um Ordnung zu bewahren, sortiere ich alle Post direkt aus. Dafür habe ich ein kleines Schreibtischschubladenfach aus Kunststoff mit sechs Schubladen:

Eine für alles, was mit der Steuererklärung zu tun hat (Belege, Quittungen, Zahlungen). Sobald das Steuerjahr abschlossen ist, werden alle Unterlagen in meinem Steuerordner abgelegt.

Eine für das Haus: die Versicherungen (KFZ, Hausrat, Garantiescheine für alle Haushaltgeräte)

Eine für Rechnungen: Die Rechnungen bezahle ich einmal monatlich, und dann werden diese in einem Ordner abgelegt.

Eine für meinen Mann: Alles was ihn betrifft, kommt in eine Schublade, und er schaut dann weiter.

Eine für die Bank-Unterlagen.

Eine für solche Korrespondenz, die möglichst bald erledigt werden muss. Was ich davon gleich erledigen kann, mache ich sofort (zum Beispiel etwas unterschreiben und zurücksenden).

In meinem Büro habe ich verschiedene Ordner, in die monatlich abgelegt wird, was sich in den kleinen Schubladen befindet (mit Ausnahme der Steuerunterlagen). Aufhängesysteme und Ordner mit Zwischenblättern sind eine gute Möglichkeit um Ordnung im privaten Büro zu halten. Eine Schachtel (pro Jahr) kann als Aufbewahrungsort für alle persönlichen Briefe und Unterlagen dienen. Ebenso kann es eine *Souvenirkiste* geben.

Tricks für ein schnelles Aufräumen

1. Für einen guten Überblick im Kleiderschrank kann ein Ordnungssystem helfen. Ein guter Anfang ist: einmal richtig gründlich ausmisten! Die Jahreszeitenwechsel bieten dazu immer wieder eine gute Gelegenheit. Kleidungsstücke, die Sie eigentlich nicht mehr anziehen, von denen Sie sich aber noch nicht so recht trennen können, weil sie mit diesen Stücken schöne Erinnerungen verbinden oder weil sie besonders teuer waren, können verpackt und mit einem Zettel *Sechs Monate (oder ein Jahr) Schonzeit* vermerkt werden. Ist diese Zeit abgelaufen, wäre es gut, sich endgültig davon zu trennen. Dazu gibt es viele Möglichkeiten (wie die Altkleidersammlung oder ein Second-Hand-Laden zum Wiederverkauf).

Meine Kleider organisiere ich ungefähr so: Ich habe eine Kommode für meine Stricksachen mit Schubladen für Pullover, Handschuhe, Mützen und Schals.
Im Kleiderschrank habe ich von links nach rechts hängen meine schicken Sachen, die ich nicht sehr oft anziehe. Es folgen meine Mäntel und Jacken. Ganz rechts im Schrank hängen die Alltagskleidung, die Blusen, Röcke und die Hosen auf Bügeln. T-Shirts und Trainingsanzüge liegen auf Augenhöhe, damit ich sie direkt im Blick habe.
Unterwäsche, Strümpfe, Socken und Pyjama hebe ich in getrennten Schubladen auf.

2. Pflege der Putzräume
Die Putzräume zu pflegen, ist sehr wichtig. Alle Reinigungsmittel und -geräte sollten immer wieder dorthin gebracht werden, wo sie vorgefunden wurden.
Alle Schwämme und Fasertücher, auch Bodentücher müssen nach Gebrauch sauber gespült und zum Trocknen aufgehängt werden.
Reinigungsmittel sollten sofort aufgefüllt werden, direkt nach dem Gebrauch und nicht erst am nächsten Tag.
Der Staubsauger sollte regelmäßig überprüft werden, damit der Staubbeutel nicht zu voll wird, und der Filter muss auch ausgewechselt werden.
Wird der Staubsauger zurückgestellt, bitte immer kontrollieren, ob nicht auch der Putzschrank gesaugt werden sollte.

3. Keller und Estrich
Es ist gut, von Zeit zu Zeit durchzugehen, Spinnweben zu entfernen, zu saugen, um den Raum zu durchdringen. Ein Büschel getrockneten Salbei irgendwo aufzuhängen und ab und an auszuwechseln, hilft, auch diese Räume bewusst zu begleiten. Wenn Sie eine große Aufräumaktion im Haus planen, fangen Sie mit diesen beiden Orten an. Im Keller und auf dem Speicher sind die Gegenstände, die schon seit längerem nicht mehr gebraucht wurden und die Sie womöglich gar nicht mehr vermissen. Wenn hier ein Freiraum entsteht, wird es einfacher, die Sachen, die den Wohnraum blockieren, wegzuräumen.

4. Waschküche
Hier bildet sich sehr schnell Staub, aber auch Feuchtigkeit. Der Raum sollte oft gesaugt und gelüftet werden. Einmal im Jahr könnten die Rohre und andere Gegenstände gründlich abgestaubt werden.
Pflegen Sie Ihre Waschmaschine, indem Sie sie nach Gebrauch abwischen. Wenigstens einmal monatlich könnten Sie das Waschmittelschubfach herausnehmen und saubermachen. Hier bildet sich schnell Schimmel. Die Filter sollten regelmäßig gesäubert werden.

Weitere kleine Tipps und Tricks

Ameisen: Das Ameisenstreumittel[86] ist am wirkungsvollsten, wenn es direkt auf Ameisenstraßen und Nester gestreut wird. Besser öfters behandeln, als einmal eine dicke Schicht zu streuen. Nach Regenwetter sollte die Behandlung wiederholt werden.
Das Ameisenstreumittel ist ein reines Naturprodukt und vertreibt lästige Ameisen im Rasen, Garten sowie von Wegen und Sitzplätzen. Es ist aus natürlichen Pflanzenduftstoffen und Gesteinsmehlen hergestellt.
Gummihandschuhe: Mit etwas Maizena oder Talg die Innenseite bestäuben. Sie lassen sich einfacher an- und ausziehen
Kaugummi: Lässt sich mit Eis oder Frostspray entfernen. Harte, bröcklige Teilchen sofort entfernen. An Kleidungstücken: mit einem alten Mikrofasertuch zusammen in der Waschmaschine waschen.
Kratzer auf Holz: Lassen sich mit einem Flaschenkorken, der in eine Essig-Öl-Mischung getaucht wird, teilweise entfernen. Kratzer mit kreisenden Bewegungen einreiben, Vorgang mehrmals wiederholen.
Lackschuhe mit Flecken: Betroffene Stellen sorgfältig mit einer halbierten Zwiebel einreiben, mit einem Lappen nachreiben.
Ledermöbel: Frische Fettflecken lassen sich oft mit wenig steif geschlagenem Eiweiß entfernen. Dieses mit einem Lappen sorgfältig einreiben (an versteckter Stelle zuerst ausprobieren).
Weiche Lederhandschuhe: In Seifenwasser waschen, dem letzen Spülwasser einige Tropfen Olivenöl beigeben.
Motten: Zur Vorbeugung kann man Zedernholz, Kernseife oder Lavendel verwenden, sowie Nelkenöl oder Gewürznelken im Säckchen oder auch Neemöl. Motten haben nichts mit Hygiene oder Unordnung zu tun. Motten gibt es leider vermehrt, weil häufiger Kleidung aus Naturfaser getragen wird. Auch Echtholz-Schränke sind wieder beliebter. Wer nur Synthetik im Schrank hat, braucht die unliebsamen Tierchen nicht zu fürchten. Sie bevorzugen reine Wolle, insbesondere Kaschmir. Auch aus diesem Grund sollte der Schrank regelmäßig ausgeräumt und kontrolliert werden, im Abstand von etwa sechs Monaten. Der Schrank kann mit Essig oder einem Rosmarinöl ausgewaschen werden. Wichtig sind vor allem die Ecken. Danach gut auslüften und trocknen lassen. Erst dann sollte wieder sortiert eingeräumt werden. Wenn man schon einmal Motten hatte, reicht es nicht aus. Es nutzt nichts, Kleidungsstücke, in denen sich Motten eingenistet haben, bei niedrigen Temperaturen zu waschen. Erst bei 60 Grad wird man sie los. Also im Notfall nur die Stücke waschen, die schon befallen sind.
Auch die Larven der Teppich- und Pelzkäfer können an Textilien großen Schaden anrichten.

Zur Bekämpfung von Kleidermotten-, Teppich- und Pelzkäferlarven NeemproTex[87] verwenden; es enthält eine spezielle Formel von NeemAzal. Mit NeemproTex können befallene Textilien behandelt werden. NeemproTex ist ein Fraßgift und bringt die Larven der Kleidermotten, Teppich- und Pelzkäfer innerhalb von wenigen Tagen zum Absterben. Die Wirkung dieses Fraßgiftes hält mehrere Monate an. Neem-Azal basiert auf einem Extrakt des tropischen Neembaumes, der in den letzten Jahren im biologischen Pflanzenschutz eine große Bedeutung erlangt hat.

Hausungeziefer wie Silberfischchen, Ameisen, Flöhe
Flöhe: Als Vorbeugung Nelkenöl in Wasser oder Alkohol verdünnen und Teppiche oder Betten besprühen.

Bei Befall durch Schädlinge und Lästlinge wie Silberfischchen, Staubläuse, Asseln, Schaben und auch Flöhe kann man mit Insecto-Sec[88] behandeln. Dieses Mittel enthält Kieselgur-Partikel, die die Insektenhaut aufritzen. Die Insekten verlieren dadurch zu viel Wasser und gehen innerhalb weniger Tagen ein. Insecto-Sec wirkt rein physikalisch und kann deshalb ohne weiteres auch im Küchenschrank verwendet werden. Der Staub muss dort, wo sich die Insekten aufhalten (Ecken und Ritzen), liegen bleiben. Für eine gute Wirkung muss die behandelte Fläche trocken bleiben. Bei Bedarf wiederholen. Sollten Katzen den behandelten Schlafplatz meiden, diesen mit einem feinen Tuch abdecken.

2. Gedanken zur Umwelt

Sicher, wir sind umweltbewusster geworden. Aber was von unserer Umwelt haben wir damit ins Bewusstsein gehoben?
Es gibt noch immer sehr viel Unverbindlichkeit in Sachen *ökologisch putzen* und erst recht in Sachen *ökologisch duschen*. Oft liegt es daran, dass Menschen nicht gut genug informiert sind. Was aber sicher auch sehr viel zur Umweltverschmutzung beiträgt, ist die menschliche Ungeduld und das Portemonnaie. Viele glauben heute noch, dass ökologische Mittel teurer und weniger effektiv sind, was wirklich schon lange nicht mehr stimmt.
Heute gibt es derart viel Information über Reinigungsmittel und deren Inhaltstoffe, dass es eigentlich keine Rechtfertigung mehr gibt, als erwachsener, verantwortungsvoller Mensch Mittel zu verwenden, die schädlich für unsere Umwelt sind. Das gilt durchaus auch für die Mittel, die wir für unsere Körperpflege und -hygiene einsetzen.
Es ist bekannt, dass in Europa Privathaushalte und Institutionen wie Schulen,

Spitäler, große Bürogebäude und so weiter mehr als achtzig Prozent der Abwasserverschmutzung verursachen. In der Industrie gibt es mittlerweile wichtige und strenge Vorschriften, die eingehalten werden müssen, meist gibt es derweil interne Kläranlagen.
Das Sortiment an Reinigungsmitteln für Haushalt, Auto und Selbsthygiene ist unüberschaubar groß. Es gibt sehr, sehr viele Hersteller für Reinigungsmittel in diesen drei Bereichen. Nehmen wir nur einen Hersteller, zum Beispiel die Firma Henkel. Schauen wir die Zahlen an, so scheint es fast unglaublich, dass diese Firma in einunddreißig Ländern der Welt vertreten ist und mit einem Produktverkauf im Wert von 3890 Millionen Euro im zweiten Quartal 2010 ein Wachstum von 11,6 Prozent erreichen konnte.[89]
Aber auch die Firma Sonett (Hersteller von Reinigungs- und Waschmitteln, deren Produkte mit ECO-Garantie und ECO-Control zertifiziert wurden) wächst ständig und wird in fünfunddreißig Ländern verkauft.

Duftstoffe

Ein Phänomen, das in den letzten Jahren extrem zugenommen hat, ist die Verwendung von Duftstoffen. In jedem Taxi, fast jedem Hotelzimmer und natürlich in öffentlichen Verkehrsmitteln, in Restaurants und so weiter werden wir Duftstoffen ausgesetzt. Manchmal kann die Duftwolke einer vorbeigehenden Person schier betäubend wirken.
Fast ein Jahr lang wurden im Ökotest-Magazin Kosmetik-Produkte, die bestimmte natürliche Duftbestandteile enthielten in der Gesamtbewertung herabgestuft und als potenziell Allergie auslösend angeprangert. Die Folge: Ärger bei den Naturkosmetikherstellern und Verwirrung bei den Endverbrauchern. Im Ökotest-Magazin vom Juli 2004 erschien dann ein Artikel, in dem aufgrund umfassender Daten zu Duftstoffallergien des Informationsverbundes Dermatologischer Kliniken (IVDK) die ursprünglich 26 allergisierenden Duftbestandteile auf 7 reduziert wurden. Um was für Duftstoffe geht es? Im März 2003 wurde nach mehrjähriger Beratung die siebte Änderung der Europäischen Kosmetik-Richtlinie veröffentlicht. In dieser Richtlinie werden Bestandteile von Düften benannt, die möglicherweise allergische Reaktionen auslösen können. Die Festlegung dieser Duftbestandteile basierte auf der Bewertung von Datenmaterial synthetisch erzeugter Stoffe.
Übersteigen diese Stoffe in der Gesamtrezeptur von Cremes oder Lotionen, also Produkten, die auf der Haut bleiben, einen Prozentsatz von 0,01 Prozent müssen diese als Inhaltsstoffe deklariert werden. Bei Produkten, die abgewaschen werden wie etwa Duschgels oder Haarshampoos liegt der Grenzwert bei 0,1 Prozent. Die Deklarationspflicht gilt seit dem 11. März 2005.

Für Wasch- und Reinigungsmittel sind nach der neuen EU-Detergentienverordnung die gleichen Vorschriften in Kraft getreten wie bei abzuwaschenden Kosmetikprodukten. Die Deklarationspflicht ab 0,1 % gilt seit dem 8. Oktober 2005.
Achtzehn dieser Duftinhaltsstoffe sind natürlich vorkommende Bestandteile vieler ätherischer Öle. Sie werden aber auch für konventionelle Duftmixe synthetisch hergestellt. Es sind dies: Linalool, Limonen, Farnesol, Citronellol, Benzyl Cinnamate, Benzyl Benzoat Anise Alkohol, Isoeugenol*, Geraniol, Eugenol Coumarin, Citral, Cinnamal*, Cinamyl Alkohol*, Benzyl Salicylate, Benzyl-Alkohol, Eichenmoosextrakt*, Baummoosextrakt*.
Acht dieser Stoffe können nur synthetisch, also petrochemisch, erzeugt werden: Amylcinnamal, Hydroxycitronellal*, Amylcinnamylalkohol,4-(4-Hydroxy-4-methylpentyl)-3-cyclohexencarboxaldehyd*, 2-(4-tert-Butylbenzyl)propionaldehyd, Hexylzimtaldehyd, Methylheptin-carbonat(2-Octinsäure-methylester),
3-Methyl-4-(2,6,6-trimethyl-2-cyclohexen-1-yl)-3-buten-2-on.
*(Die in dieser Auflistung mit einem * versehenen Stoffe werden vom IVDK und von Ökotest weiterhin als mögliche Allergieauslöser eingestuft).*

So genannte chemisch *identische* Duftstoffe sind keineswegs wirklich identisch. Im Hinblick auf die zunehmende Zahl sensibler Menschen ist die Transparenz bei der künftigen Inhaltsstoffdeklaration in jedem Fall zu befürworten. Die neuen EU-Gesetze setzen jedoch natürliche Duftkomponenten eines ätherischen Öles und synthetisch erzeugte Duftstoffe gleich und verzerren die Realität dadurch völlig.
Reine ätherische Öle entstehen im Jahreslauf der Natur, im Rhythmus von Tag und Nacht. Das Licht der Sonne, die Wärme des Bodens, alles ist darin gespeichert. Das ätherische Öl ist Essenz der Pflanze und enthält oft mehr als 100 verschiedene Komponenten, die sich gegenseitig ergänzen und steigern.
Synthetische Duftstoffe werden aus Erdöl gewonnen oder werden, wie bei Vanillin, aus industriellen Abfallstoffen hergestellt. Synthetisch erzeugte Duftstoffe zielen nur isoliert auf einen Duft-Effekt, fern der lebendigen Ganzheit duftender Pflanzen. Hinzu kommt, dass bei der petrochemischen Synthese herstellungsbedingt immer Chemikalienreste dem Endprodukt beigemischt sind.
Studien, die von Firmen wie Weleda, Wala und vom BDIH (Verband kontrollierter Naturkosmetik) in Auftrag gegeben wurden, untersuchten die unterschiedliche Wirkung isolierter, synthetisch erzeugter Duftstoffe im Vergleich mit *gleichen* Bestandteilen natürlicher ätherischer Öle: Freiwillige Testpersonen, die auf bestimmte synthetische Duftinhaltsstoffe nachweislich allergisch reagierten, zeigten auf den scheinbar chemisch identischen Stoff eines ätherischen Öles keine oder nur ganz eingeschränkte Reaktionen.[90]

Auch in der Aromatherapie ist die Wirkungslosigkeit synthetisierter Düfte im therapeutischen Bereich verglichen mit reinen ätherischen Ölen längst bekannt und beleuchtet so von einer anderen Seite her die Ungleichheit chemisch identischer Stoffe.

Mit jedem Atemzug nehmen wir neben Sauerstoff eine Vielzahl gasförmiger Stoffe in uns herein. Diese entfalten ihre feine aufbauende oder zerstörende Wirkung im gesamten Körper. Dass Inhalation von Zigarettenrauch krank macht, wird von niemand mehr angezweifelt. Und ob wir die Luft eines Bergwaldes einatmen oder die Abgase einer stark befahrenen Straße, das kann für uns nicht gleichgültig sein. Genauso wenig ist es gleichgültig, ob wir die natürliche Duftessenz einer Pflanze einatmen oder nur den chemisch identischen Schein derselben.
Reine natürliche ätherische Düfte wirken harmonisierend und therapeutisch aufbauend, während synthetisch erzeugte Duftstoffe lediglich Duft-Attrappen darstellen, die zusätzlich die Luft verschmutzen.[91]

3. Reinigungsmittel und ihre Anwendungsbereiche

WENIGER IST MEHR
Persönlich habe ich über die Jahre immer weniger Putzmittel benützt. Heute habe ich soweit reduziert, dass ich für die normale Unterhaltsreinigung eigentlich nur noch drei Mittel verwende. Hinzu kommen noch Geschirrspülmittel und Waschmittel. Für spezielle Oberflächen, wie zum Beispiel geölte oder geseifte Holzböden und Möbel, braucht man selbstverständlich die dafür geeigneten Pflegemittel.
Folgende Putzmittelsorten sind allgemein bekannt: Säuren, Alkalien, neutrale Mittel, Abrasivstoffe, Lösungsmittel und Mikrofaser.

1. **Säuren:** Zitronensäure, Essig- und Milchsäuren, Ameisensäure (Phosphor- und Salzsäuren am besten vermeiden).
Anwendung: Alle Nass-Bereiche im Haushalt: WC, Dusche, Bad, Waschbecken. Porzellan, Blumenvasen, Verkalkungen, Zementschleier, Rost und auch Fett-Verschmutzungen, Urinstein, Kesselstein, Kalkflecken auf Glasscheiben. Bei Armaturen und Edelstahl dürfen nur leicht säurehaltige Produkte eingesetzt werden, da starke Mittel Verfärbungen verursachen können. Als Neutralisierung nach Alkali Behandlungen (z.B. nach Entflecken mit Gallseife auf Wolle) mit Essig nachspülen, damit die Wolle nicht verfilzt). Flecken, die eher durch Saueres

(Erbrochenes) oder Obst verursacht wurden, lassen sich einfach entfernen, wenn sie auch *sauer* behandelt werden, zum Beispiel mit Zitronensaft oder mit dem leicht sauren Panamarinden-Extrakt Valpa (von der Firma Bonadea). Niemals auf Marmor, Granit oder anderen nicht säurefesten Oberflächen verwenden!

2. **Alkalien:** Waschsoda (feines Kristallsoda), Schmierseife, Gallseife, Backsoda (Natron), (Salmiak und Ammoniak eher vermeiden).
Anwendung: Bei Fett und Flecken. Vorsicht bei angestrichenen oder unecht gefärbten Gegenständen: sie können laugen. Aber sehr geeignet als Grundreinigungsmittel etwa für den Filter vom Dampfabzug: eine Hand voll Soda in heißem Wasser, Filter darin einlegen. Ungeeignet für ölhaltige Oberflächen, da es für Substanzen wie Linoleum und geöltes Holz entfettend wirkt. Linoleum wird trocken und brüchig.

3. **Neutral:** Allzweckreiniger, Butzwasser, neutrale Seife.
Anwendung: Können überall eingesetzt werden, wo keine besondere Pflege benötigt wird (z.B. synthetische oder angestrichene Oberflächen, Türen, Rahmen usw.). Allzweckreiniger eignen sich nicht für Nassbereiche, da sie den Kalk nicht lösen.

4. **Abrasivstoffe:** Putzstein, Wienerkalk, Quarz, Asche, Kreide, Bimsstein, Schlemmkreide (Scheuermilch oder -puder eher vermeiden).
Anwendung: Sehr gezielt einzusetzen, da es Oberflächen beschädigen kann. Ausgezeichnet für die Entfernung von Metall- oder Bleistiftkratzern (zum Beispiel Besteck-Schublade oder Topf-Schrank), schwarzen Strichen auf Böden, Türen, Wänden (Scheuermilch braucht viel mehr Wasser zum Nachspülen und kann Abläufe durch Ablagerungen verstopfen).

5. **Lösungsmittel:** Gärungsalkohol, Terpentin, Benzin, Petroleum, Orangenöl.
Anwendung: Sehr gezielt einsetzen. Kleberückstände (Klebstreifen, Teppichkleber, Etiketten) zuerst mit Rasierklingen, Reste mit Orangenöl, Petroleum oder Mikrofaser entfernen. Versuchen Sie es bei Verkrustungen und Farbrückständen immer zuerst manuell!

6. **Glasschaber** der Firma Unger,[92] Trim 10 + 1 ist eine professionelle Klinge, die eine große Hilfe ist bei der Entfernung von Klebeband, Farbresten und Insektenklecksen auf Fensterscheiben, Krusten im Backofen, Angebranntes am Glas des Backofens, Kalkrückständen, Fettschichten, Kaugummi, Schmutzschichten und vielem mehr. Durch diese manuelle Anwendung vermeiden wir weitgehend den Einsatz von Lösungsmitteln.

7. Mikrofaser: Kann für alle Bereiche und fast alle Oberflächen weitestgehend ohne Putzmittel eingesetzt werden. Wichtig: Verwenden Sie nur eine gute Qualität von Fasern! Empfindliche Oberflächen testen. Nicht auf lackierten Oberflächen verwenden (vor allem nicht bei Klavier-Flügeln)! Fasern sollten mit möglichst wenig Wasser verwendet werden, also nebelfeucht. Mirkofasern erweisen sich ausgezeichnet für Fleckenentfernung in Kombination mit Butzwasser. Sehr effizient bei Flecken auf Teppichen und Polstermöbeln.
Das Enjo-Reinigungssystem[93] garantiert eine schnellere und einfachere Reinigung als mit herkömmlichen Reinigungsmitteln. Der Verbrauch von Reinigungsmitteln kann bis zu 90% und der Wasserverbrauch bis zu 50% gesenkt werden. Mit den Enjo-Fasern, die aus mikroskopisch kleinen Fasersträngen bestehen, gelangen Sie in die feinsten Poren und Ritzen der zu reinigenden Oberflächen. Die Fasern sind so konstruiert, dass sie nur mit Wasser die verschiedenen Schmutzpartikel von den Oberflächen und aus den Poren lösen, festhalten und erst beim Auswaschen wieder loslassen. Die Enjo-Produkte sind qualitativ hochwertig und haben eine Garantiezeit von zwei Jahren. Die Fasern werden am Ende ihrer Lebensdauer zurückgenommen und einem Recyclingprozess zugeführt.

Desinfektion

Es wird immer schwieriger, frei zu entscheiden, welche Mittel wir verwenden sollen, wenn es um die Reinigung und Desinfektion von Wohngemeinschaften, Alters- und Pflegeheimen, sowie sozialpädagogischen Heimen geht. Vorschriften und Kontrollen zum Thema Hygiene und Desinfektion werden immer strenger, und das Personal wird dadurch verunsichert.
Die Firma Sonett bietet für die Flächendesinfektion eine gute Alternative zu den konventionellen Produkten. Es ist ein rein pflanzliches Desinfektionsmittel mit einem breiten Einsatzbereich in Heimen, Schulen, Kindergärten, Praxen, Großküchen und in Lebensmittel verarbeitenden Betrieben. Die Sonett-Flächendesinfektion ist eine gebrauchsfertige Lösung, die im Sprüh- oder Wischverfahren eingesetzt werden kann. Wirkstoffe sind pflanzlicher Alkohol (Ethanol), ätherische Öle aus Salbei und Lavendel (enthält Linalool) aus kontrolliert biologischem Anbau und gewirbeltes Wasser. Wirkungsspektrum: Gemäß den europäischen Normen EN 1276, EN 1650, EN13697 wirksam gegen Bakterien, Hefen und Pilze. Gemäß Vakziniavirus-Gutachten und BVDV Gutachten vom 4. November 2009 wirksam gegen alle behüllten Viren (Auslobung *begrenzt viruzid*). Dies beinhaltet die Wirksamkeit gegen HBV, HCV, HIV, Herpes Simplex sowie alle humanen und animalischen Influenzaviren einschließlich H5N1, H1N1. Gemäß der europäischen Norm EN 14476:2007-02 wirksam gegen Noroviren.[94]

Für die Handwäsche und zum Putzen von Badewannen und Duschen kann man auch ein Desinfektionsmittel ausprobieren, das man selbst herstellen kann:

	ml	Prozent in 5 Liter gutem Geschirrspülmittel
Thymian	25	0.50
Zitronen Eukalyptus	25	0.50
Lavendel	50	1.00
Rosmarin	50	1.00
Teebaum	50	1.00
Eukalyptus	25	0.50
	225	4.50

Als weitere antiseptische Öle, die Bakterien vernichten, sind bekannt: Gewürznelken, Pfefferminz und Rose.

4. Umweltgerechte Reinigung

Zu einer umweltgerechten Reinigung gehören nicht nur biologische Reinigungsmittel, sondern auch die Pflege und Werterhaltung der zu reinigenden Gebäude, Räume und Möbel, sowie die ökonomischen Aspekte.

1. Bei jeder Reinigung muss eine korrekte Dosierung und ein fachgerechter Einsatz der Produkte gewährleistet werden. Dosierflaschen oder Messbecher sollten verwendet werden.

2. Auf unnötige Produkte ist zu verzichten, doch soll jede Oberfläche richtig gepflegt werden.

3. Wenn möglich, werden chemische Produkte durch mechanische oder manuelle Verfahren ersetzt.

4. Reinigung und Pflegemaßnahmen der Benutzung anpassen. Einsatzpläne flexibel gestalten oder Flexibilität durch Förderung der Eigenverantwortung des Reinigungspersonals erzielen.

5. Grundreinigungen nur nach Bedarf und nicht nach einem starren Plan ausführen.

6. Die Werterhaltung von Objekten ist eine wichtige Zielvorgabe im Rahmen der umweltgerechten Reinigung. Neben ökologischen hat dies auch bedeutende ökonomische Vorteile.

7. Alle Defekte und Mängel sollen sofort gemeldet werden, auch Schäden, Ungeziefer, usw. Defekte Lampen sollen ersetzt werden oder gemeldet werden.

8. Wahrnehmung von selbst verursachten Schäden durch Staubsauger, zu viel Wasser, usw.

9. Verwendung von Produkten, welche in wieder verwendbaren oder zumindest recyclingfähigen Gebinden angeboten werden. Je größer der Behälter, desto günstiger der Einkauf, desto weniger Abfall.

Drei Mittel

Die drei Mittel, die ich hauptsächlich bei der Unterhaltsreinigung verwende sind:
Zitronensäure für die Nassbereiche = 1 Esslöffel auf 500ml Wasser in Sprühflasche
Soda (feines Kristallsoda) bei starken Fettrückständen = 1 Esslöffel auf 500ml Wasser in Sprühflasche.
Butzwasser für fast alles andere = 7 Tropfen auf 1l Wasser

1. Zitronensäure

Laut Überlieferung war Zitronensäure schon den ersten Alchemisten bekannt. Bereits im 9. Jahrhundert soll der arabische Alchemist Dschābir ibn Hayyān Zitronensäure entdeckt haben. Im Jahr 1784 wurde Zitronensäure erstmals von Carl Wilhelm Scheele aus dem Saft der Zitrone isoliert.
Zitronensäure ist eine der am weitesten verbreiteten Säuren im Pflanzenreich und tritt als Stoffwechselprodukt in allen Organismen auf. Zitronensaft enthält beispielsweise fünf bis sieben Prozent Zitronensäure. Sie kommt aber auch in Äpfeln, Birnen, Sauerkirschen, Himbeeren, Brombeeren, Johannisbeeren, in Nadelhölzern, Pilzen, Tabakblättern, im Wein und sogar in der Milch vor.
Ursprünglich wurde Zitronensäure aus Zitrusfrüchten gewonnen: Zitronensaft wird mit konzentrierter Ammoniaklösung versetzt, eingedickt und filtriert. Das leicht lösliche Ammoniumcitrat wird durch Fällung mit Calciumchlorid in schwerer lösliches Calciumcitrat umgewandelt. Die Lösung wird erneut filtriert und der Filterkuchen in 25%-iger Schwefelsäure gelöst, wobei noch schlechter lösliches Kaliumsulfat (Gips) ausfällt. Nach erneuter Filtration wird eine Zitronensäurelösung gewonnen. Die reine Zitronensäure erhält man durch Kristallisation, sie bildet im wasserfreien Zustand rhombische Kristalle, die leicht sauer schmecken.

Da Zitronensäure immer öfter mit Hilfe einer transgenen Variante des Schimmelpilzes (Aspergillus niger) industriell gewonnen wird, ist es wichtig beim Einkaufen nach dem Ursprung zu fragen.
Verwendung: Zitronensäure wirkt nicht nur durch die saure Wirkung kalklösend, sondern auch durch Bildung eines Calcium-Komplexes und wird häufig in Reinigungsmitteln eingesetzt. Damit wird der unangenehme Geruch von Essigreinigern vermieden. Allerdings sind die Komplexe nicht hitzebeständig und zerfallen beim Erhitzen zu relativ schwer löslichem Calciumcitrat. Zitronensäure kann beispielsweise für die Entkalkung von Wasserkochern, Tauchsiedern, Wasserhähnen, Duschköpfen oder von Geschirrspülern oder Waschmaschinen verwendet werden. Sie wird auch als Wasserenthärter und alternativer Weichspüler eingesetzt.
Zitronensäure kann auch gut bei der Reinigung von Kupfergegenständen eingesetzt werden. Im Goetheanum säubern wir damit unsere Eurythmiestäbe. Sie strahlen dann wie neu.

2. Soda (Natron)
Soda ist ein Salz-Mineral aus der Mineralklasse der wasserhaltigen Carbonate ohne fremde Anionen und das Dekahydrat des Natriumcarbonats. Es kristallisiert im monoklinen Kristallsystem mit der chemischen Zusammensetzung $Na_2CO_3 \cdot 10H_2O$ und entwickelt meist farblose, weiße, graue oder gelbe Ausblühungen bzw. krustige Überzüge auf Salzgesteinen. Soda bildet sich vorwiegend durch Verdunstung an den Rändern von Salzseen oder durch Ausfällung am Seegrund bei kaltem Wetter.
Fundorte sind verschiedene Natronseen unter anderem in Ägypten, Äthiopien (Shala), Großbritannien, Italien, Kanada, Ungarn, in der Russischen Föderation und den USA.
Verwendung: Bereits im Altertum wurde es allgemein als Reinigungsmittel unter anderem für Glas verwendet. Im alten Ägypten diente es zur Trocknung von Leichen und damit der Mumifizierung. Schon die Römer versuchten, mit alkalischer Birkenasche oder Soda Haare zu bleichen.
Soda ist ein wichtiger Rohstoff beziehungsweise ein wichtiges Hilfsmittel zur Herstellung von Glas, Bleichmitteln, Waschmitteln, Farbmitteln, Gerbereiprodukten. Die natürlichen Vorkommen reichen dafür nicht aus, so dass es weltweit in großen Mengen als Natriumcarbonat hergestellt wird.
Waschsoda hilft bei vielen hartnäckigen Verschmutzungen. In warmem Wasser aufgelöst wirkt es als Lauge, weswegen man beim Umgang damit Gummihandschuhe tragen sollte. Man benutzt Waschsoda bei eingebrannten Verschmutzungen, Teerändern, Fettverkrustungen, zum Einweichen von Textilien und zum Enthärten von Wasser. Verkrustete Backbleche, Pfannen und Töpfe legt man einfach

für mehrere Stunden in ein Sodabad. Danach lassen sie sich ganz einfach säubern. Gegen den fettigen Film auf Dunstabzugshauben hilft ein feuchter Schwamm mit Waschsoda. Gegenstände aus Aluminium sollte man allerdings nicht damit behandeln, ebenso wenig Wolle oder Seide. Bei empfindlichen Gegenständen und Stoffen ist es immer besser, Vorsicht walten zu lassen und im Zweifelsfall auf die Anwendung von Waschsoda zu verzichten. Außerdem eignet es sich zum Abwaschen von Holz, weil dadurch Keime abgetötet werden.
Waschsoda reizt die Schleimhäute, deswegen sollte man es nicht einatmen oder verschlucken: Von Kindern fernhalten und nicht in der Nähe von Lebensmitteln aufbewahren. Es behält seine Wirksamkeit am längsten, wenn man es in einer verschlossenen Dose aufhebt und vor Feuchtigkeit schützt.
Waschsoda ist Natriumcarbonat und sollte nicht mit Natriumhydrogencarbonat verwechselt werden. Beim letzteren handelt es sich nämlich um Natron beziehungsweise Backpulver.

Umweltfreundliche Tipps für Zuhause

Niemand kann alles tun, aber jeder kann etwas tun. Auch ohne Geld kann man einen Beitrag zu Umwelt-, Natur- und Artenschutz leisten. Schon ganz kleine Änderungen im Alltag können sich positiv auf unsere direkte Umwelt oder aber auch auf das Klima am Nordpol auswirken. Jeder kann versuchen, das tägliche Leben einfach etwas bewusster zu gestalten.

In der Natur

— Entdecke beim Sonntagsspaziergang die Vielfalt der Pflanzen und Tiere, ohne sie zu stören.
— Nimm keine Wildtiere mit nach Hause, außer sie sind nachweislich verletzt oder verwaist. Belasse seltene Pflanzen in der Natur.
— Wirf Müll nicht achtlos weg und entsorge ihn richtig. Eine gesunde Umwelt ist Grundlage für das Überleben aller Arten.

Zu Hause

— Achte auf Verpackungen. Pfandflaschen vermeiden Müllberge. PVC-Verpackungen enthalten krebserregende Stoffe, die in die Umwelt entweichen können. Aludosen entstehen unter der Verwendung von besonders viel Material und Energie.
— Heimtiere: Informieren Sie sich über eine artgemäße Haltung und befolgen Sie die tier- und artenschutzrechtlichen Bestimmungen.

— Achten Sie beim Kauf von Möbeln auf das Holz. Wenn es unbedingt Tropenhölzer sein müssen, sollten diese aus einer nachhaltigen Forstwirtschaft stammen (FSC-Zertifizierung).
— Sparen Sie Strom. Selbst die umweltfreundlichste Energiegewinnung erfordert einen Eingriff in die Natur.
— Beim Einkauf von Lebensmitteln: Bevorzugen Sie lokale Produkte. Kurze Transportwege sorgen nicht nur für qualitativ hochwertigere Lebensmittel, sondern schonen auch die Umwelt.
— Verzichten Sie auf *exotische* Delikatessen (wie Haifischflossen, Schildkrötenfleisch oder Froschschenkel).
— Ziehen Sie für den Mittagstisch heimische Fische den Meeresfischen vor. Wenn es Meeresfrüchte sein müssen, achten Sie darauf, dass diese aus nachhaltiger Produktion stammen (MSC-Zertifizierung).

Im Garten

— Schenken Sie der Natur ein Stück Garten. Naturbelassene Tümpel locken Frösche und Molche an, *wilde* Wiesen sind ein Paradies für Schmetterlinge und andere Insekten.
— Bieten Sie Wildtieren Nisthilfen und Überwinterungsmöglichkeiten an (Nistkästen für Vögel, Bienenhotels für Wildbienen und Laubhaufen für Igel).
— Verzichten Sie auf künstliche Düngemittel und Pestizide.
— Pflanzen Sie heimische Gehölze (anstelle von exotischen). Ihre Früchte sind Nahrung für Singvögel.

Sobald wir unsere Einstellung zum Putzen, zur Umwelt und zu der Natur ändern, können wir sehr viel entdecken. Es gibt immer wieder neue Situationen, und wir werden gefordert, ständig neue Lösungen zu finden.
Indem wir Dinge oder Ereignisse der Welt annehmen, verbinden wir uns mit unserem ganzen Wesen mit ihnen. Die Dinge und Ereignisse der Welt werden damit Situation des wahren Wesens des Menschen. Damit erhebt der Mensch die Welt. Er teilt ihr Geist und Seele mit. Wer sich mit dem Willen in den Bedarf der Erde hineinbegibt und ihr gibt, was sie braucht, folgt einem eigenen Schulungsweg. Durch die Andacht zum Kleinen wird das Tun fromm. Und das ist wahre Ökologie.

4. Wäsche und Fleckentfernung

Wäsche

Da Wäsche täglich von Milliarden Menschen gewaschen wird, können wir ja einmal versuchen, uns ein Bild davon zu verschaffen, wie viel Liter Wasser dafür verwendet werden und wie viel Tonnen Waschmittel täglich auf der ganzen Welt ins Wasser gelangen! Es braucht nicht viel, um zu bemerken, dass das Ausmaß schier unfassbar ist.

In Anbetracht dessen kann man sich recht hilflos fühlen: Kann man da als Einzelner überhaupt etwas zum Umweltschutz beitragen? Doch jede nachhaltige Änderung beginnt mit kleinen Schritten, und jeder kann eben nur bei sich selbst anfangen. Beim Wäschewaschen sind Bequemlichkeit und der Geldbeutel die größten Hemmschuhe für Veränderungen, denn an der Qualität der auf dem Markt erhältlichen ökologischen Produkte liegt es nicht.

Auch beim Wäschewaschen empfehle ich, so weit möglich Produkte zu verwenden, die in der Umgebung, oder wenigstens im gleichen Land hergestellt werden. Nicht alle sogenannten *Bio*-Mittel sind tatsächlich auch ökologisch. Wir müssen uns schon etwas bemühen, herauszufinden, welche Produkte auch wirklich konsequent ökologisch sind. Ich arbeite seit der Gründung meiner Firma mit den Produkten meiner Freundin, weil sie in unmittelbarer Nähe hergestellt werden. Auch hat sie bereits eine Auszeichnung vom Schweizerischen Bundesamt für Gesundheit dafür erhalten. Außerdem kenne ich die Gesinnung, mit der sie arbeitet. Ihre Produktlinie, *Bonadea,* wird nur in der Schweiz verkauft. Viele Menschen kennen auch die Produkte der Firmen *Held, Ecover und Sonett*. Sicher ist es nicht gleich immer möglich, mit den allerbesten Mitteln anzufangen, aber jede echte Bemühung, sich zu informieren und umzustellen, ist bereits ein Anfang.

Zugegeben, schaut man auf die Argumentationsweise der großen Waschmittel-Konzerne, dann scheinen die Waschmittel von Naturkostläden und Reformhäusern längst überflüssig, denn: phosphatfrei ist derweil Standard am Markt;
die verwendeten Tenside scheinen alle leicht biologisch abbaubar zu sein und werden zum Teil schon aus nachwachsenden Rohstoffen hergestellt;
die überflüssigen 30 bis 40 Prozent Stellmittelsalze sind auf Kompaktformat reduziert; selbst der Begriff *Baukasten* ist seit Jahren supermarktfähig.

Allein

— längst nicht alle gebräuchlichen Tenside sind tatsächlich problemlos abbaubar. Das am weitesten verbreitete – da preisgünstige – anionische Tensid LAS (Lineares Alkylbenzol- Sulfonat) ist nur schwierig vollständig abbaubar und reichert sich im Klärschlamm an.

— was haben Farb- und Duftstoffe aus Erdöl, die das Nerven-Sinnessystem des Menschen angreifen und überreizen in sogenannten Bio-Waschmitteln zu suchen?
— und was steckt hinter der harmlosen Bezeichnung *Enzyme*, die fast auf jeder Waschmittelpackung zu lesen ist?

Enzyme sind natürlich vorkommende Eiweißstoffe, die im Stoffwechsel lebendiger Organismen und der Natur spezifische Verdauungsaufgaben erfüllen (wie den Fett- oder Eiweißabbau). Als Wirkstoffe im Waschmittel gibt es sie schon lange. Aber wussten Sie, dass heute fast 100 Prozent der in Waschmitteln eingesetzten Enzyme von Mikroorganismen stammen, die gentechnisch verändert worden sind? Was sind die Folgen der Verwendung gentechnisch erzeugter Enzyme? Möglich geworden ist diese Gentechnik erst, nachdem Forscher herausgefunden hatten, dass der Ausgangspunkt aller Lebensprozesse in Mensch, Tier, Pflanze und Mikroorganismus seinen stofflichen Ausdruck in nur vier verschiedenen Bausteinen findet — nämlich in den vier Basen Adenin, Cytosin, Guanin, Thymin. Diese sind in Millionen unterschiedlicher Kombinationsmöglichkeiten miteinander verknüpft und bilden als Gesamtheit das, was heute Erbinformation genannt wird: zirka 1.000 Basen bilden ein bestimmtes Gen. 50.000 bis 100.000 solcher Gene besitzt der Mensch als Erbinformation, zirka 1.000 Gene ein Bakterium. In diesen Lebenskern greift nun die hoch entwickelte Technik ein und *operiert* beispielsweise in das *Erbgut* eines schnell wachsenden Pilzes einen bestimmten Teil einer fremden *Erbinformation* eines anderen Lebewesens hinein — zum Beispiel die Anlage für ein technisch brauchbares Fett oder Eiweiß spaltendes Enzym.
In Riesentanks von fünf bis zehn Metern Durchmesser wird nun der gentechnisch veränderte Pilz auf billigen Nährsubstraten aus Abfällen der Papier- und Zellstoffindustrie gezüchtet. Aus der schnell wachsenden Pilz-Biomasse wird dann das gewünschte Enzym isoliert und aufbereitet. Ein 100 Prozent reines Enzym-Substrat ist für Waschmittelzwecke wirtschaftlich nicht machbar. Die für die Waschmittel verwendeten Enzyme bleiben dadurch mit vielen Stoffen verunreinigt, die unüberschaubar reagieren können, Nebenwirkungen erzeugen und Allergien auslösen.
Die ausgediente Biomasse — zig Tausende von Tonnen pro Jahr — wird erhitzt, um die Mikroorganismen abzutöten. Dann wird sie als Düngemittel auf die Felder ausgebracht. Eine hundertprozentige Abtötung aller Mikroorganismen kann nicht gewährleistet werden. Die überlebenden Mikroorganismen können ihre veränderten Erbanlagen auf natürliche in Boden, Pflanze, Tier und Mensch vorkommende Mikroorganismen übertragen oder sie kehren selbst über die Nahrungskette mit unüberschaubaren Folgen wieder zum Menschen zurück.

Dies ist nur die Spitze des Eisberges. Die Gentechnik wird Zug um Zug die Naturreiche erobern und macht auch vor dem Eingriff in die Lebensprozesse des Menschen nicht halt. Das erste Experimentierfeld der Gentechnik begann vor etwa 30 Jahren, fast unbemerkt von der Öffentlichkeit, mit der Herstellung von Waschmittelenzymen aus gentechnisch veränderten Mikroorganismen. Der nächste Bereich, dem sich die Gentechnik-Forschung zuwandte, war die Erbgutveränderung von Pflanzen und Tieren. Aktuell verlagert sich die Forschung stark zum Menschen hin. Das menschliche Erbgut ist in seiner Strukturfolge inzwischen entschlüsselt. Patente auf gezüchtete menschliche Embryonen werden bereits angemeldet. Durch die Verschmelzung einer menschlichen Embryonenzelle mit der Eizelle eines Schweins und der Züchtung dieses Mischwesens aus Mensch und Schwein im Labor, beispielsweise für die Gewinnung von verpflanzbarem Gewebe, hat die Genforschung die Grenze zur Ausbeutung menschlichen Lebens als Industrieprodukt überschritten.
Im Bereich des Mineralischen hat der Mensch in den *Kern* der Stoffe und seine *Kraft* eingegriffen. Die Folgen daraus haben wir nach Tschernobyl direkt erfahren. Die Gentechnik greift in den Kern des Lebens ein. Und dies mit Hilfe einer rein mechanistischen Wissenschaft und Technik. Sie zieht damit die Lebensprozesse auf die Ebene des Toten herunter. Es ist zu befürchten, dass die Folgen noch unüberschaubarer und verheerender sein werden als der Eingriff in den Kern der Materie.[95]

Eine Firma, die mich besonders beeindruckt, ist die Firma Sonett in Deutschland. Ich konnte die Fabrik mehrmals besuchen und auch erleben, wie und womit dort gearbeitet wird. Auch Sonett wurde bereits mehrfach ausgezeichnet und zertifiziert für ihre ökologisch konsequenten Produkte.
Für Sonett heißt *ökologisch konsequente* Waschmittel:

— Sie sind frei von Enzymen, von synthetisierten Duftstoffen und Farbstoffen.
— Sie enthalten keine Rohstoffe aus Erdöl.
— Sie sind zu 100 Prozent biologisch abbaubar.
— Sie enthalten Rohstoffe aus kontrolliert biologischem Anbau.
— Sie enthalten nur reine Düfte aus ätherischen Ölen.
— Sie werden umweltverträglich mit regenerativer Energie erzeugt.

Vor allem war ich von dem so genannten Baukastensystem angetan: Die drei Hauptbestandteile des Waschmittels (waschaktive Substanzen; Enthärter; Bleichmittel) werden separat dosiert. Erst dadurch ist eine optimale Nutzung der einzelnen Stoffe entsprechend dem Verschmutzungsgrad der Kleidung, der Härte des Wassers und dem ganz individuellen Bedürfnis nach dem Weißegrad der Wäsche wirklich möglich.

Für ein Seifenwaschmittel ist weiches Wasser unbedingte Voraussetzung. Durch das Baukastensystem ist die Grundlage geschaffen, die unübertroffenen Vorteile der Seife auch bei härterem Wasser nutzen zu können. Sonett verzichtet auf Rieselmittel, auf Füllstoffe, optische Aufheller, Phosphate und Enzyme.

Baustein 1: Waschmittelpulver oder Flüssigwaschmittel
Baustein 2: Enthärter
Baustein 3: Bleichkomplex und Fleckentferner

Die Vorteile des Baukasten-Waschens: Die Dosierung des Waschmittels bleibt gleich, unabhängig von Wasserhärte und Temperatur. Mit einem Waschmittel kann sowohl Buntwäsche (30° bis 40°) als auch Kochwäsche (40° bis 95° Grad) gewaschen werden. Für Wolle und Seide bietet Sonett ein Olivenwaschmittel für Wolle und Seide an.
Das Sonett-Waschmittel enthält als Hauptwirkstoff Seife, die aus verschiedenen Pflanzenölen (Palmöl, Rapsöl, Kokosöl) durch Sieden mit Lauge hergestellt wird. Die Öle stammen zu 100 Prozent aus biologischem bzw. biologisch-dynamischem Anbau. Seife als waschaktive Substanz vereinigt in sich in einzigartiger Weise alle für den Waschprozess notwendigen Eigenschaften des Schmutzbenetzens, des Schmutzlösens und Schmutztragens. Soda wird aus der Umsetzung von Kalk mit Kochsalz hergestellt. Metasilikat entsteht durch Verschmelzung von Quarzsand und Soda. Soda und Metasilikat verstärken beide durch ihre Alkalität die Waschlauge und fördern das Ablösen vor allem von fettigen Substanzen. Zeolitha und Schichtsilikat haben beide als Ausgangsrohstoff Silikatgesteine. Neben ihrer Eigenschaft, den Kalk im Wasser zu binden, binden diese Substanzen zugleich auch die im Waschwasser gelösten organischen Stoffe und Farbpigmente und verhindern deren Absetzen auf der Wäsche. Fettalkoholsulfat, aus Kokosfett gewonnen, unterstützt die Seife in ihrer Fettlösekraft. Seife aus Pflanzenölen hat die hervorstechende Besonderheit gegenüber allen anderen waschaktiven Stoffen, dass sie sich unmittelbar nach Gebrauch mit dem — stets im Abwasser vorhandenen Kalk — zu Kalkseife verbindet und sich dadurch selbst in ihrer Wirkung auf lebende Organismen neutralisiert (Primärabbau). Die Kalkseife wird dann von Mikroorganismen zu 100 Prozent zu Kohlendioxid und Wasser abgebaut (Sekundärabbau).
Kokosfettalkoholsulfat aus natürlichen nachwachsenden Rohstoffen bleibt bei der Herstellung in seiner inneren Molekülstruktur unverändert. Deshalb ist es im Abwasser für die Mikroorganismen leicht erkennbar und abbaubar und gliedert sich so wieder rasch und vollständig in den Naturkreislauf ein.

Die restlichen Bestandteile des Waschmittels: Soda, Tonmineralien und Silikate, sind mineralische Stoffe, die in der Natur nicht weiter abgebaut werden müssen. Seife und Kokosfettalkoholsubstrat gelten nach OECD als leicht biologisch abbaubar. Die separate Dosierung des Sonett-Enthärters abgestimmt auf die örtliche Wasserhärte garantiert optimale Nutzung des Waschmittels und dadurch einen geringst möglichen Verbrauch an Waschmittel. Auch beim Enthärter beschränkt sich Sonett, wie beim Waschmittel, nur auf notwendige und vertretbare Inhaltsstoffe und verzichtet auf Füllmittel, auf Phosphate und andere enthärtende Stoffe aus Erdölprodukten wie Phosphonate, NTA (Nitrilotriacetat) und EDTA (Ethylendiamin-tetraessigsäure). Zeolith A (ein Natrium-Aluminium-Silikat), der Hauptbestandteil des Enthärters, wird aus den leicht zugänglichen Rohstoffen Wasserglas und Natriumaluminat hergestellt. Dieses Silikat fängt nach dem Prinzip des Ionenaustauschers die Wasserhärte bildenden Kalzium- und Magnesiumionen ab und bereitet so weiches Wasser für das Waschen mit Seifen-Waschmittel. Soda, hergestellt aus Kalk und Kochsalz, geht eine chemische Verbindung mit dem Kalk im Wasser ein und entfernt dadurch einen Teil der Wasserhärtebildner aus dem Waschwasser. Citrat, das Salz der Citronensäure, das durch Fermentation zuckerhaltiger Nebenprodukte wie Melasse gewonnen wird, bindet vor allem bei niederen Temperaturen den Kalk an sich.
Zeolith A ist ein im Wasser unlösliches Mineral, ähnlich dem Sand, der ohne weiteren Abbau als Feststoff im Klärschlamm abgelagert wird. Soda, gleichfalls mineralischer Natur, muss nicht weiter abgebaut werden. Die Zitronensäure, als organische Substanz, ist innerhalb von zwei bis drei Tagen vollständig zu Kohlenhydrat und Wasser abgebaut.
Der Bleichkomplex und Fleckentferner von Sonett wird gezielt zur Fleckentfernung eingesetzt — bei bunter farbechter Wäsche ab 50 Grad Celsius und als Zugabe bei weißer Wäsche zur Vorbeugung gegen Vergrauung. Weiße Wäsche bleibt dadurch länger schön.
Da keine petrochemischen Bleichaktivatoren benutzt werden, sind der Bleichkomplex und Fleckentferner in der Waschmaschine erst ab 50 Grad Celsius wirksam. Natriumpercarbonat ist eine Anlagerungsverbindung von Wasserstoffperoxid an Natriumcarbonat (Soda). Unter Wärmeeinwirkung wird ab 50 Grad Celsius das Wasserstoffperoxid wieder abgespalten, welches zu Wasser und aktivem Sauerstoff zerfällt. Mit zunehmender Temperatur steigert sich die Reaktion, sodass bei 95 Grad Celsius die Bleichwirkung in der Waschmaschine optimal ist. Der frei werdende Sauerstoff wirkt vor allem bei organischen Flecken wie Grasflecken, Obstflecken und so weiter, indem er die Farbstoffe oxidiert und dadurch farblos macht, oder indem er durch Oxidation anhaftende fleckenbildende Substanzen wieder in wasserlösliche überführt. Jedes Bleichen strapaziert das Gewebe. Durch

die separate Dosierung des Bleichmittels wird die Bleichwirkung nur dort gezielt eingesetzt, wo diese zur Fleckentfernung und für weiße Wäsche gebraucht wird. Die Sauerstoffbleiche mit Natriumpercarbonat ist die umweltfreundlichste Alternative zum Bleichen der Wäsche in der Sonne. Natriumpercarbonat zersetzt sich schon während des Wasch- und Bleichvorgangs selbst in mineralisches Soda, Wasser und Sauerstoff und verlässt somit die Waschmaschine in einem Zustand der keines weiteren Abbaus bedarf. Der Bleichvorgang ist also gleichzeitig auch der Abbauvorgang.

Fleckenentfernung

Nicht jeder Fleck ist auch wieder entfernbar. Gegen einige Flecken auf bestimmten Textilien gibt es kein Mittel. Zum Beispiel:
Der Fleck ist nur durch Bleichen — und damit unter Inkaufnahme der Zerstörung von Farbpigmenten — zu entfernen. Ist nun das Kleidungsstück aus Seide oder Wolle, also sehr empfindlich, und sogar eventuell mit Pflanzenfarbe gefärbt, dann gibt es kaum eine Möglichkeit, den Fleck zu entfernen, ohne dass die Farbe oder der Stoff geschädigt werden.
Der Fleck ist auf einen Bleichvorgang oder eine sonstige Veränderung der originalen Farbe zurückzuführen. Es gibt zahlreiche Kosmetika, die Peroxide enthalten. Bei der Berührung mit Feuchtigkeit, wirkt dieses bleichend und zerstört die Originalfarbe. Außer durch Entfärben oder Neufärben ist ein solcher Fleck natürlich nicht mehr zu entfernen.
Verfärbungen durch andere starkfarbige Textilien im selben Waschgang waschen sich manchmal langsam wieder heraus, meist lassen sie sich aber nur durch Entfärben vollständig beseitigen.
Großmutters Tipp hierzu: die verfärbte Wäsche in Glaubersalz (Magnesiumsulfat) und Wasser einlegen. Ich konnte dadurch einmal den fünf rosaroten Hemden meines Mannes wieder zur Weiße verhelfen.

Bewährte Mittel bei Fleckenentfernung

Am besten ist es natürlich, wenn man Flecken immer sofort auswäscht, aber leider ist das nicht immer möglich. Frische Flecken auf Kleidern, Teppichen oder Polstermöbeln immer erst mit Butzwasser (durch ein natürliches Verfahren verändertes Wasser, sodass es Reinigungs- und Pflegekräfte entwickelt, für die man sonst Chemikalien- oder auch Bioreiniger bräuchte) und Fasertuch behandeln. Damit entfernen Sie sehr viele verschiedenen Flecken wie Fett und Öl, Tomatensauce, Kaffee.
Die Gallseife ist ein hochwirksames Mittel gegen Flecken von Obst, Blut, Tinte, Kugelschreiber, Gras, Fett usw. Geeignet für alle weißen und farbechten bunten Texti-

lien aus Naturfasern und Mischgewebe. Bei farbigen Textilien bitte an einer verdeckten Stelle vorher die Farbechtheit prüfen. Wäsche mit hartnäckigen Flecken über Nacht in ein Gallseifebad einlegen.
Auch Brennspiritus ist gut gegen vieles, zum Beispiel Gras- und Kugelschreiberflecken und auch gut gegen Flecken auf Teppichen.

Üblicherweise unterscheiden wir fünf Fleckenarten:
Eiweißflecken: Dazu gehören Eiweiß- und Eigelbflecken, Blut, Milch und Milchprodukte (enthalten auch Fett u.a.), Spermaflecken.
Wichtig: Stets mit kalter oder lauwarmer Lösung behandeln. In heißem Wasser gerinnt Eiweiß und ist dann noch schwerer zu entfernen. Eine Zeit einweichen und kalt ausspülen mit Vollwaschmittel- oder Feinwaschmittellösung, auch Gallseife.
Großmutters Tipp: Blutflecken mit kaltem Wasser oder kalter Seifenlauge ausspülen. Man kann auch alte Flecken längere Zeit in Salzwasser einweichen und dann mit Seifenlauge auswaschen.
Blutflecken auf Wolle und Polstermöbeln: Mit einer Lösung aus Kartoffelstärke oder Weizenstärke bestreichen, antrocknen lassen und dann ausbürsten oder auswaschen. Blutflecken auf Seide: Mit Alkohol (Spiritus) betupfen.

Fettflecken: Dazu gehören: Fett, Öl, Butter: Entfernen mit Alkohol, Benzinseife, Orangenöl, Gallseife
Großmutters Tipp: mit Kernseife oder Soda Fettfleck einreiben, Salz drüber streuen, einwirken lassen und dann waschen.

Stärkeflecken: Dazu gehören unter anderem: Kakao, Kartoffeln, Teig: Entfernen mit Soda, Benzinseife, Orangenöl, Gallseife

Natürliche Farbstoffe: Dazu gehören: Gemüse- und Obstflecken, Rotwein, aber auch Schimmelflecken, Honig, Bier und anderes: Entfernen mit Valpa (Panamarindenextrakt der Firma Bonadea), Gallseife
Großmutters Tipp: Rasenbleiche (in der prallen Sonne)
Bier: Mit kaltem Wasser oder kalter Seifenlauge ausspülen.
Die meisten Fruchtflecken, Kaffee und auch Cola: in Panamarinde einlegen und anschließend waschen.
Heidelbeerflecken: betroffene Stellen in Sauermilch einlegen, einige Zeit einwirken lassen, mit warmem Wasser auswaschen. An Stelle von Sauermilch kann auch Jogurt nature verwendet werden. Flecken damit bestreichen.
Kaffeeflecken: mit Buttermilch betupfen und auswaschen oder in Panamarinde einlegen und ausspülen.

Rotweinflecken: sofort mit reichlich Salz bestreuen, einwirken lassen.
Schimmelflecken auf Stoff: über Nacht in Sauermilch einlegen und trocknen lassen. Anschließend waschen, ohne vorher zu spülen. Stoff nachher normal waschen. Bei Teppichen Flecken anschließend mit Wasser und einem Lappen sorgfältig auftupfen. Allenfalls mit Mineralwasser nachbehandeln, mit einem Fasertuch trocken tupfen.

Synthetische Farben: Dazu gehören Flecken von Farbstiften, Tinte, Malerfarben. Allgemein gilt: Farbstifte lassen sich manchmal einfach, oft aber leider kaum auswaschen. Malerfarben müssen möglichst schnell entfernt werden. Versuchen mit Lösungsmittel, Orangenöl, Bleichmittel. Anschliessend auswaschen mit Waschmittel
Großmutters Tipp: Bei blauer Schultinte: mit Buttermilch betupfen, anschließend mit warmem Wasser und etwas Ammoniak nachspülen.

Grossmutters Alphabet rund um die Wäsche

Am Anfang steht die Ordnung
Für die Kleidung gilt: T-Shirts, Pullis und so weiter nach dem Waschen sofort auf Reinigungsbügel hängen und trocknen lassen. So kann man sie direkt wieder in den Schrank hängen. Das spart viel Zeit. Als Kleidungsständer eignen sich auch aufklappbare Bügelständer oder Trockenständer. Zweimal im Jahr wird es Zeit, die Kleidung zu sortieren (vom Winter in den Frühling und vom Herbst in den Winter). Was wird noch gebraucht? Wann wurde dies oder jenes Teil zuletzt getragen? Beim Lagern kann man nach Farben oder Themen wie Sport, Beruf und Ausgehen oder nach Kleidungsart sortieren.
Schmutzige Wäsche sortiert man in einem Sortierer, beispielsweise in einem Korb. Sortiert wird nach Waschtemperatur: 60 bis 90 Grad, Buntwäsche, Handwäsche. Auch ein Korb für Flickwäsche ist hilfreich. Denn natürlich sollte ab und zu auch ausgebessert werden.
Brandflecken: Auf Porzellan: mit einem feuchten in Salz getauchten Korken abreiben. Auf Textilien: Mit Essigwasser im Mischungsverhältnis 1:1 abreiben.
Dreck/Erde: Trocknen lassen und abbürsten.
Fettflecken: Auf Wänden: Man legt Löschblätter auf und bügelt sie ab.
Mit Schlemmkreide nachbehandeln.
Auf Kragen: Lösung bereiten aus 4 Esslöffeln Salmiakgeist und 1 Esslöffel Salz. Benetzen und dann mit Seifenwasser auswaschen.
Auf Bekleidung: mit Kartoffelmehl bestäuben, mit einem feuchten Tuch verreiben, nach dem Trocknen ausbürsten.
Glanzstellen an Wollstoffen: diese Stellen mit der Schnittfläche einer halbierten,

rohen Kartoffel sorgfältig einreiben. Kleidungsstück an der Luft trocknen lassen, mit einer sauberen Kleiderbürste abreiben – der Stoff sieht wie neu aus (mehlige Kartoffelsorte wählen).
Kalkflecken: Auf Kleidung: mit Essigwasser betupfen, einwirken lassen, mit Seifenlauge auswaschen.
Leim-/Klebstoffflecken: in Sodalösung einweichen und mit warmen Wasser auswaschen.
Milch und Milchprodukte: Mit kaltem Wasser oder kalter Seifenlauge ausspülen.
Moderflecken: kommen selten vor, einfach in saure Milch einlegen und dann wie immer waschen.
Nikotinflecken: auf weißer Wäsche: mit Zitrone ausreiben.
Obstflecken: frische Flecken kann man schnell mit Zitronensaft oder Valpa (Panamarindenexktrakt) entfernen.
Rostflecken: mit heißem Zitronensaft bestreichen und dann waschen.
Rußflecken: mit Schmierseife oder Soda und viel Wasser.
Schweißflecken: ein Paar Aspirintabletten in Wasser auflösen und kurz einlegen.
Schwarztee: in Milch einlegen und anschließend waschen.
Senfflecken: in Sodalösung einlegen und dann Waschen.
Socken: in Salzwasser einlegen, um braune Flecken zu beseitigen.
Teerflecken und Karrenschmiere: Mit Eukalyptusöl einreiben, mit Milch betupfen und anschließend waschen oder Flecken mit wenig Butter abtupfen, mit Waschbenzin nachbehandeln und anschließend normal waschen.
Tintenflecken: mit Zitrone einreiben, einwirken lassen, auswaschen.
Tomatenflecken: am besten sofort mit Seifenlauge auswaschen.
Urinflecken: wenn man ältere Menschen pflegen muss, kommen Urinflecken häufig vor. Diese erst mal mit kalten Wasser durchspülen, dann mit Seifenlauge waschen.

Waschanleitung für Daunen-Jacken und -Kissen

Daunen vertragen Waschmittel für Wolle und Seide recht gut. Wichtig bei Daunen ist, dass sie beim Trocknen bewegt werden, damit sie nicht verkleben.

1. Schonwaschgang für 30 Grad Wäsche wählen.
2. Sonett-Olivenwaschmittel für Wolle und Seide verwenden — ohne Enthärter.
3. Zusätzlichen Spülgang einstellen.
4. Nur ganz schonend schleudern.
5. Trocknen im Wäschetrockner: bitte bei niederer Temperatur und mit geringer Füllung trocknen. Trocknen auf der Leine: Immer wieder die Daunen aufschütteln.

Waschanleitung für Schaffelle

Schaffell nur waschen, wenn Lüften, Ausklopfen und Ausbürsten nicht mehr hilft; je seltener desto besser. Schaffelle, auch waschbare, neigen in der Regel dazu, nach dem Waschen hart zu werden, deshalb ist die Reinigungsmethode am besten, bei der das Leder weitest möglich trocken bleibt.

— In der Breite des Fells Handtücher über den Badewannenrand legen und die Hälfte des Felles drüber legen.
— Mit dem Duschkopf und lauwarmem Wasser das Fell rasch befeuchten und dabei so wenig wie möglich das Leder einnässen.
— Sonett-Olivenwaschmittel für Wolle und Seide in einem kleinen Becher mit Wasser mischen (ca. 5ml = 1 voller Teelöffel auf 100ml Wasser = 1 kleiner Joghurtbecher) und damit die Fellhälfte einshampoonieren und gegebenenfalls die Flecken damit bearbeiten.
— Dann mit dem Duschkopf und lauwarmem Wasser das Waschmittel rasch ausspülen und mit einem Handtuch das Fell *trockendrücken*.
— Das gleiche für die andere Fellhälfte wiederholen.
— Das Fell dann zum Trocknen auf einen Wäscheständer legen und während des Trocknens immer wieder schütteln. Bitte nicht in die Sonne legen oder neben die Heizung stellen.
— Das getrocknete Fell kann mit einer groben Bürste gebürstet werden — und sieht anschließend wieder wie neu aus.

Waschanleitung für Mikrofasern

Gore-Tex, Sympatex etc.

Eingenähtes Pflegeetikett beachten. Wenn nicht anders angegeben wie folgt vorgehen:

1. Schonwaschgang für 40°C Wäsche wählen.
2. Sonett-Waschmittel Color verwenden, Dosierung genau einhalten.
3. Zusätzlichen Spülgang einstellen.
4. Nur ganz schonend schleudern.
5. Falls im Trockner getrocknet wird: bitte bei niedriger Temperatur und mit geringer Füllung trocknen.

Wachsflecken: Textilien zwischen zwei Löschblätter legen und bügeln. Bei feinen Stoffen lieber mit Haarfön wärmen.
Zuletzt: Die Waschmaschine dient uns und verdient unsere Aufmerksamkeit und Pflege.

XII. Schlusswort

Heute schreibe ich die letzten Zeilen dieses Buches. Für mich war es sehr, sehr schwierig. Wie oft hatte ich das Gefühl: *Warum tust Du Dir das an?* Dieser Kampf mit den Wörtern, mit dem Sitzen, mit dem Schreiben — ich bin eine Rednerin, keine Schriftstellerin.

Was mir gegen Ende immer wieder half und Mut machte, war die Arbeit mit meinem Lektor Hans-Christian Zehnter, der mir oftmals bestätigte, dass es sich lohnt, das Buch fertig zu schreiben. Hatten wir wieder ein Kapitel gemeinsam überarbeitet, dann konnte ich am nächsten Tag wieder weiterschreiben.

Ich habe auch viel gelernt: Wie oft konnte ich doch meine eigenen Einsichten an mir selbst bestätigen. Ich habe noch nie mein Büro so oft aufgeräumt wie in diesen letzten paar Monaten des Schreibens. Jedes Mal, wenn ich wirklich nicht weiter wusste, fing ich entweder an, im Garten zu arbeiten, die Küche zu putzen oder eben mein Arbeitszimmer aufzuräumen. Mit Wonne konnte ich Notizen, die ich seit bald zehn Jahren aufbewahrt hatte, wegwerfen! Und meine Bücherregale waren noch nie so gut geordnet wie jetzt.

Die Schreibzeit war wie eine Schwangerschaft, mit all den Schwankungen — bis ins Gewicht. Nach einem Monat *Übertragen* gebe ich jetzt alles ab. Das Wochenbett muss noch überstanden werden, dann kann das Kind, hoffentlich gesund, der Welt vorgestellt werden. Möge es dann wirklich gut gedeihen!

Dass das Buch überhaupt entstehen konnte, habe ich sehr vielen Menschen zu verdanken:

An erster Stelle gilt mein Dank meinen beiden Kindern, Aurélie und Dion. Wenn sie nicht wären, hätte ich mich vielleicht nie wirklich mit dem Thema Putzen und Pflegen auseinandergesetzt. Dazu waren sie immer — und sind es heute noch — meine Lehrmeister, meine ehrlichsten Kritiker, die immer wieder bereit sind, mir einen Spiegel vor die Augen zu halten. Aber durch ihre guten Wünsche in Geburtstagskarten weiß ich, dass sie nicht nur Kritiker, sondern auch Bewunderer sind. Als ich im November 2009 fast verzweifelte, weil ich es einfach nicht schaffte, wirklich mit dem Schreiben zu beginnen, sagte meine Tochter ganz vorsichtig: *Mami, ich möchte Dir etwas vorschlagen. Du bist so empfindlich für Atmosphäre. Nimm doch Deinen Laptop, gehe in die Universitätsbibliothek und versuche, dort zu schreiben. Dort herrscht eine Arbeitsatmosphäre, alle Menschen arbeiten intensiv, es ist ruhig, ohne Telefon und ohne Kühlschrank.* Diesen Rat befolgte ich — und es war der Durchbruch!

Ohne meinen Mann Steven hätte ich es nie geschafft. Wie oft musste er alles im Haushalt übernehmen. In der letzten Phase hat er während der Ferien gekocht, mich zu Spaziergängen *gezwungen* und abends meine verspannten Schultern massiert. Nie gab er auf, mit mir Karten zu spielen, wenn ich eine dringende Denkpause brauchte. Wie viele Male er den Satz *Jetzt bin ich gleich fertig* gehört hat, weiß ich nicht.
Ninetta Sombart, meine liebe Freundin und weise *Lebensberaterin*, stand mir immer mit Rat und ehrlicher, konstruktiver Kritik und Ermutigung bei. So auch Monika Kiel-Hinrichsen, die durch ihre Erfahrung als Schriftstellerin jede Phase, die ich durchmachte, verstand und mich auch immer wieder anspornte, weiterzumachen. Erika Dietrich, die mir die Idee mit der Putzfirma gab.
Auch Dora Liouba Krattiger, die ich direkt nach meiner Ankunft in Basel kennenlernte, und die oft für mich wie eine Mutter war, vor allem bei der Geburt meiner Kinder. Sie erzählte von der Rudolf-Steiner-Schule, und die Art ihrer Kinder überzeugte mich, dass an dieser Schule etwas Spezielles sein müsste.
In meinem Umfeld befinden sich viele Menschen, die sich ehrlich für meine Arbeit interessieren und mich auch inspirieren. Bei Vorträgen, durch ihre Bücher, durch Teilnahme an den Putzfachtagungen am Goetheanum, haben wir uns über verschiedene Inhalte ausgetauscht. Einige Menschen möchte ich gerne erwähnen und ihnen danken. Viele Gedanken dieser Menschen fließen in meine Arbeit ein durch die Notizen, die ich bei den Vorträgen gemacht habe, durch Gespräche. Beim Schreiben wusste ich nicht immer, wer nun was gesagt hat, aber ich bin Euch sehr dankbar für die vielen Inspirationen: Elaine Beadle, Daniel Berti, Almut Bockemühl, Benno Burghardt, Hans Dackweiler, Michaela Glöckler, Paul Mackay, Ingrid Knowles-Schmidt, Vreni Läng, Päivi Lappalainen, Irina Pericin, Marcus Schneider, Peter Selg.
Einen besonderen Dank möchte ich Wolfgang Held aussprechen. Bei der Vorbereitungsarbeit der Putzfachtagung 2006[96], verfasste er die Texte für unsere Tagungsbroschüre. Nicht nur, dass davon Vieles in dieses Buch einfließen konnte, sondern auch, dass ich ihm den wunderschönen Untertitel des Buches verdanke: *Von der lästigen Notwendigkeit zu einer Liebeserklärung an die Gegenwart.*
Ohne Herrn Keding von Gesundheitspflege *initiativ* hätte ich vielleicht immer noch nicht angefangen. Über ein Jahr lang förderte er mich freundlich mit ermutigenden Gesprächen und mit viel Geduld.
Als junge Frau lernte ich Omraam Mikhäel Aïvanhov kennen. Ihm war es wichtig, dass ein Mensch alles, was er sagt, nicht einfach akzeptiert, sondern durch praktisches Üben prüft. Alles, was wir so geprüft und verstanden haben, dürfen wir dann zu einer *eigenen* Wahrheit machen. In diesem Sinne ist mein Buch durchzogen von dieser so praxisnahen Lehre. Es ist mir unmöglich, deren Schätze

in Zitaten wiederzugeben, und so ist es auch mit dem Werk Rudolf Steiners. Durch meine Arbeit ist mir ein Bild gekommen, das für mich wegweisend ist und bleibt. Sobald wir Ordnung schaffen, üben wir eine Ich-Tätigkeit aus, die uns aufrichtet. Sie bildet für mich die vertikale Säule eines Kreuzes. Durch die beseelte Tätigkeit des Pflegens berühren wir die ganze Peripherie und bilden so den horizontalen Balken des Kreuzes.
Die Sinnfrage (Gedanken = Vergangenheit), die Wahrnehmung führt die Geste (Wille = Zukunft), und beide begegnen sich durch die Liebeskräfte (Gegenwart) in der Kreuzmitte. Daraus erbilden sich die Rosen am Kreuz. Unsere häusliche Tätigkeit wird zum Kultus.

Ordnung schaffen

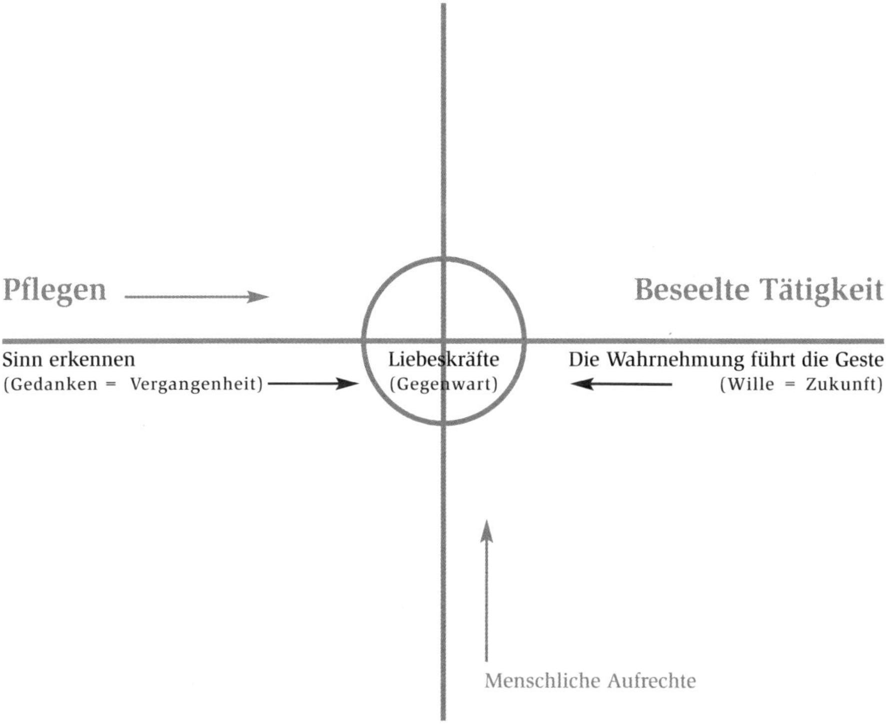

Anmerkungen

Kapitel I

1 *Camphill* ist eine heilpädagogische Bewegung auf der Grundlage der Anthroposophie. Begründet wurde die erste Camphill Community 1939 von dem aus Wien emigrierten Kinderarzt Karl König in Kirkton House bei Aberdeen; 1940 zog sie ins nahe gelegene Camphill Estate um. Heute existieren weltweit mehr als 100 Gemeinschaften in über 20 Ländern. In den dorfähnlichen Camphill-Gemeinschaften leben Menschen mit — häufig mehrfachen — schweren geistigen, seelischen und körperlichen Beeinträchtigungen zumeist gemeinsam mit den Familien ihrer Betreuer. Sie finden Beschäftigung in Betrieben mit biologisch-dynamischer Landwirtschaft, in Küche und Bäckerei oder in kunstgewerblichen Werkstätten. Die Betreuten sollen so ein ihren Fähigkeiten gemäßes, möglichst selbstständiges Leben führen können. Im Gegensatz zur Pflege im Schichtbetrieb in Heimen entwickeln sich hier familiäre Verhältnisse. Der Tages-, Wochen- und Jahreslauf ist gegliedert, so dass auch weitgehend hilfebedürftige Menschen Orientierung finden. Dazu gehören gemeinsame Mahlzeiten, Andachten und jahreszeitliche Feste mit Musik und anderen künstlerischen Beiträgen. Auch schwerstbehinderten Kindern wird eine an der Waldorfpädagogik orientierte Schulbildung zuteil.

2 www.joergensmit.org

3 *Schmidt-Brabant, Manfred:* Spirituelle Grundlagen einer menschengemäßen Hausmütter-Arbeit, Dornach 1993

Kapitel II

4 *Aïvanhov, Omraam Mikhaël:* Oguên, Le Feu, Fréjus Cedex 2005 (freie Übersetzung)

5 *Steiner, Rudolf:* Geduld, Weisheit, Frömmigkeit, Lebenssicherheit, Vortrag vom 22. Februar 1911, Nachrichten für die Mitglieder Nr. 23-27, 1947

6 *Goethe, Johann Wolfgang:* Tasso I, 1: Leonore, Vers 80–82

7 *Gibran, Kahlil:* Der Prophet, Düsseldorf 2000

8 *Schmidt-Brabant, Manfred:* Spirituelle Grundlagen einer menschengemäßen Hausmütter-Arbeit, Dornach 1993

9 Siehe Kapitel II.8

10 *Gibran, Kahlil:* Der Prophet, Düsseldorf 2000

11 *Paracelsus:* Das Buch von den Nymphen, Sylphen, Pygmaeen und Salamandern und den übrigen Geistern, Marburg 1996

12 *Steiner, Rudolf:* Theosophie (GA 9), Dornach 1991

13 *Bockemühl, Almut:* Die Welt der Elementarwesen, Dornach 2005

14 *Steiner, Rudolf:* Das Karma des Berufs (GA 172), Dornach, Vortrag vom 6. November 1916

15 *Grimm, Jakob und Wilhelm:* Deutsche Sagen, München 1965

16 Siehe vor allem: *Steiner, Rudolf:* Der Mensch als Zusammenklang des schaffenden, bildenden und gestaltenden Weltenwortes (GA 230), Dornach 1970 sowie derselbe: Lebendiges Naturerkennen (GA 220), Dornach 1982

17 Ursula Burkhard fasste in ihrem Buch viele Aussagen Rudolf Steiners zusammen. *Burkhard, Ursula:* Elementarwesen: Bild und Wirklichkeit, Dornach 1998

18 *Steiner, Rudolf:* Geistige Hierarchien und ihre Widerspiegelung in der physischen Welt (GA 110), Dornach, Vortrag vom 12. April 1909

19 Erläuterung zu *Goethes* aphoristischem Aufsatz *Die Natur* in der Hamburger Ausgabe, Band 13

20 *Steiner, Rudolf:* Geistige Hierarchien und ihre Widerspiegelung in der physischen Welt (GA 110), Dornach, Vortrag vom 12. April 1909

21 *Steiner, Rudolf:* Geistige Hierarchien und ihre Widerspiegelung in der physischen Welt (GA 110), Dornach, Vortrag vom 12. April 1909

22 *Steiner, Rudolf:* Anthroposophischer Seelenkalender, Dornach 2006

23 *Steiner, Rudolf:* Die Philosophie der Freiheit (GA 4), Dornach, Kapitel: Der Grundtrieb zur Wissenschaft

24 Persönliches Gespräch mit *Omraam Mikhäel Aïvanhov,* September 1982

25 *Steiner, Rudolf:* Natur- und Geistwesen. Ihr Wirken in unserer sichtbaren Welt (GA 98), Dornach 1983, Vortrag vom 9. Juni 1908

26 *Burkhard, Ursula:* Gute Träume für die Erde, Weissenseifen-Michaelshag 1994

Kapitel III

27 *Grimm:* Deutsches Wörterbuch, Leipzig 1889

28 *Schiller, Friedrich:* Über die ästhetische Erziehung des Menschen — in einer Reihe von Briefen (11.-16. Brief), Stuttgart 2000

29 *Steiner, Rudolf:* Geisteswissenschaft als Erkenntnis der Grundimpulse sozialer Gestaltung, (GA 199), Dornach 1985, Vortrag vom 5.9.1920

30 Der *Menscheitsrepräsentant* ist eine unvollendete Holzplastik aus Ulmenholz, ca. sechs Tonnen schwer und 9.5 Meter hoch. Sie wurde ab 1915 von *Rudolf Steiner* und der englischen Künstlerin *Edith Maryon* (1872—1924) unter Mithilfe weiterer Freunde gestaltet und steht jetzt in einem eigenen Ausstellungsraum im Goetheanum in Dornach

31 *Aïvanhov, Omraam Mikhaël:* Tagesgedanke 19.8.2010, www.Aivanhov.de

32 *Steiner, Rudolf:* Der Mensch als Zusammenklang des schaffenden, bildenden und gestaltenden Weltenwortes (GA 230), Dornach 1970, Vortrag vom 11. November 1923

33 *Harlan, Volker:* Ninetta Sombart, Stuttgart 2004

34 *Harlan, Volker:* Ninetta Sombart, Stuttgart 2004

Kapitel III *(Fortsetzung)*

35 **Rosenkreuzer** nennt man die Mitglieder einer geheimen, mystischen Gesellschaft (mitunter auch als Orden bezeichnet), deren Anfänge im 17. Jahrhundert liegen. Die Lehrinhalte der Rosenkreuzer bestehen aus alchemistischen, hermetischen und kabbalistischen Elementen. Entsprechend der Gründungslegende ist Frater C. R. Begründer des Ordens der Rosenkreuzer. Besondere Aufmerksamkeit erregte diese Gesellschaft durch die Veröffentlichung dreier gesellschaftskritischer und reformatorischer Manifeste. Das erste Manifest mit dem Titel *Allgemeine und General Reformation der gantzen weiten Welt. Beneben der Fama Fraternitatis, deß löblichen Ordens des Rosenkreutzes, an alle Gelehrte und Häupter Europä*, kurz *Fama Fraternitatis*, wurde 1614 veröffentlicht. Danach folgten 1615 die *Confessio Fraternitatis* und 1616 die *Chymische Hochzeit*. Als Autor gilt der Theologe Johann Valentin Andreae.
Unter den heutigen Rosenkreuzern fasst man mehrere Gesellschaften zusammen, die sich auf jene alte Tradition der Rosenkreuzer des 17. Jahrhunderts berufen.
Die Rose symbolisiert vorrangig die Bedeutung der Seele, die erblüht, wenn alle vier Elemente (Feuer, Erde, Wasser und Luft) in Einklang miteinander stehen. Dieser Einklang versinnbildlicht die Quintessenz. Gleichbedeutend für die Quintessenz ist im Rosenkreuzertum der Stein der Weisen. Der Weg dazu führt über die Liebe, symbolisiert durch eine aufblühende rote Rose und das *veredelte* Kreuz, dem *vollkommenen* Menschen.

36 *Darvas, János:* Mythische Diskretion, in: Das Goetheanum Nr. 33-34/2008

37 *Dieter Zimmermann*, geb. 1948, Künstler. Seit Jahren sammelt er das ausgemusterte Inventar unserer Überflussgesellschaft: Bruchstücke von verbrauchten Alltagsgegenständen und schafft daraus Kunstgegenstände und Möbel

38 *Woodburn, Kim & Mackenzie, Aggie:* How clean is your house? London 2003

39 *Porz, Elfie:* Putzen als Ausdruck seelischer Prozesse, Diplomarbeit, Universität Augsburg

40 *Horsfield, Margaret:* Der letzte Dreck, Frankfurt/Main 1999

41 *Huth, Elke:* Bewusst bewegen — ein Lernkonzept für Reinigungskräfte, Tagungshandbuch zur Putzfachtagung, Goetheanum, Dornach 2004

42 www.wala.com

Kapitel IV

43 Aus: *Roder, Florian:* Novalis, Stuttgart 1992

44 *Kahlil Gibran*, ein libanesisch-amerikanischer Maler, Philosoph und Dichter, geb. 6. Januar 1883 im damaligen Osmanischen Reich, heute Libanon; verstorben am 10. April 1931 in New York City

45 *Gibran, Kahlil:* Der Prophet, Düsseldorf 2000

46 *Alexander, Sybylle:* Der Mönch aus Iona, Kapitel: Das Mädchen ohne Furcht, Stuttgart 1997

47 *Steiner, Rudolf:* Die drei Wege der Seele zur Christus (GA 143), Dornach, Vortrag vom 17. Dezember 1912: Die Liebe und ihre Bedeutung in der Welt

48 *Saint-Exupéry, Antoine de:* Die Stadt in der Wüste, Düsseldorf 1989

49 *Mira Companions for Development: Christoph Lehmann:* Innere Ruhe und Ausgeglichenheit — Text zum Selbstmanagement (www.miracompanions.com)

50 *Steiner, Rudolf:* Erfahrungen des Übersinnlichen. Drei Wege der Seele zu Christus (GA 143), Dornach 1994, Vortrag vom 11. Januar 1912: Nervosität und Ichheit

51 *Steiner, Rudolf:* Wie erlangt man Erkenntnisse der höheren Welten? (GA 10), Kapitel: Innere Ruhe, Dornach 1993

52 *Kiel-Hinrichsen, Monika:* Warum Kinder trotzen, Stuttgart 1999

Kapitel V

53 *Berti, Daniel:* Handbuch zur Putzfachtagung 2004, Sektion für Sozialwissenschaften

54 *Aïvanhov, Omraam Mikhaël:* Gedanken für den Tag, Rottweil 2009

55 *Die Bibel,* Altes Testament, Genesis 2, 2-3

56 *Koch, Charlotte:* Zur Störung der willentlichen Handlungssteuerung als Ursache des *Messie-Syndroms,* Gedicht einer anonymen Verfasserin, Diplomarbeit Universität Köln 2001

57 *Felton, Sandra:* viele Bücher zum Messie-Phänomen
Kingston, Karen: Fengshui gegen das Gerümpel des Alltags
Küstenmacher, Tiki Werner & Seiwart, Lothar J.: Simplify your Life

58 *Erich Fromm* (1900—1980), amerikanischer Psychologe deutscher Herkunft. Zitat aus einem Interview mit Heinrich Jaenecke in: Der Stern, Nr. 14/1980, S. 306-309

59 *Rosenberg, Marshall:* Gewaltfreie Kommunikation, Paderborn 2010

60 *Gibran, Kahlil:* Der Prophet, Düsseldorf 1973

61 *Fulghum, Robert:* All I really need to know I learned in Kindergarten, New York 1986

Kapitel VI

62 *Steiner, Rudolf:* Christus und die menschliche Seele (GA 155), Dornach 1994, Vortrag vom 30. Mai 1912

63 *Steiner, Rudolf:* Wahrspruchworte (GA 40), Zitat aus dem Wahrspruchwort *Suchet das wirklich praktische materielle Leben* (aus einem Vortrag vom 24. September 1919), Dornach 1991

64 Freie Übersetzung aus *Bosco, Henri:* Le jardin d'Hyacinthe, Paris 1991

65 *Aïvanhov, Omraam Mikhaël:* Gedanken für den Tag, Rottweil 2009

66 *Dieter Zimmermann,* www.dizi.de

Kapitel VII

67 *Felton, Sandra:* Lass uns das Chaos überleben, Moers 1997

68 *Sandra Felton* hat zahlreiche Bücher zu diesem Thema geschrieben

Kapitel VII *(Fortsetzung)*

69 *Sellmer, Claudia:* Messies — ein neues Klientel der Sozialen Arbeit? Diplomarbeit Fachhochschule für Sozialwesen, Essen 2002, als Broschüre herausgegeben durch *Zukunftsinitiative Messies*, Tübingen 2004

70 *Felton, Sandra:* Im Chaos werden Rosen blühen, Moers 2000

71 www.veronika-schroeter.de

72 *Goethe, Johann Wolfgang:* Ansprachen: Über die verschiedenen Zweige der hiesigen Tätigkeit (veröffentlicht im 14. Goethe-Jahrbuch 1853, Hrsg. Ludwig Geiger)

73 *Zehnter, Hans-Christian:* Raum schaffen, in: Das Goetheanum, Nr. 21/2008

74 *Glöckler, Michaela:* Die geistigen Ursachen des Messsie-Syndroms, in gesundheit aktiv, anthroposophische heilkunst ev.: Gesunde Lebensführung, Nr. 516

75 Viele Schriften zur Anthroposophischen Medizin und von Michalea Glöckler wurden herausgegeben von: *www.antrosana.ch, www.gesundheitspflege.de, www.vamg.ch, www.gesundheit-aktiv-heilkunst.de, www.goetheanum.org*

Kapitel VIII

76 *Woloschin, Margarita:* Die grüne Schlange — Lebenserinnerungen einer Malerin, Frankfurt 1982, Seite 19

Kapitel IX

77 *Steiner, Rudolf:* Was wollte das Goetheanum und was soll die Anthroposophie? (GA 84), Dornach 1961

78 *Bohatta, Ida:* Die fröhlichen Blumenkinder, München 2001

79 Aus Anthrosana (Hrsg.) Schatzkammer des Lebens, Heft Nummer 210

80 *Spitzer, Manfred:* Lernen. Gehirnforschung und die Schule des Lebens, Heidelberg, Berlin 2002

81 *Rieger, Margarete:* Einfluss psychosozialer Stressbelastung während der Schwangerschaft auf die physische und behavioral-emotionale Entwicklung des Kindes, Berlin 2005

82 *Steiner, Rudolf:* Sprüche, Dichtungen, Mantren. Ergänzungsband (GA 40a), Dornach 2002

83 www.nelsonmandela.com

Kapitel X

84 *Preuschoff, Gisela und Axel:* Gewalt an Schulen — und was dagegen zu tun ist, Köln 1997

Kapitel XI

85 www.lichtmatrix.de

86 *Andermatt Biogarten AG,* info@biogarten.ch, www.biogarten.ch

87 Siehe Fußnote 86

88 Siehe Fußnote 86

89 www.henkel.com

90 *Meyer, Ulrich:* Verträglichkeit natürlicher ätherischer Öle bei ausgewiesenen Duftstoff-Mix-Allergikern, in: Der Merkurstab Nr. 1/2004: S. 61–63.; BDIH: Allergieauslösende Duftstoffe in Kosmetik; *Weleda:* Natürliche Öle sind gut verträglich, in: Weleda-Nachrichten Nr. 229/2003

91 www.sonett.eu, April 2010

92 www.unger-glasreinigung.de

93 www.enjo.com

94 www.sonett.eu, April 2010

95 www.sonett.eu

Kapitel XII

96 www.putzfachtagung.org

Liste von Lieferanten

Sonett OHG
Ziegeleiweg 5
D-88693 Deggenhausen

Tel. +49 (0)7555-92 95-0
Fax +49 (0)7555-92 95-18

info@sonett.eu
www.sonett.de

BONADEA E. Dietrich
Dornhägliweg 4
CH-4144 Arlesheim

Tel. +41 (0)61-70 12 155

bonadea@sunrise.ch
www.bonadea.ch

Andermatt **BIOGARTEN AG**
Stahlermatten 6
CH-6146 Grossdietwil

Tel. +41 (0)62-917 50 00
Fax +41 (0)62-917 50 01

info@biogarten.ch
www.biogarten.ch

Firma Unger. Germany GmbH
Dellenfeld 35
D-42653 Solingen

www.unger-glasreinigung.de

ENJO Schweiz AG (auch für Deutschland)

Büro in Zürich:
Förrlibuckstrasse 110
CH-8005 Zürich

Tel. +41 (0)44-749 25 22
Tel. +41 (0)76-222 00 02

Hauptsitz:
Schlierenstrasse 77
CH-5408 Ennetbaden

Tel. +41 (0)56-222 00 02
Fax +41 (0)56-222 00 47

info@ch.enjo.net
www.enjo.ch
Für Österreich: www.enjo.net

Literaturliste

Aïvanhov, Omraam Mikhaël: Oguên, Le Feu, Fréjus Cedex, 2005, (freie Übersetzung)

Aïvanhov, Omraam Mikhaël: Rottweil 2009, Tagesgedanken vom 18. August 2010 und www.aivanhov.org

Alexander, Sybylle: Der Mönch aus Iona, Kapitel: Das Mädchen ohne Furcht, Stuttgart 1997

Anthrosana: Heft Nummer 210, Schatzkammer des Lebens

Berti, Daniel: Handbuch zur Putzfachtagung 2004, Sektion für Sozialwissenschaften

Die Bibel: Altes Testament, Genesis 2: 2-3

Bohatta, Ida: Die Fröhlichen Blumenkinder, München 2001

Bosco, Henri: Le jardin d'Hyacinthe, Paris 1991 (freie Übersetzung)

Burkhard, Ursula: Elementarwesen, Bild und Wirklichkeit, Dornach 1998

Burkhard, Ursula: Gute Träume für die Erde, Weissenseifen-Michaelshag 1994

de Saint-Exupéry, Antoine: Die Stadt in der Wüste, Düsseldorf 1989

Felton, Sandra: diverse Bücher zum Thema Messie-Phänomen

Felton, Sandra: Im Chaos werden Rosen blühen, 5. Auflage, Moers 2000

Felton, Sandra: Lass uns das Chaos überleben, Moers 1997

Fulghum, Robert: All I really need to know I learned in Kindergarten, New York 1986

Gibran, Kahlil: Der Prophet, Düsseldorf 2000

Glöckler, Michaela: Die geistigen Ursachen des Messie-Syndroms, Hörbuch in *gesundheit aktiv, anthroposophische heilkunst ev.:* Gesunde Lebensführung, Nr. 516, Bad Liebenzell-Unterlengenhardt 2009

Grimm, Jakob und Wilhelm: Deutsche Sagen, München 1965

Grimm: Deutsches Wörterbuch, Leipzig 1889

Hancox R. et al (2004) *Association between child and adolescent television viewing and adult health: a longitudinal birth cohort study.* The Lancet, July 17, 2004, Vol. 364: 257-261

Harlan, Volker: Ninetta Sombart, Stuttgart 2004

Horsfield, Margaret: Der letzte Dreck, Berlin 1999

Hutchinson Murray, William (1913-1996): The Scottish Himalayan Expedition, 1951

Huth, Elke: Bewusst bewegen — ein Lernkonzept für Reinigungskräfte, Tagungshandbuch zur Putzfachtagung 2004

Kiel-Hinrichsen, Monika: Warum Kinder trotzen, Stuttgart 1999

Karen Kingston: Fengshui gegen der Gerümpel des Alltags, Rowohlt Verlag

Koch, Charlotte: Diplomarbeit 2001, Universität Köln, Titel: Zur Störung der Willentlichen Handlungssteuerung als Ursache des *Messie-Syndroms*. Gedicht einer anonymen Verfasserin

König, Karl: Bilder des inneren Jahres — Imaginative Skizzen zum Anthroposophischen Seelenkalender, Stuttgart 2009

Küstenmacher, Werner Tiki mit Seiwart, Lothar J.: Simplify your Life, Weltbild Verlag

Paracelsus: Das Buch von den Nymphen, Sylphen, Pygmaeen und Salamandern und den übrigen Geistern, Marburg 1996

Porz, Elfie: Putzen als Ausdruck seelischer Prozesse, Diplomarbeit, Universität Augsburg

Preuschoff, Gisela und Axel: Gewalt an Schulen — und was dagegen zu tun ist, Köln 1997

Rieger Margarete: Einfluss psychosozialer Stressbelastung während der Schwangerschaft auf die physische und emotionale Entwicklung des Kindes, Berlin 2005

Roder, Florian: Novalis, Stuttgart 1992

Rosenberg, Marshall: Gewaltfreie Kommunikation, Paderborn 2010

Schiller, Friedrich: Über die ästhetische Erziehung des Menschen — in einer Reihe von Briefen (11-16 Brief), Stuttgart 2000

Schmidt-Brabant, Manfred: Spirituelle Grundlagen einer menschengemäßen Hausmütter-Arbeit, Dornach 1993

Sellmer, Claudia: Messies — ein neues Klientel der Sozialen Arbeit? Diplomarbeit Fachhochschule für Sozialwesen, Essen 2002, als Broschüre herausgegeben durch Zukunftsinitiative Messies, Tübingen 2004

Spitzer, Manfred: Lernen. Gehirnforschung und die Schule des Lebens, Heidelberg-Berlin 2002

Steiner, Rudolf: Geduld, Weisheit, Frömmigkeit, Lebenssicherheit, Vortrag vom 22. Februar 1911, Nachrichten für die Mitglieder 24. Jahrgang, Nr. 23-27 (8. Juni bis 6. Juli 1947)

Steiner, Rudolf: Theosophie (GA 9), Dornach 1991

Steiner, Rudolf: Wie erlangt man Erkenntnisse der höheren Welten? (GA 10), Dornach 1961

Steiner, Rudolf: Sprüche, Dichtungen, Mantren. Ergänzungsband (GA 40a), Dornach 2002

Steiner, Rudolf: Wahrspruchworte (GA 40), Dornach, Zitat aus dem Wahrspruchwort *Suchet das wirkliche praktische materielle Leben* aus einem Vortrag vom 24. September 1919

Steiner, Rudolf: Was wollte das Goetheanum und was soll die Anthroposophie? (GA 84), Dornach 1961

Steiner, Rudolf: Natur- und Geistwesen. Ihr Wirken in unserer sichtbaren Welt (GA 98), Dornach 1983, Vortrag vom 9. Juni 1908

Steiner, Rudolf: Geistige Hierarchien und ihre Widerspiegelung in der physischen Welt, (GA 110), Dornach 1991, Vortrag 12. April 1909

Steiner, Rudolf: Erfahrungen des Übersinnlichen. Die Drei Wege der Seele zur Christus (GA 143), Dornach 1994, Vortrag vom 17.Dezember 1912, Die Liebe und ihre Bedeutung in der Welt

Steiner, Rudolf: Erfahrungen des Übersinnlichen. Die Drei Wege der Seele zur Christus (GA 143), Dornach, Vortrag vom 11. Januar 1912: Nervosität und Ichheit

Steiner, Rudolf: Christus und die menschliche Seele (GA 155), Dornach, Vortrag vom 30. Mai 1912

Steiner, Rudolf: Karma des Berufes (GA 172), Dornach, vierter Vortrag vom 12. November 1916

Steiner, Rudolf: Geisteswissenschaft als Erkenntnis der Grundimpulse sozialer Gestaltung (GA199), Dornach 1985, Vortrag vom 5. September 1920

Steiner, Rudolf: Der Mensch als Zusammenklang des schaffenden, bildenden und gestaltenden Weltenwortes (GA 230), Dornach 1970

von Goethe, Johann Wolfgang: Tasso I, 1 (Leonore, Vers 80-82)

von Goethe, Johann Wolfgang: Erläuterung zu dem aphoristischen Aufsatz *Die Natur,* Hamburger Ausgabe, BD. 13

Woloschin, Margarita: Die grüne Schlange — Lebenserinnerungen einer Malerin, Frankfurt 1982

Woodburn, Kim, Mackenzie, Aggie: How clean is your house? London 2003